国家民族事务委员会人文社会科学重点研究基地
西南民族大学中国西部民族经济研究中心

KUA YUE DE 70 NIAN

跨越的70年

西藏经济发展研究

黄毅 等著

中国经济出版社
CHINA ECONOMIC PUBLISHING HOUSE
北京

图书在版编目（CIP）数据

跨越的70年．西藏经济发展研究／黄毅等著．--北京：中国经济出版社，2019.10

ISBN 978-7-5136-5966-6

Ⅰ．①跨… Ⅱ．①黄… Ⅲ．①区域经济发展-研究-西藏 Ⅳ．①F127

中国版本图书馆CIP数据核字（2019）第227749号

项目统筹 李煜萍
责任编辑 王帅 李若雯
责任印制 巢新强

出版发行 中国经济出版社
印 刷 者 北京富泰印刷有限责任公司
经 销 者 各地新华书店
开　　本 710mm×1000mm 1/16
印　　张 23
字　　数 363千字
版　　次 2019年10月第1版
印　　次 2019年10月第1次
定　　价 88.00元
广告经营许可证 京西工商广字第8179号

中国经济出版社 **网址** www.economyph.com **社址** 北京市东城区安定门外大街58号 **邮编** 100011

1949—2019

“跨越的70年——民族地区经济发展研究”

编 委 会

FOREWORD 总　序

2019年，是新中国成立70周年。70年来，特别是改革开放以来，作为全国宏观区域经济重要战略组成部分的民族地区，在党中央、国务院的亲切关怀和党的民族政策光辉照耀下，各少数民族和民族地区与全国一道，发生了历史上最伟大、最深刻的社会变革，从封闭落后迈向开放进步，从温饱不足迈向全面小康，迎来了从站起来、富起来到强起来的伟大飞跃，正阔步走在中华民族伟大复兴的新征程上。

一

70年来，在党中央、国务院的系列政策支持、大幅度的资金和人才支援下，在全国人民的大力支援下，民族地区各级政府、各族人民坚定不移地坚持中国共产党领导，坚定不移地贯彻执行党的民族政策，坚持和完善民族区域自治制度，始终坚持以发展为第一要务，把自力发展与中央关心、发达地区支援结合起来，经济发展取得了历史性成就，各族人民生活有了历史性改善。今日的民族地区，社会稳定、经济发展、民族团结、宗教和顺，各族人民安居乐业，各项事业欣欣向荣，处于历史上最好的繁荣发展时期。

经济总量的巨大飞跃。1952年民族八省区地区生产总值总量为57.89亿元，2018年增长到90576.42亿元，是1952年的1566倍，扣除物价上涨因素，增长了250多倍，年均增长8.72%。分省区看，1952—2018年，地区生产总值年均增长率分别为：内蒙古9.31%、广西8.61%、贵州8.06%、云南 8.42%、西藏 8.74%、青海 8.75%、宁夏 9.42%、新疆 8.45%。2018 年民族八省区中经济总量超过 2 万亿元的为广西，在万亿元以上的有内蒙古、云南、贵州和新疆（见表 1）。

表 1 新中国成立 70 年来民族八省区经济总量的增长 单位：亿元

年份	内蒙古	广西	贵州	云南	西藏	青海	宁夏	新疆	民族八省区
1952	12.16	12.81	8.55	11.78	1.32	1.63	1.73	7.91	57.89
1978	58.04	75.85	46.62	69.05	6.65	15.5	13.00	39.07	323.78
2000	1539.12	2080.04	1029.92	2011.19	117.46	263.6	295.02	1363.56	6688.72
2005	3905.03	3984.10	2005.42	3462.73	248.80	543.32	612.61	2604.14	13903.42
2010	11672.00	9604.01	4602.79	7224.18	507.46	1350.43	1696.39	5397.27	34830.35
2011	14359.88	11764.97	5725.99	8893.12	606.13	1670.44	2111.43	6577.41	42816.25
2012	15880.58	13090.04	6878.59	10309.47	701.65	1893.54	2352.71	7457.64	48254.75
2013	16916.50	14511.70	8116.34	11832.31	816.57	2122.06	2590.34	8380.25	53453.76
2014	17770.19	15742.62	9300.52	12814.59	921.73	2303.32	2766.76	9195.96	58001.10
2015	17831.51	16870.04	10541.00	13619.17	1027.43	2417.05	2927.01	9235.57	60849.61
2016	18632.57	18317.64	11792.35	14719.95	1151.41	2572.49	3167.99	9511.93	65146.38
2017	16096.21	20396.25	13540.83	16376.34	1310.92	2624.83	3443.56	10881.96	68294.56
2018	17389.22	20352.51	14806.45	17881.12	1477.63	2865.23	3705.18	12199.08	90576.42
年均增长率（1952—2018 年，%）	9.31	8.61	8.06	8.42	8.74	8.75	9.42	8.45	8.72（算术平均）

数据来源：根据《新中国六十年统计资料汇编》《中国统计年鉴》和各省区统计公报数据整理。

经济结构的根本性转变。新中国成立 70 年来，民族地区产业结构不断优化，从以依赖单一产业为主转向三次产业共同带动。新中国成立初期，民族八省区地区生产总值的结构中，农业占比较高，工业和服务业相对薄弱，部分地区还处于现代工业的空白区。1952 年，民族八省区第一、第二、第三产业增加值占地区生产总值的比重（算术平均）分别为 73.1%、12.8% 和 14.1%。20 世纪 50—70 年代，随着民族地区工业化建设的推进，第二产业比重不断提升。1978 年，第一、第二、第三产业比重（算术平均）分别为 36.5%、41.8% 和 21.8%。改革开放以来，随着工业化、城镇化快速发展，工业和服务业发展水平不断提高，20 世纪 90 年代初民族地区第一产业产值比重稳定地低于第二产业和第三产业。党的十八大以来，民族地区第一、第二、第三产业协同发展，各省区第三产业增加值超过第二产业，成为国民经济第一大产业，2018 年，民族八省区第一、第二、第三产业比重分别为 11.7%、41% 和 47.4%。（各省区产业结构演变的基本态势如表 2 所示）随着生产结构的变化、现代产业的发展，传统产业比重下降必然会导致劳动力在部门间的重新配置，引起就业结构的变化。这种变化的一个基本趋势是，随着经济的发展，劳动力逐渐由农业部门向非农业部门转移，第二产业和第三产业成为劳动力就业的主要领域。民族地区劳动力就业结构的变化是符合这一基本趋势的。1978 年，民族八省区各产业劳动力就业份额比例为 79.41∶11.41∶9.17，到 2016 年该比例为 49.16∶15.92∶34.96。

表 2　新中国成立 70 年来民族八省区产业结构的变化　　%

省区	1952 年			1978 年			2018 年		
	第一产业	第二产业	第三产业	第一产业	第二产业	第三产业	第一产业	第二产业	第三产业
内蒙古	71.1	11.3	17.7	32.7	45.4	21.9	10.1	39.4	50.5
广西	65.1	23.0	11.9	40.9	34.0	25.1	14.8	39.7	45.5
贵州	68.4	18.6	13.0	41.7	40.2	18.2	14.6	38.9	46.5
云南	61.7	15.4	22.8	42.7	39.9	17.4	14.0	38.9	47.1
西藏	97.3	0.1	2.6	50.7	27.7	21.7	8.8	42.5	48.7
青海	73.6	7.4	19.0	23.6	49.6	26.8	9.4	43.5	47.1
宁夏	82.7	4.6	12.7	23.5	50.8	25.6	7.6	44.5	47.9
新疆	64.7	22.0	13.3	35.8	47.0	17.3	13.9	40.3	45.8

数据来源：根据《新中国六十年统计资料汇编》和各省区 2018 年统计公报数据整理。

人民生活蒸蒸日上。从人均地区生产总值来看：1952 年民族八省区人均地区生产总值分别为内蒙古 173 元、广西 67 元、贵州 58 元、云南 70 元、西藏 115 元、青海 101 元、宁夏 126 元、新疆 166 元；到 1978 年分别增加到内蒙古 317 元、广西 225 元、贵州 175 元、云南 226 元、西藏

375元、青海428元、宁夏370元、新疆313元；到2018年分别达到内蒙古68302元、广西41489元、贵州41244元、云南37136元、西藏43397元、青海47689元、宁夏54094元、新疆49475元（见表3）。可以看出，新中国成立70年来，民族八省区人均收入上了好几个台阶。

表3 新中国成立70年来民族八省区人均地区生产总值的变化 单位：元

年份	内蒙古	广西	贵州	云南	西藏	青海	宁夏	新疆
1952	173	67	58	70	115	101	126	166
1978	317	225	175	226	375	428	370	313
1985	809	471	420	486	894	808	737	820
1990	1478	1066	810	1224	1276	1558	1393	1713
1995	3772	3304	1826	3083	2358	3513	3448	4701
2000	6502	4652	2759	4770	4572	5138	5376	7372
2005	16331	8788	5052	7835	9114	10045	10239	13108
2010	40282	16045	10309	13539	15295	19454	21777	19942
2015	71101	35190	29847	28806	31999	41252	43805	40036
2016	72064	38027	33246	31093	35184	43531	47194	40564
2017	63764	38102	37956	34221	39267	44047	50765	44941
2018	68302	41489	41244	37136	43397	47689	54094	49475

数据来源：根据《新中国六十年统计资料汇编》《中国统计年鉴》和各省区统计公报数据整理。

从城乡居民收入变化来看，1978年民族八省区居民人均收入（城镇居民人均可支配收入和农村居民家庭人均纯收入用城乡人口比例加权）只有260多元，1999年达到2900多元，2010年突破8500元。2017年民族八省区全体居民人均收入为19520元。2018年民族八省区居民人均可支配收入分别为：内蒙古28376元、广西21485元、贵州18430元、云南20084元、西藏17286元、青海20757元、宁夏22400元、新疆21500元。

基础设施得到根本性改善。新中国成立以来，经过对民族地区基础设施的大规模投资，特别是西部大开发以来的重点工程项目80%以上布局在民族地区，民族地区基础设施得到根本性改变。以运输线路长度为例：1952年民族八省区铁路营业里程3208千米，贵州、西藏、青海、宁夏和新疆还是铁路的空白区，公路里程 27868 千米，西藏尚无现代意义上的公路；到 1978 年分别增加到 10560.5 千米和 193650 千米；到 2017 年分别达到 35266 千米和 1149744 千米。（各省区的运输线路发展如表 4 所示）2013 年 10 月 30 日，西藏墨脱公路通车，正式结束其作为中国最后一个不通公路县的历史。民族地区不仅运输线路长度举世瞩目，各种交通线路连接成网，而且线路质量显著提高，铁路复线、高速铁路和高等级公路从无到有，覆盖范围逐年扩大。

表 4　新中国成立 70 年来民族八省区运输线路的变化　单位：千米

省区	1952 年		1978 年		2017 年	
	铁路营业里程	公路里程	铁路营业里程	公路里程	铁路营业里程	公路里程
内蒙古	1574	4821	3803	37535	12675	199423
广西	978	5068	1715	29773	5191	123259
贵州	—	4027	1366	25954	3285	194379
云南	656	5339	1705	41816	3682	242546
西藏	—	—	—	15852	785	89343
青海	—	1346	503	13675	2349	80895
宁夏	—	1202	438	5227	1352	34561
新疆	—	6065	1030.5	23818	5947	185338
民族八省区合计	3208	27868	10560.5	193650	35266	1149744

数据来源：根据《新中国六十年统计资料汇编》《中国统计年鉴》数据整理。

对外开放成效显著。我国对外开放的格局是采取分步骤有层次、逐步推进的战略格局，经历了一个不断扩大和深化发展的过程。到目前为止，我国已形成了全方位、多层次、宽领域的对外开放格局。我国民族地区大多处于边疆地区，邻国较多，也是“一带一路”建设的核心地区和重要依托。“一带一路”倡议实施以来，民族地区从对外开放的末梢一跃成为前沿。2018 年，内蒙古海关进出口总额 1034.4 亿元，其中，出口总额 378.6 亿元，进口总额 655.7 亿元；广西货物进出口总额 4106.71 亿元，其中，出口总额 2176.14 亿元，进口总额 1930.57 亿元；贵州进出口总额 500.96 亿元，其中，出口总额 337.58 亿元，进口总额 163.38 亿元；云南外贸进出口总额达 298.95 亿美元，其中，出口总额 128.12 亿美元，进口总额

170.83亿美元；西藏全年进出口总额47.52亿元，其中，出口总额28.57亿元，进口总额18.95亿元；青海货物进出口总额46.00亿元，其中，出口总额31.11亿元，进口总额14.89亿元；宁夏货物进出口总额249.16亿元，其中，出口总额180.48亿元，进口总额68.68亿元；新疆货物进出口总额200.10亿美元，其中，进口总额35.91亿美元，出口总额164.19亿美元。

脱贫攻坚取得决定性进展。民族地区是中国贫困人口最集中、贫困程度最深的地方。全国832个贫困县（包括国家扶贫开发工作重点县和片区县）中，民族自治地方县有421个，占51%。全国贫困人口的1/3、14个集中连片特困地区的11个以及深度贫困的“三区三州”都在民族地区。新中国成立以来，在中央的高度重视和社会各界的大力支持下，经过民族地区广大干部群众的艰苦努力，民族地区农村贫困人口大幅减少，特别是《中共中央 国务院关于打赢脱贫攻坚战的决定》颁布实施以来，中央和地方密集出台支持贫困地区特别是深度贫困地区脱贫攻坚的各项过硬政策措施，聚焦短板、精准发力，民族地区扶贫力度进一步加大，贫困人口脱贫明显加快。到2018年，民族八省区中，内蒙古、青海、宁夏农村贫困发生率降至3%及以下，广西、贵州、云南、西藏、新疆农村贫困发生率下降至6%以下。

表5 民族八省区农村贫困人口数　　单位：万人

省区	2010年	2011年	2012年	2013年	2014年	2015年	2016年	2017年	2018年	减贫人数（2010—2018年）
全国	16567	12238	9899	8249	7017	5575	4335	3046	1660	14907
内蒙古	258	160	139	114	98	76	53	37	15	243
广西	1012	950	755	634	540	452	341	246	140	872
贵州	1521	1149	923	745	623	507	402	295	173	1348
云南	1468	1014	804	661	574	471	373	279	179	1289
西藏	117	106	85	72	61	48	34	20	1.9	115.1
青海	118	108	82	63	52	42	31	23	5.4	112.6
宁夏	77	77	60	51	45	37	30	19	12	65
新疆	469	353	273	222	212	180	147	113	59.3	409.7

数据来源：国家统计局住户收支与生活状况调查。

二

新中国成立70年来，在中国共产党领导下，坚持走中国特色解决民族问题的正确道路，全面贯彻落实党的民族政策，民族地区经济发展取得了历史性的伟大成就。70年的伟大跨越表明：

党对民族工作的领导是民族地区经济发展的根本保证。新中国成立70年来，民族地区总体上呈现出民族团结、经济进步、宗教和顺、社会和谐的大好局面，根本在于党中央的坚强领导，这是我们行稳致远的政治前提。对民族地区的经济发展而言，必须坚持以习近平新时代中国特色社会主义思想为指导，坚持新发展理念，坚定不移贯彻创新、协调、绿色、开放、共享的发展理念。

以推动少数民族和民族地区高质量发展作为民族工作的第一要务。“发展是解决民族地区各种问题的总钥匙。”70年来，特别是改革开放以来，民族地区认真贯彻落实党的方针、政策，始终坚持以经济建设为中心，经济体量以几何级数增加，实现了“一步跨千年”，民族地区从来没有像今天这样朝气蓬勃、日新月异，民族团结进步事业也从来没有像今天这样春意盎然、充满活力。进入新时代，我国经济已由高速增长阶段转向高质量发展阶段，社会的主要矛盾已经发生变化。发展不平衡不充分主要表现在民族地区，民族地区2020年前要消除农村绝对贫困和全面建成小康社会，到2035年要与全国同步基本实现现代化，必须加快发展，实现跨越式发展。

加大力度支持和帮助民族地区发展。70年来，党和政府高度重视民族地区的发展，制定、实施了一系列倾斜性的发展援助和扶持政策与措施，决定性地推动了民族地区经济社会跨越式发展和脱贫奔康。支持民族地区加快经济社会发展，是中央的一项基本方针。党的十九大报告指出：“实施区域协调发展战略。加大力度支持革命老区、民族地区、边疆地区、贫困地区加快发展，强化举措推进西部大开发形成新格局，……加快边疆发展，确保边疆巩固、边境安全。”因此，新时代民族地区的发展在全国发展大格局中的战略地位更加重要，加大力度支持民族地区加快发展是习近平新时代中国特色社会主义思想的重要组成部分。

始终坚持发展必须以保障和改善民生为着眼点和落脚点。70年来，民族地区坚持“以民为本、民生优先”，教育、医疗等基本公共服务能力不断提高。全面推进九年义务教育、十五年免费教育、“9+3”免费职业教育、“一村一幼”计划，完整配套的教育体系基本形成。通过全面建立新型合作医疗制度，健全州（盟、市）、县、乡、村四级医疗网络。但与各族人民的需要相比较，与发达地区相比较，民族地区的基本公共服务供给还有待大幅提高。习近平总书记指出：“发展经济的根本目的就是要让各族群众过上好日子。既要坚持不懈抓发展，不断扩大经济总量，为民生改善提供坚实基础，也要大力推进基本公共服务均等化，促进社会公平。”要坚持发展，必须以保障和改善民生为着眼点和落脚点，确保各民族共享发展机遇和发展成果，确保发展成果惠及当地、改善民生、增强团结、促进和谐。

坚持绿色发展，守好民族地区发展的底色和价值。从地缘生态位置看，民族地区是中国最重要的生态平衡与保障区，是我国重要的生态安全屏障，具有重要的生态战略地位。民族地区最大的价值在生态、最大的责任在生态、最大的潜力也在生态，因此，民族地区的发展必须把生态文明建设放在突出位置，走以生态优先、绿色发展为导向的高质量发展之路，尊重自然、顺应自然、保护自然，筑牢国家生态安全屏障，实现经济效益、社会效益、生态效益相统一。

大力加强少数民族干部和人才队伍建设。70年来，中央和各民族地区把少数民族干部培养使用作为落实党的民族政策的一项重要内容和管长远、管根本的大事来抓，培养和造就了一支明辨大是大非的立场特别清醒、维护民族团结的行动特别坚定、热爱各族群众的感情特别真诚的少数民族和民族地区干部队伍，为坚持和完善民族区域自治制度、加快经济社会发展、维护祖国统一和边疆稳固提供了坚强保证。在新时代，必须继续加强少数民族干部和人才队伍建设。

三

为庆祝新中国成立 70 周年，反映新中国成立以来特别是党的十八大以来我国民族地区经济发展的辉煌成就和宝贵经验，国家民族事务委员会人文社会科学重点研究基地（培育）——西南民族大学中国西部民族经济研究中心组织编写了《跨越的 70 年——民族地区经济发展研究》丛书，分别对内蒙古、广西、西藏、宁夏和新疆五个自治区和贵州、云南、青海三个多民族省份 70 年来的经济发展取得的历史性成就进行了系统的梳理、分析和总结。

本套丛书的出版得到“中央高校建设世界一流大学（学科）和特色发展引导专项资金”和“国家民委人文社科重点研究基地——西南民族大学中国西部民族经济研究中心 2019 年项目‘跨越的 70 年——民族地区经济发展研究’”的资助。时任西南民族大学发展规划与学科建设处处长刘兴全教授对丛书的出版给予了大力支持。本套丛书的顺利出版得到了中国经济出版社李煜萍编审的努力和付出。在此一并表示感谢！

本套丛书的主要编撰人员是西南民族大学经济学院 / 中国西部民族经济研究中心的部分研究生同学和研究人员。本套丛书政治要求高、任务重、时间紧，编写者还是按要求完成了各书的编写任务，你们辛苦了！各书的质量概由各书的主编负责。虽然编写人员很努力，但难免存在瑕疵和不足，敬请读者批评指正。

编委会

2019 年 7 月

PREFACE 前 言

西藏自治区（以下简称“西藏”）是中华人民共和国五个少数民族自治区之一，位于中国西南边疆的青藏高原西南部，北邻新疆维吾尔自治区，东连四川省，东北紧靠青海省，东南连接云南省，南与缅甸、印度、不丹、尼泊尔等国家毗邻，西与克什米尔地区接壤，陆地国界线 4000 多千米，南北最宽 900 多千米，东西最长达 2000 多千米，是中国西南边陲的重要门户。西藏平均海拔在 4000 米以上，素有“世界屋脊”之称，是世界上海拔最高的地区。全区面积约 122.84 万平方千米，约占全国总面积的 12.67%，在全国各省、直辖市、自治区中面积仅次于新疆。据人口抽样调查资料推算，截至 2018 年底，全区常住人口总数为 343.82 万人，其中：城镇人口 107.07 万人，占总人口的 31.14%；乡村人口 236.75 万人，占总人口的 68.86%①。少数民族占西藏自治区总人口的 91.83%，藏族占自治区总人口的 90.48%，全区还有汉族、门巴族、珞巴族、回族、纳西族等 45 个民族以及未识别民族成分的僜人、夏尔巴人。西藏自治区下辖 6 个地级市（拉萨、日喀则、昌都、林芝、山南、那曲）、1 个地区（阿里地区）和 72 个县或区。

西藏是中国神圣领土不可分割的一部分。唐宋时期西藏称为“吐蕃”，元明时期称为“乌斯藏”，清代称为“唐古特”“图伯特”等。清朝康熙年间起称“西藏”至今。

---

① 西藏自治区统计局，国家统计局西藏调查总队 . 2018 年西藏自治区国民经济和社会发展统计公报［EB/OL］.［2019-05-28］. http://xz.people.com.cn/n2/2019/0528/c138901-32985513.html.

1949年新中国成立，1951年西藏和平解放，1959年西藏实行民主改革。为反映新中国成立后70年来我国少数民族地区八省区所取得的伟大成就，特别是党的十一届三中全会后及改革开放后的丰硕成果，我们编写了“民族地区经济发展70年”系列丛书，为保持丛书中少数民族地区八省区经济发展70年提法的一致性，本书西藏经济发展也统一采用70年的提法。

本书第1章西藏支持政策、第2章西藏禀赋结构升级，两章都从发展历程、取得的成就和未来发展展望进行阐述；第3章西藏增长与结构，阐述了西藏经济社会增长与产业结构变化的关系以及发展历程，研究西藏经济增长和结构发展取得的成就，探讨当前经济社会发展中面临的挑战以及未来的发展方向；第4章西藏产业发展，概述西藏产业发展取得的巨大成就，分别对农牧业、工业、旅游业等主要产业的发展历程及现状问题进行探讨，并指出各主要产业发展的新趋势与对策思路；第5章西藏城镇化，阐述了西藏城镇化发展的历程和成就，分析了西藏城镇化发展中的特殊性以及发展思路和模式，并对未来西藏城镇化发展提出了展望；第6章西藏贸易与发展，分析了西藏自新中国成立以来对内与对外贸易的发展历程，剖析了贸易发展自身的规律和特点，最后通过对西藏自治区对内贸易和对外开放可能存在的问题进行分析，提出相应的解决措施，并对未来发展进行展望；第7章西藏金融与发展，介绍西藏金融发展历程，国家对西藏金融发展的特殊政策及金融业发展取得的成就，探索金融发展过程中存在的问题，提出对策建议；第8章西藏环境与发展，通过水资源、森林资源、草原资源和旅游产业发展对环境资源的影响具体分析西藏环境资源保护与发展问题；第9章西藏卫生资源与健康，主要对1951年以来的西藏卫生事业发展进行综述，并分别对西藏卫生机构、床位、卫生人力等资源变化情况展开分析；第10章西藏全国援藏，从援藏的演化过程、逻辑起点进行分析，探索全国援藏与西藏发展的关系。第11章西藏经济发展战略，提出发展战略的目的在于逐渐缩小与内地的发展差距，实现生产力的解放和社会的进步。

全书通过以上11章，希望能够较为全面地反映新中国成立70周年以来西藏所发生的翻天覆地的变化，反映改革开放特别是党的十八大以来西藏经济社会发展取得的伟大成就和宝贵经验，并且从不同的角度，展望西藏未来发展的美好前景。

由于我们的水平有限，加之时间紧，任务重，要完整、准确地反映西藏 70 年来经济发展的全貌，难免有疏漏。敬请各位读者批评指正。谢谢！

黄 毅

2019 年 6 月 30 日于蓉城

CONTENTS 目录

总论 西藏经济发展70年概况

黄毅[①]

0.1 引言

1949年中华人民共和国成立。中央人民政府根据西藏的特殊性，顺应历史发展规律，从西藏广大人民的根本利益出发，采取渐进式的措施，于1951年5月23日与西藏地方政府签订了《中央人民政府和西藏地方政府关于和平解放西藏办法的协议》(通称《十七条协议》)，随着《十七条协议》的施行，1951年西藏实现了和平解放，开启了西藏经济发展的历史新纪元。

近70年来，在党中央的坚强领导和全国人民的大力支援下，西藏通过推动民主改革、实行民族区域自治，与全国一道，顺应时代发展潮流，紧跟全国建设和发展步伐，解放思想、锐意进取，艰苦奋斗、一往无前。特别是在党的十一届三中全会以来，西藏以农村改革为起点，走出了一条具有“中国特色、西藏特点”的发展路子，使西藏跨越了几个社会形态，从封闭走向开放，从落后走向进步，从贫穷走向小康，完成了人类

① 黄毅（1965— ），女，四川邻水人，现为西南民族大学经济学院教授，硕士生导师。研究方向为政治经济学、服务贸易。

[基金资助] 中央高校建设世界一流大学（学科）和特色发展引导专项资金国家民委人文社科重点研究基地——西南民族大学中国西部民族经济研究中心2019年项目“跨越的70年——民族地区经济发展研究”。

社会需要几百年甚至上千年才能走完的历程，深刻改变了西藏的命运和面貌，谱写了在伟大祖国大家庭里社会主义新西藏团结奋进的人类历史壮丽诗篇。

0.2 民主革命时期发展历程和成就

1951 年西藏和平解放，西藏百万农奴从此开启了建设新西藏的征程。旧西藏是“政教合一”的封建农奴制，世世代代的停滞，劳动者的封闭无知，劳动生产率很低，百万农奴对封建农奴制度深恶痛绝。1951 年，中国共产党和中央政府结合西藏的具体社会历史条件，签订了《中央人民政府和西藏地方政府关于和平解放西藏的协议》。1952—1959 年是西藏双重政权并存的特殊时期，即在中央政府领导下，西藏地方政府新旧政权并立、两种社会制度共存的历史阶段。

1952 年，中央西藏工作委员会成立，中国人民解放军西藏军区成立，同年人民解放军进军西藏。进藏部队根据中央指示，采取重大措施进行生产建设，改善人民生活，中央开始对西藏持续不断的财政经济援助，发展西藏经济。当时的西藏工商业非常落后，经济发展主要靠中央的财政补贴。1952—1958 年西藏企业对财政的贡献只占西藏财政收入的 0.4%，税收收入占 3.03%，中央财政补贴累计 35666.7 万元，是西藏财政支出的 103.72%，① 其中基本建设投资为 11355.9 万元。这些财政援助资金一方面用于西藏基础设施建设，如修路、建桥、盖房，如川藏、青藏公路、当雄机场的建设，还用于建设银行，建立了十几个工矿企业；另一方面用于西藏的行政管理支出。西藏的经济取得了前所未有的发展。西藏工业总产值从无到有，1958 年达 4500 万元；公路通车里程达 5648 千米。② 在一定程度上为社会主义建设准备了物质条件。

1959 年，西藏少数反动分子为维护封建农奴制度发动武装叛乱，企图

① 安平 . 西藏经济发展研究［M］. 北京：中央民族大学出版社，2010：27.

② 多杰才旦 . 西藏经济简史［M］. 北京：中国藏学出版社，1995：43.

把西藏从祖国分裂出去。为了维护国家的统一和西藏人民的根本利益，中央政府采取果断措施，平息叛乱，进行民主改革，彻底埋葬政教合一的封建农奴制度。1960 年西藏民主改革基本完成，之后到 1965 年，西藏经济发展比较稳定。西藏的 GDP 总量从 1959 年的 1.74 亿元，提高到 3.27 亿元，增长了 87.9%，年均增长 11.1%；人均 GDP 从 142 元，提高到 241 元，增长了 69.7%，年均增长 9.2%。人口数量也显著提高，从 122.8 万人，增长到 137.12 万人，人口增长 11.7%。西藏的农牧业生产高速增长，交通运输、商业、文化教育和卫生体育事业蓬勃发展。

1965 年，西藏自治区成立，西藏建立了人民民主政权，全面开始实行民族区域自治制度，进入社会主义革命和社会主义建设的新时期。1965—1977 年西藏社会主义改造经历了农牧区和城镇私营商业、手工业的社会主义改造。1977 年西藏自治区 GDP 总量为 5.81 亿元，比 1965 年增长了 77.67%，12 年间年均增长 4.9%；人均 GDP 提高到 334 元，增长了 38.6%，12 年间年均增长 2.76%。1977 年西藏人口增长到 175.62 万人。

0.3　改革开放伟大历程和辉煌成就

1978 年党的十一届三中全会召开，中国踏上了改革开放的伟大征程。西藏各族人民在党的领导下，同全国一道，筚路蓝缕，砥砺前行，开启改革开放的发展历程。由于历史的原因，西藏经济发展起点低，40 年的改革开放过程中，全区得到了党和全国人民更多的关心和支持。

0.3.1　中央历次西藏工作会议及对经济发展的重大影响

在西藏发展中，每次遇到重要的历史环节，党中央都对西藏社会稳定经济发展进行深入研究、积极谋划，实施顶层设计和战略部署。1980—2015 年，党中央先后召开了六次西藏工作座谈会议，从西藏经济社会发展的实际出发，制定和实施扶持政策，为西藏经济发展社会稳定长治久安发挥了非常重要的作用。

第一次座谈会——“休养生息”，发展经济。

1980年举行了中央第一次西藏工作座谈会。会议纠正了过去“左”的偏差，重新审议了西藏经济建设规划，提出“休养生息”发展国民经济。主要依靠西藏党政军和各族人民共同努力建设西藏，同时根据西藏实际情况，组织全国各地支援西藏。

本次会议是继西藏和平解放、民主改革之后的一次历史转折会议，标志着西藏改革开放新时期的到来。

第二次座谈会——援建西藏43项工程，为经济发展提供基础条件。

1984年的第二次西藏工作座谈会明确在一个相当长的时期内西藏经济发展的主要任务，决定由北京、上海、天津、江苏、浙江、四川、广东、山东、福建9省市和水电部、农牧渔业部、国家建材局等有关部门帮助西藏建设43个迫切需要的援藏工程。43项工程共投入约1.9万人次，在一年多的时间里完成了这些工程。这次会议标志着全国性援藏工程的开始，为实现西藏的发展和稳定提供一定的基础条件，开创了西藏社会主义现代化建设的新局面。

第三次座谈会——围绕发展和稳定，开创西藏工作新局面。

1994年召开第三次会议，指出加快西藏经济社会的发展，关键是把中央的大政方针同西藏的具体实际结合起来；西藏的稳定是保证西藏各项事业持续发展和人民生活水平逐步提高的前提。会议确定了“全国支援西藏”的战略方针和“分片负责、对口支援、定期轮换”的援藏模式，并决定由中央有关部委和有关省（区、市）分别承担62个工程援藏建设项目。

第四次座谈会——明确两大问题，实现三大任务。

2001年召开第四次座谈会，会议提出继续解决好发展和稳定两大问题，同时明确了新时期加快经济发展、保持社会稳定和加强党的建设的三大任务，促进西藏经济跨越式发展，保证边疆长治久安，实施西部大开发战略，维护祖国统一和国家安全。本次会议的召开推动西藏发展驶入快车道。

第五次座谈会——“两个矛盾”决定“七个注重”和“六个重要”的

工作主题。

2010年召开第五次座谈会，分析了西藏社会的主要矛盾和特殊矛盾。西藏社会的主要矛盾是人民日益增长的物质文化需要同落后的社会生产之间的矛盾；西藏还存在着各族人民同以达赖集团为代表的分裂势力之间的特殊矛盾。会议提出了“七个更加注重”的新指向和“六个重要”的新定位。会议对四川、云南、甘肃、青海四省藏区发展提出新要求，促进其发展迈出新步伐。本次会议的召开，促进了西藏和四省藏区工作的协调发展。

第六次座谈会——明确西藏工作的着眼点和着力点。

2015年召开第六次座谈会，会议第一次概括了党的治藏方略，提出贯彻落实习近平总书记关于“治国必治边、治边先稳藏”的重要论述，依法治藏、富民兴藏、长期建藏、凝聚人心、夯实基础的重要原则。强调全面加强党的建设，把握西藏社会主要矛盾和特殊矛盾，改善民生、凝聚人心，依法治藏，依法打击分裂破坏活动。本次会议的召开，开辟了我党治藏方略的新境界。

0.3.2　改革开放40年西藏经济发展巨大成就

改革开放40年来，西藏经济发展持续健康增长，经济总量实现巨大突破，经济结构不断优化，三次产业结构日趋合理，基础设施建设成效显著，地方财政收入持续增加，人民生活得到改善，扶贫工作成绩斐然，城镇建设逐步推进，对外开放成效明显。

经济总量不断提升。改革开放之初的1978年，西藏地区的GDP为6.65亿元，到2018年达到1477.63亿元，40年间增长了221倍。2018年全区GDP同比增长9.1%，增速位居全国第一。人均GDP从1978年的375元提升到2018年的43397元，增长了近115倍；西藏主要经济指标已连续多年保持两位数增长，增速位居全国前列。

产业结构不断优化。1951年西藏第一产业占GDP的比重高达97.77%，全区基本都是农牧业。1978年全区三次产业占比分别为50.68%、27.67%和21.65%，农牧业占比仍然超过一半。到2018年全区第一产业产值占比降低到 8.8%，第三产业产值占比上升到 48.7%，比第二产业的 42.5% 高出 6.2 个百分点。旅游业发展迅猛，仅 2018 年，全区累计接待国内外游客 3368.73 万人次，其中接待入境旅游者 47.62 万人次，该年实现旅游总收入 490.14 亿元。农牧业占比下降，但其综合生产能力大幅提高。粮食产量 2018 年达 104.4 万吨，在 1978 年 51.34 万吨的基础上实现翻番。新型城镇化建设稳步推进，城镇率不断提升，从 1978 年的 11.31%，提升到 2018 年的 31.14%。

基础设施建设成绩显著。固定资产投资总量 1952 年仅为 0.004 亿元，1978 年为 1.85 亿元，到 2018 年达 2212.51 亿元，40 年来年均增幅 19.38%；交通、能源、水利等基础设施建设发展喜人。公路总里程 1978 年为 1.59 万千米，2017 年达到 8.93 万千米，高等级公路、铁路、机场的建成，使西藏现代交通运输体系基本形成；一大批水、电工程建成，形成了西藏综合能源体系。

各项社会事业全面发展。西藏改革开放 40 年来地方财政收入持续增长，由 1978 年的 –0.16 亿元，增长到 2018 年的 319.42 亿元。教育事业长足进步，在全国率先实施从学期教育到高中教育的 15 年免费义务教育政策；医疗卫生事业成绩斐然，各级医疗机构数、技术人员数、床位数以及医生人数分别增长 81.05%、228.19%、281.52% 和 206.78%。文化事业繁荣发展，各种类型的书屋纷纷建成。

扶贫工作成效显著。改革开放以来，全区在党中央的关怀和全国各省市的支援下，扶贫脱贫工作成绩斐然。仅 2012 年至 2017 年底，贫困人口减少 55 万人，减少到 33 万人，贫困发生率下降了近 20 个百分点，下降到了 12.4%。

人民生活更加幸福。1978 年全区城镇和农村居民家庭人均可支配收入分别为 566 元和 175 元，到 2018 年分别提高到 33797 元和 11450 元，40 年来年均增长率分别为 10.77% 和 11.02%。全区人民幸福感指数不断上升。

对外开放不断推进。逐步构建开放型经济新体制，融入“一带一路”发展中，推进面向南亚的陆路贸易大通道建设，对外贸易规模不断扩大。1953 年全区进出口贸易总额仅 402 万美元，1978 年为 1664 万美元，2017

年全区进出口总额为8.72亿美元，是1978年的52倍。2017年，西藏与68个国家和地区开展了双边贸易。

40年改革开放西藏经济发展取得了翻天覆地的变化，在国际国内形势复杂多变的情况下，西藏自治区党委、政府坚决贯彻习近平总书记的重要讲话精神，特别是“治国必治边、治边先稳藏”的重要论述，以法治思维开展工作，确保国家安全和西藏的稳定，西藏社会稳定走在全国前列。

0.4　结论

西藏70年的跨越发展，沧桑巨变，经济成就辉煌，深刻体现了中国共产党的英明伟大，彰显了我国社会主义制度的优越。西藏的发展，是全国人民无私援助和西藏各族人民不懈奋斗的结果。70年的伟大成就令人鼓舞，更给了我们弥足珍贵的深刻启示。实践充分证明，要始终不渝地坚持中国共产党的领导，坚持走有“中国特色、西藏特点”的社会主义道路，坚持党的实事求是的思想路线，坚持民族区域自治制度，坚持中央关怀、全国援助与自身艰苦奋斗相结合的发展模式，坚持反对民族分裂维护祖国统一，坚决贯彻党的治藏方略和习近平总书记治边稳藏重要论述。只有把改善民生、凝聚人心作为西藏经济社会发展的出发点和落脚点，将着眼点和着力点放到维护祖国统一、加强民族团结上，西藏才能迎来更加辉煌灿烂的明天。

历史启迪未来，成就鼓舞人心。今天新时代中国特色社会主义建设正扬帆远航，西藏各族人民必将在习近平新时代中国特色社会主义思想指引下，坚持新发展理念，把改革开放作为根本动力，奋力推进西藏长足发展和长治久安，同心同德、矢志奋斗，在新时代创造各项事业新辉煌，努力建设一个更加富裕、更加文明、更加美好的雪域高原，与全国人民一道共同实现“两个一百年”目标、携手共筑中华民族伟大复兴中国梦。

参考文献

［1］罗莉．西藏自治区经济史［M］．太原：山西经济出版社，2016.

［2］中国西藏自治区委员会，西藏自治区人民政府．西藏改革开放40年的历史性变革和经验启示［N］．西藏日报，2019-01-03（001）.

［3］汪德军．改革开放以来的中央历次西藏工作座谈会主要特点和重大影响［N］．西藏日报，2018-12-10（006）.

［4］史云峰．中国特色社会主义伟大旗帜与西藏的改革开放［N］．西藏日报，2018-12-24（006）.

第1章　西藏支持政策

余芳[①]　潘久艳[②]

1.1　引言

西藏自治区地处祖国西南边疆，占据了青藏高原的主体部分，总面积达120多万平方千米。与其他省（区、市）相比，西藏有着独特的自然环境、气候特征、历史文化、风土人情等，使得其在经济发展方式、运行规律等方面呈现出非常明显的特殊性。1949年以来，党的几代中央领导集体均高度重视西藏的稳定与发展，围绕西藏的革命、建设与改革实践作出了一系列重大决策，其中特殊的经济支持政策和援藏政策为西藏的发展提供了巨大帮助。

改革开放40年来，党和国家领导人抓住了西藏工作的主线，把握住了不断变化的西藏形势，顺应了西藏改革开放的历史进程和西藏人民的需要，政策上也由休养生息、促进发展转变为加快发展，再到跨越式发展，维护了西藏社会的稳定、推动了西藏经济的迅速发展，并促进了人民生活

① 余芳，湖北利川人，西南民族大学经济学院金融学专业2017级硕士研究生，主要研究方向为金融、民族经济。

② 潘久艳，四川夹江人，经济学博士，现工作于西南民族大学经济学院，硕士研究生导师，主要研究方向为区域经济、民族经济。

[基金资助]国家社会科学基金一般项目“新形势下对口援藏中农牧民参与机制研究”（项目编号：11YJC850017）、国家民委人文社科重点研究基地中国西部民族经济研究中心2018年度一般项目“新时期东西部扶贫协作背景下对口支援长效机制研究”（项目编号：CWEER201803）。

水平的快速提高。

西藏经济发展有利于社会稳定和民族团结，特别是在以一些西方敌对势力和达赖集团为代表的分裂势力妄图分化、分裂中国的背景下，长期稳定的发展便显得尤为重要。2013 年 3 月，习近平总书记在参加十二届全国人大一次会议西藏代表团审议时明确提出“治国必治边、治边先稳藏”的重要战略思想，要求“坚定不移走有中国特色、西藏特点的发展路子，积极构建维护稳定的长效机制，加快推进西藏跨越式发展和长治久安，确保到 2020 年同全国一道实现全面建成小康社会宏伟目标”。[①] 这是新时期西藏发展的方向，也表明对西藏的经济支持政策进入了新阶段。我们应当坚定不移地推进新时代改革开放，充分利用时代机遇，实施符合西藏经济发展实际地支持政策，创新原有援藏政策，努力谱写好中华民族伟大复兴中国梦的西藏新篇章。

1.2 经济支持政策历程

1.2.1 1951 年西藏和平解放前

旧西藏实行的是封建农奴制，农奴主不仅占有了包括全部土地在内的绝大多数生产资料，并且掌握着世俗权力和教权，对所属领地上的农奴拥有绝对的支配权。[②] 农奴被牢牢地束缚在土地上，不得随意迁徙。旧西藏的农奴阶级主要由“差巴”“堆穷”和“朗生”等阶层构成，占西藏人口的 90% 以上：“差巴”，藏语意为支差者，可以领种份地，是农奴阶级的主要组成部分；“堆穷”，藏语意为小户人家，他们靠租种农奴主或大差巴的小块土地为生，部分依靠手艺谋生；“朗生”，处于农奴阶级的最底层，是农奴主的奴隶，没有任何生产资料和人身权利，而且其子女也是“朗生”，

① 习近平参加十二届全国人大一次会议西藏代表团审议时强调：大力弘扬“老西藏精神”[N]. 人民日报，2013-3-10（01）.

② 张鹏 . 简述西藏民主改革中的经济政策 [J]. 福建质量管理，2017（22）：39.

是旧西藏最悲惨的阶层。[①]此外，旧西藏还有少量手工业，但多以家庭作坊形式存在，生产技术与工具落后，手工业者与农奴主之间有人身依附关系。旧西藏的封建农奴制在解放前夕已经开始日渐衰败，农奴逃亡等事件层出不穷。

1949—1951 年和平解放前，以毛泽东为代表的中央领导高度重视西藏的解放、改革、建设与发展，作出了许多重要的批示。但整体而言，当时的西藏地区仍以传统的农牧业经济为主，为了贵族、寺院生活需要和宗教活动而产生少量的手工业和小部分城镇商业，无工业基础，技术水平极度落后。

1.2.2　1951—1959 年西藏民主改革前

1951 年签订《十七条协议》后，解放军正式进入西藏，针对当时西藏的特殊经济情况，中共中央认为"对于西藏的现行政治制度，中央不予变更，有关西藏的各项改革事宜，中央不加强迫"。针对西藏的特殊性，毛泽东主席指出，"西藏情况和新疆不同，无论在政治上经济上西藏均比新疆差得多"，"西藏至少两三年不能实行减租，不能实行土改"[②]；毛泽东主席向中共西藏工委和西藏军区作出指示"进军西藏，不吃地方"，"一面进军，一面建设"。[③]

西藏和中央达成协议后，对西藏和平统一不满的英印便开始对西藏进行封锁，拒绝购买西藏的农牧业产品，妄图造成货物积压，试图激起西藏群众对中央政府的不满。1952 年，《中央关于西藏工作方针的指示》中指出："只要我们对生产和贸易两个问题不能解决，我们就失去存在的物质基础。"为了促进西藏的经济发展以及改善人民生活，西藏工委按照毛泽东主席的指示组建了西藏贸易总公司，以不赔不赚为经营方针，不零售只批发，以解决商品进口为主，同时鼓励西藏本地商业的发展。1954 年 4 月

① 司琪．和平解放初期中国共产党在西藏的经济政策及其成就［J］．赤峰学院学报（自然科学版），2016（32）：89.

② 中央文献研究室．西藏工作文献选编［M］．北京：中央文献出版社，2005：52.

③ 多杰才旦．西藏经济简史［M］．北京：中国藏学出版社，2002：24-25.

28日，中国与印度在北京签订的《中华人民共和国、印度共和国关于西藏地方和印度之间的通商和交通协定》；1956年9月20日，中国与尼泊尔在加德满都签订了《中华人民共和国和尼泊尔王国保持友好关系以及关于中国西藏地方和尼泊尔之间的通商和交通的协定》。这些条约的签订使西藏当地的对外贸易基本以法律的形式确定下来，同时也确保了贸易往来的平等关系和利益。

和平解放初期，西藏尚未统一货币，市面上流通着藏币、银元、印度卢比等不同种类的货币。中央政府没有贸然改变藏钞的地位，但随着藏钞的逐渐贬值，西藏工委决定在藏族聚居区先不使用银元作为货币，希望在取得群众的信任后再逐步过渡到人民币。邓小平同志提出“藏洋与银洋兑换的比价，按照历来习惯不宜变更”。[①] 到1955年，西藏物价水平趋于稳定，在国务院批准下，昌都地区解放委员会管辖下的地区才宣布同时流通人民币与银元。1959年8月10日，西藏自治区筹备委员会宣布藏币作废，正式流通人民币，并限期以人民币收兑藏币。此时西藏货币才真正与内地统一，继而增强了西藏与内地的商业贸易往来并促进了西藏经济的发展。

同时期，西藏在中央的支持下，依托国有企业建立起第一批现代化经济企业，包括汽配厂、木材厂、地毯厂等；为改善民生，促进工农业发展，又修建了拉萨水电站和日喀则火电厂；中国人民银行成立拉萨办事处；中华人民共和国邮电部拉萨邮电局成立，而后在日喀则等地先后成立分支机构。

西藏和平解放后，党和国家在西藏经历了8年的艰苦奋斗，虽然在民主改革前西藏依然是封建农奴制社会，但这8年是为建设社会主义的西藏做准备。正是因为有了这些新的经济政策和经济建设，才为后来西藏的民主改革奠定了基础。

① 中央文献研究室，中共重庆市委员会．邓小平西南工作文集［M］．北京：中央文献出版社，2006：181.

1.2.3 民主改革—1978年改革开放

1.2.3.1 民主改革中的经济政策

早在1951年，中央便根据西藏的特殊性，在《十七条协议》中规定，暂时不改变西藏现行社会制度。随后又作出了“六年不改”的决定，充分尊重了西藏地方上层的各种旧权利。但西藏上层的反动势力却妄图继续保持封建农奴制，置国家利益于不顾，对外勾结帝国主义列强，于1959年3月悍然发动武装叛乱。中央决定，在平定叛乱的同时对西藏地方实行民主改革。党中央针对那些采取中立态度和支持中央的西藏上层爱国人士，在民主改革中采取了不同的改革措施。

《西藏自治区筹备委员会关于进行民主改革的决议》明确指出，对叛乱领主包括其代理人的土地实行“谁种谁收”，即耕作者完全获得土地上的收获；对于未参加叛乱的领主包括其代理人实行“二八”减租，租额减至两成，农奴可获八成收获；解放“朗生”，将其与农奴主的人身隶属关系转变为雇工关系；废除叛乱领主之前发放的一切债务。1959年9月，西藏自治区筹委会改革决议中提出“废除农奴主土地所有制，实行农民土地所有制；废除人身依附，解放农奴和奴隶……西藏地区的土地制度的改革，实行和平改革的方法。”①

实施和平赎买政策。根据实际情况，西藏也同内地一样实施和平赎买政策，赎买未叛乱的农奴主和其代理人的多余生产资料，实行分期付款形式。自治区筹委会通过了《关于西藏地区民主改革中赎买未叛乱农奴主和农奴主代理人占有多余生产资料赎买资金支付办法》，到1961年初，西藏的赎买对象基本完成了赎买手续，其余特殊资源，如森林和矿产等，均收归国有。

对寺庙进行经济改革。筹委会决定：“废除寺庙的一切封建特权……寺庙内的公共资金和财产，实行民主管理，作为生产基金和供给人员生活、正常宗教活动之用。寺庙内的各项收入不足以维持其正当开支时，由

① 中国社会科学院西藏人权研究课题组．西藏人权研究参考文献选编［M］．北京：中国藏学出版社，2004：53.

政府予以补助。"[①] 由于旧西藏的特定历史环境，寺庙经济在西藏地方拥有着极其特殊的地位。寺庙占据了西藏 1/3 的土地，残酷剥削所统辖范围内的农奴，但寺庙对群众影响力极大，必须慎重对待。对此，党中央和自治区筹委会谨慎地开展"三反三算"运动，没收"三大寺"所占有的一切财产和生产资料，没收参与叛乱的其他寺庙的上层僧侣的生产资料，对未参与叛乱的寺庙和僧侣的生产资料采取赎买政策；废除寺庙的封建特权和封建剥削，取缔其在经济领域中的不法行为。

对工商业和货币进行改革。自治区筹委会要求，接管叛乱分子所有的工商业，迅速组织生产，发展手工业，逐步恢复与提高贸易量；自治区筹委会决定，由西藏工委财委限期收兑藏币和贵金属，禁止外币流通，没收假币，以人民币作为西藏地区流通领域的唯一法定货币。

1960 年底，西藏民主改革基本完成，中央决定暂不在西藏进行社会主义改造。经过对民主改革中暴露出的问题和遗留问题的解决，西藏民主改革落下帷幕，为西藏日后的社会主义改造奠定了基础。

1.2.3.2 民主改革后至改革开放

中央对西藏的财政支援。1959—1965 年，中央对西藏的财政支持达 59023 万元，占同期西藏财政总收入的 69%，地方财政收入占总收入的比例大大提高，达 31%。[②]1965 年，中央对西藏实行"核定收入，核定支出，给予机动，一年一定，结余上缴"的管理办法。在对西藏实行与全国统一的财政管理体制的同时，中央针对当时西藏特殊的形势，重点保障西藏政权建设与巩固发展的资金需要。但受一些事件影响，西藏地方财政收入从 1968 年开始为负数。面对这种状况，中央对西藏的财政支持逐年加大。1966—1976 年，中央在全国财政收人不景气的情况下，支持西藏财政 215033 万元，年均增长 9.09%。

扶持农牧业发展。1961 年 6 月，中共西藏工委遵照中央指示制定了《农村若干具体政策的规定》和《关于牧区当前若干具体政策的规定（草

① 中国社会科学院西藏人权研究课题组．西藏人权研究参考文献选编［M］．北京：中国藏学出版社，2004：60.

② 王刚．西藏和平解放至改革开放前党的援藏工作研究［D］．长春：吉林大学，2013：10.

案）》。主要内容是：在农业方面，稳定农民个体所有制，认真办好互助组，5年不办合作社，大力发展爱国生产运动，发展农村手工业和副业生产，活跃农村经济，以1960年核实的常年产量为基础计征爱国公粮，5年不变，增产不增税。在牧业方面，稳定牧民个体所有制和牧主所有制，至少5年不办牧业生产合作社；允许雇佣牧工和出租牲畜，发挥牧工生产积极性和牧主经营积极性；大力开展爱国主义增产保畜运动，认真办好互助组；广泛开展自由交换，允许自由借贷，活跃牧区经济；实行轻税政策。1962年12月中共西藏工委又发出了《关于整顿、巩固、提高互助组，发展农业生产的指示》。

1965年7月，中央同意西藏开始试办人民公社，农牧区社会主义改造逐步展开。到1977年6月，全区共修建梯田、园田、台田100多万亩；建成引水灌渠1200余条，总长度约26100千米；建成农村小水电站160座，装机容量6100千瓦。为加快西藏农业发展，国家实行了一系列优惠政策，包括从区外购进农业机械和生产资料的运费及差价均由国家予以补贴；社队购买农牧业机械由国家扶持70%~90%的资金；免费向农民推广农药、化肥等。

工业基础设施建设。民主改革后，党中央、国务院仍继续加大西藏电力投资力度，加快骨干电站建设，西藏电力工业取得了较快的发展。到1978年底，全区电力装机总容量达到5.93万千瓦，年发电量1.34亿千瓦时，分别为1965年的7.19倍和4.96倍，初步形成了能源建设以水电为主、多能互补的开发格局。除拉萨、日喀则电力供应状况继续改善外，西藏其他重要城镇和一批县乡村也相继通电。1972年5月30日，周恩来总理批示建设格尔木至拉萨可输送4种成品油、全长1080千米地下输油管线，1976年11月16日建成通油。输油管线的建成，大大节约了油料运输的成本，保证了西藏生产、生活用油的供应，对西藏经济建设和国防安全都具有重要作用。

通过对西藏进行社会主义改造，其经济社会各项事业均平稳发展，即使国家处在困难时期，对西藏的支持力度和特殊政策也并未有较大改变，这些都为西藏日后发展奠定了基础。

1.2.4 六次中央西藏工作座谈会与全国援藏

1978 年党的十一届三中全会标志我国进入改革开放的新时期，但由于西藏的特殊性，其改革面临的挑战多于内地，改革基础也较为薄弱，这种情况引起了党中央的高度重视。如何在新的历史时期实现西藏的发展便成为党和国家亟待思考的问题。基于此，中央采取工作座谈会这一特殊机制来推动西藏经济社会的发展。

1.2.4.1 第一次中央西藏工作座谈会

1980 年 3 月，中共中央书记处召开了第一次西藏工作座谈会，明确了西藏在改革开放初期的任务是“拨乱反正”“休养生息”。座谈会指出，要根据西藏的自身特点安排和发展国民经济，同时还需考虑人民群众的生活需要。[①] 主要措施包括：以发展农牧业为主，逐步地调整产业布局；整顿好现有工业企业，着重发展轻纺工业；发展交通运输业；发展商贸；继续落实党在农村、牧区的经济政策，充分尊重生产队的自主权，建立健全生产责任制，坚持按劳分配、多劳多得的原则，在社员自留地等一系列问题上，坚决纠正各种“左”的偏向；坚持低税政策，粮食征购，定额后几年不变。

此次座谈会的援藏政策主要是对西藏技术、农牧业等方面的援助。如年均定额补助增加到 4.96 亿元，各种专项拨款 0.9 亿元，基本建设投资 2.622 亿元。

1.2.4.2 第二次中央西藏工作座谈会

第一次中央西藏工作座谈会后，西藏经济发展进入正轨，但随之而来的诸多问题，如 1981—1983 年三年自然灾害对生产的影响、领导干部对政策的理解出现分歧、宗教政策问题等，对西藏发展提出新的要求。基于此，1984 年 2—3 月，中共中央书记处召开了第二次中央西藏工作座谈会。会议提出，必须重视西藏工作的特殊性，因为忽视了特殊性便会脱离西藏群众，损害国家与各民族的利益，而“从西藏工作的特殊性出发，就需要

① 中共中央文献研究室，中共西藏自治区委员会 . 西藏工作文献选编（1949—2005）[M] . 北京：中央文献出版社，2005：306.

在西藏自治区实行一系列特殊优惠政策，而无须担心这样做西藏是否在搞社会主义，是否会使党的领导进一步削弱，宗教影响是否会更大，比较大的叛乱是否会再次发生”①。

为了实现西藏经济社会快速发展，会议提出了以下政策：第一，进一步放宽政策，鼓励农林业和民族手工业的快速发展；第二，对外实行开放，对内加强交流；第三，大力开发能源，发展交通运输事业；第四，决定由水电部、国家建材局等相关单位和北京、上海、天津等9省市，帮助西藏建设43项当时迫切需要的中、小型工程项目。

随后，西藏自治区党委积极落实上述政策，制定了《西藏自治区经济社会发展战略设想》，提出了西藏在20世纪末的经济社会发展总目标及其为此努力的具体举措。此举帮助西藏克服了1987年后骚乱的不利影响，保持了良好的发展态势。②

1.2.4.3 第三次中央西藏工作座谈会

经过十多年的改革开放，我国综合国力已有显著提高。1992年邓小平同志发表南方谈话，进一步解放了思想；党的十四大确立了市场经济体制，推动了改革开放稳步向前。同期，胡锦涛同志入藏工作并形成了“一个中心，两件大事，三个确保”的治藏思想。这些均有助于西藏发展，但与此同时，国际反华势力与达赖集团勾结，妄图分裂祖国，不断制造骚乱事件。

为了维护国家安全统一和西藏和平发展，1994年7月20—23日，中央召开第三次西藏工作座谈会。会议提出，“坚持邓小平建设有中国特色社会主义理论和党的基本路线，以经济建设为中心，紧紧抓住发展经济和稳定局势两件大事，确保西藏经济的加快发展，确保社会的全面进步和长治久安，确保人民生活水平的不断提高”③。总的来说，就是既要坚决禁止

---

① 中共中央文献研究室，中共西藏自治区委员会．西藏工作文献选编（1949—2005）[M]．北京：中央文献出版社，2005：361-362.

② 魏少辉．改革开放以来中国共产党发展西藏政策演变探析[J]．贵州民族研究，2018(10)：3.

③ 中共中央文献研究室，中共西藏自治区委员会．西藏工作文献选编（1949—2005）[M]．北京：中央文献出版社，2005：479-480.

西藏分裂，也必须保证西藏不能长期落后。会议提出了加快西藏经济发展的新战略和新的发展任务，明确要“以经济建设为中心，加快西藏发展”。座谈会指出，应坚持和完善赋予西藏的特殊优惠政策，国家对西藏采取的各项优惠政策在2000年前保持不变；对西藏的财政补贴，实行“核定基数、定额递增、专项扶持”的政策；税收实行“税制一致，适当变通，从轻从减”的政策；对西藏进口的属于西藏自用的商品，实行先征收、缴纳中央财政，后定额返还的办法；对中央出台的重大调价措施在西藏的涨价影响，由国家财政给予适当补贴；继续免征农牧业税和乡镇企业所得税。

会议通过了《中共中央、国务院关于加快西藏发展、维护社会稳定的意见》，作出了中央各部门和15个省市“对口援藏、分片负责、定期轮换”的重大决策，动员中央、国家机关和各省（市、区）援助西藏建设了62个项目，总投资达23.8亿元。这开创了由靠“中央”转变为靠“地方”的援藏新局面。①

1.2.4.4 第四次中央西藏工作座谈会

面对西藏发展出现的新问题，在21世纪开端之年和西藏和平解放50周年之际，2001年6月25—27日，中共中央、国务院召开了第四次中央西藏工作座谈会，研究进一步做好西藏工作的一些重大问题。

这次会议的主要任务为：以邓小平理论和“三个代表”重要思想为指导，总结第三次座谈会以来西藏工作的经验，明确了西藏工作在新形势下的指导思想和主要任务。本次座谈会以促进西藏实现跨越式发展和长治久安为目的。

在具体举措方面，原有的特殊优惠政策不变，而且在财税金融、投资融资、价格、工资、产业政策、对外开放、农业牧业、企业改革等方面，对西藏实行优惠政策的领域进一步拓宽。相关部门针对西藏经济发展制定了《西藏自治区招商引资的若干规定》《西藏自治区关于招商引资的补充规定》，中国人民银行加大对西藏的金融支持，继续维持西藏金融机构优惠贷款利率和利差补贴等政策，鼓励优质企业入藏。

① 李春梅，师晓娟，李青芮．改革开放四十年我国援藏政策研究［J］．西藏大学学报（社会科学版），2018（3）：9.

为了推动西藏跨越式发展，会议进一步加强了对口支援，在“十五”计划期间国家直接投资312亿元，建设117个项目；中央提供财政补助为380亿元，地方对口支援70个项目，总计30亿元。第四次西藏工作座谈会集中体现了在经济上加大援藏力度的特点。

1.2.4.5 第五次中央西藏工作座谈会

第四次中央西藏工作座谈会为加快西藏经济的发展提供动力，为西藏安定保驾护航，但分裂势力的存在威胁着西藏的长期繁荣。为了进一步推进西藏跨越式发展和长治久安，2010年1月18—20日，中共中央、国务院召开了第五次中央西藏工作座谈会，根据新形势下出现的问题提出针对性措施。

会议提出“富民兴藏”战略，“加大社会主义新农村建设力度，以安居工程为主要抓手。尽全力使各族群众尤其是农牧民收入有所增加，完善和落实各项增收政策。加大中央扶贫资金投入力度，重点支持农牧区和边境地区，引导社会资源投入扶贫开发事业，使贫困群众衣食无忧”①。在特殊优惠政策和全国援藏方面，继续“执行并完善收入全留、补助递增、专项扶持的财政政策，完善均衡性转移支付、民族地区转移支付办法，加大专项转移支付力度，继续实行税制一致、适当变通的税收政策，坚持分片负责、对口支援、定期轮换的办法”②。本次座谈会着眼于详细目标的设定并明确了实现目标的具体措施，这表明了中国共产党发展西藏的决心以及中央治藏方略的与时俱进。

1.2.4.6 第六次中央西藏工作座谈会

第五次中央西藏工作座谈会后，特别是党的十八大以来，西藏经济社会均实现快速发展，人民生活水平显著提高，但西藏发展仍是我国全面建成小康社会的“短板”。在西藏自治区正式成立50周年之际，2015年8月24—25日，第六次中央西藏工作座谈会召开。座谈会总结了新中国成立以来的西藏工作，针对我国正处于全面建成小康社会的决定性阶段这一现实情况，确立了指导西藏工作的新思想、新目标和相关举措。

---

①② 胡锦涛文选（第三卷）[M].北京：人民出版社，2016：316，318.

在会议上，习近平总书记提出“要进一步加大中央对西藏发展的支持力度，充实和完善特殊优惠扶持政策，继续执行‘收入全留、补助递增、专项扶持’的财税优惠政策。增加中央投资，强化金融支持，加强对口支援。加大中央对四省藏区政策支持力度，统筹推进西藏和四省藏区协调发展，统筹推进四省藏区和本省协调发展，统筹解决交界地区突出问题”①。会议制定了惠及全国民区各族干部群众的一系列特殊优惠援藏政策，为西藏确定了“十二五”达到生产总值3305亿元和“十三五”达到生产总值6576亿元的项目总量。

从1949年起，西藏历经和平解放、民主改革、改革开放和六次中央西藏工作座谈会，中国共产党发展西藏的政策具有很强的延续性，同时也会为了适应新局面进行调整。党中央对西藏发展提出的各项政策顺应了历史进程，把握住了西藏工作的主线，推动了西藏经济社会的发展，从而极大地改变了西藏的面貌。

1.3　经济支持政策成就

1949年以来，在党和国家高度关注与关怀下，西藏社会发生了翻天覆地的变化，经济发展取得了举世瞩目的成就，这离不开西藏各族人民的共同努力。

1.3.1　地区生产总值

1951年，西藏和平解放之初，西藏地区生产总值仅为1.29亿元，人均地区生产总值仅为114元；1951—1965年，其间历经民主改革和西藏自治区成立，区内生产关系发生根本性变化，西藏的生产力被解放，地区生产总值和人均地区生产总值都有了快速发展；到1978年改革开放，其间党和国家领导人坚定不移地促进西藏发展，西藏经济并未停滞（此时西藏

① 习近平.依法治藏富民兴藏长期建藏 加快西藏全面建成小康社会步伐［EB/OL］.（2015-08-26）［2019-02-25］. http://cpc.people.com.cn/n/2015/0826/c64094-27516918.html.

地区生产总值为 6.65 亿元，人均地区生产总值为 375 元）；之后历经六次中央西藏工作座谈会以及全国援藏工程，2017 年西藏的地区生产总值已达 1310.92 亿元，人均地区生产总值达 39267 元，2018 年地区生产总值更是达到了 1477.63 亿元（见表 1–1）。

表 1–1 西藏地区生产总值及人均生产总值

年份	地区生产总值 / 亿元	人均地区生产总值 / 元	年份	地区生产总值 / 亿元	人均地区生产总值 / 元
1951	1.29	114	2000	117.8	4572
1959	1.74	142	2001	139.16	5318
1965	3.27	241	2002	162.04	6094
1978	6.65	375	2003	185.09	6850
1985	17.76	894	2004	220.34	8034
1986	16.93	842	2005	248.8	8939
1987	17.71	863	2006	290.76	10258
1988	20.25	964	2007	341.43	11898
1989	21.86	1021	2008	394.85	13588
1990	27.7	1276	2009	441.36	15008
1991	30.53	1358	2010	507.46	17027
1992	33.29	1468	2011	606.13	20086
1993	27.42	1624	2012	701.65	22970
1994	45.99	1964	2013	816.57	26355
1995	56.11	2538	2014	921.73	29280
1996	64.98	2688	2015	1027.43	32031
1997	77.24	3144	2016	1151.41	35184
1998	91.5	3666	2017	1310.92	39267
1999	105.98	4180	2018	1477.63	—

数据来源：《西藏统计年鉴 2018》。

据统计，1951—1959 年西藏地区生产总值年均增速为 4.11%，1959—1978 年为 7.31%，1978—2017 年为 14.6%；到 2017 年，西藏地区生产总值连续 25 年实现两位数增长，在全国各省（区、市）十分罕见。[①] 上述数

① 根据历年西藏统计年鉴及《2017 年西藏自治区国民经济和社会发展统计公报》等资料整理得出。

据充分展示了西藏在新中国成立 70 年里，特别是改革开放 40 年间，实现了经济快速发展，经济总量有了很大突破。

1.3.2 全社会固定资产投资

自西藏和平解放到西藏自治区成立，直至改革开放之初，西藏的全社会固定资产投资额少且增长缓慢；20 世纪 80 年代至 90 年代中期，随着改革开放，全社会固定资产投资出现较快增长；自 1995 年起，由于第三、第四和第五次西藏工作座谈会的召开，以及全国援藏等重大决策的持续贯彻落实，西藏全社会固定资产投资快速增长，到 2014 年已经突破千亿元；2015 年后，西藏全社会固定资产投资进入了新的阶段，截至 2017 年已经突破 2000 亿元（见表 1–2）。

表 1–2 西藏全社会固定资产投资 单位：亿元

年份	固定资产投资额	年份	固定资产投资额
1956	0.26	2010	463.26
1965	1.18	2011	549.27
1978	1.85	2012	709.98
1985	7.49	2013	918.48
1990	7.61	2014	1119.7
1995	36.95	2015	1342.2
2000	66.5	2016	1655.5
2005	196.19	2017	2051

数据来源：《西藏统计年鉴 2018》。

注：部分数据不可得，因此选取代表性年份。

1.3.3 财政收支情况

1978 年改革开放前，西藏地方财政收入几乎可以忽略不计。随着经济的发展，特别是中央对西藏“收入全留、补助递增、专项扶持”特殊财税政策的实施，西藏财政收入迅速增长，2018 年，西藏财政收入达到 319.42 亿元，同比增长 23.3%；财政支出从 1978 年的 4.57 亿元，增长到了 2018 年的 2082.48 亿元，年均增长 16% 左右（见表 1–3）。

表 1-3　西藏财政收支情况　　单位：万元

年份	地方财政收入	地方财政支出
1978	—	45734
1988	—	104766
1989	1380	119231
1992	10869	166120
1995	21500	348749
1998	44273	461966
2001	73790	1062067
2004	119899	1360690
2007	231437	2793631
2010	424679	5625834
2013	1104234	10490647
2016	2067485	16409800
2017	2591079	17683129
2018	3194200	20824800

数据来源：《西藏统计年鉴 2018》。

1.3.4　三次产业发展情况

1.3.4.1　第一产业

综上所述，西藏地区在和平解放之初，农牧业虽然是支柱产业，但封建农奴制的生产关系并未有根本性改变，显现出一种自给自足的自然经济。和平解放后，在党中央的指导下，西藏建立了一批国营机构，以便发展第一产业：1952 年在拉萨建立了西藏拉萨七一农场，这是西藏第一个国营农场。1953 年建立拉萨农业试验农场，这是西藏有史以来第一个农业科研机构。成立的农业科研机构负责培育、引进、改良青稞、小麦品种等工作。次年又建立了家畜门诊所和血清厂等，为西藏农业、畜牧业发展起到了积极作用。[①]

民主改革后，废除封建农奴制等制度，西藏第一产业有了极大发

① 司琪．和平解放初期中国共产党在西藏的经济政策及其成就［J］．赤峰学院学报（自然科学版），2016（32）：90。

展，“民主改革第一年的1959年，全区粮食总产量达到182905吨，比1958年增长4.5%；1960年粮食总产量达到205934吨，比上一年增长12.6%。1960年全区牲畜存栏头数1050多万头（只），比1959年增长10%”[①]。

改革开放后，在中央的指示下，西藏自治区党委、政府发布一系列促进农牧业发展的文件，实行“两个长期不变”方针，西藏的第一产业有了快速发展。截至2017年底，西藏农牧业科技贡献率达55%，农牧业综合生产能力大幅提高，“粮食产量达到105.13万吨，较1978年实现翻番，肉奶产量达到67.09万吨，是1978年的6.3倍”[②]（见表1–4）。

表1–4 西藏第一产业产值

单位：万元

年份	产值	年份	产值	年份	产值	年份	产值
1959	14417	1994	268249	2002	558874	2010	1007685
1965	26420	1995	358961	2003	586339	2011	1093685
1978	39228	1996	385282	2004	627373	2012	1183267
1985	108875	1997	414556	2005	677408	2013	1279967
1990	195023	1998	423770	2006	704765	2014	1387236
1991	210063	1999	482155	2007	798309	2015	1494633
1992	224530	2000	512185	2008	884518	2016	1624618
1993	229860	2001	527791	2009	933807	2017	1781603

数据来源：《西藏统计年鉴2018》。

1.3.4.2 第二产业

西藏和平解放后，国家在西藏建立了一批国营工矿业企业以及发电站；1959年民主改革后，西藏将叛乱农奴主工业收归国有，之后在社会主义改造中对私人工业进行和平赎买。改革开放后，西藏工业发展迅速，总产值由1978年的1.40亿元，增长到2017年的245.99亿元（见表1–5）。

① 邓力群．当代中国的西藏（上）［M］．北京：当代中国出版社，1991：296.

② 中共西藏自治区委员会，西藏自治区人民政府．西藏改革开放40年的历史性变革和经验启示［N］．西藏日报（汉），2019–01–03（001）.

表 1–5　西藏工业产值　　　　单位：万元

年份	产值	年份	产值	年份	产值	年份	产值
1959	140	1994	76200	2002	216337	2010	756144
1965	4344	1995	90816	2003	239635	2011	950805
1978	14934	1996	103917	2004	284243	2012	1059120
1986	20200	1997	117586	2005	336462	2013	1258348
1990	37200	1998	144313	2006	401641	2014	1516709
1991	44214	1999	166010	2007	504375	2015	1791452
1992	49696	2000	183036	2008	597153	2016	2101544
1993	59873	2001	199769	2009	657970	2017	2459934

数据来源：《西藏统计年鉴 2018》。

截至 2017 年，西藏规模以上工业企业完成电力热力生产和供应较 2016 年增长 36.4%；水泥产量 642.14 万吨，增长 5.9%；发电量 50.24 亿千瓦时，增长 7.9%；啤酒 17.86 万吨，增长 8.5%；中成药（藏医药）2253 吨，增长 10.1%；包装饮用水 68.7 万吨，增长 28.6%。① 建筑业实现增加值 411.49 亿元，比 2016 年增长 12.2%。

1.3.4.3　第三产业

和平解放初期，西藏货币市场混乱，没有成体系的金融业。在中央指示下，中国人民银行、邮政及贸易部门先后在拉萨及西藏各地建立分支机构，开展金融、经贸活动。1960 年西藏货币改革完成，统一使用人民币，为西藏与内地的金融贸易活动奠定了物质基础。

改革开放以来，西藏第三产业发展迅速，总产值从 1978 年的 1.44 亿元，增长到 2017 年的 673.32 亿元，约增长了 467 倍，年均增长率达到 17.1%。其中，旅游业收入从 1978 年几乎可以忽略的数值，迅速增长到 2017 年的 379.37 亿元，成为当今西藏的第一大产业，而且还保持着强劲的增长势头，截至 2017 年底，全区累计接待国内外游客 9739.04 万人次，累计实现旅游总收入 1361.22 亿元。② 贸易方面，西藏进出口总额由 1953 年

① 根据《西藏统计年鉴 2018》整理得到。

② 根据《西藏统计年鉴 2018》及《2017 年西藏自治区国民经济和社会发展统计公报》等资料整理得出。

的1387万元增长到1978年的2869万元；改革开放后，国家对西藏的大量优惠政策，促进了西藏境内外贸易的发展，截至2017年，西藏进出口总额达到近59.2亿元，创历史新高。

总体来看，在党和国家的大力支持下，西藏历经70年的发展，目前已形成“三二一”的产业结构格局，第三产业自1997年便超过第一产业，此后长期占据三大产业的首位。2017年，第一、第二和第三产业占地区生产总值的比重分别为9.4%、39.1%和51.5%；吸纳就业人口分别占全部就业人口的37.6%、17.6%和44.7%。根据上述分析，可以说西藏从理论上和现实上确已实现了较为超前的发展。

1.4 经济支持政策展望

1.4.1 面临的机遇

1.4.1.1 新时期中央对西藏经济社会发展持续高度重视

在第六次西藏工作座谈会上，中央已将西藏在党和国家发展战略中的地位上升到一个前所未有的高度，会上明确提出西藏是“重要的国家安全屏障、重要的生态安全屏障、重要的战略资源储备基地、重要的高原特色农产品基地、重要的中华民族特色文化保护地、重要的世界旅游目的地、重要的‘西电东送’接续基地及面向南亚开放的重要通道”。在新时期，将进一步完善和发展对西藏的特殊优惠政策，继续执行“收入全留、补助递增、专项扶持”的财税优惠政策，不断增加中央投资，强化对西藏的金融支持，进一步加大对口援藏力度，为西藏产业结构深层次优化和各产业的可持续发展奠定基础。

1.4.1.2 “一带一路”倡议提高西藏开放程度

西藏地理位置十分重要，北接“丝绸之路经济带”，南靠“21世纪海上丝绸之路”，可谓是我国通向中亚、南亚等地区的“十字路口”，是“一带一路”倡议总体布局中重要的一环。党和国家已经明确提出要将西藏建设成为向南亚开放的重要通道，使其成为对南亚开放的前沿，通过西藏的区位优势实现连接我国内地和南亚的目标，这为加快西藏的对内对外开放提供了广阔空间。一方面，西藏参与“一带一路”建设，有助于西藏地方企业向内地发展，扩展市场；通过与东部沿海地区的合作，学习先进企业管理经验和技术，吸引资金、技术和人才；加大与周边省市基础设施的互联互通力度，有助于西藏融入川渝经济圈等区域性经济发展战略中，扩大产业发展的合作空间。另一方面，西藏作为对南亚开放的“桥头堡”，应充分运用其区位优势，改善口岸基础设施，提高服务质量，从而不断加强与印度、尼泊尔等南亚国家的经贸合作，逐步融入国际市场。

1.4.1.3　供给侧结构性改革助力西藏产业结构调整

供给侧结构性改革，是党中央在全面分析国内经济阶段性特征的基础上，作出的调整经济结构、转变经济发展方式的重大决策，是解放和发展生产力的要求，也是制度创新的重要动力。[①]西藏当前已形成“三二一”的产业格局，总体上看已实现跨越式发展，但仍存在诸如生产成本较高、企业自主创新能力不强等问题，因此西藏供给侧结构性改革主要着眼于“降成本、补短板”，通过改革创新，激发市场要素和市场主体的活力，提高内生增长能力，培育新的发展极。西藏自治区各级党委和人民政府要时刻关注党和国家的整体部署，立足西藏实际情况，充分发挥指导作用，利用西藏的资源优势，通过体制改革和制度创新，提高发展质量和效益。

1.4.2　经济支持面临的挑战

1.4.2.1　投资拉动型经济效益递减，内生增长动力不足

虽然西藏的地区生产总值在过去 25 年里一直维持两位数增长，但总量基数小，长期处于全国最后一位，甚至与前一位的青海省仍有 1 倍以上的差距。西藏经济社会的高速发展主要是依靠中央政策扶持和国家投资拉动。“十二五”期间，中央投资占西藏总投资的 36.6%，投资对经济增长的贡献度高达 129%，是全国平均水平的 2.6 倍，但投资的边际效益逐步

① 德吉央宗．西藏经济发展的阶段性特征分析［J］．产业创新研究，2018（7）：32.

递减；投资率不断提高，从2010年的91%增加到2015年的131%，再到2017年的157%。[①]“十三五”期间，由于国内经济发展进入“新常态”，经济增速放缓，经济结构处于调整期，国家投资增速相应放缓；对口援藏省份相继进入结构调整时期，投资有限；社会投资严重不足，建设资金缺口较大，直接制约了区内经济增长。

1.4.2.2 产业总体层次低，支撑能力弱

截至2017年，西藏第三产业占地区生产总值的比重已超过一半，从数据上看西藏已经进入了产业发展的高级阶段，但我们必须看到，西藏第一产业虽然仅占地区生产总值的9.4%，但吸纳了37.6%的就业人口，第二产业仅吸纳了17.6%的就业人口，西藏实际上刚进入工业化起步阶段。受自然环境、交通基础设施等方面的影响，西藏的原材料、劳动力成本较高，劳动力文化水平普遍不高，导致西藏的工业企业规模小、效益低、管理粗放、创新不足。中央及各援藏省份支持的建设项目对工业制成品、建材的需求量很大，但区内市场供给始终难以满足需求。总体上，工业没有发挥出扩大就业、促进社会稳定、实现农业现代化等重要作用。

西藏交通路网密度仅为全国平均水平的6%，道路等级低且主要为单向运输，运输成本过高；物流基础设施不足；信息化发展水平较低。这些都严重制约了西藏内部物资运输以及与内地市场和南亚市场的贸易往来。

1.4.2.3 正确处理发展和稳定的关系

发展与稳定的关系是辩证统一的，两者相辅相成，不可偏颇。一方面，经济社会全面发展才能实现稳定，才能长治久安，全区各族人民才能过上幸福安康的好日子；另一方面，稳定要依靠发展，只有社会稳定了，人民群众感到安全，才会全力发展经济。过去，西藏曾经出现过这样的情况：当达赖分裂集团在境内外实行各种分裂活动、西藏社会安全稳定形势特别严峻时，有的干部群众就在工作中产生忽视发展的想法，将安全稳定作为唯一工作任务和目标；当社会局势比较稳定时，有些干部群众在工作中则忽视社会稳定的重要性，只是一味地强调发展，淡忘了反分裂斗争的

① 投资率通常是指一定时期（年度）内总投资占国内（地区）生产总值的比重。

长期性、复杂性和艰巨性。[①] 这两种做法都忽视了发展和稳定的辩证统一关系，在未来的工作中必须予以纠正。

1.4.2.4 环保标准日趋严格，绿色发展成为重点

党的十八大以来，国家着重强调生态文明建设，先后出台了《关于加快推进生态文明建设的意见》和《生态文明体制改革总体方案》等政策文件。由于西藏应对气候变化、抵御自然灾害的能力较弱，为加强环境保护，西藏自治区先后出台了一批地方性法规，规范了全区自然资源的科学合理利用，更加严厉地处罚环境违法行为。西藏特殊的自然条件，要求产业发展不能再走传统工业化的老路，而是必须依靠科技创新，采取新技术、新工艺提升产业发展过程中的环境保护能力和水平，走绿色发展之路。

1.4.3 相关建议

1.4.3.1 充分发挥市场在资源配置中的决定性作用，更好地发挥政府作用

新时期，我国发展进入"新常态"，经济从高速增长转为中高速增长，从要素驱动、投资驱动转向创新驱动，涉及投融资活动的体制改革不断深化，强调扩大民间投资的重要作用。长期以来，国家预算内投资是拉动西藏经济增长的主要动力，随着国家宏观经济形势的变化，这种"以国家投入为主，通过政府投资支持经济快速增长"的模式面临现实困难。与此同时，西藏民营经济发展活力不断增强，非公经济主体占西藏的 95% 以上，提供了西藏一半以上的非农就业岗位，上缴税收占西藏的 90% 以上，为市场在资源配置中发挥决定性作用提供了基础和条件。[②] "十三五"时期，应该进一步转变发展方式，正确处理好政府和市场的关系，大力激发市场活力，加快非公经济发展，引导更多民间投资推动经济社会加快发展。

1.4.3.2 加大开放力度，融入国家对外开放总体战略

改革开放包括改革和开放两个方面，开放是其中的重要一环。西藏处于祖国的西南边陲，与印度、尼泊尔、不丹等国家毗邻，陆地边界线比较

① 陈敦山．西藏改革开放 40 年的成就经验反思［J］．西藏民族大学学报（哲学社会科学版），2018，11：21.

② 根据相关资料整理得到。

长，目前拥有4个国家一类口岸、1个二类口岸，是南亚陆路贸易的重要通道。改革开放40多年来，西藏没有充分利用区位优势，区域合作水平低，对外贸易规模小，限制性条件较多，区位优势尚未发挥，不能适应国家新一轮开放战略的需要。当前，西藏应当抓住国家构建“三圈三带”沿边开发开放空间格局的战略机遇，加快建设环喜马拉雅国际经济合作带，成为国家向南亚开放的重要通道。同时，西藏应当提高与内地的经贸联系，不仅与周边省（区、市），更要与中东部地区进行人员和物资往来，加大对内开放力度。

1.4.3.3 产业发展朝提质增效转变

当前，西藏产业呈现出“多而不强、散而不大、同质低效”的特点。新常态下，国家重点提倡绿色发展和消费拉动，推动居民消费结构的升级和多样化发展，这给西藏带来了新的机遇。针对这些情况，西藏自治区围绕特色优势资源，有序发展特色产业，重点开发旅游、清洁能源、饮用水、矿产等产业。例如，西藏水能资源丰富，可开发装机容量居全国首位，是国家“西电东送”接续能源基地；太阳能、风能、地热能等清洁能源资源丰富；以中华民族特色文化和高原生态景观为核心的旅游资源十分独特；无污染的天然饮用水资源优势明显。

未来，我们应将有限的资源投入到比较优势明显、市场前景广阔的重点产业上，响应国家号召，实施创新驱动战略，真正地将资源优势转化为经济优势。

1.4.3.4 积极利用中央优惠政策与全国援藏有利条件

虽然西藏特殊的区情，使其与全国其他省（市、区）发展面临的内外部环境有所不同，特别是与东南沿海地区差异显著。但总体而言，相比其他中西部地区，西藏有着得天独厚的区位优势，有党中央的关心以及国家给予的金融、财政、税收等方面优惠政策支持，有各援藏省份和全国人民的无私支持。在未来发展上，西藏一方面应结合本区实际，充分利用中央的经济金融等支持政策，进行全方位、创新性的改革开放；另一方面需要充分利用全国对口援藏的有利条件，引进人才、技术、资金，积极借鉴其他省市发展的先进经验，全面提升西藏自治区发展水平。

1.5　结论

西藏是我国西南边疆要地，具有复杂的地缘政治环境，是我国重要的战略安全屏障。自1949年起，西藏工作便备受历代中央领导集体的重视，特别是西藏经济发展，是维护西藏和平稳定的物质基础。70年来，历经和平解放、民主改革、西藏自治区成立、改革开放和六次中央西藏工作座谈会，党和国家已经形成了一套较为完整的、针对西藏实际情况的经济政策，极大地促进西藏的发展。

“治国必治边、治边先稳藏”，这是新的历史条件下，以习近平同志为核心的党中央对西藏工作的新思考。当前西藏经济发展整体形势向好，但也存在一定的问题。未来，国家仍应坚定不移地支持西藏发展，保持对西藏的各项优惠政策，加大对口援藏力度和范围；同时，鼓励西藏深化产业结构改革，提高内生增长能力，发展特色优势产业，扩大对内对外开放，实现西藏经济的可持续发展。经济发展、人民生活水平提高可以促进社会稳定，从而顺利实现西藏全面建成小康社会的宏伟目标。

参考文献

[1] 司琪．和平解放初期中国共产党在西藏的经济政策及其成就[J]．赤峰学院学报（自然科学版），2016（32）：89-90.

[2] 张鹏．简述西藏民主改革中的经济政策[J]．福建质量管理，2017（22）：39-40.

[3] 魏少辉．改革开放以来中国共产党发展西藏政策演变探析[J]．贵州民族研究，2018（10）：1-6.

[4] 李春梅，师晓娟，李青芮．改革开放四十年我国援藏政策研究[J]．西藏大学学报（社会科学版），2018（3）：8-13.

［5］德吉央宗．西藏经济发展的阶段性特征分析［J］．产业创新研究，2018（7）：30–33.

［6］陈敦山．西藏改革开放40年的成就经验反思［J］．西藏民族大学学报（哲学社会科学版），2018，11：18–22.

［7］王刚．西藏和平解放至改革开放前党的援藏工作研究［D］．长春：吉林大学，2013.

［8］邓力群．当代中国的西藏（上）［M］．北京：当代中国出版社，1991.

［9］多杰才旦．西藏经济简史［M］．北京：中国藏学出版社，2002.

［10］中国社会科学院西藏人权研究课题组．西藏人权研究参考文献选编［M］．北京：中国藏学出版社，2004.

［11］中央文献研究室．西藏工作文献选编［M］．北京：中央文献出版社，2005.

［12］中央文献研究室，中共重庆市委员会．邓小平西南工作文集［M］．北京：中央文献出版社，2006.

［13］胡锦涛文选（第三卷）［M］．北京：人民出版社，2016.

［14］西藏自治区统计局，国家统计局西藏总队．西藏统计年鉴2018［M］．北京：中国统计出版社，2018.

［15］习近平参加十二届全国人大一次会议西藏代表团审议时强调：大力弘扬“老西藏精神”［N］．人民日报，2013–3–10（01）.

［16］中共西藏自治区委员会，西藏自治区人民政府．西藏改革开放40年的历史性变革和经验启示［N］．西藏日报（汉），2019–01–03（001）.

［17］习近平。依法治藏富民兴藏长期建藏 加快西藏全面建成小康社会步伐［EB/OL］．（2015–08–26）［2019–03–02］．http://cpc.people.com.cn/n/2015/0826/c64094–27516918.html.

［18］西藏自治区统计局，国家统计局西藏总队.2017年西藏自治区国民经济和社会发展统计公报［EB/OL］．（2018–12–20）［2019–02–10］．http://www.xzqtj.

第 2 章　西藏禀赋结构升级

李晗[①]　黄毅[②]

2.1　引言

我国是一个多民族统一的国家。藏族是我国大家庭中的一员，加快西藏经济社会的快速发展，维护各民族团结，不仅关系到西藏的繁荣和幸福，更加关系到我国社会主义现代化建设的全局。西藏要发展，要进步，就必须依靠教育和技术进步，大力培养藏族人才，全面提高民族素质。同时，要加强基础设施的建设，完善交通、电力、邮政等一系列基础设施。

本章将着重介绍教育与基础设施。发展西藏的教育事业，是西藏振兴的根本大计，也是维护民族团结与国家统一的重要举措。在建设中国特色社会主义过程中，西藏的基础设施建设处在重要地位，只有基础设施完善，铁路、公路等运输设施齐全，才能为其发展提供新的动力，才能为产业发展打下牢固的基础。

1951 年 5 月 23 日，中央人民政府与西藏地方政府签订了《关于和平解放西藏办法的协议》，实现了西藏的和平解放，从此，西藏走向了团结、进步、发展的光明大道。西藏和平解放以后，党和国家对于西藏的发展给

---

① 李晗（1996—　），女，西南民族大学经济学院，硕士研究生。

② 黄毅（1965—　），女，四川邻水人，现为西南民族大学经济学院教授，硕士生导师。研究方向为政治经济学、服务贸易。

予了高度重视，这促进了西藏教育的发展及基础设施的完善，对于西藏禀赋结构升级给予了极大帮助。新中国成立 70 年以来，西藏的经济社会快速发展，禀赋结构不断升级，教育不断发展，基础设施不断完善。本章将会介绍新中国成立 70 年以来西藏禀赋结构的发展历程、取得的成就与未来展望。

2.2 禀赋结构升级发展历程

2.2.1 教育发展历程

西藏的现代化教育事业是在世界屋脊的特殊艰苦条件下崛起、发展、壮大的。旧西藏的学校教育只能说是处在一个学校教育雏形的阶段，学校数量少，规模小，教学内容单一。新中国成立 70 年来，国家为发展西藏教育，在西藏实行了许多特色优惠政策，采取了专项经费、派遣教师、内地办学、内地对口支援等多项措施[①]。这些措施收到了显著成效，使西藏的现代化教育从无到有，获得巨大的发展，为西藏培养了一大批具有民族特色的人才。

2.2.1.1 新中国成立前西藏教育发展历程

新中国成立前，旧西藏的教育主要经历了 3 个阶段，分别为寺院教育、私塾教育、官办教育。不同阶段的教育各具特色，但仍没有正规的学校。

（1）寺院教育

法尊大师在谈到藏族教育时说过："藏族的教育，就是佛法。离了佛法，也就没有教育了。"这句话虽然言过其实，却也不无道理[②]。在西藏未解放之前，藏族地区曾用寺院佛学教育替代社会学校教育，寺院就是学校。喇嘛就是老师，经典佛学就是教材[③]。寺院教育有着悠久的历史，第

①② 周润年，塔娜．西藏教育六十年［M］．兰州：甘肃教育出版社，2016：1，4.

③ 周润年．试论藏传佛教寺院教育的历史作用［J］．北方名族大学学报，2007（5）：35.

一座寺庙——桑耶寺由赤松德赞于公元8世纪中叶建立。从公元9—13世纪出现了许多派教不同、大小不一的寺院。表2–1所示为公元9—13世纪的主要寺院与修建者。这些大大小小的寺院不仅成为当地宗教、政治与经济的中心，更成为文化教育的中心。

表2–1　公元9—13世纪主要寺院与修建者

修建者	寺院名称
仲敦巴	热振寺
卓浦巴释迦僧格	卓浦寺
俄·雷必喜饶	桑浦寺
贡却杰布	萨伽寺
向·尊珠扎巴	蔡巴寺、贡塘寺
东果罗智扎巴	那塘寺

资料来源:《西藏教育60年》。

（2）私塾教育

在西藏，私塾教育主要分为家庭私塾与私塾学校两种，家庭私塾主要以贵族为主体，一般设在官员、大商人以及领主的庄园里，其教学内容主要为藏文识字、算术、简单的公文写作、经典佛学念诵等。私塾学校主要集中在城镇，有一部分设在寺院中。家庭私塾的学制根据学生的学习状况来决定，私塾学校的学制一般为7年。学习的主要内容不仅有文法方面与算学方面的知识，还有书写书信、公文、诉讼书调解书等应用文。

（3）官办学校

西藏的官办教育可以大致分为4种，即僧俗官员学校、职业学校、清朝官办学校、国民政府创办的学校。僧俗官员学校有僧管学校与俗管学校，僧管学校的主要内容是佛典、文献写作、礼仪、声明、文法、天文历算、书法等。俗管学校所学的内容相较于僧管学校更多，有藏文文法、正字法、辞藻学、书法、应用公文、诗歌、宗教礼仪以及石子算法、微分、升子、比价等。“门孜康拉布扎”是最早成立的职业学校，其分为藏医、天文和历算三科，以培养各地贵族、寺院军队的相关人才，招收的学生以出家僧人为主。清朝官办学校是西藏近代教育的代表，是受到维新运动的影响而产生的。国民政府学校是由国民政府创办的，隶属于教育部边疆教育司，设有10种课程。

无论是寺院教育、私塾教育还是官办教育，都在一定程度上促进了西藏教育的发展，但这三种教育形式都是以维护统治地位或传播宗教为目的，故对整个西藏教育水平的提高没有起到显著的作用。因此，直到和平解放西藏前夕，文盲仍占西藏总人口的95%以上。

2.2.1.2　新中国成立后西藏教育发展历程

1949年，中国人民解放战争取得了历史性的伟大胜利，1950年，中央人民政府发布了解放西藏的命令，1951年5月23日，中央人民政府与西藏地方政府签订了《关于和平解放西藏办法的协议》。

新中国成立后西藏教育大致可以分为六个阶段。

第一阶段：西藏教育初步创办（1951—1958年）。

党中央和毛泽东主席十分重视西藏教育事业的发展，在西藏解放前期就制定了边进军边帮助西藏发展经济、文化等的特殊方针政策。1951年3月正式成立了昌都小学①。随着人民解放军进入拉萨，1951年11月中旬在拉萨创办了藏语培训班，不久又创办了汉语班，并于1952年更名为藏干校。1952年8月拉萨小学成立，并招收了400余名藏族和回族学生。依照昌都小学和拉萨小学的办学经验，先后在日喀则、江孜、盐井等15个地区陆续创办了小学。

1956年9月创办了西藏第一所初级中学——拉萨中学，同时在日喀则小学和昌都小学内各设了一个初中班。在此前后，中央人民政府还创办了中央民族学院、西南民族学院、西北民族学院、云南民族学院、青海民族学院等一系列民族学院。这些院校开设了藏文系或藏学专业，招收了大量的藏族研究生、本科生以及大专生，培养了许多藏族高级知识分子。据统计在1958年底，西藏全区已有公办小学13所，在校学生2600余人；初级中学1所，小学附设中学班2个，在校生342人；公立学校1所，干校

① 丁玲辉．和平解放催生西藏现代教育发展［N］．西藏日报（汉），2013-05-28（28）．

1所，在校学员3000余人[①]。

第二阶段：西藏教育稳步发展（1959—1965年）。

1959年，中国共产党和中央人民政府在发生叛乱的西藏实行了民主改革，彻底废除了封建农奴制度，依附在旧制度上的官办学校、寺院教育、私塾学校相继瓦解。这一时期，党中央确定西藏教育工作的任务即大力开办学校，尽快扫除文盲，以满足广大翻身农奴学习文化知识的愿望和要求。因此恢复了一批于1957年停办的公办小学，而且还在1960年创办了西藏第一所完全中学——拉萨中学，1961年创办了西藏第一所中等师范学校——拉萨师范学校。1965年，西藏交通厅驻格尔木办事处创办了全区第一所半工半读职业学校。1965年9月正式将西藏公学改建成西藏民族学院。

据统计，1965年西藏自治区小学达1822所，其中公办小学91所，民办小学1731所，在校生67781人，适龄儿童入学率达到37%；普通中学7所，在校生1330人；中等师范学校和西藏民族学院各1所，共有学生3000余人。大、中、小学在校生中90%以上为少数民族。1959—1965年，西藏全区共培养出中小学毕业生35000余人，培养了培训师和各级干部7000余人[②]。1959—1965年，西藏教育事业取得了稳步发展。

第三阶段：西藏教育发展动荡（1966—1976年）。

1966—1976年，我国经历了“文化大革命”，藏族地区与我国其他地区一样，教育事业遭到了严重的摧残和破坏。“文化大革命”前期，在极“左”思想的影响下，西藏的教育事业因被视为民族狭隘性的表现而被批判。许多长期有效的藏族教育扶持政策的特殊措施被取消，受到藏族群众欢迎的办学形式和藏语教材、教学内容被否定，学校停课，学生到处串联，学校的校舍被长期占用，教学设备、图书资料和生活设施大量流失，教育行政机构被夺权而瘫痪，干部、教师被送到农场和工厂劳动改造，学校的正常工作全部停止。

“文化大革命”后期，西藏各级教育行政机构逐渐恢复，学校也开始

①② 中国教育年鉴（1949—1984）[M].长沙：湖南教育出版社，1986：1138-1141.

复课。但是在教育思想和教育内容上，极“左”思想仍占统治地位，以阶级斗争为主课，以政治运动为课堂的教学指导思想并未从根本上扭转。特别是在教育事业的规模发展问题上，大搞形式主义，不顾西藏的实际，盲目照搬内地的做法，提出在第四个五年计划期间，西藏基本上普及小学教育，在青壮年中基本上扫除文盲，并实现“县县有中学，区区有完小，普及小学教育”的目标。此外，还提出“把学校办到贫下中农（牧）的大门口”，从而出现了“社社点火，队队冒烟”的办学热潮。

在极“左”思想指导下，1971—1976 年，西藏自治区公办小学从 85 所发展到 513 所，民办小学从 1845 所发展到 6131 所，普通中学由 6 所发展到 46 所，中专由 1 所发展到 23 所，高等学校由 1 所发展到 4 所，各类学校在校学生共计 24 万余人①。上述这些学校有相当一部分是“无师资、无校舍、无学生”的三无学校。由于盲目追求学校和学生的数量，严重超出了西藏经济发展的实际需要和支撑能力，因而造成了教育内部比例失调，教育质量严重下降，西藏教育走上了畸形发展的轨道。盲目发展、虚肿膨胀是这一时期西藏教育的主要特点。

第四阶段：西藏教育恢复发展（1977—1992 年）。

1976 年 10 月，“四人帮”被粉碎，结束了十年动乱。西藏教育部门根据全国教育工作会议精神和邓小平同志的指示，整顿、调整和充实了西藏各类学校的领导班子，迅速扭转了十年动乱的局面，恢复了正常的教学秩序。

在此之后，中共中央与西藏不断进行政策的调整，对西藏的教育事业发展作出了巨大贡献。1977 年，西藏第一次实行全国统一的大、中专学校招生考试制度；1978 年 12 月召开了党的十一届三中全会，为西藏恢复教育事业奠定了基本条件；1980 年，中共中央召开了西藏工作座谈会，在此之后西藏自治区多次派人深入基层调查研究，征求各方面意见，先后几次召开了中小学教育工作会议，并于 1981 年提出了“调整、改革、整顿、提高”的“八字方针”和以“公办学校为主、藏族学生为主、基础教

---

① 周润年．略论西藏教育的发展历程及其经验［J］．民族教育研究．2009（2）：92.

育为主、寄宿制学校为主、助学金为主”的“五为主”办学方针。依据上述方针对小学、中学等学校进行调整，经过调整，1983 年底，全区小学已由 6644 所调整为 2542 所，普通中学调整为 55 所，中等专业学校调整为 14 所，高等学校调整为 3 所。教育调整的结果，虽然减少了学校的数量，但教学质量有了很大提高，教育的虚肿问题得到了解决。到 1992 年，全区小学达 2831 所，其中国家办（公办）566 所，乡村办（民办）2265 所，在校生 191768 人，入学率为 50%；中学 62 所，在校生 23251 人；中等专业学校 15 所，在校生 4713 人；高等学校 4 所，在校生 2239 人[①]。

第五阶段：西藏教育快速发展（1993—2000 年）。

1993 年《中国教育改革和发展纲要》的颁布对西藏教育发展起到了重大推动作用。同年，西藏自治区召开了第四次教育工作会议，这次会议在西藏教育发展史上具有里程碑的意义。此次会议作出了在 2000 年实现“县县有中学，乡乡有小学，适龄儿童入学率达到 80%；牧区普及三年义务教育，农区普及六年义务教育，主要城镇普及九年义务教育”的战略决策[②]。要求在全面抓好教育改革和发展各项工作的同时，要重点实施 2000 年教育发展的“121”工程。

1994 年底，围绕贯彻落实《中国教育改革和发展纲要》和全国教育工作会议精神，西藏自治区召开了第五次教育工作会议，此次会议将西藏教育事业发展的目标进一步具体化，确立教育优先发展的战略地位。在第五次教育工作会议之后，各级党委、政府和人民群众的教育观念有了重大的变动，办学积极性空前高涨。各级部门采取了多种措施来发展教育，例如，增加教育经费、培养藏族师资，对重点小学实行寄宿制和“三包”政策（包吃、包穿、包住）等许多特殊的照顾措施。

第六阶段：西藏教育不断完善（2001 年至今）。

2001 年 6 月，中共中央、国务院召开了全国第四次西藏工作会议，会议明确提出“优先发展教育”“提升教育水平”。2003 年 5 月，西藏自治区

① 周润年，塔娜 . 西藏教育六十年［M］. 兰州：甘肃教育出版社，2016：33.

② 韩志洪 . 西藏教育站在新的历史起点上——写在西藏自治区基本普及九年义务基本扫除青壮年文盲之际［J］. 西藏教育，2008（2）：4.

起草了“两基”攻坚计划，2004 年 7 月 5 日，根据教育部、发展改革委、财务部颁发的《国家西部地区“两基”攻坚计划（2004—2007 年）》，西藏自治区签订了责任书（《国家西部地区“两基”攻坚计划责任书》），向全国人民作出了“基本普及九年义务教育、基本扫除青壮年文盲”的“两基”承诺[①]。到 2007 年，西藏自治区基本完成了“两基”攻坚目标，2009 年全面完成了“两基”攻坚目标。

2018 年 7 月，西藏自治区首届“点赞新时代·担当新使命”中学生研学实践教育活动启动仪式在拉萨市青少年示范性综合实践基地举行。

西藏教育事业正在不断地向前发展，西藏大学作为西藏自治区的高等教育学府 2018 年共有应届毕业生 2579 人（含本专科生、硕士、博士研究生），毕业生就业率达 77.43%。

2.2.2 基础设施发展历程

基础设施是一个地区经济发展的重要条件，基础设施完善，将为经济发展与社会进步提供有力条件，反过来经济社会的不断发展，也会促进基础设施的不断完善，因此基础设施升级发展的历史进程在西藏经济社会发展的历史进程中至关重要。在本章节中基础设施的发展，我们着重论述交通业与邮电通信业的发展。

2.2.2.1 西藏交通业发展历程

交通经济学家乔治·威尔逊指出，当地区存在交通“瓶颈”，使生产性投资得不到充分利用时，交通投资能够缓解交通“瓶颈”的制约，会促进经济的发展，从而起到积极作用[②]。西藏交通业从起步到不断发展，交通网络经历了翻天覆地的变化，全面、立体的交通网络正在逐步形成。经历了 70 年的不断发展，西藏交通业已经取得了巨大成就，交通运输条件不断改善，西藏自治区的交通“瓶颈”制约明显缓解，交通运输业实

① 西藏自治区教育科学研究所 . 世界屋脊上竖起举世瞩目的教育丰碑［J］. 西藏教育，2011（1）：46.

② 田荣燕 . 交通建设对西藏现代化影响［D］. 成都：西南交通大学，2009：4.

现了历史性的飞跃[①]。在这一章节中，对西藏自治区交通运输业的发展历程分两阶段描述。

第一阶段：西藏交通建设的起步。

西藏和平解放前，交通设施极其落后，交通的险阻，行进的艰险都令人心惊肉跳。在整个西藏自治区内，没有一条完整正规的公路，运输要依靠人背畜驮。这种落后闭塞的交通严重阻碍了西藏同内地或沿海地区的商品流通、生产技术与文化知识的交流，更加剧了西藏同内地的发展差距，使西藏更加落后，经济社会发展极其缓慢[②]。

西藏和平解放后，为了保障高原及边境安全，为藏族聚居区人民提供必要的物资保证，扶持地方的经济发展，开发利用自然资源，推进西藏自治区工业化进程，促进西藏自治区经济社会和平稳定发展，国家和西藏自治区高度重视并投入巨大资金进行西藏交通运输建设。

（1）边进军，边修路

1951年中央政府指示进藏部队“一面进军，一面修路”，从此数以十万的藏汉军民开始了人类筑路史上震撼人心的一页，终于在“世界屋脊”上修筑了全长约4360千米的川藏、青藏公路，并于1954年通车拉萨，这创造了世界筑路史上的奇迹。川藏、青藏公路当时是西藏主要的客货运输的通道，被西藏各族人民称为“彩虹”和“金桥”。直到现在，这两条公路仍承担着重要的运输任务。

1955年3月，国务院全体会议第七次会议通过《西藏交通运输问题决定》：一是在拉萨设立西藏交通局（由交通部领导），统一领导康藏公路和青藏公路的运输、养护和管理工作，并负责研究和管理西藏地方交通工作[③]。二是在西藏交通局下设立康藏公路管理局，负责管理康藏公路金沙江以西至拉萨段的运输和养护工作。三是为保证康藏公路和青藏公路运输需要，在1955—1956年两年内购置汽车750辆，由交通部掌握分配。在拉

① 云燕．西藏自治区综合交通发展战略研究［D］．天津：天津大学，2004：11.

② 闫玉清，李振通．风景在路上——从交通变化看西藏社会主义建设成就［N］．红旗文稿，2015-11-09（21）.

③ 王菲．“两路”通车这些年［EB/OL］．（2014-10-06）［2019-05-31］．http://news.ifeng.com/a/20141006/42142292_0.shtml.

萨和格尔木设立汽车修配厂，并在沿线配备其他必要的养护运输设备。西藏自治区筹委会先后于1957年和1958年批准实施《西藏地区私人汽车管理办法》和《西藏地区公路交通运输管理实施办法》。这是西藏和平解放后最早的交通法规，促进了西藏运输业的发展。

（2）西藏公路主干建设

西藏公路要道的建设起步于20世纪50年代初期，当时为了经济社会的发展，修筑了著名的川藏、青藏公路，后来修筑了滇藏、新藏、中尼等公路干线①。

川藏公路是内地通往西藏最重要的公路之一，川藏公路原名为康藏公路，全长为2255千米，后因川藏公路起点雅安划归于四川省，由此改名为川藏公路，起点由雅安改为成都，全长2416千米。此条公路于1950年1月开始修筑，经过了12座大山，1954年正式通车，川藏公路是世界公路史上罕见的工程。这条公路的修通，既加强了西藏和内地的联系，也加强了藏汉等民族的团结，对于促进全国政治、经济、文化的发展有着典型的意义②。

青藏公路有着“天路”之称，是世界上海拔最高的公路之一。1950年为支援人民解放军和平进军西藏，人民政府组织解放军和各族人民抢修此路，1954年12月25日正式通车。这条公路全长1937米，平均海拔在4000米以上，修筑十分困难。青藏公路于1974年开始全面改造，改造共计投资7.6亿元，1985年青藏公路改造全面竣工。青藏公路的修建与修缮加强了青海与西藏的联系，特别是西藏与内地经济、文化的交流，加快了西藏的经济建设。

新藏公路是继川藏、青藏公路后进入西藏的第三条公路，此条公路于1956年3月开工，1957年10月6日通车，全长1276米。此条公路越过新疆与西藏间海拔5000米以上的11个山口，沿线平均海拔4200米以上，

① 陈继革，张莹．西藏交通的立体［EB/OL］．（2008-0-14）［2019-05-30］．http://www.newsmth.net/nForum/#!article/Geography/72880.

② 海屿．川藏公路［EB/OL］．（2011-05-20）［2019-05-29］．http://www.china.com.cn/news/zhuanti/xz60/2011-05/20/content_22605592.htm.

通过 6000 米以上的高山 6 座，是世界上海拔最高的公路。新藏公路的通车，对进一步密切祖国内地与西藏地方的联系和新疆与西藏的联系起着重要作用。

滇藏公路是进出西藏的另一条重要公路，这条公路在国防上具有重要地位，修筑此条公路历时 23 年，1950 年开工，1973 年 10 月竣工通车，全长 715 千米。这条公路的开通，促进了滇藏地区经济的发展。

第二阶段：西藏交通建设的发展阶段。

西藏现代交通建设的发展是伴随着改革开放，特别是 1980 年中央召开的第一次西藏工作座谈会开始的。这一时期西藏基本形成了以公路运输为主，航空、管道运输为辅的现代运输格局。建成了以拉萨为中心，以青藏、川藏、新藏、滇藏和中尼公路为骨架，包括 15 条干线公路，375 条支线公路，公路总里程达到 5.8 万多千米，80% 以上的乡通了公路。同时，西藏拥有 3 个民用机场，开辟了拉萨至包括北京、成都、重庆、西安在内的 10 条国内、国际航班。

（1）公路、桥梁、航道建设

党的十一届三中全会以后，党的工作重心转移到经济建设上来，西藏公路建设加快了步伐。首先，对青藏公路的改建工程。1979 年 4 月 13 日，西藏交通局在当雄县召开了青藏公路工程技术座谈会，强调了必须按照二级路标准保质保量完成青藏公路改建工程任务。同年 12 月，青藏公路改建工程施工力量达到了 13000 余人。西藏工程局的 5 个工程队、机械队、汽车队投入的青藏路施工，1982 年青海省工程局 5 个工程队投入青藏公路改建工程中。1985 年 8 月青藏公路改建工程全部竣工，总长 1155 千米，概算总额为 76957 万元。

其次，完成中尼公路的改建和改线工程及其他国道、专道建设，这被国家列为西藏“七五”时期公路改造的重点工程项目。工程自 1986 年 10 月开工实施。与此同时，国家投入为羊湖电站的建设而专修的一条专用公路，它自曲水大桥至羊卓雍湖电站厂区，全长 26.7 千米，路面宽 6 米，其中水泥混凝土路面 13.7 千米，沥青表面处理 13 千米。

再次，1979 年，应尼泊尔国家政府的要求，经双方商定，由中国出资修建热索桥及由吉隆乡通往热索桥[①]的20多千米公路。该工程于1979年6月4日开工，当年9月1日竣工，1987年11月专门针对西藏山洪暴发频繁而建的仁布河大桥开工，该桥位于西藏仁布县境内中尼公路仁布河口，全长16458米，于1989年6月竣工。1989年6月初位于中尼公路曲水至大竹卡段78千米处的妥峡吊桥开工，1990年5月5日竣工。1991年8月1日，楚玛尔河大桥及其引道改线工程开工。

最后，完成邦达机场的修建和贡嘎机场跑道的整修。1970年1月，成都军区成立机场修建委员会，同年4月，西藏军区组建机场工程指挥部，1978年8月，建成昌都邦达机场。该机场海拔4300多米，跑道长度5500米，是当时国内外海拔最高、跑道最长的现代化军民两用机场。1984—1986年，西藏民航对贡嘎机场跑道进行了2次整修，新建停机坪2万多平方米，扩建候机楼1500平方米，建成6000多平方米的机场宾馆，日接待旅客能力达到300多人[②]。

（2）道路运营情况

改革开放初期，由于道路交通得到不断建设，西藏运输情况有所缓解。第一，物资运输。1980年，西藏完成运输进藏物资234400吨。1991年以柴油为燃料的车辆发展到46816辆。同年，西藏完成运输进藏物资205501吨。1984年，共运进西藏物资54.1万吨，其中西藏区内运输业完成24.6万吨。除保证工程建材运输外，完成商业物资运输6.1万吨、农用物资运输4.3万吨、粮食运输113万吨，这几大类物资运量均创历史最高水平。1985年，由于继续运输“43项工程”建设物资，到年底共完成进藏物资运输48.3万吨，其中西藏自治区区内运输业完成24.9万吨。

第二，客运。1930年，拉萨客运公司完成客运量4.02万人次，客运周转量2099万人千米。各地、市共完成客运量3.2万人次，同年客车保有量发展到139辆3450座。其中，拉萨42辆1095座，昌都40辆960座，

① 热缩吊桥位于日喀则地吉隆县吉隆乡以南20千米的中国与尼泊尔国界上，仅能供人畜通行。

② 罗莉.西藏自治区经济史［M］.太原：山西经济出版社，2016：276.

日喀则26辆650座，山南8辆200座，那曲23辆545座。1986年，西藏客运公司完成客运量15.24万人次，客运周转量达到10550万人千米，营业收入达600余万元。1987—1990年，由于受到当时拉萨骚乱事件的影响，使西藏特别是拉萨的客运公司的生产受到很大冲击。1990年，西藏完成客运量15.27万人次[①]。

第三，航空运输。在这一时期，西藏的航空运输业得到了较大的发展，开辟了新的航线并建设了新的机场。1978年，旅客吞吐量达到5.78万人次，货邮发运量达到0.04万吨。1983年12月，波音707型飞机投入拉萨至成都航线运行。1985年，根据西藏民航事业发展的需要，在拉萨航站的基础上，组建了中国民航西藏自治区管理局[②]。航空运输业的发展给西藏的旅游带来了生机，推动了西藏改革开放进程的加快。

（3）20世纪90年代后的西藏交通建设

20世纪90年代后，西藏的交通运输业得到了突破性的发展，这体现在铁路的筑通、航空业的发展以及公路建设形成大规模发展3个方面。

在铁路筑通方面，青藏铁路的筑通最具意义。青藏铁路东起青海西宁，南至西藏拉萨，全长1956千米，是实施西部大开发战略的标志性工程。2006年7月1日，青藏铁路正式通车运营。青藏铁路西宁至格尔木段814千米已于1979年铺通，1984年投入运营。青藏铁路格拉段东起青海格尔木，西至西藏拉萨市，全长1142千米，其中新建线路1110千米，于2001年6月29日正式开工。2014年8月，青藏铁路延伸线拉日铁路开通运营，拉林铁路也全面开工建设[③]。青藏铁路开通以后，到2008年底，青藏铁路共运送旅客约2000万人次。同年，青藏铁路公司货物发送量完成2400多万吨，同比增长25%。2009年8月，世界上海拔最高、最具现代化的物流中心——那曲物流中心建成并投入运营。青藏铁路的建成通车推动了青海和西藏两省区经济社会发展，对于改善各族群众生活条件、促进

① 罗莉．西藏自治区经济史［M］．太原：山西经济出版社，2016：278.

② 宗苏宁．西藏民用机场战略定位与战略布局研究［D］．北京：中国民航大学，2008：5.

③ 王鑫．川藏铁路建设加速［EB/OL］．（2016/-07-12）［2019-05-15］．https://www.xzbu.com/6/view-7361757.htm.

民族团结、巩固祖国边防，都具有重大意义。

在航空业方面，20 世纪 90 年代后西藏的航空业取得了巨大的发展。1992 年，国家拨款 2.7 亿元，对昌都邦达机场跑道和配套设施进行了修复，该工程于 1993 年正式施工，1994 年 10 月工程竣工，实现了昌都至成都的定期通航。到 2004 年，西藏的民航系统除开通拉萨至北京、成都、上海、广州、重庆、西安、昆明等航线外，还开辟了拉萨至邦达的区内航线、拉萨至香港的包机航线和成都—拉萨—得满都的国际航线。2004 年 10 月，开工建设林芝机场；2006 年 7 月 12 日，林芝机场试航成功；2009 年，日喀则和平机场改建工程正式开工；2010 年 10 月 30 日，日喀则和平机场试飞通航；2009 年 9 月，昌都邦达机场改扩建工程投入使用；2010 年 7 月 1 日，阿里昆莎机场正式通航，拉近了拉萨至阿里地区的距离。贡嘎、米林、邦达机场改扩建工程进展顺利，国内外航线增至 63 条，通航城市 40 个。

在公路建设方面，公路建设形成大规模的发展，据统计，“十五”期间，西藏自治区共完成了公路建设投资 152.7 亿元，解决了 21 个县通沥青路面的问题，也解决了 70 个乡镇和 642 个建制村的通路问题，公路建设里程达 12900 多千米，完成了青藏、川藏、中尼等公路整治改建近 2000 千米。到 2002 年，西藏公路通车里程达 35538 千米，其中黑色路面管养里程 2400 千米。截至 2009 年底，西藏公路通车里程达到了 53634 千米，次级以上公路 5203 千米，668 个乡镇和 4222 个建制村有了公路并通车。截至 2015 年，西藏新增公路通车里程 4878 千米，总里程达 75470 千米，74 个县通畅率达 93.24%，乡镇通达率达 99.7%，建制村通达率达 99.14%[①]。

2.2.2.2 西藏邮电通信业发展历程

在唐朝时期，吐蕃发展的驿站是 1300 多年来主要信息联络渠道。和平解放西藏后，国家开始在西藏进行邮电通信的建设，促进了西藏的经济社会发展与对外交流，并为邮电通信业的发展创造了条件。

① 马学玲．数读西藏变迁：人均可支配收入较 1978 年翻约 40 倍［EB/OL］.（2015-07-24）［2019-05-29］. http://www.chinanews.com/gn/2015/07-24/7426029.shtml.

第一阶段：西藏和平解放前的邮电通信业。

在唐朝开辟唐蕃古道时西藏便建立了古老的邮驿制度，为便于吐蕃与中原在政治、经济、文化等方面的交流，在唐蕃古道上建起了不少驿站，并通过这些驿站一站接一站地传递信息。清朝末年西藏建立了具有现代意义的邮电通信。1910 年，清朝邮政总局分别创建了拉萨、江孜、日喀则、帕里和亚东邮局，开通邮路共计 650 千米[①]。1911 年，拉萨邮政管理局成立且在昌都、硕板多、江达、江孜、日喀则、帕里、亚东设立二等邮局，当年全藏收寄邮件 5 万余件并开办了汇总业务。同年，又开辟了从成都经康定、昌都到拉萨的国内邮路，共计长 2550 千米，全程需 29 天。20 世纪 20 年代，西藏地方政府于 1912 年 5 月 26 日在拉萨和江牧建立 2 个大邮局，在浪卡子、曲水建立 2 个小邮局，办理信件、包裹、汇款等业务。1925 年，正式兴办了原西藏地方政府系统的邮电通信业[②]。

第二阶段：西藏现代邮电通信业初步创建。

和平解放西藏后，国家非常注重西藏邮电通信业的发展。为了支援西藏发展邮电通信业，国家邮电部从 1953 年起先后从全国调动了几批邮电业务骨干、工程技术人员和邮电管理干部进藏。同时，邮电部与西藏工委加大了对西藏邮电通信建设的投资力度，西藏工委和国家邮电局根据中央“慎重稳进”的总方针，从“保证党政通信，兼顾民需”的社会政治需求出发，从昌都开始，逐步在西藏创办人民邮电通信并于 1951 年 4 月 16 日在昌都设立了西藏第一个人民邮电机构——昌都邮政局，为西藏的邮电通信发展奠定了基础。

西藏邮电业的创建与发展，促进了西藏通信业务的兴起与发展。1951 年，川西邮电管理局选派报务员到昌都，于 1952 年 2 月试通了无线电报，开办了电报通信。由此，昌都开办了邮、电两项业务，为当地的军民提供服务。1956 年，西藏的人民邮电已经建设了 71 条电报电路，其中有线电路 1 条，国际电路 1 条，长话电路 3 条，市内电话装机总容量 280 门。当年邮电业务总量按当时不变单价计算为 104.4 万元，包括函件 148.8 万件、

① 李荣华 . 西藏最早的邮局［J］. 中国西藏（中文版），1999（6）：12.

② 罗莉，拉灿 . 西藏五十年［M］. 北京：民族出版社，2001：138-140.

包件2000件、汇票19.9万张、订销报纸累计276.7万份、订销杂志累计52.3万份、电报21.5万份、长途电话2000余通、市内电话用户254户[①]。

第三阶段：西藏现代邮电通信业网络形成。

1956年1月，经国家邮电部批准，将原西康省金沙江以西昌都地区的人民邮电机构全部划归邮电部西藏邮电管理局领导；3月将阿里地区人民邮电机构划归邮电部西藏邮电管理局领导，并于同年春季正式建立了西藏嘎大克邮电局；7月建立了昌都邮电管理分局（兼昌都现业局）；同年12月，原西康省昌都一等邮车站迁至拉萨，更名为西藏拉萨一等邮车站。至此，西藏行政区域内的人民邮电通信实现了统一管理。

1956年底，人民邮电局（所）65处，邮路单程长度为5849千米，其中自办汽车邮路1434千米，委办汽车邮路929千米，马步班邮路3486千米。1965年，已有51个县的175个区和县区邮路线上的39个乡解决了报刊的投递问题，西藏由此初步建立了以拉萨为中心的邮政网络。这一时期，人民邮电全面发展并统一管理，全区邮电通信网基本形成。

1965年9月，西藏自治区正式成立后邮电管理局改为西藏自治区邮电管理局，成为自治区人民委员会的一个工作部门。1965年12月6日，在原拉萨邮车站的基础上，建立了西藏自治区邮车总站，并在格尔木、日喀则、昌都等地设立了邮车分站。1966年，全区邮电局所已达95个；邮路和农村投递路线单程长度达3.4万多千米，邮路中自办汽车邮路8538千米、委办汽车邮路936千米；邮运汽车44辆、电报电路93条、市内电话装机总容量1880门。邮电业务总量按当时不变单价计算为330.6万元，其中函件730万件、包件1.5万件、汇票41.6万张、订销报刊累计1137万份、订销杂志累计108.7万份、电报58.6万份、长途电话2.3万张、市内电话年末到达户数873户[②]。

第四阶段：西藏邮电通信业曲折中发展。

“文化大革命”期间，西藏邮电通信业在管理体制较为混乱的状况下，仍然在曲折中得到了发展，加强了邮政网络建设，特别是农牧区的邮政通

① 冯海辉．“一带一路”建设与西藏跨越式发展研究［D］．成都：西南民族大学，2016：11.
② 罗莉，拉灿．西藏五十年［M］．北京：民族出版社，2001：140-141.

信得到了较快发展。1966 年，西藏建立了长途电信线路工程队；1967 年起，电信方面，在电话建设方面也做出了一定的成绩，架起了巴河桥至六〇六指挥部的长途线路；1971 年，西藏的长途电话线路建设有了长足的发展，拉萨市邮电局设立了载波室，利用军队线路开通了拉萨至北京等地的长途电话，结束了西藏与内地只有无线通信的历史，进入无线与有线通信并举的阶段；1974 年，与进藏部队共同架设了日喀则至樟木口岸及其支线的长途线路。同年，西藏的农村电话也得到了发展。[①] 在电信建设方面，加强了长途明线线路，农村电话建设等通信手段得到改进。1975 年完成曲水—山南和日喀则—拉萨的军地合用长途线路的大修和新建工程，使全区的长途电话线路有了长足的发展。

1971 年，拉萨市电信局设立载波室，进入了有线、无线并举的阶段。随后拉萨至日喀则等部分地区和部分地区至沿途部分县的有线电路相继开通。1979 年，西藏完成了山南、昌都、林芝、阿里及江牧等地县邮电的纵横自动电话的建设任务，实现了全区电话自动化，跨越了市话发展过程中的共电式、步进制、准电子市话发展阶段，这在西藏市话发展史上是一个新的起点。在电信建设方面，西藏通信能力持续增强，技术装备水平明显提高，通信手段日趋现代化。1993 年，拉萨市在全区首先迈出了电话程控化的步子，同时也标志着全国所有省会城市都装上了程控电话。

2.3　禀赋结构升级发展成就

新中国成立后，随着西藏和平解放，西藏经济社会发展的步伐也在不断加快。西藏禀赋结构的升级取得了惊人的成就，无论是教育水平的提高还是基础设施的完善，都在逐渐拉近与内地的差距。

① 嘎旦 . 土坯上的电话［J］. 中国西藏（中文版），1996（6）：1.

2.3.1 教育发展成就

西藏的教育发展历程经历了6个阶段，在这个过程中，无论是小学与中学教育、中等专业教育、高等教育、成人教育或是师资力量与教育投入，都取得了突破性的成就。

2.3.1.1 基础教育

1951年，西藏和平解放。此后，中共西藏工委和进藏人民解放军遵照党中央和毛泽东同志的指示，认真贯彻《关于和平解放西藏办法的协议》，积极开办新型公办小学，动员广大藏族群众送子女入学，新型学校逐步得到广大群众的信赖和拥护。1951年3月，进藏部队为昌都地区创办了西藏第一所新型学校——昌都小学；1952年8月，成立了拉萨小学；1956年6月，西藏自治区筹备委员会成立；同年9月，西藏历史上第一所现代正规初级中学——拉萨中学成立，并在日喀则小学和昌都小学内各附设了一个初中班①。到1957年上半年，全区已有公办小学98所，在校学生6360人。1958年底，全区保留小学13所，在校学生2600余人，小学入学率约为2%；初中1所，在校学生160人。1961年，民办小学1400多所，入学儿童5万余人②。在大力发展民办学校的同时，公办普通中小学也有了较大的发展。

从图2-1与图2-2中可以看出，在和平解放西藏后，中共中央与西藏地方的一系列办学措施取得了显著成效，1966年西藏的小学数量是1956年的18倍之多，1956—1966年普通中学增加了4所；1965年西藏小学在读人数是1959年的4.1倍；“文化大革命”时期，无论是学校数量还是在读人数都激增，但是恢复稳定后，国家的政策使得学校数量收缩，但是在读人数从1986—2006年一直保持上升态势。从上述数据中可以看出，中央和西藏地方的教育扶持发展政策受到了当地人民群众的认可，并取得了突破性的进展。

① 王刚．西藏和平解放至改革开放前党的援藏工作研究［D］．长春：吉林大学，2013：9.
② 陈小平．西藏农牧区基础教育问题实证分析［D］．长春：吉林大学，2009：8.

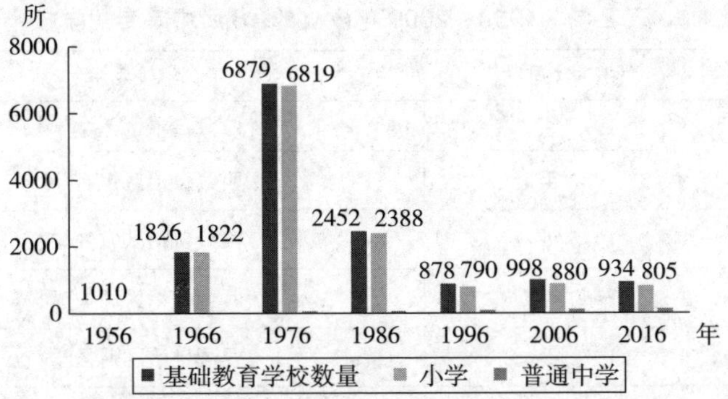

图 2–1　1956—2016 年每十年基础教育（小学、普通中学）学校数量

资料来源：根据 2017 年《西藏统计年鉴》整理所得。

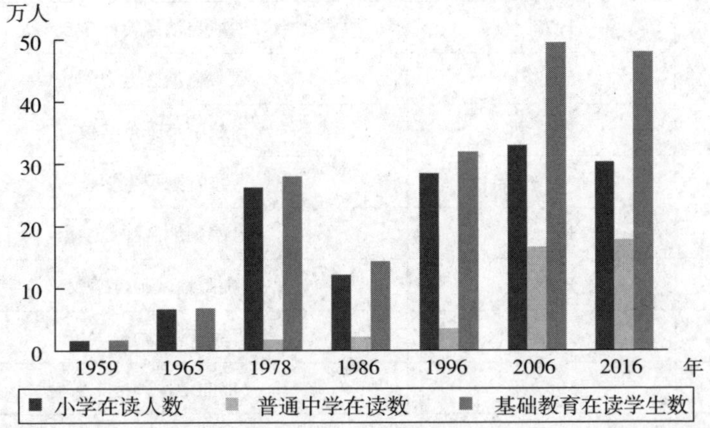

图 2–2　1956—2016 年基础教育（小学、普通中学）在读学生数量

资料来源：根据 2017 年《西藏统计年鉴》整理所得。

2.3.1.2　中等职业教育

新中国成立 70 年来，西藏自治区中等教育的发展发生了重大变化，总体来看可以分为两个阶段：第一阶段为西藏中等教育起步期，全区建立了各个行业的职业技能教育。第二阶段为西藏中等教育的转型期，这一时期西藏中等教育以适应社会发展需求为主要特点。

在第一阶段（1953—2000 年），全区共建立了 16 所中等专业学校，如表 2–2 所示。

表 2-2　1953—2000 年建立的 16 所中等专业学校

校址	创办时间	学校名称
拉萨市	1979 年	西藏自治区艺术学校
拉萨市	1982 年	西藏自治区银行学校
	1975 年	西藏自治区农牧学校
	1980 年	西藏自治区商业学校
	1972 年	西藏自治区财经学校
	1966 年	西藏自治区邮电学校
	1974 年	西藏自治区体育学校
	1972 年	西藏自治区卫生学校
	1978 年	西藏自治区警察学校
	1993 年	西藏自治区电力学校
	1961 年	拉萨市师范学校
日喀则市	20 世纪 70 年代	日喀则卫生学校
	1975 年	日喀则地区师范学校
山南市	1995 年	山南地区师范学校
昌都市	1974 年	昌都地区师范学校
那曲市	1987 年	那曲地区师范学校

数据来源：根据《西藏教育六十年》整理所得。

其中，西藏自治区艺术学校是西藏唯一一所培养少数民族中等艺术专业人才的学校；西藏自治区银行学校是西藏唯一的中等金融专业教育基地；西藏自治区农牧学校是西藏唯一一所农牧林综合性的中等专业技术学校；西藏自治区邮电学校是西藏唯一一所邮电中等专业学校；西藏自治区警察学校是西藏唯一一所培养公安干警的学校；西藏自治区卫生学校是西藏第一所卫生学校[①]。

第二阶段（2001—2011 年）西藏成立了 6 所中等职业技术学校，如表 2-3 所示。

① 周润年，塔娜 . 西藏教育六十年［M］. 兰州：甘肃教育出版社，2016：81-88.

表 2-3 2001—2011 年建立的 6 所中等职业技术学校

校址	创办时间	学校名称
拉萨市	1976 年	西藏自治区体育成人中专学校
林芝市	1999 年	林芝地区职业技术学校
昌都市	1974 年	昌都地区职业技术学校
日喀则市	2000 年	日喀则地区职业技术学校
山南市	1975 年	山南地区职业技术学校
那曲市	1997 年	那曲地区职业技术学校

数据来源：根据《西藏教育六十年》整理所得。

其中，西藏自治区体育成人中专学校原为西藏自治区体育运动学校，该校是西藏唯一一所体育类职业学校。该校成立至今，培养的学生多次在国际及全国的各项比赛中取得优异的成绩。林芝地区职业技术学校是集普通中专、成人中专、各类技能培训于一体的全日制中专学校，该校与西藏大学继续教育学院于 2001 年 4 月合作，设立大专、本科授权点。昌都地区职业技术学校是昌都地区师范学校于 2000 年转型而来的，学校始终坚持“升学有基础，就业有技能，创业有能力”的办学宗旨。日喀则地区职业技术学校是由日喀则地区师范学校和卫生学校合并组建的，是日喀则地区唯一一所中职学校。山南地区职业技术学校是山南地区唯一一所国家级重点中等职业技术学校。①

2.3.1.3 高等教育

如图 2-3 所示，解放前，西藏没有普通高等学校教育。解放后西藏从小学办起，用了 14 年的时间，于 1965 年创办了西藏第一所普通高等学校——西藏民族学院。随着西藏社会主义各项事业的全面发展与进步，基础教育快速发展，师资力量不断壮大，办学条件日益改善，使得西藏建立和发展高等教育十分必要和迫切。1965 年，西藏工委决定将西藏公学改名为西藏民族学院；为了解决基础教育中中小学教师短缺的问题，于 1965 年底成立了西藏师范学院；为解决西藏地区缺乏医务人员的问题，改善医疗环境，20 世纪 70 年代成立了西

① 周润年，塔娜 . 西藏教育六十年［M］. 兰州：甘肃教育出版社，2016：88-92.

藏医学院；1974 年，西藏民族学院林芝分院更名为西藏农牧学院 ①。至此西藏四所高等院校产生，开设了 23 个专业，2 个干部培训部，3 个预科部，在读生中少数民族占 50.8%。

根据 1980—1982 年制定的《全区高等学校教育调整意见》，1983 年 9 月西藏自治区成立了西藏大学筹备组，1985 年 9 月 1 日，西藏大学成立。目前西藏有三所大学：西藏大学、西藏民族大学、西藏藏医学院，三所高等专科学校：西藏职业技术学院、拉萨师范高等专科学校、西藏警官高等专科学校。

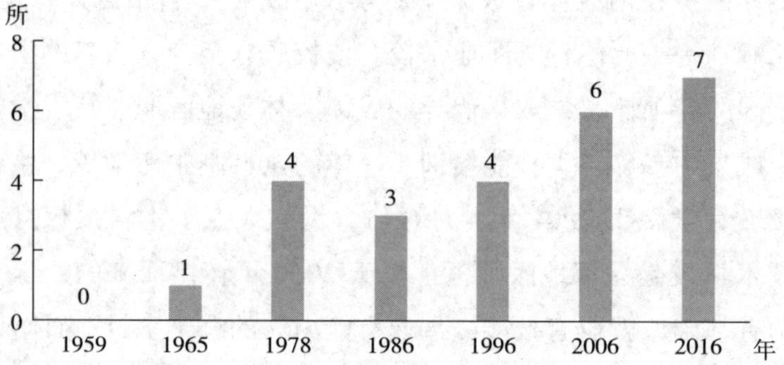

图 2-3　1959—2016 年高等学校数量

资料来源：根据《西藏统计年鉴 2017》整理所得。

从图 2-4 中可以看出，西藏和平解放后经过党中央与西藏地方政府的共同努力，高等教育在读人数从 1959 年的 0 人上升至 1965 年的 2251 人。"文化大革命"与"拨乱反正"期间，在读学生数量有所下降，但经过教育制度的恢复与教育事业的稳定发展，1996 年，高等教育在读人数升至 3412 人，是 1986 年的 1.84 倍，增长了 84.4%；1996—2006 年，教育事业取得了突破性的进展，2006 年西藏自治区高等教育在读人数约为 1996 年的 6.84 倍，增长了 584%。随着教育政策的逐步稳定与完善以及西藏经济社会的不断发展，西藏自治区高等教育在读人数逐年上升。近年来，西藏自治区建立了现代高等教育教学体系，加强了高等学院的管理工作，改善了高等院校的办学条件，培养了大批少数民族干部与技术人才，促进了西

① 张立军 . 新中国民族高等教育体制变迁研究［D］. 长春：东北师范大学，2012：13.

藏科学研究事业的发展。

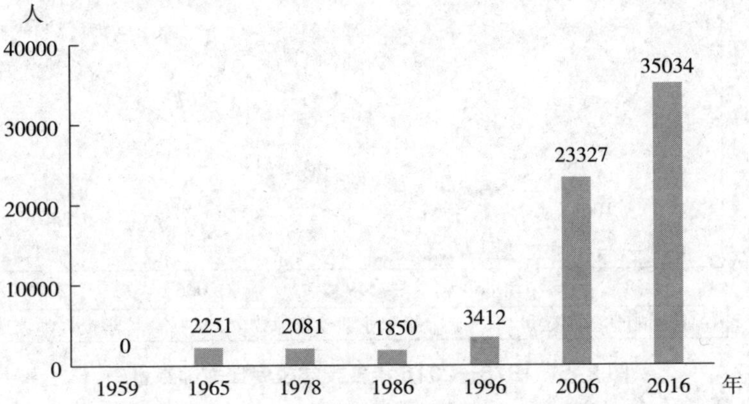

图 2-4 1959—2016 年高等教育在读学生数量

资料来源：根据《西藏统计年鉴 2017》整理所得。

2.3.1.4 师资力量

发展教育，要有一支数量适当、质量合格的师资队伍。和平解放前，西藏没有师范学校教育，和平解放后，为了适应教育事业发展的需要，西藏从 4 个方面组建人民教师队伍：第一，从进藏解放军和地方干部中抽调一批有文化的藏、汉族人员开展教育工作；第二，从内地高校、中专毕业生中选派优秀学生进藏任教；第三，吸收一批区内社会名流、学者、无业民族知识分子经过短期培训，分配到学校任教；第四，开办师资培训班、师范学校培养师资。到 1965 年西藏自治区成立时，共有 3410 名教师。

经过几年的发展，西藏自治区的师资数量明显增加，师资质量也大幅提升。1975 年开办师范学校后，初步形成了中小学教师培养培训体系。1980 年后，师范教育得到了优先发展，各类学校的专任教师数量由 1890 人上升至 2841 人，增幅为 50.3%，同时培养在职教师与增加援藏教师都为师资队伍的建设作出了不可磨灭的贡献。现今，西藏自治区各类学校专任教师数量已经达到了 19519 人，尊师重道之风盛行（见图 2-5）。

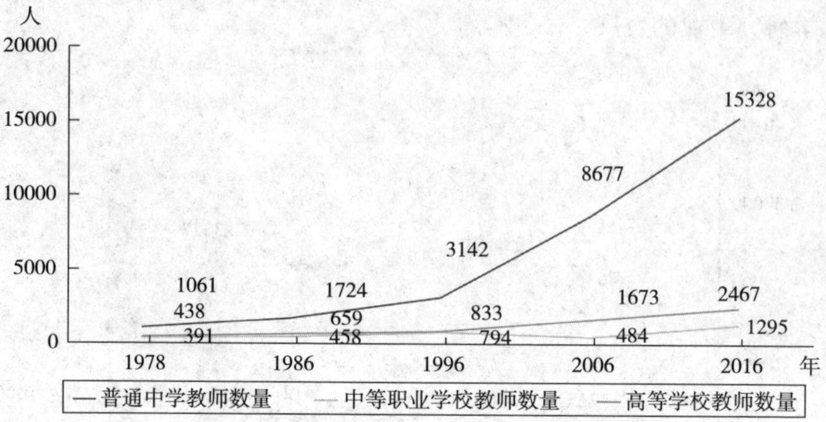

图 2–5　1978—2016 年各类学校专任教师数量

资料来源：根据《西藏统计年鉴 2017》整理所得。

西藏教育事业已取得了巨大的成就。首先，已经初步形成了社会主义民族教育体系，西藏教育事业持续快速发展，如今的西藏教育与人才培训已基本与国家繁荣同步。西藏基本建立了小学教育、创办和发展了中等与高等教育，各级各类学校已基本具备，教育网遍及各地、县、区、乡，已经形成了一个涵盖幼儿教育、义务教育、特殊教育、职业教育、高等教育与成人教育的较为完善的教育体系。其次，教育经费与教育投入逐年增长，教学设施面貌一新。国家对教育经费一向从优从宽，通过教育经费投入的加大，使西藏各级各类学校的基础设施建设得到更新，办学条件明显改善。最后，教学内容与教学方法得到了改进。70 年来，西藏各级各类学校探索并掌握了藏族学生的思维规律与学习特点，逐渐摸索出一套藏族学生乐于接受的教学方法，丰富的教学内容与教学方法，开发了藏族学生的智力，学生们学习成绩得到明显提高[①]。

2.3.2　基础设施发展成就

很久之前，藏族人民就用自己的辛勤劳动开拓了青藏高原富饶美丽的土地，也开辟和建设了沟通各地的人畜小道和骡马驿道。随着西藏的和平解放，人民解放军在进入西藏时“边进军，边修路”，使西藏的川藏、青

① 周润年 . 现代西藏教育大发展五十年［J］. 中国社会科学报，2015（738）：62.

藏公路创造了世界上的奇迹。邮电通信业的发展也为西藏经济社会的发展创造了良好的条件。

2.3.2.1 交通设施发展成就

第一，成功修建川藏、青藏公路。

1950 年初，中共中央、中央军委命令人民解放军：解放西藏，巩固国防，完成祖国统一大业。进军伊始，毛泽东主席指示进藏部队“一面进军，一面修路”。1950 年 1 月，开始修筑川藏公路，北线全线长 2415 千米；南线全线长 2149 千米。川藏公路的修建克服了许多意想不到的困难，如勘测艰难、气候恶劣、地势复杂、缺少粮食等问题，在修建川藏公路中牺牲了许多人，终于于 1954 年通车。整个川藏公路的修筑过程中，广大军民携手奋战，五易寒暑，共挖填土、石方 2900 万立方米，修筑桥梁 4430 座，涵洞 3781 道，在这 5 年中，近 2 万人立功受奖，3000 多名干部、战士、工人牺牲，用血汗和生命创造了世界公路修筑史上的奇迹[①]。

1950 年，为了支援人民解放军和平解放西藏，抢修了此路。青藏公路起于青海西宁市，止于西藏拉萨市，全长 2100 千米。后经改建，全长 1937 千米。青藏公路自西宁向西南翻越日月山、橡皮山、昆仑山、风火山、唐古拉山等 15 座大山，跨越分属于黄河水系、内陆水系、长江水系的香日德河、齐纳果勒河、楚玛尔河、通天河等 10 余条河流。特别是通过 526 千米的多年冻土地带，这在世界公路建设史上也是罕见的。在这样的地区修筑世界上海拔最高的公路，施工异常艰苦。为修筑青藏公路，共经过三次探路，在修筑过程中，军民合作，解决了在修筑过程中面临的一个又一个难题[②]。

1954 年 12 月 25 日，是西藏人民大喜的日子，这一天川藏与青藏公路全面通车。

第二，形成输油管线、公路运输网。

西藏和平解放后，为满足交通运输、工业生产等国民经济建设和人民生活的需要，一直用汽车从青海冷湖及甘肃玉门油田运油进藏。为了解决

① 付吉珊 . 川藏公路的前世今生［EB/OL］.（2011-07-15）［2019-05-16］. http://news.sohu.com/20110715/n313493008_2.shtml.

② 冯岗，司琪 . 略论青藏公路与西藏社会经济发展关系［J］. 赤峰学院学报，2016（7）：57.

西藏长期存在的石油补给难的问题，1972 年 5 月 30 日周恩来总理批示，由中国人民解放军总后勤部负责，组成一支以解放军为主，包括各地工程技术人员、工人和民兵参加的建设大军，从格尔木至拉萨铺设一条长距离成品油输油管线。1972 年 7 月开始勘探设计，1973 年 3 月破土动工。经过 3 年多施工，于 1976 年 11 月试输油到拉萨，1977 年 10 月基本建成投产，1984 年开始扩建 725 油库，1985 年投产后库容量成倍增加。国家投以巨资建设长距离输油管线和大型油库，对保证西藏自治区内石油供应、稳定石油市场、支援西藏经济建设和国防建设都具有重要作用[①]。

继川藏与青藏公路通车之后，西藏公路建设事业迅速发展。到 1987 年底，区内共有 15 条公路干线，315 条支线。覆盖全区的，以拉萨为中心的公路运输网逐渐形成，西藏自治区公路运输网主要干线见表 2-4。由于当时没有铁路运输，公路运输与养护尤为重要，经过长时期的调查研究，青藏公路率先铺设沥青路面。

表 2-4　西藏自治区公路运输网主要干线形成

时间	事件
1955 年 10 月 20 日	拉萨至日喀则公路通车，日喀则至江牧、亚东公路采用以工代赈办法修建通车
1956 年 4 月	新藏公路动工修建，1957 年 10 月 6 日建成通车
1962—1965 年 6 月	中国尼泊尔国际公路中国境内（定日至友谊桥）公路修建通车
1976 年 7 月	滇（云南下关）藏（西藏芒康）公路修建工程，胜利完成

数据来源：根据《当代中国》整理所得。

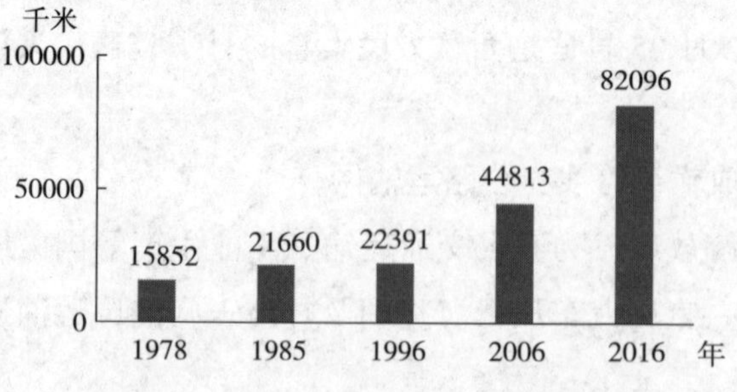

图 2-6　1978—2016 年公路里程

资料来源：数据《西藏统计年鉴 2017》整理所得。

① 王刚 . 西藏和平解放至改革开放前党的援藏工作研究［D］. 长春：吉林大学，2013：23.

随着公路运输网的形成，西藏的交通建设发展取得了新的进展，1996年，公路运输里程达到 22931 千米，并呈现逐年递升的态势。2006 年 7 月，青藏铁路全线通车，完善了西藏的交通运输网络，到 2017 年西藏铁路运输线路达 786 千米，公路运输线路达 89343 千米，客运总量 1709.72 万人次，货运总量 2216.58 万吨。

第三，战胜“空中禁区”，修建运输线。

西藏高原地势高峻，气候恶劣，雷雨、冰雹、风沙和高空强风肆虐，曾被世纪航空视为“空军禁区”。和平解放西藏后，随着国防建设与经济建设的发展，迫切地需要开辟从内地到西藏的空中运输线。随着 1978 年邦达机场修建工程竣工，西藏地区拥有了当雄、日喀则、贡嘎、邦达 4 个机场。

近年来，行进在雪域高原，人们有一个强烈的感觉，那就是曾经山陡路险的西藏交通发生了天翻地覆的变化，以往的千里搓板路变成了沥青路，“扁平式”的公路运输网正升级成为由公路、铁路、航空组成的“立体天路网”[①]。西藏交通设施的发展使交通制约全区经济发展的“瓶颈”基本缓解。

西藏交通设施发展成就还体现在以下几点：第一，保障了西藏社会事业史无前例的发展。交通的快速发展改变了西藏各族群众的生产生活条件，推动了产业结构调整、旅游开发、文化繁荣和社会全面进步。农村公路建设有力地促进了城乡交流，为农牧民走出深山、农副产品进入市场和社会主义新农村建设提供了重要保障。第二，拉动了西藏经济持续增长。西藏交通部门充分发挥交通对经济社会发展的基础性作用和长远的带动作用，不断加大投资力度，刺激经济增长。“十一五”时期，在西藏全社会固定资产投资中交通固定资产投资占 30% 以上。第三，促进了农牧民收入的不断提高。在公路建设项目中，通过优先租用群众的施工机械设备、优先使用群众自采的沙石料、优先安排群众进行施工材料的运输等方式让广大农牧民群众参与公路工程建设。据不完全统计，2001 年以来，农牧民群众通过公路建设直接增加现金收入 29.6 亿元。第四，巩固了国家边防，促

① 高莹，袁梦．西藏：风云四十载跨越上千年［EB/OL］.（2018-11-13）［2019-05-13］. http://www.mzhb.com/zhuanti.

进了民族团结。随着公路交通基础设施的逐步完善，把西藏与祖国内地紧紧联结在一起。大批西藏各族青年到内地学习文化知识、专业技术，深刻了解了党的民族政策，有力促进了西藏与祖国内地在政治、经济、文化上的交流，增进了西藏各族人民与兄弟民族的团结[①]。

2.3.2.2 邮电通信业发展成就

西藏早在古代就有了有组织的通信活动，19 世纪末 20 世纪初，近代邮电通信业开始出现；和平解放后，西藏开始创办人民邮电。70 年来，西藏的邮电通信业发生了巨大变化，人民邮电队伍逐渐壮大，通信手段与通信设施不断进步创新，通信能力持续增长，网点设置遍布全区，服务面日益扩大，见表 2–5。

表 2–5 西藏邮电通信业的发展成就

时间	事件
1951 年 4 月	在昌都建立了西藏第一个人民邮电机构——川西邮电管理局昌都邮政局
1951 年	昌都邮政、电信两局合并为昌都邮电局，设立了内部管理机构，并以昌都为中心，先后在丁青、扎木等县级政府所在地和交通要道设立邮电机构
1951 年 5 月	开辟了昌都至德格的马步班邮路，以办理信函业务为主
1952 年 7 月	邮电部拉萨邮电局成立
1952 年 10 月	后藏重镇日喀则邮电局正式成立，江孜、亚东等地邮电局也相继建立
1952 年 11 月	拉萨发讯台竣工，缩短了拉萨与首都北京及内地各省的时间距离
1953 年	西藏邮电管理局在拉萨正式成立
1953 年 5 月	开辟了昌都至拉萨 1300 多千米的干线马步班邮路
1953 年 10 月	西藏工委阿里分工委建立了噶大克电信局
1953 年 12 月	在邮电部拉萨邮电局的基础上，建立了邮电部西藏邮电管理局
1954 年	昌都地区共设有昌都、江达、宁静、太昭、丁青、松宗、盐井、硕板多、通麦等 15 个邮电局，另设有边坝、嘉黎、邦达、岗托、左贡等 8 个邮电营业所
1954 年 12 月	正式成立了昌都一等邮车站，开通了昌都至甘孜和昌都至拉萨的自办汽车邮路，同时在松坡、太昭设立了邮车分站

① 杨舒文 .60 年来西藏公路从无到有交通建设成就辉煌［EB/OL］.（2015–08–07）［2019–04–29］. http://china.chinadaily.com.cn/xz/2015–08/07/content_21527220.htm.

续表

时间	事件
1955 年 4 月	中国政府按照协议派代表在拉萨收回了印度在西藏所经营的邮政、电报、电话、驿站及一切设施
1955 年 9 月	西藏工委同意将金沙江以西地区的邮电机构划归西藏邮电管理局领导
1956 年	经邮电部批准，将原西康省金沙江以西昌都地区的人民邮电机构划归邮电部西藏邮电管理局领导，并建立了西藏噶大克邮电局

数据来源：根据《当代中国》整理所得。

1973 年，西藏各地邮局开始发展农村电话，1985 年 8 月 27 日，全国第一个在地区所建的卫星地球站——昌都卫星地球站一期工程部分竣工；同年 11 月，阿里卫星地球站一期工程部分竣工。

“十二五”期间，西藏信息通信业累计完成固定资产投资数达到 11265 亿元，比“十一五”期间增长了 83.7%，西藏地区的信息通信能力大大提升。通信基础设施的建设为现代化西藏奠定了有力基础，更为西藏经济社会的发展注入了强劲的活力。数据显示，1995 年，西藏地区生产总值仅为 56.1 亿元，2015 年，这一数字上升至 1026.39 亿元，20 年间，西藏经济总量增长了 17.3 倍。2015 年西藏完成邮电业务总量 55.41 亿元，邮政业务总量 1.71 亿元，电信业务总量 53.70 亿元，年末局用交换机总容量 11.5 万门[①]。

西藏邮电通信业的发展，缩短了西藏与内地的空间距离，促进了西藏与内地的经济文化交流。为日后的经济发展与现代化建设打下了良好的基础。邮电通信业的发展使西藏人民可以更加便捷地接收到国家的信号，帮助西藏人民解放了思想。总之，西藏邮电通信业发展的 70 年，是披荆斩棘、斗志昂扬的岁月。在党中央、国务院的团结和带领下，在邮电部、工信部和自治区党委、政府的坚强领导下，西藏邮电通信业取得了举世瞩目成就。

① 石兰兰 . 2015 年西藏国民经济和社会发展统计公报［DB/OL］.（2016-05-24）［2019-04-25］. http://district.ce.cn/newarea/roll/201605/24/t20160524_11969956_1.shtml.

2.4 禀赋结构升级发展展望

2.4.1 教育发展展望

认识任何事物都应该全面、整体地看待。西藏教育经过70年的发展历程确实得到了可喜的成绩，教育事业有了很大的发展，但也要认识到西藏教育事业的发展水平与全国其他地区相比还是有不小的差距，并不完全适应西藏改革开放与现代化建设的需要的。目前，西藏的教育事业还是存在不足与突出的问题的，主要表现在以下几个方面。

第一，基础教育发生断层现象，主要体现在“三低”，即学龄儿童入学率低、巩固率和合格率比较低。

第二，教师职业吸引力不强、教师队伍不稳定、教育教学能力有待提升。这主要体现在西藏农牧区中小学教师课堂教学水平、运用现代教育技术能力不够，双语教学观念有待转变。学前教育人员培养机制、补充渠道、用人机制等一系列政策的实施跟不上学前教育发展的速度。

第三，语文教学未得到解决。这体现在对藏语文的认识没有从根本上得到解决，还有一部分教师、学生、家长对藏语文的学习不够重视。学校也是各行其是，缺乏科学的、规范化的整体教学安排。

第四，教育观念、意识滞后，部分地区对教育的战略性意义的认识还不够深入。教育部门缺乏对教育地位和作用的有效宣传。

为了解决上述问题，首先应找到问题的根源所在，对症下药，从根本上解决问题。从长远来看，西藏的教育应该做到可持续发展，应该保证教育发展中的几个特性，即可持续性、未来性、和谐性、开放性。在未来西藏教育的发展中，要在师资队伍建设、教育经费、教育区域布局等方面加大力度。第一，要进一步加强师资队伍的建设，提高教师队伍的整体素质。大力发展西藏的师范教育；高度重视加强师德教育；加大援藏教师的引进力度；整顿教师队伍，严格加强教师队伍的管理；加强师资后备队伍的建设。第二，要加大教育机构的调整力度，促进各级各类教育协调可持续发展。要重点加强基础教育，提高西藏人民的素质；积极发展学前教育，重视儿童早期教育；加快发展高等教育，提高高等教育的办学质量，推进高校体质改革；加快发展职业技术教育[①]。第三，要加强西藏内地班建设，进一步完善办学体质。同时，对于西藏地方教育也要提高教育技术化手段，发展远程教育。

2.4.2　基础设施发展展望

西藏和平解放以来，尤其是党的十八大以来，随着国家的大力投入和支持，西藏交通从无到有、从小到大不断发展，取得了举世瞩目的成就，筑牢了后续发力的坚实基础。随着国家交通科技现代化的不断深入和提高，西藏和其他少数民族地区一样，在交通运输的建设上已经充分享受到了国家发展进步的成果，随着“互联办公 +”的发展，西藏的交通运输业和全国其他地方一样将不断形成和完善互联互通、衔接顺畅、安全便捷的现代化立体交通网络，为经济社会发展提供源源不断的动力[②]。

对于西藏交通设施的发展趋势的展望有以下 4 点。

第一，全面打造“互联网 + 交通运输”。“十三五”期间，西藏自治区指出将继续加快交通基础设施建设、提高运输服务水平、构建综合交通运输体系，努力消除交通“瓶颈”制约、筑牢交通基础、补齐发展短板，在交通运输上大力运用互联网技术，为全面建成小康社会提供交通运输服务供给[③]。西藏自治区的道路交通管理也将逐步换成智能卡口系统。同时，推动西藏交通基础设施、运输工具、运行信息等互联网化，力争形成交通运输的网络化、智能化、服务化、协同化的产业发展新形态，推动铁路、民航、道路客运的服务系统和综合信息平台建设。到 2020 年，西藏公路总里程将力争达到 11 万千米，网络化水平进一步提高，铁路运营里程达到

① 西藏自治区教育科学研究所 . 西藏自治区教育事业发展与展望［EB/OL］.（2005-09-12）［2019-04-25］. http://news.sina.com.cn/c/2005-09-12/11216922488s.shtml.

② 宗刚 . 西藏交通与经济良性互动发展实证研究［J］. 中国藏学，2013（3）：118.

③ 楚丹 . 2016 年西藏交通助力经济发展［EB/OL］.（2016-12-30）［2019-05-04］. http://pinpai.china.com.cn/2016-12/30/content_9259247.htm.

1300（分节）千米，干支结合的民航机场布局网络初步形成，基本建成布局合理、优势互补、衔接顺畅、功能健全的综合交通运输体系[①]。

第二，打造和完善公路网结构。近年来，西藏自治区党委、政府立足当前、着眼长远，作出了公路交通跨越式发展的决策部署，大力推进公路交通的发展，但是交通基础设施方面仍存在问题需要解决。为了实现2020年西藏同全国一道全面进入小康社会的发展目标，西藏将全面提高西藏干线公路、农村公路的等级，公路服务水平大幅提高，路网结构进一步完善，交通对经济发展的制约基本得到缓解。

第三，建设经济圈综合交通。西藏自治区人民政府已批准实施《西藏自治区省道网规划（2016—2030年）》（以下简称《规划》），到2030年，西藏将实现经济区、城市圈内外交通联系密切，重要城镇间形成多路连通的路网格局。若《规划》建设完成，西藏干线公路密度将达2.7千米/百平方千米，是实施前的2.7倍，将与国家公路网一起形成进出藏主骨架公路运输通道，连接全区所有县级行政区，将覆盖乡镇的70%（国道覆盖45%）、产业基地、重要的旅游景区、交通枢纽和主要边贸口岸，紧密衔接周边省区干线公路和其他层次路网，形成覆盖广泛、能力充分、衔接顺畅、安全可靠的区域干线公路网络，能够为推动西藏经济社会长足发展和长治久安提供强有力的交通运输保障[②]。

第四，回顾历史，古丝绸之路是一条贸易之路，更是一条承载人文交流、推动文明互鉴的友谊之路。西藏是历史上"古南方丝绸之路"、唐蕃古道、茶马古道的重要节点。西藏应充分发挥区位、政策、历史、文化等优势，打造面向南亚开放的国际大通道，实现交通、贸易、文化、旅游等领域的跨越式升级，提高对外开放水平。党中央将西藏纳入"一带一路"国家战略，有利于西藏发挥连接祖国内地与南亚市场的区位优势和纽带作用，为加快对内对外开发提供了广阔的空间。

① 李洲．西藏未来发展蓝图已绘就：前程似锦令人赞［EB/OL］．（2015-09-08）［2019-05-09］．http://world.huanqiu.com/hot/2015-09/7442593.html.

② 孙开远．西藏将于2030年建成8快9纵3横20联省道网［N］．西藏日报，2017-01-30.

2.5 结论

西藏是我们伟大祖国神圣领土不可分割的一部分，是一片物产资源极为丰富、山川壮丽雄伟、文化底蕴深厚的古老大地。和平解放西藏后，禀赋结构的限制制约了西藏经济社会的发展，阻碍了西藏缩小与内地发展差距的步伐。随着国家对于西藏禀赋结构升级的大力支持与投入，西藏的禀赋结构、教育与基础设施得到了突破性的发展，禀赋结构对西藏自治区的改革与进入现代化的约束基本得到了缓解。

面对新的时代发展机遇与新中国成立70年的历史时期，西藏更应抓住时代机遇，利用“一带一路”的优惠政策，拓宽对外开发的空间。同时，应继续发展教育事业，充分认识到教育事业的战略性地位，用教育解放思想，提高民族文化软实力。加大基础设施建设与完善，做好修筑公路、铁路、机场、管道的养护工作，提高服务水平，根据经济建设与社会发展需求完善交通运输网络，降低运输成本。对于邮电通信业，应在“村村通”的基础上提高电信服务水平，跟紧国家移动通信发展的步伐。

参考文献

[1] 周润年，塔娜．西藏教育六十年[M]．兰州．甘肃教育出版社，2016.

[2] 周润年．试论藏传佛教寺院教育的历史作用[J]．北方名族大学学报，2007（5）：33-35.

[3] 丁玲辉．和平解放催生西藏现代教育发展[N]．西藏日报，2013-05-28（28）．

[4] 周润年，略论西藏教育的发展历程及其经验[J]．民族教育研究，

2009（2）：92-94.

［5］李洲．西藏未来发展蓝图已绘就：前程似锦令人赞［EB/OL］．（2015-09-08）［2019-05-09］．http://world.huanqiu.com/hot/2015-09/7442593.html.

［6］韩志洪．西藏教育站在新的历史起点上——写在西藏自治区基本普及九年义务基本扫除青壮年文盲之际［J］．西藏教育，2008（2）：4-7.

［7］西藏自治区教育科学研究所．世界屋脊上竖起举世瞩目的教育丰碑［J］．西藏教育，2011（1）：44-46.

［8］田荣燕．交通建设对西藏现代化影响［D］．成都：西南交通大学，2009.

［9］云燕．西藏自治区综合交通发展战略研究［D］．天津：天津大学，2004.

［10］闫玉清，李振通．风景在路上——从交通变化看西藏社会主义建设成就［N］．红旗文稿，2015-11-09（21）.

［11］王菲．"两路"通车这些年［EB/OL］．（2014-10-06）［2019-05-31］．http://news.ifeng.com/a/20141006/421422920.shtml.

［12］陈继革，张莹．西藏交通的立体［EB/OL］．（2008-0-14）［2019-05-30］.http://www.newsmth.net/nForum/#!article/Geography/72880.

［13］海屿．川藏公路［EB/OL］．（2011-05-20）［2019-05-29］．http://www.china.com.cn/news/zhuanti/xz60/201105/20/content_2205592.htm.

［14］罗莉．西藏自治区经济史［M］．太原．山西经济出版社，2016.

［15］宗苏宁．西藏民用机场战略定位与战略布局研究［D］．北京：中国民航大学，2008.

［16］王鑫．川藏铁路建设加速［EB/OL］．（2016-07-12）［2019-05-15］．https://www.xzbu.com/6/view-7361757.htm.

［17］马学玲．数读西藏变迁：人均可支配收入较 1978 年翻约 40 倍［EB/OL］．（2015-07-24）［2019-05-29］．http://www.chinanews.com/gn/2015/0724/7426029.shtml.

[18] 李荣华 . 西藏最早的邮局 [J] . 中国西藏（中文版）.1999（6）：12–15.

[19] 罗莉，拉灿 . 西藏五十年 [M] . 北京：民族出版社，2001.

[20] 冯海辉 . “一带一路” 建设与西藏跨越式发展研究 [D] . 成都：西南民族大学，2016.

[21] 嘎旦 . 土坯上的电话 [J] . 中国西藏（中文版），1996（6）：1–3.

[22] 王刚 . 西藏和平解放至改革开放前党的援藏工作研究 [D] . 长春：吉林大学，2013.

[23] 陈小平 . 西藏农牧区基础教育问题实证分析 [D] . 长春：吉林大学，2009.

[24] 张立军 . 新中国民族高等教育体制变迁研究 [D] . 长春：东北师范大学，2012.

[25] 周润年 . 现代西藏教育大发展五十年 [J] . 中国社会科学报，2015（738）：62–65.

[26] 付吉珊 . 川藏公路的前世今生 [EB/OL] .（2011–07–15）[2019–05–16] . http://news.sohu.com/20110715/n313493008_2.shtml.

[27] 冯岗，司琪 . 略论青藏公路与西藏社会经济发展关系 [J] . 赤峰学院学报，2016（7）：57–59.

[28] 王刚 . 西藏和平解放至改革开放前党的援藏工作研究 [D] . 长春：吉林大学，2013.

[29] 高莹，袁梦 . 西藏：风云四十载跨越上千年 [EB/OL] .（2018–11–13）[2019–05–13] . http://www.mzhb.com/zhuanti.

[30] 杨舒文 .60 年来西藏公路从无到有交通建设成就辉煌 [EB/OL] .（2015–08–07）[2019–04–29] . http://china.chinadaily.com.cn/xz/2015–08/07/content_21527220.htm.

[31] 石兰兰 .2015 年西藏国民经济和社会发展统计公报 [DB/OL] .（2016–05–24）[2019–04–25] .http://district.ce.cn/newarea/roll/201605/24/t20160524_11969956_1.shtml.

[32] 宗刚 . 西藏交通与经济良性互动发展实证研究 [J] . 中国藏学，

2013（3）：114–119.

［33］楚丹.2016年西藏交通助力经济发展［EB/OL］.（2016–12–30）［2019–05–04］. http://pinpai.china.com.cn/2016–12/30/content_9259247.htm.

第3章　西藏增长与结构

戴季容[①]　胡琼辉[②]　李道凤[③]

3.1　引言

西藏地处祖国西南边陲，全区面积120多万平方千米，平均海拔4000米以上，是我国西南边陲的重要门户和屏障。西藏和平解放至今，在中国共产党的领导下，在社会主义制度和民族区域自治制度的环境下，经过西藏各族人民的共同努力和全国各省市的无私援助，目前西藏各族人民安居乐业、社会安定、边防巩固，西藏经济和社会各项事业发展取得了前所未有的巨大成就。但是，要实现全面建设小康社会的目标，西藏的任务仍然十分艰巨和繁重。如何贯彻中国梦，加快西藏经济社会的发展步伐，是摆在我们面前的重大现实课题。

经济增长是指一个国家或地区生产商品和劳务的能力的增长，用现价计算的生产总值能够反映一个国家或地区的经济发展规模。产业结构是指在社会再生产过程中，一个国家或地区的产业组成，即资源在产业间的配置状态。有关产业结构的分类，按产业经济分析目的的不同，对具体产业

① 戴季容，西南民族大学经济学院，硕士研究生。
② 胡琼辉，西南民族大学经济学院，硕士研究生。
③ 李道凤，西南民族大学经济学院教师，助理研究员。

[基金资助] 2019年西南民族大学校级教改一般项目“民族院校本科教学质量保障措施研究——以经济学院为例”（编号：2019YB10）。

边界的确定也各不相同。本章讨论的产业结构是根据经济活动与自然界的关系，划分的第一产业、第二产业及第三产业。截至 2018 年底，西藏地区第一产业增加值在地区生产总值中的比重从 1959 年的 73.6% 下降到 8.8%，第二、第三产业比重分别上升到 42.5% 和 48.7%，产业结构由传统的的"一三二"型转变为较高层次的"三二一"型。

本章通过概括西藏近 70 年来经济增长和结构发展历程，研究西藏经济增长和结构发展取得的成就，探讨当前西藏自治区经济社会发展中面临的挑战以及未来的发展方向。

3.2 经济增长与结构发展历程

习近平总书记在第六次中央西藏工作座谈会上明确指出，"西藏工作关系党和国家工作大局"。[①] 党中央历来高度重视西藏工作，西藏和平解放以来，在近 70 年的实践过程中形成了党的治藏方略。西藏地区经济增长和结构发展在国家发展全局中占有极为重要的地位，本章主要阐述西藏和平解放后近 70 年经济增长和结构发展历程。

3.2.1 经济增长历程

1951 年，西藏和平解放，至今历经 60 余年的发展，取得了举世瞩目的成就。2018 年，西藏全区的生产总值达到 1477.63 亿元，按可比价格计算，比 1959 年的 1.74 亿元增长了近 200 倍。回顾西藏 60 余年的经济发展，我们可以看出西藏的发展大致经历了三个阶段。下面我们从西藏三个经济发展阶段来研究分析西藏 1951 年至今的经济发展。

（1）缓慢发展阶段（1951—1978 年）

新中国成立后，经过 3 年的国民经济恢复，从 1953 年起，开始了大规模的工业化建设和对农业、手工业、资本主义工商业的社会主义改造。

① 习近平．依法治藏 富民兴藏 长期建藏 加快西藏全面建成小康社会步伐［N］．人民日报．2015-08-26（01）．

1956年，西藏自治区成立后，中央为西藏制定了“稳步发展”的方针，为了巩固稳定团结的政治局面，经济发展相对缓慢。1957年，西藏根据中央“六年不改”的指示，确定1957年的工作方针是“适当收缩，巩固提高，稳步推进”。1958年，“大跃进”确立了“快”的基本发展战略。

1959年开始的民主改革至1960年结束，民主改革极大地调动了百万农奴生产的积极性[①]，带来了西藏经济45.8%的增长率。1961年4月，中央在《关于西藏发展工作方针的指示》中指出，今后西藏工作必须采取稳定发展的方针。1961年西藏经济增长率回落。1962年以后，西藏执行中央“巩固、稳定、提高”的方针以及中央对西藏的“稳定发展”的政策，先后制定了“农牧区二十六条”和“边境政策十条”，作为这一时期农牧区经济工作的指导。[②]1964年、1965年在西藏有关政策调控下，西藏经济平稳快速增长。1966年后，由于受“文化大革命”的影响，西藏的经济建设遭受损失。1968年、1969年西藏的经济增长率分别跌落到–6.5%、–1.2%。

1971年，中央作出《关于西藏地区农牧业社会主义改造问题的指示》，要求西藏进行人民公社社会主义改造。1971—1974年，西藏地区经济平均增长率为7.3%，波动幅度为2.6%。1966—1976年，国家对西藏的财政补助年均增长为9.09%，加大了对农牧业的投入，西藏经济出现了短时期平稳较快增长的局面。

总体来说，这个阶段西藏的经济增长具备典型的计划经济特征，政府主导和政策驱动形态比较明显，经济本身发展的内生机制没有建立，导致经济大起大落成为常态，但西藏还是在全国经济发展的规划下，有步骤、有计划地发展。

（2）调整发展阶段（1978—1999年）

改革开放以来，在“稳定发展第一产业，有重点地发展第二产业，大力发展第三产业”政策的指引下，西藏地区开始注重轻工业和第三产业的发展，推动地区产业结构进一步优化，在大力推进生产建设的同时，兼顾人民

① 多杰才旦，江村罗布．西藏经济简史［M］．北京：中国藏学出版社，1995：89.
② 多杰才旦，江村罗布．西藏经济简史［M］．北京：中国藏学出版社，1995：104.

物质文化生活水平的提高。1978—1998年，第一产业年均增长率为13.0%，第二、第三产业年均增长率分别为17.7%、19.6%，第一产业稳步发展的同时，第二、第三产业迅速发展。1980年、1984年、1994年，中央分别召开了第一、第二、第三次西藏工作座谈会，制定了一系列加快西藏发展的政策措施，使西藏经济发展较快，到1994年底，西藏生产总值为45.99亿元。1997年西藏地区第三产业生产总值超过第一产业，产业贡献率分别为40.31%、37.84%，改变了长久以来第一产业所占比重最大的局面。

1979年，西藏自治区党委批准《全区人民公社经营管理座谈会纪要》，提倡实行包工到组联产责任制和尊重生产队与社员的生产自主权。1981年，中央召开第一次西藏工作座谈会，并转发了《西藏工作座谈会纪要》（中发〔1980〕31号）。西藏自治区政策的出台，极大地推动了西藏经济的发展，1980年、1981年，西藏经济增长率分别达到22.4%、20.5%。

1983年西藏发生了百年不遇的大旱灾，农业受灾面积达到当年播种面积的75.4%，经济发展受到严重影响，当年经济增长率为-5.2%。1984年，中央在北京召开第二次西藏工作会议，并批准了《西藏工作会纪要》（中发〔1984〕6号）文件；同年，西藏自治区党委出台了一系列促进西藏经济发展的政策，1984年、1985年西藏经济分别增长了25.3%、15.4%。1986年，西藏遭受旱灾，并由于43项工程竣工而导致投资减少，经济增长率陡然降为-9.2%。1987年，西藏自治区党委从西藏实际出发，确立了"以农牧业为基础，以旅游为中心，以教育、能源、交通为重点，理关系、打基础，发展商品生产"的指导方针。

1990年西藏正式颁布《西藏经济社会发展战略》，1993年全面贯彻党的十四届三中全会精神，全面推进社会主义市场经济体制改革，1994年发布《加快建立社会主义市场经济体制，促进国民经济快速发展》的报告，对企业、财税、投资等体制改革全面推进进行了规定，各项工作的推进促进了经济的发展。1997年，西藏地区第三产业生产总值首次超过第一产业，产业贡献率分别为40.31%、37.84%，打破了西藏长久以来第一产业比重最大的格局。

这个阶段是西藏经济发展较好的历史时期，1987—1993年，平均经济增长率为6.4%，经济波动峰谷差为15.4个百分点，在7年的经济发展中没有出现经济减少的年份。1994—1999年，这6年是西藏1952—1999年经济增长最快的一个时期，平均经济增长率达到13.8%，波动幅度仅为6.5个百分点，这是在经济保持高速增长的条件下，平均经济增长率第一次超过波动幅度，也是西藏经济发展的黄金时期之一。

表3-1 1978—1997年西藏自治区第一、第二、第三产业生产总值及贡献率

年份	第一产业		第二产业		第三产业	
	生产总值/亿元	贡献率/%	生产总值/亿元	贡献率/%	生产总值/亿元	贡献率/%
1978	3.37	50.68	1.84	27.67	1.44	21.65
1980	4.64	53.52	2.18	25.14	1.85	21.34
1982	5.82	57.00	2.09	20.47	2.30	22.53
1984	6.38	46.64	2.80	20.47	4.50	32.89
1986	7.95	46.90	2.18	12.86	6.82	40.24
1988	9.65	47.65	2.41	11.90	8.19	40.44
1990	14.10	50.90	3.57	12.89	10.03	36.21
1992	16.59	49.83	4.46	13.40	12.24	36.77
1994	21.14	45.97	7.88	17.13	16.97	36.90
1996	27.2	41.86	11.32	17.42	26.46	40.72
1997	29.23	37.84	16.88	21.85	31.13	40.31

数据来源：根据历年西藏统计年鉴和国家统计局各省年度数据整理和计算所得。

（3）深入发展阶段（1999年至今）

1999年，随着西部大开发政策的提出，西藏的产业结构由“一三二”型转变为“三一二”型，传统的农牧业经济模式开始被打破。产业结构的优化，也促进了西藏经济的高速增长，全区生产总值突破百亿元大关。2003年西藏社会经济保持了跨越式发展的良好势头，而且社会局势发展比较稳定，西藏生产总值为185亿元，且第二产业生产总值首次超过第一产业，产业贡献率分别为25.74%、21.99%。2004—2006年经济增长率均超过两位数，2007年高达14%。

2010年，中央第五次西藏工作座谈会召开，对推进西藏实现跨越式发

展和长治久安作出了战略部署，到2012年西藏生产总值增加到700多亿元，年均增长率为17%。

2013年党的十八大召开，当年西藏生产总值为816亿元，到2014年底，西藏生产总值增加到902亿元。2015年中央第六次西藏工作座谈会召开，进一步推动了西藏经济社会的发展。2018年西藏生产总值达到1477.63亿元，从2009年起连续10年实现百亿级增长（见图3-1）。2018年，西藏自治区工作报告对过去5年的工作进行回顾，这是西藏经济社会发展最快的5年，也是城乡面貌变化最大的5年，为决胜全面建成小康社会奠定了坚实的基础。

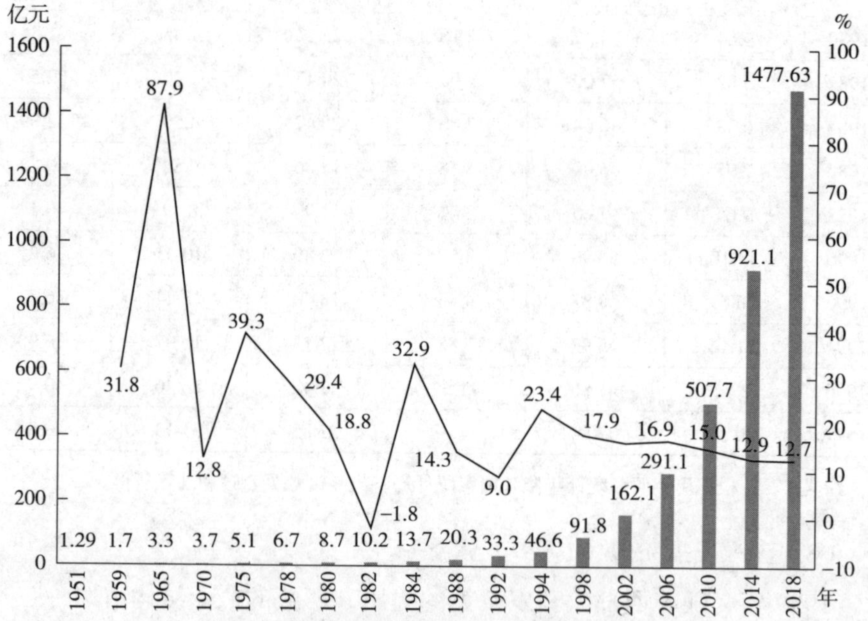

图3-1　1951—1978年西藏生产总值及增长率水平

资料来源：根据历年西藏统计年鉴和国家统计局各省年度数据整理和计算所得。

回顾这一阶段，2000年至今，西藏的经济发展处于“又好又快”的阶段，西藏自治区政府调控目标的机制和手段不断完善，经济内生增长机制基本建立，政府资源和社会资源都在强力推进西藏经济持续健康快速发展，这是西藏历史上最好的发展时期。

3.2.2 经济结构变动历程

1951年西藏和平解放时，西藏总人口为114.09万，而国民生产总值仅有1.29亿元人民币，并且全部集中在第一产业，第二、第三产业几乎是空白。和平解放以后，在中央政府的政策、项目和资金支持下，在西藏各民族群众的共同努力下，西藏地区产业结构逐渐调整，经济不断发展，人民生活水平也日益提高。

3.2.2.1 第一产业的发展

西藏独特的历史文化传统，以及特殊的高原地理特征，决定了种植业和畜牧业是区域内第一产业的重要内容。尽管西藏蕴藏着丰富的林业和渔业资源，但在和平解放初期由于生产方式和交通的制约，莽莽林海始终保持着自生自灭的状态，林业经济发展缓慢。同时，受历史文化和宗教信仰等因素的影响，渔业在西藏自治区产业中的占比也较低。2017年，西藏农、林、牧、渔业的总产值分别为78.44亿元、2.95亿元、92.17亿元和0.33亿元，在总产值中的占比分别为45.1%、1.7%、53%及0.2%，种植业和畜牧业仍然是绝对的优势产业。

（1）种植业和畜牧业

和平解放初期，受封建农奴制度的影响，区域内农牧业发展缓慢。1959年，西藏进入全面民主改革时期，在该时期翻身农奴第一次拥有了自己的土地、农具、牲畜等生产资料，发展生产的激情、创造财富的活力前所未有地迸发出来，西藏农牧业生产得到长足发展。同时，各级人民政府做了大量的工作促进西藏农牧业的发展，如发放扶贫贷款，提供各种生产工具、优价收购各种农产品等，使农牧业连续6年增产丰收。1965年，西藏的粮食产量由1959年的36581万斤增加到58145万斤，农业产值由4591.2万元增加到8304万元；牲畜由1959年的955万头发展到1965年的1701万头，畜牧业产值由9478.8万元增加到18323.8万元；农业总产值为3.4亿元，较1959年增长了82.7%。这是西藏历史上农牧业经济发展较快的时期，体现了社会制度变革对生产力的促进作用，成为西藏农牧业发展的黄金时期之一。

社会主义改造和建设时期是西藏农牧业经济出现波动、缓慢恢复发展的一个阶段，这一阶段农牧业经济基本是在徘徊中前进的。1970年前后，部分公社照搬内地人民公社“政社合一”“一大二公”的组织形式，出现了管理上的“一哄而上”与分配上的“平均主义”现象，西藏的农业生产受到严重影响，农田水利建设逐渐放松，许多新的农业技术被废弃。不少地方脱离西藏实际，极大地挫伤了农牧民生产的积极性，致使粮食产量极不稳定。“文化大革命”中3年减产、2年平产，1972年与1966年相比，粮食产量下降了8%，农业产值年均增长3%，与1960—1965年的年产值相比，年平均增长率下降了7.6%。畜牧业生产发展也不稳定，一些地区草畜矛盾突出，1972年牲畜总数比1965年仅增长13.02%，年均增长2%。

1979年，西藏自治区党委和军区党委召开扩大会议，停用“以阶级斗争为纲”的口号，重新把工作重点放到国民经济建设上。1980—1994年，由于第一、第二、第三次西藏工作座谈会的召开，结束了西藏农牧业生产长期徘徊的局面，开始了稳步向前发展的态势。1992年全区粮油总产量为65.71万吨，较1980年的50.50万吨增加了30.12%。20世纪70年代末，西藏牲畜发展较快，大大超过草场的载畜量，1980年开始注重效益，采取以草定畜的办法，如图3–2所示，全区大牲畜年底头数为502万头，到2001年底，大牲畜年底头数增长到607万头。此后各年西藏自治区大牲畜的数量保持稳定增长，2009年达到顶峰697万头后逐年下降，2016年西藏地区大牲畜头数为648.5万头。

2017年，西藏地区农作物种植面积为255.29千公顷，全年实现粮食总产量103.20万吨，比上年增长了0.8%。

（2）林业和渔业

1965年西藏自治区成立西藏森林公司，建起4个林场，此后又相继组建了多个林场，区域内林业发展逐渐起步。1959年以前，由于宗教、习惯等原因，西藏群众很少捕鱼，此后人们的观念慢慢改变，西藏军区于1960年组建起第一支经营性质的捕捞队，开始在羊卓雍湖捕鱼。

西藏地处“世界屋脊”，被称为“万山之宗”“万水之源”，生态功能

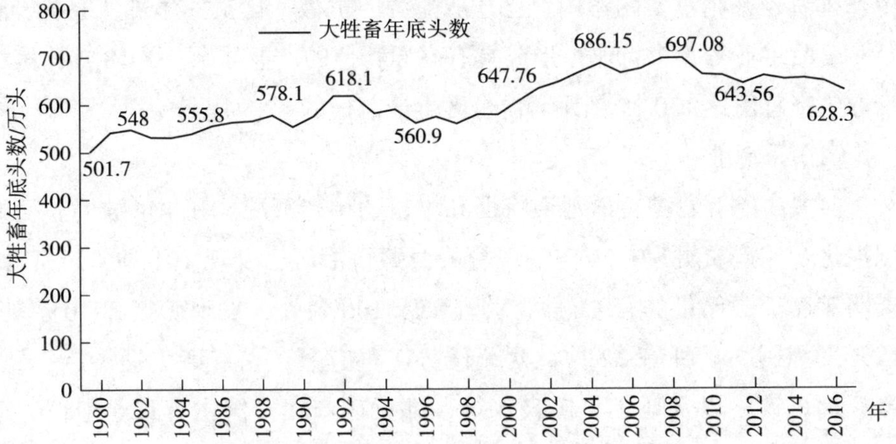

图 3-2 1980—2016 年西藏大牲畜年底头数

资料来源：根据历年西藏统计年鉴和国家统计局各省年度数据整理和计算所得。

地位举足轻重。根据全国第八次森林资源清查结果，2012 年西藏森林覆盖率为 11.98%，比 2007 年提高了 0.07 个百分点；森林蓄积量净增 1656.14 万立方米，森林面积、森林蓄积量持续“双增长”。西藏已建林业国家级自然保护区 8 处，面积 3701 万公顷，占全国林业国家级自然保护区面积的 48.7%，占西藏面积的 30.78%。同时，加强了珠峰、羌塘、巴结巨柏等 9 个自治区级以上级自然保护区基础设施建设。2015 年，西藏林业系统生产总值突破 25 亿元，核桃特色经济林种植、种苗生产、林下资源采集已成为第一产业的新亮点。

西藏河流纵横交错，湖泊星罗棋布，水系格局极为复杂，是我国河流数量最多、湖泊面积最大、国际河流分布最广的地区。然而近 40 年来，随着西藏地区社会经济的快速发展、外来物种入侵和人类活动的增加，鱼类自然资源持续下降，保护区域渔业资源已迫在眉睫。

总体来说，由于西藏地区林业和渔业发展起步较晚，到目前为止，林业、渔业在地区第一产业中仍处于从属地位。

3.2.2.2 第二产业的发展

和平解放后，在中央和各地区的帮助下，西藏的第二产业迅速发展起来。近 70 年来，第二产业从小到大，逐步发展并初具规模，在区域经济中发挥着越来越重要的作用，已建成能源、机械、化工、建筑、毛纺、制革、食品工业等多个行业，形成具有高原特色的产业体系。2018 年，第二产业生产总值达 130.25 亿元，占全区生产总值的 42.5%。[①]

（1）采矿业

西藏高原有着独特的地质特征和丰富的矿产资源。和平解放后，西藏积极进行矿产资源勘探工作，现阶段西藏自治区已发现 101 种矿产资源，查明矿产资源储量的有 41 种，勘查矿床 100 余处，发现矿点 2000 余处，已开发利用的矿种有 22 种。西藏优势矿种有铜、铬、硼、锂、铅、锌、金、锑、铁，以及地热、矿泉水等，部分矿产在全国占有重要地位，矿产资源潜在价值万亿元以上。矿产资源储量居全国前 5 位的有铬、工艺水晶、刚玉、高温地热、铜、高岭土、菱镁矿、硼、自然硫、云母、砷、矿泉水等 12 种。石油资源目前也有很好的找矿远景。

西藏的黑色金属矿产工业主要是铬铁矿工业，20 世纪 70 年代开始开采，其中东风铬铁矿自 1980 年投产到 1986 年停产，共产铬铁矿超过 36 万吨，创造产值 7000 多万元，利润 3300 多万元，之后西藏又相继建设了罗布藏矿、香嘎山矿等矿区。

西藏的有色金属矿产工业以铜矿为主要内容，其中西藏玉龙铜矿是一个特大型斑岩和接触交代混合型铜矿床，是我国最大的单体铜矿，位于西藏自治区昌都市江达县，隶属于西部矿业旗下西藏玉龙铜业股份有限公司。玉龙铜矿于 2005 年开始开发建设，一期工程采选规模为年处理矿石 230 万吨，经过多年开发建设，一期工程现已达产达标。2017 年 9 月，西部矿业集团成立玉龙铜矿改扩建工程指挥部，该工程属于国家工信部有色行业规划重点项目、西藏自治区“十三五”规划重点工程和昌都市创建有色金属基地的重点工程。2018 年 8 月，西部矿业集团公司与中国恩菲工程技术有限公司在西宁举行西藏玉龙铜矿年产 1800 万吨选矿厂工程总承包（EPC）签约仪式，指出玉龙铜矿改扩建工程是将资源优势转化为经济效益、助力民族地区经济发展、主动承担和履行社会责任的深刻实践。

---

① 西藏统计调查信息网．2018 年地区生产总值［EB/OL］．（2019-03）［2019-04-22］．http://tjj.xizang.gov.cn/tjsj/13939.jhtml.

西藏的贵金属矿产工业自1985年开始进行勘探工作，共提供有前景的金矿区（点）30多处。1997年建成第一座现代金矿并投入运营。2010年7月，中国黄金集团公司甲玛铜多金属矿项目在拉萨正式投产，该项目是中央及内地企业在西藏最大的矿业投资项目，在促进西部地区资源优势向经济优势转化，进一步推动西藏地区经济、社会发展方面发挥着重要作用。①

西藏主要的非金属矿产工业是硼砂矿，在20世纪50年代末开始开采，于1962年停止，对当时的西藏经济建设产生了极为重要的影响。1985年以后，西藏又重新开始了对硼砂矿的开采工作。近几年由于市场需求不断增长，开采工作前景广阔。

（2）制造业

制造业是连接中间产品和最终产品的关键部位，也是衔接三大产业的重要环节，对其他产业的发展具有引导作用。20世纪60年代开始，皮革厂先后在拉萨、昌都、日喀则等地区建立，毛纺厂在林芝建立，使西藏丰富的畜产品资源得到了比较充分的加工利用。目前，拉萨皮革厂是西藏最大的皮革加工生产企业，昌都皮革厂是藏东地区最大的毛纺企业，林芝毛纺厂是西藏最大的毛纺企业。

20世纪50年代中期开始，西藏陆续建起了一批粮油和食品加工企业，如拉萨市副食品生产组（1957）、榨油厂（1958）、面粉厂（1961）等。改革开放以后，随着人们生活水平的提高和食品结构的变化，粮油和食品加工企业也得到了较快的发展。

1956年，西藏建立了第一家森林采伐加工企业塔工伐木场。1968年，西藏建立了第一家现代造纸企业林芝造纸厂。1982年以后，全区采伐单位逐步被调整为9个，拥有14个林场，3500多名职工，累计生产原木近500万立方米，但缺乏木材深加工环节。

1959年，民主改革前藏药产业沿用手工生产方式，产量极低。1963年，西藏建成拉萨藏医院制药厂，经过多次投资和扩建，生产能力不断提

① 屠雯．中国黄金集团公司甲玛铜多金属矿项目投产［J］．中国有色金属，2010（16）：15-16.

高，产品由早期的30多种增加到350多种。此外，山南藏药厂、日通藏药厂、西藏自治区藏药厂等也都是在20世纪60年代以后陆续发展壮大起来，生产的珍珠七十、仁青常觉等传统藏药以及新剂型藏药，不仅受到西藏各族人民的欢迎，还远销内地和海外，有力地发扬了传统藏医学。

1988年建立的拉萨啤酒厂是西藏第一个啤酒加工企业，由于西藏水源纯净、无污染，产品深受市场欢迎。1991年，拉萨保健饮料厂与科研单位合作研制出红景天口服液，于1993年批量生产并投放市场，该产品也在全国食品博览会上获得金奖。

此外，西藏还有民族产品加工制造业、家具制造业、机械工业等一些产业门类，在和平解放以后得到了迅速发展。生产的产品具有浓郁的民族传统特色，不仅深受藏族人民喜爱，丰富和满足了人民的生活，并且在进藏观光旅游的国内外游客中也有良好的市场，成为旅游产业的畅销产品。

（3）能源工业

西藏能源工业发展潜力巨大，但受生态环境等因素的制约，目前难以大力开发利用，只能着眼于战略性储备，适度地、保护性地开发利用。

水电工业方面，1956年10月，西藏在已废弃的拉萨夺底电站的基础上，建成了新夺底水电站，装机容量660千瓦，拉萨市群众开始用电灯照明。1957年修建了纳金电站，之后全区利用丰富的水利资源，掀起了兴建水电站的高潮，到1991年已经先后修建了昌都电厂、八一电厂、拉萨西郊电厂、山南沃卡电厂、日喀则塘河等电厂。同时，农村小水电建设事业也得到了迅速发展。

电热电力工业方面，1975年西藏自治区政府成立了地热开发建设的专门机构。1981年羊八井地热电厂第一台3000千瓦机组投入运行，到1990年羊八井地热电厂装机容量2.4万千瓦，成为世界海拔最高，中国地热发电量最大、装机容量最大的地热电厂。

火电工业方面，1959年西藏第一个火力发电厂在日喀则建成发电。1976年建成了装机容量1.2万千瓦的拉萨火电厂，主要用于拉萨地区枯水季节水电不足，以及后来向羊卓雍湖水电站提供施工用电。此外，那曲地区、阿里地区还有2座装机容量2180千瓦的柴油发电厂。

除水电、地热发电、火电外，西藏地区还有太阳能光热电站、风能电站等电力工业。截至 2018 年底，区内主电网延伸到 62 个县（区），供电人口 272 万人，其他地区通过小水电、光伏局域网、户用光伏系统等方式初步实现用电人口全覆盖。[①]

（4）建筑建材行业

和平解放后，西藏建筑业随着地区经济建设的发展不断壮大起来。1956 年，修建了拉萨大礼堂、多吉颇章等建筑，在拉萨、日喀则等地进行了城市建设，修建了一些企业，西藏自治区成立了第一、第二、第三、第四、第五等建筑工程公司，各地也相继成立了建筑公司。1965 年，为迎接西藏自治区成立，组织了拉萨市政建设大会战，陆续修建了人民路、青年路等城市干道，修建了劳动人民文化宫、新华书店、百货公司、银行等文化和商业服务设施。1984 年，第二次西藏工作座谈会确定的援藏工程陆续上马后，西藏建筑行业加大了开放力度。1980 年后，西藏陆续出现了一批古建筑队伍，继承和发扬藏族优秀建筑传统，在修建十世班禅灵塔、维修布达拉宫、大昭寺的过程中发挥了突出作用。近年来，随着西藏固定资产投资的增加和经济增长速度的加快，西藏建筑业企业不断发展壮大。2003 年，全区共有建筑企业 162 家，职工 4 万多人，建筑业生产总产值达 29.34 亿元，在第二产业总产值中所占比重为 61.1%；[②] 到 2017 年全区登记注册的建筑企业 231 家，登记注册企业职工 3.69 万人，建筑业生产总产值达 147.92 亿元。[③]

拉萨水泥厂是西藏建厂最早、规模最大的建材企业，于 1960 年筹建，1996 年被确定为西藏自治区 20 家重点生产调度企业之一，1997 年水泥厂拥有固定资产原值 1.88 亿元，员工 1769 人，年生产能力 20 多万吨，同年也被评为全区利税大户。目前，西藏建材企业除水泥厂外，还有石材、砖材等企业，区域内水泥年产量也由 1965 年的 1.06 万吨增加到 2017 年的

---

① 国务院新闻办公室 . 伟大的跨越：西藏民主改革 60 年［EB/OL］.（2019-03-27）［2019-04-22］. http://www.xzxw.com/zhuanti/mg60bps/.

② 国家统计局 . 西藏统计年鉴 2004［M］. 北京：中国统计出版社，2004：21.

③ 国家统计局 . 中国统计年鉴 2018［M］. 北京：中国统计出版社，2018.

756.74 万吨。[①]

3.2.2.3　第三产业的发展

1952 年，西藏第三产业极为薄弱，产值仅为 0.035 亿元，占地区总产值的 2.3%。60 多年来，随着交通运输业的发展，商业、文化、旅游等产业迅速发展起来，目前已经形成了较为超前的第三产业体系。2018 年，西藏第三产业的产值为 719.01 亿元，占区域内生产总值的 48.7%。

（1）交通运输业

改革开放之后，我国把提升交通通行能力作为经济发展的重要支撑，"要想富，先修路"成为各地区经济快速发展的不二选择，西藏自治区的社会发展也不例外。1951 年西藏和平解放后，中央政府便开始了在西藏大力发展交通事业的历程，不断提高交通运输能力。

公路交通方面，1954 年 12 月，川藏公路和青藏公路同时通车到拉萨，从此结束了西藏没有一条正规公路的历史，改变了西藏长期封闭的状况，开辟了西藏交通运输事业的新纪元。1955 年 10 月，拉萨至日喀则 338 千米公路建成通车。20 世纪 80 年代，拉萨至日喀则公路进行改线工程，拉萨至曲水段，于 1985 年作为拉贡线修建成二级公路，铺筑沥青路面。2010 年，西藏公路通车里程已达 58249 千米，乡镇通公路率和村通公路率分别达到 99.7% 和 81.2%。2014 年公路通车总里程为 75469.54 千米，与 2013 年数据相比农村公路总里程增加 4878.32 千米。[②] 截至 2018 年底，西藏公路通车里程达到 9.78 万千米，其中高等级公路 660 千米，同时完成全区所有县通公路的目标。

铁路交通方面，早在新中国成立之初，毛泽东等第一代中央领导人就把修建进藏铁路提上了议事日程。1956 年铁道部开始对进藏铁路进行前期规划。1974 年，青藏铁路西宁至格尔木段简称"西格段"开始全线施工，1984 年，建成并交由兰州铁路局运营，这是青藏铁路的一期工程。2001 年 2 月，国务院批准建设青藏铁路，青藏铁路二期工程东起格尔木

---

① 国家统计局 . 西藏统计年鉴 2018［M］. 北京：中国统计出版社，2018：212.

② 西藏自治区交通运输厅 . 2014 年西藏自治区公路统计年报说明［EB/OL］.（2016-01-15）［2019-05-28］. http://jtt.xizang.gov.cn/zwgk/jttj/201510/t20151022_8784.html.

西至拉萨，全长5072千米，历时6年，于2006年7月正式通车运营，是世界上海拔最高和线路最长的高原铁路。2014年8月，拉日铁路建成正式通车运营，最高运营时速120千米，年货运量830万吨以上，是西藏铁路网承东启西的一条重要干线。根据《西藏自治区铁路网‘十二五’及中长期发展规划》，今后将有5条铁路出藏，分别是新藏线、青藏线、川藏线、滇藏线、昌都至玉树铁路通青海。届时铁路网将覆盖地区行政中心所在地及重要城镇，以大能力、多通道、高质量、安全、快速、四通八达的交通保障满足自治区对铁路运输的需求。

航空方面，西藏高原气候情况复杂，曾被视为空中禁区。和平解放后，中央加强了西藏航空事业的发展。1956年建起了海拔4000多米的西藏高原第一个机场，5月26日和29日，军航与民航突破空中禁区试飞成功。1965年，中国民航北京—成都—拉萨航线正式开辟通航，从此在“世界屋脊”上架起了通向祖国内地的“天桥”。经过60多年的发展，现已建成通航机场5个，开通国内国际航线92条，初步形成了以拉萨贡嘎机场为干线，以昌都邦达、林芝米林、阿里昆莎、日喀则机场为支线的航空网络。此外，西藏高原航空事业的发展，不仅改变了西藏高原地区的运输结构，也有力地支持了地区经济建设。

（2）邮电通信业

随着西藏的和平解放，其邮电事业的服务对象亦由贵族转化为人民，进入新的发展时期。1952年，中华人民共和国邮电部拉萨邮电局建立并开始营业，此后各地相继建立了分支机构。1958年，全国第一个地区所在地的卫星地球站——昌都卫星地球站一期工程全部竣工，继而阿里地球站第一期工程部分竣工并开通4条电路投入电信生产，从此西藏长途电话通信进入卫星通信时代。1959年，西藏邮电通信结束了多方并存的局面，开始了较快发展。到1960年，除阿里地区外，其余专区所在地至各县已全部通邮。1964年西藏各地邮电局开始办理藏文电报业务，深受藏族人民欢迎。到1976年，邮路和农村投递线路单程长达9.1万千米，全区邮班可以直接到达99.3%的公社、98.8%的生产队。1992年，拉萨作为全国最后一个省会城市开始运行程控电话，西藏邮电通信进入电话程控化时代，实现了跨越式发展。

2002年，西藏邮政业务收入完成9098万元，邮政业务总量完成8184万元。通信方面，2002年全区长途光缆总长度达到9418千米，交换机总容量58.9万门，完成电信业务总量66364.32万元，电话用户达407915户，普及率为每百人15.56部，因特网注册用户6078户，还有无线市话用户26854户。

到2017年，电信业务总量达到45.21亿元，较2016年增长44.21%。移动电话交换机容量达到2820万户，建设通信光缆总长度达16.21万千米。年末电话用户总数337.6万户，固定互联网宽带接入用户61.2万户，比2016年增加21.1万户。

60多年来，西藏邮电通信事业的发展不仅为地区经济稳步增长提供了物质条件，也在西藏现代化的过程中发挥着重要作用。

（3）旅游业

西藏旅游资源十分丰富，发展旅游产业优势独特。目前，西藏有4个5A级景区,12个4A级景区。[①]西藏自然景观雄辉秀丽，独树一帜，有世界级旅游资源29处，可供游览的景点293处。全区各类自然保护区38个，自然风光主要以喜马拉雅山脉的雪山风光、藏北羌塘草原风光、藏东南森林峡谷原始生态风光、阿里神山圣湖为主的高原湖光山色为代表的草原和森林湖泊。西藏人文景观神秘丰厚，被称为宗教圣地。有1600多个保存完好的寺庙，布达拉宫、大昭寺两大世界文化遗址及众多的历史文化古迹遍布全区。藏族本土文化、民族风情色彩缤纷，共同构成了西藏旅游资源的多样性、独特性。

西藏自治区内的旅游业是在改革开放以后兴起的。1980年，西藏地区接待国际游客1059人，国内游客2466人，旅游总收入131万元，其中外汇收入80万美元，直到1984年底均维持在较低水平。1986年，西藏自治区旅游局成立，旅行社由1984年的1家增至11家，旅游业呈现出一派勃勃生机，1987年旅游收入总额达31348万元。1988年受拉萨骚乱和内地政

① 西藏旅游政务网.西藏自治区A级旅游景区名录［EB/OL］.（2019-03-15）［2019-05-28］.http://www.xzta.gov.cn/xygl/ly-jq/system/2019/03/15/000008603.html.

治风波的影响，进藏游客锐减，1988 年仅 2.27 万人次，到 1989 年只有千余人次，降至 5 年前的水平。1990 年以后，随着社会秩序的恢复和各种旅游媒介的改善，西藏旅游走出“低谷”，步入较快的发展轨道，仅当年接待游客 11 万人次，较 1980 年增长 206%，1998 年接待涉外游客达 386643 人，比 1990 年增长 35 倍。1980—2001 年，全区共接待海内外游客 360 万人次，其中海外游客 105 万人次，国内游客 255 万人次，实现直接收入 28 亿元。

经过“九五”期间的发展，2001 年，西藏全区共有各类旅游企业 162 家，全行业固定资产 10 亿元。到 2003 年，全区共接待海内外游客 92.9 万人次，其中入境游客 5.1 万人次，国内游客 87.8 万人次；旅游创汇 1891 万美元，国内旅游收入 8.8 亿元，实现旅游总收入 10.4 亿元。[①] 随着西藏全域旅游的快速推进，2018 年西藏自治区接待游客 3368.73 万人次，实现旅游总收入 490.14 亿元，十多万农牧民借助旅游业增收致富，世界旅游目的地建设成效初显。

此外，西藏地区的第三产业除交通运输业、邮电通信业、旅游业以外，还有商业贸易、房地产、文化教育、医疗卫生、金融保险等行业。西藏和平解放后，这些行业从无到有、从小到大，迅速发展，为促进西藏各族人民物质文化生活水平的不断提高、地区经济的快速发展，发挥了极为重要的作用。

3.3　经济增长与结构发展成就

新中国成立 70 年来，在党中央的坚强领导和全国人民的大力支援下，西藏自治区的经济发展和产业结构优化取得了历史性的成就。该成就之所以能够被冠之以“历史性”三字，是因为：经济增长是近于跨越式的，人民福利水平的提升是突出的，经济进一步发展的前景是较为良好的；三大

① 国家统计局 . 西藏统计年鉴 2004［M］. 北京：中国统计出版社，2004：240.

产业分别顺应自身优劣，找到了有效的发展道路，产业结构的优化取得了重大进展。

3.3.1 地区经济增长成就

3.3.1.1 向跨越式增长转变，经济增速稳居前列

历史上，西藏长期实行政教合一的封建农奴制。这一制度一直延续到1959年西藏民主改革前，上百万农奴处于被剥削被压迫的境地，政教合一的封建农奴制使西藏生产长期处于停滞状态，也严重阻碍了现代科学技术的传播和运用。民主改革实现了西藏由封建农奴制度向社会主义制度的伟大跨越。社会主义制度的建立，不仅解放和发展了生产力，促进了西藏经济发展不断迈上新台阶，而且极大地推动了西藏社会全面进步。

然而，因为历史因素的客观影响，落后的生产力、相对封闭的经济环境和近乎单一的产业模式决定了西藏地区的经济发展相较其他省市起点极低，1959年西藏自治区的地区生产总值仅为1.74亿元。

改革开放后的地区生产总值及其年增长率稳步增长。1978年全国改革开放时西藏地区生产总值只有6.65亿元，1980年党中央对西藏实施放宽政策，1981年地区生产总值为10.4亿元，1984年全国性的援藏工程开始，1985年地区生产总值增长到17.76亿元，1994年7月，党中央通过《中共中央、国务院关于加快西藏发展、维护社会稳定的意见》，开创了全国支援西藏的新局面，1995年地区生产总值达到56.11亿元。21世纪以来，得益于西部大开发以及全国援藏热潮的兴起，西藏地区经济发展水平迅速提高，2001年，召开第四次西藏工作座谈会，地区生产总值为139.16亿元，2010年，召开第五次西藏工作座谈会，地区生产总值增加到了507.46亿元，2015年，召开第六次西藏工作座谈会，地区生产总值达到了1026.39亿元。2018年西藏自治区生产总值更是增加到了1477.63亿元。

1978—2018年西藏地区生产总值每4年都是近乎倍加的增幅，这正是西藏经济向跨越式增长转变的证明。从长期来看，地区生产总值年增长率的变动，在近乎跨越式的增长后，由于基数增大反而呈现下降的趋势。然而即使增长率有所下降，西藏地区生产总值的年增长率仍始终高出10个

百分点，依然保持十分快速的增长。

近年来，西藏地区生产总值增幅稳居全国31个省（区、市）前列（未统计香港、澳门特别行政区及台湾省）。2004—2010年，由于固定资产投资量较少，西藏地区生产总值指数的全国排名波动较大，其中2007年比上年下降了12个位次，2009年又比上年上升了12个位次。此后，随着西藏固定资产投资量的增加，生产总值指数排名逐步上升，2013—2017年连续5年位于全国前5位，这意味着西藏自治区人民实际生活水平的上升居于全国前列，如此程度的社会福利显著提升，正是经济向跨越式增长转变所带来的，而社会福利的提升又有益于区域总需求的拉动，从而促进社会经济的增长和社会福利的提升。

3.3.1.2 就业状况良好，平均工资倍加增长

随着西藏自治区经济实力的提升，各族群众的发展参与感和获得感也不断增强，真正实现发展成果由全民共享。民生保障水平不断提升，小康社会建设稳步推进。全力建好社会保障体系，基本实现了幼有所育、学有所教、劳有所得、病有所医、老有所养、住有所居、弱有所扶。2013年以来，新增城镇就业累计27.3万人以上，城镇登记失业率不断下降，2018年城镇登记失业率为2.83%。

失业率的下降并趋于稳定，是建立在不断增加的社会总劳动力的基础上的。截至2017年，西藏共建成各级中学132所，高等教育院校7所，各级各类学校毕业人数从1959年不到2万人增加到50多万人。同时，内地办学成效显著，现有21个省市办有西藏班（校），累计为西藏培养输送中专以上人才36000余人。[①] 同时，随着西部大开发、全国性援藏和“一带一路”倡议的热潮，加之党中央对西藏自治区的政策性倾斜，越来越多的本地劳动力选择留在西藏为区域建设添砖加瓦，越来越多的区外劳动力要素也纷纷流入西藏，使得新增城镇就业不断增加，这意味着，西藏自治区人民的劳动参与率处于不断增长中。因此，趋于稳定而非上升的失业率暗示了劳动力需求的增加、社会产业规模的扩大，佐证了就业状况和前景的

① 国务院新闻办公室．伟大的跨越：西藏民主改革60年［EB/OL］．（2019-03-27）［2019-04-22］．http://www.xzxw.com/zhuanti/mg60bps/.

良好态势。

新中国成立70年来，西藏各族人民的生活条件全面改善，幸福指数大幅提升。西藏和平解放以前，广大农奴食不果腹，衣不蔽体。和平解放以后，特别是民主改革后，人民群众生活水平不断提高。2018年，城镇居民人均可支配收入为33797元，农村居民人均可支配收入为11450元。1978年至今，城乡居民人均可支配收入处于不断增长中，并且每5~8年就基本实现一次递增式的跨越（见表3-2）：1978—1986年，城镇居民人均可支配收入增加了81.59%，农村居民人均可支配收入增加了1.8倍；1986—1994年，城镇居民人均可支配收入增加了2.2倍，农村居民人均可支配收入增加了66.06%；1994—2002年，城镇居民人均可支配收入增加了1.3倍，农村居民人均可支配收入增加了86.17%。此后，2002—2007年，城乡居民人均可支配收入分别增加了43.40%和83.30%；2007—2013年，城乡居民人均可支配收入分别增加了83.22%和1.4倍；2013—2018年，城乡居民人均可支配收入分别增加了65.72%和74.73%，分别比全国城乡居民人均可支配收入增长了48.30%和55.00%。

表3-2　1978—2018年西藏城乡居民人均可支配收入　　单位：元

年份	城镇居民人均可支配收入	农村居民人均可支配收入
1978	565	175
1986	1026	492
1994	3330	817
2002	7762	1521
2007	11131	2788
2013	20394	6553
2014	22016	7359
2015	25457	8244
2016	27802	9094
2017	30671	10330
2018	33797	11450

数据来源：根据历年西藏统计年鉴和国家统计局各省年度数据整理和计算所得。

与1978年相比，2018年城乡居民人均可支配收入分别增长了58.82倍和64.43倍，结合前面所论述的每5～8年就倍增的平均可支配收入，说明西藏自治区社会整体福利水平稳定、持续地得到提升。

3.3.1.3　基础设施不断完善，发展迎来“收益递增”

随着国家改革开放进程的推进，西藏社会生产力发展也逐步与全国同步，西藏各族人民不断享有日益丰富的现代文明成果。1980—2018 年中央向西藏的财政补助累计 12377.3 亿元，占西藏地方财政总支出的 91%，对口支援单位累计实施援藏项目超万个，落实援藏资金超过 400 亿元，有力支持了西藏的经济社会发展。

和平解放前，西藏没有一条正规的公路，和平解放后，现代意义上的公路建设才开始起步；民主改革后，西藏建设了一系列干线公路和高等级公路。截至 2018 年底，西藏公路通车里程达到 9.78 万千米，其中高等级公路 660 千米；全区所有县通公路；697 个乡镇中 579 个实现通畅，696 个实现通达；5467 个建制村中 2624 个实现通畅，5457 个实现通达。航空站和机场的建设也处于不断推进中：1956 年，西藏建成首个简易机场，现在已建成通航机场 5 个，开通国内国际航线 92 条，初步形成干线与支线相交互的航空网络。2006 年，青藏铁路格尔木至拉萨段的通车标志着西藏不通铁路历史的结束。

基础设施的建设与完善，有效改善和解决了西藏步入新千年初期常被诟病的区内市场狭小、开拓区外市场能力弱、市场主体市场意识水平低下和旧能源资源匮乏等主要问题。

虽然西藏地区的旧能源——如煤炭、石油和天然气——资源比较匮乏，但西藏的水能、地热能、太阳能和风能蕴藏量丰富。2003 年的数据显示，西藏地表水资源总量占全国总量的 13.5%，平均天然水能蕴藏量约占全国总量的 30%，可开发的水能资源占全国总量 15%；地热蕴藏量居全国首位，显示点有 600 余处，热能发电潜力达 15 万千瓦；太阳能和风能资源十分丰富，大部分地区日照时间日均 9 小时左右，西北部的大风区每年有 200 多天平均风速在每秒 3 米以上。[①] 基础设施中交通网络的建设完善，使这些资源得到了更好的开发和利用，使之更有效率地配合其他生产资料

① 宋朝阳 . 西藏产业结构研究［D］. 武汉：武汉大学，2005：67.

和劳动者，提升要素边际收益水平。

2008年以前西藏地区生产总值依赖于固定投资水平，二者的增长率变动呈一致趋势，而固定投资中国家预算内资金的比重都占到了五成以上并持续走高，这表明西藏的边际产出收益增长较慢。2008—2015年，西藏地区生产总值增长率和固定投资增长率变动的一致性逐渐弱化，偶尔会出现二者的变动完全相反的情况，如2008—2009年、2010—2012年和2014—2015年。2015—2017年，在固定资产投资水平大幅下降的背景下，西藏地区生产总值在千亿级大基数的基础上维持了12%以上的增长率并接连上涨，说明随着基础设施建设不断完善，西藏的经济发展迎来了要素“边际收益递增”的阶段，这毫无疑问是党中央致力于促成的西藏经济跨越式增长目标达成途中的一个重要里程碑。

3.3.1.4　增长极已初步形成，辐射带动共同发展

“增长极”的概念是法国经济学家佩鲁于1955年提出的，他认为增长极的形成至少应该具备三个方面的条件：一是存在具有创新能力的企业群体和企业家群体；二是必须具有规模经济效益；三是有适宜经济发展的外部环境。那么西藏地区近年来是否存在一个地市，能够脱颖而出，成为释放极点能量、带动其外围地区的经济增长的增长极呢？

2016年2月，西藏自治区第十届人民代表大会审查并批准了《西藏自治区“十三五”时期国民经济和社会发展规划纲要》，明确提出了要将拉萨市打造成辐射周边3小时经济圈的中心，促进产业聚集，构建藏中经济高地，将其打造为承接“一带一路”倡议和全区扩大对外开放的全区金融商贸物流中心，并充分发挥首府城市的辐射带动作用。

3年过去了，拉萨已经成为一个初阶的增长极，为全区的经济发展辐射着积极的效应。拉萨生产总值在西藏的7个地市中稳居榜首，其占西藏自治区生产总值的比率超过35%（见图3–3），是排名第二的日喀则的两倍多，这说明拉萨具有压倒性的资本规模；同时拉萨生产总值的增长率近五年来一直稳定在10%上下，说明拉萨具有较好的规模经济效益。

西藏辖区的上市公司80%都坐落于拉萨。截至2018年3月，西藏自治区内共有上市公司17家，其中14家位于拉萨市，另外3家则分别在山

南市和林芝市（见表 3–3）。上市公司的集中引致生产要素和科学技术的集中，有利于对外经济的进一步打开，能有效拉动总需求，使周边中小型企业也可“借风而行”扩大市场和发展规模。西藏自治区政府重点发展的五大特色产业分别是旅游业、藏医药业、建筑建材业、农畜产品加工业和矿产业，位处拉萨的 14 家上市公司将这五大产业全部囊括在内，使拉萨坐拥区位优势和要素资源优势的同时，还可以获取政府的政策性倾斜。

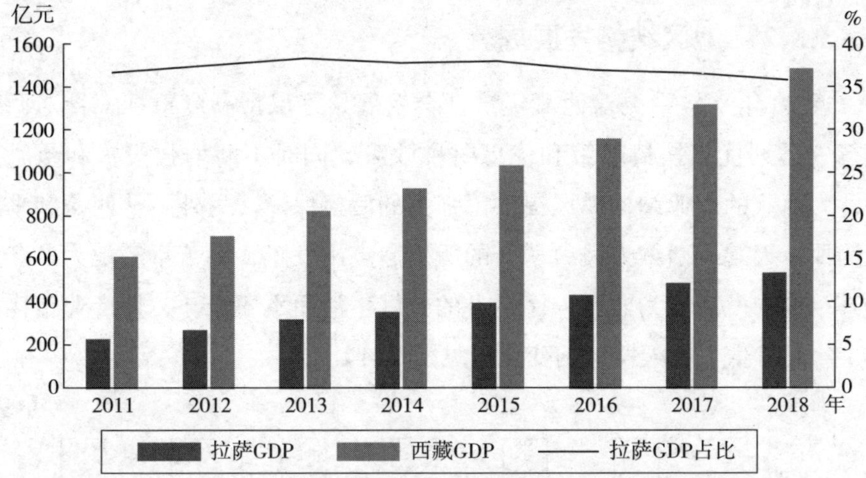

图 3–3　2011—2018 年拉萨市生产总值与西藏地区生产总值及二者的比率

资料来源：根据历年西藏统计年鉴和国家统计局各省年度数据整理和计算所得。

表 3–3　按所在地划分的西藏辖区上市公司名录

上市公司所在地	上市公司名称	上市公司数量 / 家
拉萨市	宝华股份、梅花生物、西藏珠峰、西藏天路、西藏药业、西藏城投、卫信康、华钰矿业、万兴科技、西藏矿业、高争民爆、ST 藏旅、易明医药、西藏发展	14
山南市	海思科、灵康药业	2
林芝市	奇正藏药	1

数据来源：中国证券监督管理委员会西藏监管局统计信息。

目前，一江三河流域（雅鲁藏布江、拉萨河、年楚河和尼洋河）地区及其北面的当雄、那曲所构成的三角区域，拥有西藏最便利的交通运输和最发达的信息技术网络。从资源来看，这一区域拥有丰富的自然资源；从人力资本的角度来看，三角区域内拥有比较集中的人口，而且基本上西藏所有的高校及科研院所都建立在这个三角区域内，人力资源优势较为突出。在拉萨增长极的带动下，发展工业可与自然资源开发、能源建设等匹配进行，因而无论是劳动密集型的工业企业还是资本密集型的工业企业，都有比较大的增长潜力。

3.3.2 地区结构发展成就

近 70 年来，中央对西藏经济社会发展始终保持高度重视，针对西藏执行一系列优惠扶持政策和优惠财税政策，同时不断增强投资和金融支持，为西藏的产业结构发展提供了强大的后援保障。另外，从西藏和平解放的那一天起，西藏人民就从新的历史起点出发了，艰苦卓绝地为各产业和其结构的发展、为西藏人民自身的美好生活而不懈奋斗，使产业结构在数十年间发生了翻天覆地的变化（见图 3-4）。

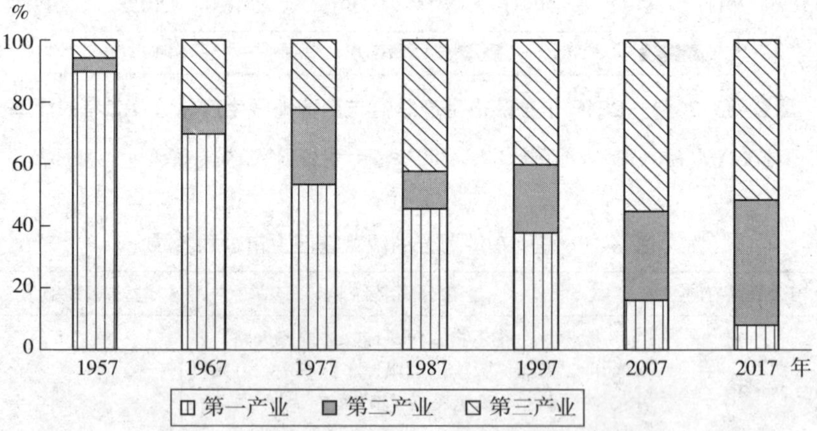

图 3-4 1957—2017 年西藏产业结构更变

资料来源：根据历年西藏统计年鉴和国家统计局各省年度数据整理和计算所得。

3.3.2.1 与比较劣势作顽强斗争，第一产业持续稳中求进

第一产业在西藏发展初期占比最大，产值占该区域 GDP 的比率在 20 世纪 50—60 年代一度达到 90% 以上，其占最大比重的状况一直持续到 20

世纪 90 年代才被急速发展的第三产业超过，此后又在 2003 年前后被第二产业超过。即便如此，第一产业仍然保持着稳定有力的增长，在西藏的经济社会建设中发挥着非常重要的作用。

和平解放以来，大多数年份西藏农牧业总产值占农林牧渔业总产值的比重都在 97% 左右，林业和渔业所占比重较小，种植业和畜牧业一直都是西藏第一产业的主体（见图 3-5）。然而由于西藏发展起点低，气候条件复杂多变，农牧业生产条件较为落后和原始，不仅病虫草害常常破坏草场，还容易遭受雪灾、雹灾、旱灾、雷电、地震、滑坡和泥石流等自然灾害的袭击，仅 2008—2014 年，西藏共发生各类自然灾害 290 余起。[①] 在第一产业稳定增长的产值背后，是数十年来党中央、地方政府和西藏人民所付出的比其他地区更加艰苦的努力。

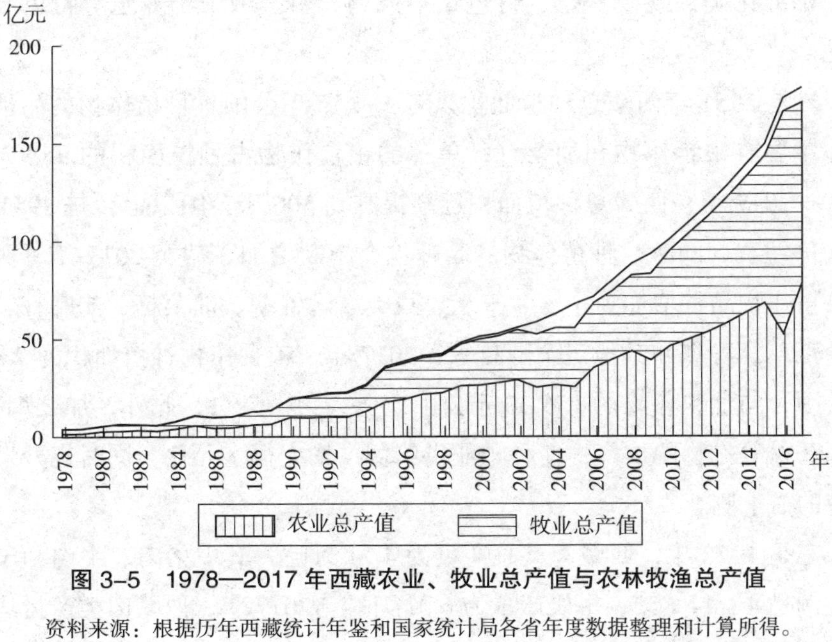

图 3-5　1978—2017 年西藏农业、牧业总产值与农林牧渔总产值

资料来源：根据历年西藏统计年鉴和国家统计局各省年度数据整理和计算所得。

改革开放至今，西藏农林牧渔业总产值增加了近 45 倍，其中种植业和畜牧业增长了近 43 倍（见图 3-5），促成其稳定有力增长的具体成就和

① 王娟丽．西藏自然灾害时空分布规律及特征分析［J］．西藏发展论坛，2018（2）：44-49.

原因为以下3个方面。

一是1980年第一次西藏工作座谈会后，中央政府加大了对西藏经济发展的投入，1994年和2001年的第三、第四次西藏工作座谈会确定实施一批包括农牧业基本建设的援藏项目，因此种植业和畜牧业抵御自然灾害的能力有了显著的提升，使自然灾害不再轻易重挫第一产业的增长，西藏农牧业彻底走出了靠天吃饭、靠天养畜的困局，现代化程度不断提高。农林牧渔业增加值由1959年的1.28亿元增加到2018年的134.14亿元；粮食产量由1959年的18.29万吨增加到2018年的104.9万吨；粮食单产由1959年的1370公斤/公顷提高到2018年的5688公斤/公顷。农牧业特色产业从小到大、快速发展，具有西藏高原特色的农牧业品牌建设成效显著，建成了一大批优质粮油生产、无公害蔬菜种植、标准化奶牛规模养殖、特色藏猪藏鸡养殖、绒山羊养殖等特色产业基地。①

二是1951年西藏总种植面积只有134.15千公顷，种植作物的品种单一，主要有粮食作物和油菜籽，单一的粮食作物占种植面积的95.97%。2009—2017年，西藏总种植面积逐渐提升到500千公顷以上，是1951年的4倍左右；同时，种植作物的品种也在不断增加，截至2017年，西藏的种植作物品种增加为小麦、玉米、豆类、马铃薯、油菜籽、胡麻籽、甜菜、烟草、青稞和其他蔬菜药材等；2017年，粮食作物种植面积为231.4千公顷，与油料作物的155.30千公顷比例约为1.5∶1，此外，加之烟草、藏医药材等作物的推广，使种植业供给侧结构变得多元化，同时也开发了相应的需求侧。②

三是1978年，西藏肉类总产量为4.71万吨，其中猪肉、牛肉和羊肉的比例是4∶44∶52；牛奶产量为6.01万吨。2017年，西藏肉类产量达到32.07万吨，增长了5.8倍。在增长期间，西藏畜牧业敏锐地捕捉到了牛的养殖与西藏的地理环境更具适恰性，于是展开了更有针对性的发展：2017

① 国务院新闻办公室.伟大的跨越：西藏民主改革60年［EB/OL］.（2019-03-27）［2019-04-22］. http://www.xzxw.com/zhuanti/mg60bps/.

② 宋朝阳.西藏产业结构研究［D］.武汉：武汉大学，2005.

年猪肉、牛肉和羊肉的比例发展为 4∶75∶21，其中牛肉单方面的产量增加了 9.8 倍，随之一同变动的牛奶的产量增加了 5 倍以上。值得注意的是，虽然 2017 年羊肉的产量仅为 6.35 吨，与 1978 年相比只增加了 1.6 倍，但绵羊和山羊的羊毛羊绒产量却十分突出，2017 年绵羊毛产量达到 7857 吨，细羊毛和半细羊毛产量为 3852.54 吨，山羊毛产量为 1029.64 吨，羊绒产量为 834.23 吨。[①]

3.3.2.2 由相对短板到中坚支柱，第二产业实现历史转变

从西藏民主改革到第四次西藏工作座谈会，在中央和全国各地区的帮助和支援下，西藏第二产业从无到有、从小到大，不断发展壮大。由于西藏第二产业发展开始的时间偏晚，而且农牧民文化科技水平不高，而且性格朴实、恋乡恋土情结较重，难以适应城镇就业岗位和生活环境，使得第二产业吸引劳动力的能力受限，1957 年第二产业占比仅为 4.5%，是三大产业里显而易见的短板。然而，经过 60 多年的发展，西藏已建立起一个包括能源、建材、机械、采矿、轻工、食品加工、民族手工业、藏医药业和建筑业等 20 多个门类的现代第二产业体系，并告别传统的生产模式，逐步达到现代化水平。截至 2018 年，无论是第二产业产值在生产总值中所占的比重，还是第二产业增长值在生产总值增长值中所占的比重，都超过了第一产业，成为拉动西藏经济社会发展的中坚支柱。

一般来说，工业比重和总量越大，第二产业就越发达，经济发展水平就会越高，所以工业比重和产值在第二产业中不敌建筑业仅占据从属地位的西藏在工业方面一直为各界人士所诟病。这是因为西藏的工业发展面临着诸多客观难题：地域宽广但人口较少导致工业企业密度较小，难以利用集聚效应快速发展，以及能源资源储藏缺乏，因此难以为工业发展提供能源资源。即使面对这样的困境，党中央和西藏人民依然不屈不挠，因为工业化是西藏发展的必由之路，经过第二次西藏工作座谈会确定的“四十三项工程”建设和第三次西藏工作座谈会确定的“六十二项工程”建设，西

① 宋朝阳 . 西藏产业结构研究 [D] . 武汉：武汉大学，2005.

藏独具特色的粮油食品、毛纺、制革、林产品加工、建筑建材、藏医药材和民族手工业等产业得到了逐步发展。1998—2018年，虽然工业企业删繁就简，单位数目下降了不少，但是工业企业的总体资本规模和平均资本规模得到了提高，使西藏的工业具备了更佳的发展环境。2018年，西藏工业增加值为114.51亿元，是1959年的763.4倍。[①]

随着国家改革开放进程不断推进，为了使西藏社会生产力发展水平逐步与全国同步，土木工程、房屋建设的发展势在必行，表现为建筑业生产总值在第二产业中的主导地位。就建筑业而言，西藏在交通运输方面的基础建设（见3.3.1.3节提到的基础建设方面的成就）、电气网工程和医疗设施方面也达成了空前的成就。

和平解放前，西藏仅有一座125千瓦，仅供少数上层贵族且断续发电的小水电站。1960年，纳金水电站建成发电，此后，羊湖、沃卡和查龙等一系列水电站、羊八井地热电站以及大型并网光伏电站等相继建成，实现青藏、川藏电力联网。2014年冬，拉萨市城区首次实现了天然气供暖，同时也满足了居民生活用气需求。截至2018年底，区内主电网延伸到62个县（区），供电人口272万人，其他地区通过小水电、光伏局域网、户用光伏系统等方式初步实现用电人口全覆盖。此外，20世纪70年代末期，为了改善医疗卫生基础设施，自治区级、市（地）级医院和71个县级医院陆续得到改扩建，而后又因为藏医药得到有效传承和发展，各市（地）、县相继成立藏医院，截至2018年底，西藏共建成50所公立藏医医疗机构。

在党中央和全体西藏人民的努力下，建筑业企业劳动生产率在小幅波动中不断增长，建筑业总产值虽有一定波动但整体势态良好。截至2017年，西藏建筑业企业的劳动生产率是1998年的5.7倍，西藏建筑业总产值是1998年的15.6倍（见图3-6）。

① 国务院新闻办公室．伟大的跨越：西藏民主改革60年［EB/OL］．（2019-03-27）［2019-04-22］．http://www.xzxw.com/zhuanti/mg60bps/.

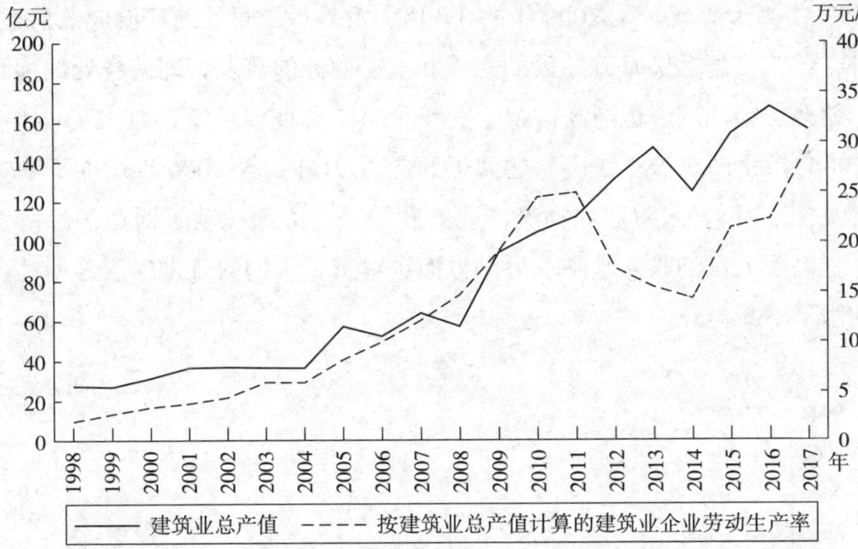

图 3-6　1998—2017 年西藏建筑业总产值和建筑业企业劳动生产率

资料来源：根据历年西藏统计年鉴和国家统计局各省年度数据整理和计算所得。

3.3.2.3　比较优势融合文化特色，第三产业成为主导动力

和平解放以来，西藏第三产业是在几乎空白的基础上发展起来的，经历了一系列快速发展后，1996—1997 年成为占生产总值比重最大的产业，此后持续蓬勃发展。西藏的第三产业以传统行业为主，如交通运输业、传统商贸、国家机关政党机关和社会团体等等，其中最具特色和影响力的是旅游业。2017 年，西藏第三产业在生产总值中占比达 51.6%（见图 3-4），是 1952 年的 22.4 倍。

由于国家对内对外大力的旅游宣传，以及人们对于西藏神秘文化的向往，西藏客运量在 2008 年青藏铁路开通后出现了爆发性的上涨，在 2010 年达到最高峰，当年客运量 8165 万人，与 10 年前相比增加了 84.9 倍；2008 年后，西藏客运量逐渐回归正常水平，但因为自然环境优美、民族文化浓厚、宗教传承稳健，使全域旅游快速推进，除去越发受欢迎的自驾游外，客运量稳定在 1000 万人以上波动，国际旅游外汇收入也于小波动中持续上涨（见图 3-7）。2018 年，西藏接待游客 3368.73 万人次，实现旅游总收入 490.14 亿元，十多万农牧民借助旅游业增收致富；国际旅游外汇收

入 197.51 百万美元，是 2000 年的 3.8 倍，世界旅游目的地建设成效初显。此外，因为交通运输基础建设的完善和电子商务的普及，即使身处偏远西部，西藏的物流运输也渐渐得到了发展。2017 年西藏货运量为 2203 万吨，是 2000 年的 16.8 倍；快递量达到了 567.51 万件，较 2000 年增加了 87.7 倍（见图 3–7）。旅游业和物流产业的发展，一方面拉动了西藏的经济发展，提高了人民的收入水平，另一方面也丰富了人们的日常生活，使社会福利水平不断上升。

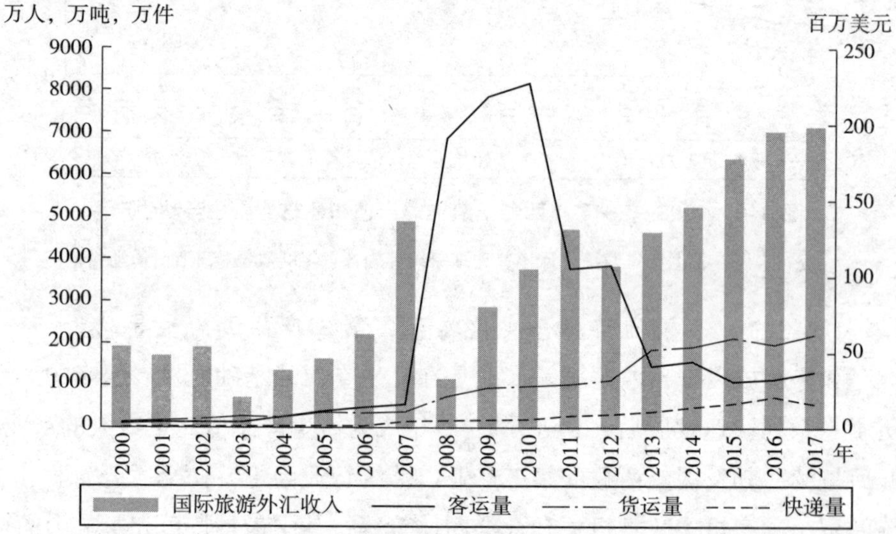

图 3–7　2000—2017 年西藏全区客运量和国际旅游外汇收入情况

资料来源：根据历年西藏统计年鉴和国家统计局各省年度数据整理和计算所得。

和平解放至今，西藏的电信产业从零开始，实现了跨越式发展，大步迈向现代化。其中移动通信是 2000 年以后才出现在西藏的新业务，但是发展异常迅速。2002 年，西藏全区长途光缆总长度为 6900 千米，移动电话交换机总容量仅为 29 万户；而在 2017 年，前者增长了 4.3 倍，后者增长了 96.2 倍。2011 年至今，长途光缆总长度基本趋于稳定，增长幅度不大，然而区内短途光缆的长度却处于高速发展中，使整体光缆长度截至 2017 年增长了 2.2 倍，这说明在西部“村村通工程”“宽带西藏”和“提速降费”专项行动的援助下，西藏发展出了更细致、更深入的电信网络。

此外，作为西藏全面加强农牧区基础设施建设的民生工程和自治区党委、政府的重点工作之一，加快消除移动通信盲区工程成为全区通信行业的奋斗目标，在各电信运营企业的顽强努力下，2014—2015 年圆满完成了 639 个行政村的移动通信盲区覆盖工作，移动电话交换机总容量在 2016 年迎来了增长率为 441% 的跳跃式增长。电信通信网络的扩大与深入，不仅直观地为广大西藏人民的生活增加了便利，而且还间接地促进了教育、商贸和医疗等方面的发展。

3.4 经济增长与结构发展展望

1951 年西藏和平解放以来，西藏自治区经济增长和结构的发展已取得了历史性的成就，但由于西藏在内部产业和资源结构方面仍存在一系列缺陷，使区域经济产业在未来的发展中仍存在需要改善的问题和需要解决的矛盾。随着党中央不断深入推进五大发展理念、供给侧结构性改革和“一带一路”倡议实施，西藏应当顺应历史潮流，把握良好机遇，促进社会经济水平进一步提升。

3.4.1 西藏经济增长与结构发展面临的挑战

3.4.1.1 经济发展内生增长动力不足

一方面，受到西藏自然条件依然受限和基础设施仍待改善等因素的影响，生产成本就已经居高不下，又有除去 17 家上市公司外大部分企业普遍规模较小、欠缺管理创新能力的缺陷，因而社会整体产业竞争力不足。

2013—2017 年，全国高新科技产业高速发展，西藏规模以上企业研究开发的发展情况却不尽人意，以下两方面都居全国最低水平（见表 3-4）：规模以上工业企业专利申请数只有不到 50 件，与排在其之前的青海 300～700 件的专利申请数相比，仍有相当大的差距；规模以上工业企业研究与试验发展（R&D）项目数只有 30 件左右，R&D 从业人员在 2016—2017 年只有 200 人左右，只有排在其之前的青海 1/10 左右的规模。

表 3-4　2013—2017 年西藏自治区规模以上工业企业专利申请与研究开发发展情况

年份	规模以上工业企业专利申请数 / 件	规模以上工业企业 R&D 项目数 / 项	规模以上工业企业 R&D 人员全时当量（人 / 年）
2013	9	20	81
2014	18	30	130
2015	17	21	43
2016	44	29	208
2017	20	32	202

数据来源：根据历年西藏统计年鉴和国家统计局各省年度数据整理和计算所得。

另一方面，虽然西藏地区生产总值一直以两位数增长稳居全国前列，但实际上主要是靠政策扶持和投资拉动，尤其是对于投资有较大的依赖性，而 2014—2017 年西藏全社会的固定资产投资中，国家预算内资金占 65% ~68%（见表 3-5），投资主体略显单一化。

表 3-5　2014—2017 年西藏自治区按资金来源分固定资产投资　单位：亿元

年份	全社会固定资产投资来源小计	国家预算内资金	国内贷款	利用外资	自筹资金	其他资金
2014	1248.68	814.1（65.20%）	5.76（0.46%）	1.4（0.11%）	367.63（29.44%）	59.78（4.79%）
2015	1662.29	1137.3（68.42%）	10.79（0.65%）	1.1（0.07%）	458.06（27.55%）	55.05（3.31%）
2016	1675.12	1153.76（68.88%）	78.48（4.69%）		366.02（21.85%）	76.86（4.58%）
2017	1599.02	1037.32（64.87%）	80.61（5.04%）	3.46（0.22%）	370.97（23.20%）	106.66（6.67%）

数据来源：根据历年西藏统计年鉴和国家统计局各省年度数据整理和计算所得。

以上两个方面都对西藏内生增长动力的发展产生了负面影响：企业规模和企业能力的比较弱势会导致高质量发展和要素吸引受限，投资主体单一侧面反映了经济主体的单一，都表现为第一、第二产业较为粗放落后且行业利润率较低，尤其是占第二产业主体的工业较房地产、基建支撑下的建筑业而言向上空间被制约，导致西藏短期区内外需求疲弱、经济结构性问题难以改善，中长期潜在经济增长率放缓，最终导致内生增长动力不足。

3.4.1.2 人力资本紧缺难以满足需求

2009—2017 年，西藏普通高等院校数量仅在 2016 年增加了 1 所，截至 2017 年共有 7 所普通高校。在校生人数近 10 年来变动不大，在 3 万人上下小幅波动，教职工人不足 5000 人，专任教师仅有 2500 人，其中副高级专任教师不足 1000 人，正高级专任教师只有 100～200 人（见表 3-6）。由此可见，西藏高等教育资源和潜在高端人力资源匮乏的困境，并不能满足经济发展的要求。

表 3-6 2009—2017 年西藏自治区普通高等院校基本情况

年份	普通高校数 / 所	普通高校在校生数 / 人	普通高校教职工总数 / 人	普通高校专任教师数 / 人	普通高校副高级专任教师数 / 人	普通高校正高级专任教师数 / 人
2009	6	30204	3082	1969	474	83
2010	6	31109	3312	2195	535	88
2011	6	32374	3460	2288	575	114
2012	6	33452	3485	2369	647	141
2013	6	33562	3623	2472	781	183
2014	6	34902	3640	2601	851	221
2015	6	34203	3643	2619	779	187
2016	7	35034	3663	2467	773	194
2017	7	37447	3707	2484	807	236

数据来源：根据历年西藏统计年鉴和国家统计局各省年度数据整理和计算所得。

此外，因为西藏地理位置较为偏远和海拔高度较高，基础经济条件和新兴文化产业不够发达，难以提高对区外新一代有活力的人力资本的吸引力，仅仅依赖政府项目政策倾斜来吸引短期的人力资本难以解决长期的根本性问题。

缺乏高端技术人才和研究机构、研究人员，特别是具有创造才能、拥有自主知识产权的潜在领军人物和引领能力突出的潜在企业家尤为匮乏，阻碍了西藏各产业的现代化发展，制约了地区产业升级和经济高质量发展。对于旅游业，旅游从业人员整体素质不够高，不能满足西藏旅游业的特色型发展。

3.4.2 促进经济结构优化，推动发展方式转变

3.4.2.1 深入推进供给侧结构性改革，为平稳健康发展提供强大动力

推进供给侧结构性改革，是党中央在全面分析国内经济阶段性特征的基础上，作出的调整经济结构、转变经济发展方式的重大决策，这既是进一步解放和发展生产力的要求，也是践行“创新引领发展”的重要动力。

西藏要推进供给侧结构性改革，应当以体制改革和机制创新为根本途径，激发市场主体和生产要素的活力，增强西藏经济内生增长动力。改造应当立足西藏实际情况，从生产供给端切入，根据区域需求促进产能过剩有效化解，积极研究开发清洁能源，促进产业结构优化重组，发展战略性新兴产业和现代服务业，增加公共产品供给和公共服务范围，提高供给结构对需求变化的适应性和灵活性，做好“三去一降一补”。

另外，振兴实体经济是供给侧结构性改革的主要任务，供给侧结构性改革要向振兴实体经济发力、聚力。西藏不能只满足于旅游业的相对繁荣，积极发展实体经济、促进科技创新推动产业升级和产业高质量发展、提高第一、第二产业现代化程度，以及提高第二产业中工业所占的比重，是西藏平稳健康发展的必由之路。

3.4.2.2 努力发挥区位优势纽带作用，为对内对外开放拓宽现实渠道

西藏北向连接“丝绸之路经济带”，南向连接“21 世纪海上丝绸之路”，具有较好的区位优势。国家明确提出将西藏纳入“一带一路”倡议总体布局，要将西藏建设成面向南亚开发的通道，成为连接中国与南亚的重要纽带。[①] 在今后的发展中，西藏必须紧紧抓住国家构建“三圈三带”沿边开放空间格局的战略机遇，进一步扩大对外开放，积极建设环喜马拉雅国际经济合作带、巩固与南亚的经济贸易合作。

除了对外开放，西藏的区内企业在积极参与“一带一路”建设时，还

① 德吉央宗 . 西藏经济发展的阶段性特征分析［J］. 产业创新研究，2018（7）：30-33.

应借此加快自身产业融入内地市场的步伐，提升与发达省市优秀企业的交流合作水平。一方面，学习先进的管理方法与科学技术，促进自身产业技术改良，改变工业发展过于依赖投资和资源消耗的低效模式。另一方面，要深入扩展与川渝经济圈、陕甘青宁经济圈和大香格里拉经济圈的合作发展空间，建设稳固的合作伙伴关系。

3.4.2.3　加大高等职业教育投入力度，为区域创业创新释放巨大潜能

经济增长和产业结构发展的主要推动力就是科技，而科技的发展离不开人才，所以全面挖掘教育资源、提升教育实力，是优化劳动力内部结构、释放创新潜能的重要途径，是西藏自治区未来持续高速增长的核心基础。

为促进区内人力资本的形成，一方面，应当发挥政府的主导作用，从数量上加大对教育资源的投入，从比例上注意维持教育支出在财政支出中的合理比重，政府政策关注重点也应在一定程度上向教育领域倾斜。另一方面，教育投资的主体不应仅仅局限于政府，要向多元化发展，要加大宣传力度，引入合作工程，吸引和推动社会团体、企业以及个人对西藏教育资源的投资。

在职业教育方面，要树立正确的职业教育观，积极促进职业中学的发展，吸引一批职业教育的优秀教师，然后发挥其学制短、成型快的优势，尽快构建起若干批实体产业的骨干力量，使劳动力结构得到优化，改善第一、第二产业发展中劳动力结构失衡所造成的问题。

3.5　结论

1951 年西藏和平解放后，特别是在 1959 年统治了西藏 700 多年的封建农奴制度土崩瓦解后，生产力获得解放，经济社会持续向好的方向发展。经过近 70 年的经济建设，西藏各项事业取得了举世瞩目的辉煌成就。那些昔日生活在严酷封建农奴制度下的农奴们，一夜之间成为社会的主

人，并在此后的社会发展中，亲历了经济领域的进步，享受发展成果。这些经济发展成果是在西藏经历了平叛与民主改革、社会主义建设、改革开放、西藏现代化建设、西部大开发战略、西藏跨越式发展、小康西藏、和谐西藏等中央政府实施的各项政策和资金支持下获得的。

目前，西藏虽然在三次产业结构上形成了“三二一”的排序，但是广大农区的经济来源依然主要依靠的是农业经济。特殊的自然、地理、人文和社会环境使西藏自治区目前发展经济事业仍面临诸多先天不足和特殊的挑战。在当前的情况下，西藏要想进一步提高经济发展水平，就要坚持以人为本的原则，完善政策、健全制度、加大投入，积极妥善解决存在的问题，切实把促进西藏经济社会发展作为主要工作的出发点和落脚点，继续实施“富民兴藏”战略，争取到2020年，西藏与全国一道全面建成小康社会。

参考文献

［1］习近平．依法治藏 富民兴藏 长期建藏 加快西藏全面建成小康社会步伐［N］．人民日报，2015-08-26（1）．

［2］多杰才旦，江村罗布．西藏经济简史［M］．北京：中国藏学出版社，1995.

［3］屠雯．中国黄金集团公司甲玛铜多金属矿项目投产［J］．中国有色金属，2010（16）：15-16.

［4］国务院新闻办公室．伟大的跨越：西藏民主改革60年［EB/OL］．（2019-03-27）［2019-04-22］．http://www.xzxw.com/zhuanti/mg60bps/.

［5］西藏自治区交通运输厅．2014年西藏自治区公路统计年报说明［EB/OL］．（2016-01-15）［2019-05-28］．http://jtt.xizang.gov.cn/zwgk/jttj/201510/t20151022_8784.html.

［6］西藏旅游政务网．西藏自治区A级旅游景区名录［EB/OL］．（2019-03-15）［2019-05-28］．http://www.xzta.gov.cn/xygl/ly-jq/

system/2019/03/15/000008603.html.

［7］宋朝阳．西藏产业结构研究［D］．武汉：武汉大学，2005.

［8］王娟丽．西藏自然灾害时空分布规律及特征分析［J］．西藏发展论坛，2018（2）：44–49.

［9］德吉央宗．西藏经济发展的阶段性特征分析［J］．产业创新研究，2018（7）：30–33.

第 4 章　西藏产业发展

刘彤[①]

4.1　引言

西藏和平解放以前，经济发展水平落后，是一种基本自给自足的农业经济，其中畜牧业是西藏地区最大的产业。西藏农业历史悠久，在西藏自治区国民经济中占有非常重要的地位。西藏人民群众在长期劳动中积累了许多高原地区农业生产的经验，但在封建农奴制度的束缚下，农业生产长期处于缓慢发展甚至停滞的状态。

西藏和平解放后，尤其是民主改革后，在农牧业、工业、交通运输等产业发展的支撑下，西藏经济取得了突飞猛进的发展。改革开放以来，特别是随着中央五次西藏工作座谈会的召开和全国支援西藏、西部大开发等国家一系列政策的实施，西藏的第一、第二、第三产业得到了迅速发展，已逐步形成了以西藏畜牧业、旅游业、矿产资源开采加工为主的，较为完备的产业体系。但无论与全国平均水平还是西部欠发达地区相比，西藏的产业发展仍相对落后。[②]

深化改革开放的新时期，在创新、协调、绿色、开放、共享新发展理

① 刘彤：西南民族大学经济学院副教授，硕士生导师。

［基金支助］教育部人文社会科学研究项目西部和边疆地区项目“工作搜寻框架下的心理账户、大学生就业匹配与西部地区服务业发展”，项目编号：15XJAZH001。

② 贡桑卓玛 . 西藏产业发展的现状及趋势分析［J］. 西藏科技，2013（12）：11-14.

念的引领下，西藏在高原生物产业、特色旅游文化产业、绿色工业、清洁能源产业、现代服务业、高新数字产业、边贸物流产业、众创空间、科技企业孵化器等方面已初具规模。西藏正在紧密结合海拔、气候与生态特点，紧紧抓住以智能技术为代表的新工业革命的时代机遇，应用人工智能、物联网、4G 以及生物工程等新技术，努力发挥区域经济后发优势，聚焦高质量的产品和服务，让“西藏标准”“西藏智造”“西藏品质”成为现代化产业体系中西藏产品的新标签。①

因此，概括总结西藏地区近 70 年产业发展历程及经验，分析该地区在新时代、新形势下的发展机遇与挑战，探讨各主要产业发展过程中面临的主要问题和对策措施，有利于进一步推动产业经济的健康发展，实现产业结构的优化升级，加快建设具有西藏特点的产业体系；有利于立足资源条件、产业基础和国家战略需要，统筹谋划好近期对群众增收、脱贫攻坚发挥作用的短平快富民产业和长远对经济发展起支撑作用的战略产业；有利于坚持以高原生物、旅游文化、绿色工业、清洁能源、现代服务、高新数字、边贸物流为重点，大力培育具有地方比较优势和市场竞争力的产业集群。②

本章首先概述新中国成立 70 年来西藏产业发展取得的巨大成就，然后分别对农牧业、工业、旅游业等主要产业的发展历程及现状问题进行探讨，并指出各主要产业发展的新趋势与对策思路。

4.2 产业发展取得的巨大成就

2019 年是新中国成立 70 周年，也是西藏民主改革 60 周年。70 年来，西藏从封闭落后的封建农奴制社会一举迈进社会主义新社会，实现了社会和经济的跨越式发展，经济建设成绩斐然，新发展理念引领下现代化产业

① 杨芳 . 西藏划时代的历史变迁［N］. 西藏日报（汉），2019-03-26（06）.

② 中共西藏自治区委员会，西藏自治区人民政府 . 西藏改革开放 40 年的历史性变革和经验启示［N］. 西藏日报（汉），2019-01-03（001）.

体系加速培育。1949—1978 年，中央对西藏经济发展的指导思想可分为两个阶段：西藏民主改革前，中央对西藏经济建设的指导思想立足于“帮助”；西藏民主改革后，以农牧业为其经济发展首要问题，同时初步建立西藏现代工业。改革开放后，中央对西藏经济发展的指导思想表现在 3 个方面：全国支援西藏经济发展的战略决策；在西藏建立社会主义市场经济体制；从跨越式发展到科学发展观。[①] 经过 70 年来不懈的艰苦奋斗，西藏产业发展方面取得了巨大成就。

民主改革前，西藏经济长期停滞不前，百业凋零，民不聊生。民主改革以来，西藏走上了快速发展的道路。1959 年，西藏全区生产总值仅有 1.74 亿元，2018 年，全区生产总值达到 1400 亿元，增长了 813 倍，GDP 年平均增速达到 10% 以上，为全国最高。2018 年实施产业扶贫项目 707 个，已完工 213 个，完成投资 99.1 亿元，通过产业扶贫减贫 5.8 万人。[②]

民主改革以来，在严格保护生态环境的前提下，西藏现代工业不断发展壮大，形成了以农畜产品加工业、优势矿产业、水电能源业、民族手工业、藏医药业、旅游业、现代物流业为支柱的特色工业体系。西藏电力事业蓬勃发展，已形成以水电为主，地热、风能、太阳能等多能互补的新兴能源体系；西藏已初步建立起以公路、铁路、航空为主的综合交通运输体系，立体化交通体系互联互通水平和综合保障能力大幅提升；2018 年西藏全年接待游客达 3368.7 万人次，同比增长 31.5%，实现旅游总收入 490.14 亿元。[③]

下面分别介绍农牧业、工业、旅游业等产业发展中取得的巨大成就。[④]

① 康欣平 . 60 年来中央对西藏经济发展的指导思想［J］. 西藏民族学院学报（哲学社会科学版），2009，30（5）：6–8.

② 西藏自治区发展和改革委员会 . 西藏自治区 2018 年国民经济和社会发展计划执行情况与 2019 年国民经济和社会发展计划草案报告［N］. 西藏日报，2019–01–28（003）.

③ 国务院新闻办公室 . 伟大的跨越：西藏民主改革 60 年白皮书［EB/OL］.（2019–03–27）［2019–05–19］. http://www.scio.gov.cn/zfbps/32832/Document/1650692/1650692_1.htm.

④ 注：本章中除特别说明外，1970 年以前的数据来源于《西藏自治区国民经济统计资料（1952—1978）》；1970—1989 年的数据来源于《新中国成立 55 周年统计资料汇编》；1990 年以后的数据来源于《西藏统计年鉴（2010–2018）》。

4.2.1 西藏农牧业逐步走上现代化发展道路

新中国成立后，西藏农牧业一直担负着西藏地区主导产业的历史重任，是支撑西藏经济的重要基础产业。近 70 年来，中央赋予西藏一系列特殊强农惠农政策，农牧业生产持续稳步增长，正逐步体现出生产条件现代化、生产技术科学化、生产方式组织化、生产经营市场化、技术服务社会化和生产管理标准化等现代农牧业基本特征。西藏农牧业走上现代化发展道路正是西藏产业发展近 70 年取得的巨大成就之一，具体表现在以下 4 个方面。

（1）农牧业生产效率大幅提高

和平解放前，西藏地区普遍使用木犁耕地、牦牛踩场脱粒等较为原始的生产方式，农牧业生产效率偏低。近 70 年来，经过民主改革、自治区成立、改革开放和“一个转折点、三个里程碑”后，在农牧业科技进步的持续支撑下，西藏地区农牧业生产效率大幅提升，在农牧业总产值、粮食等农产品产量、农作物种植面积、牲畜存栏总数、牲畜出栏率、畜牧业商品化率等方面都有显著提高。

其一，农牧业总产值不断提升。近 70 年来，西藏大力开展了农田基本建设，兴修水利，改良土壤，推广新式农具，改进耕作方式，培育优良品种，普及科学种田，进行了农业综合开发和一大批农牧业基础项目的建设，农牧业总产值持续增长。1951 年西藏农业总产值仅 1.40 亿元，农林牧渔业增加值（含农林牧渔服务业）由 1959 年的 1.28 亿元增加到 2018 年的 134.14 亿元。①

其二，粮食等主要农产品以及人均占有量均大幅增加，农作物种植面积持续扩大。1951 年粮食产量仅 15.32 万吨，粮食等主要农产品供求长期短缺。粮食产量由 1959 年的 18.29 万吨增加到 2018 年的 104.9 万吨，其中青稞产量达到 81.4 万吨，提前两年完成“十三五”规划目标；粮食单产由 1959 年的 1370 千克 / 公顷提高到 2018 年的 5688 千克 / 公顷。②2017 年全区农作物播种面积为 255.29 千公顷，其中青稞种植面积为 137.81 千公

①② 国务院新闻办公室 . 伟大的跨越：西藏民主改革 60 年白皮书 [EB/OL] .（2019-03-27）[2019-05-19] . http://www.scio.gov.cn/zfbps/32832/Document/1650692/1650692_1.htm.

顷、蔬菜种植面积为72.73千公顷；实施绿色高产高效创建示范和测土配方施肥示范面积123.33千公顷，推广“藏青2000”“喜拉22号”等农作物新品种123.72千公顷，建设农作物良种繁殖基地14.27千公顷。全区蔬菜种植面积从改革开放初期的8千公顷增长到2017年的23.3千公顷，种植面积扩大了15.3千公顷，菜种从萝卜、白菜、土豆等个别种类增加到150多种，蔬菜总产量是1981年的26.87倍。2017年蔬菜产量达到90万吨，比2000年增长31.9万吨。①

其三，畜产品产量不断增加，畜牧业商品化率也有显著提高。1952年西藏牲畜总量不足1000万头（只），到1961年底，西藏牲畜存栏总数达到1206万头（只）。到1965年，牲畜存栏总数达到1701万头（只），比1958年增长54.1%。②2010年末牲畜存栏总数为2321万头（只、匹），相比1952年增长了1.4倍。民主改革前，西藏主要牲畜的出栏率不足10%，2010年西藏牲畜出栏率超过了36%。全年猪牛羊肉产量达26.29万吨，奶类产量30.28万吨，分别比民主改革前增加2倍以上。③2017年实现了主要农畜产品产量基本平衡，大部分地区实现自给有余。肉类、奶类的总产量分别达到30.03万吨和42.27万吨，分别比2010年增长14.1%和39.7%。④

（2）农牧业科技水平不断进步

近70年来，科技对农牧业发展的促进作用日益明显。农牧业科技推广应用的兴起，科技兴农发展战略的确立，极大地改善了农牧业生产条件，为农牧业的增产增收提供了有力支撑，主要成就表现为以下3个方面。

一是农牧业现代化装备达到全新水平。2010年，农牧业机械总动力达到412万千瓦，其中属于耕作机械的大中型农用拖拉机22946台、小型拖拉机及手扶拖拉机119621万台；属于收获机械的联合收割机4138台、机

①④ 多庆，徐伍达，邓亚净，等.改革开放40年西藏农牧区发展回顾与展望［J］.西藏研究，2018（5）：113–122.

② 国务院新闻办公室.伟大的跨越：西藏民主改革60年白皮书［EB/OL］.（2019–03–27）［2019–05–19］.http://www.scio.gov.cn/zfbps/32832/Document/1650692/1650692_1.htm.

③ 徐伍达，杨亚波，张伟宾，等.从传统迈向现代——西藏农村经济60年回顾与展望［J］.中国藏学，2013（2）：191–201.

动脱粒机 27968 台；农用运输车达 20530 台。西藏农业作业基本实现了由“二牛抬杠”向现代化农业耕作方式的转变，农牧业的综合生产能力、土地的产出率和劳动生产率都得到了很大提高。

二是科技推广工作成效十分显著。农村民生科技越发受到重视，以良种推广应用为龙头，种子工程、农机化工程、沃土工程、肉食工程、乳品工程、测土配方施肥工程等农牧业科技项目的实施，科技入户工程的施行，实现了科技成果与生产实践紧密结合、科技人员与农牧民群众直接对接。据测算，2010 年科技对农牧业增长贡献率从 2005 年的 33% 增至 40%。[①]

三是开展绿色生产提升农畜产品质量。例如，2017 年实施化肥、农药零增长行动，落实计划内化肥 5.8 万吨，农药 886.27 吨，其中农药采购量同比减少 93.29 吨；大力推广秸秆饲料化、肥料化等综合利用技术，全区秸秆综合利用率达到 85%，极大地改善了农田生态环境。日喀则市仲巴县成功认定为国家第一批农业可持续发展试验示范区，划分了畜禽养殖禁养区、限养区和适养区。积极推进了“三品一标”的认证，2017 年共认证无公害农产品生产基地 22 家、无公害农产品 105 个、绿色食品 35 个、有机农产品 13 个，登记农产品地理标志 13 个。成立了西藏首个农产品质量安全创新联盟，会员单位 15 家、会员 60 名，合力打造农产品质量安全创新平台。[②]

（3）农牧业产业化经营不断推进

根据畜牧业和牧区经济发展的客观需要，县、乡政府和村民委员会也因势利导进行积极扶持，不同形式、多种类型的农牧民专业合作经济组织不断发展和壮大。随着西藏地区农牧业产业化步伐明显加快，相继涌现出了一批公司加农户、基地连农户、中介组织带农户等产业化经营模式和龙头企业。

---

① 徐伍达，杨亚波，张伟宾，等. 从传统迈向现代——西藏农村经济 60 年回顾与展望［J］. 中国藏学，2013（2）：191-201.

② 西藏自治区农牧厅. 关于改革开放 40 年来西藏农牧业重大发展成就的报告［EB/OL］.（2018-05-31）［2019-05-19］. http://xznm.agri.gov.cn/index/xinxi/gonggao/2018/0725/1640.html.

西藏地区农牧业经营主体出现多元化。以农牧民家庭经营为基础，专业合作社（含村集体经济组织）、新型龙头企业、生产大户、家庭农场等经营主体逐步发展。农牧民专业合作社蓬勃发展，在新型经营主体中数量最多，2017 年农牧民合作社达到 7060 家，其中国家级示范社 56 家，农畜产品加工企业总产值达到 36 亿元。[①]2018 年农牧民专业合作社达 8364 家，农牧业产业化龙头企业已达 125 家，已培育 7 家牦牛规模化加工企业、37 家青稞规模化加工企业，年加工、销售牦牛肉近 2000 吨、青稞 9.5 万吨。[②]

农牧业特色产业从小到大、快速发展。具有西藏高原特色的农牧业品牌建设成效显著，建成了一大批优质粮油生产、无公害蔬菜种植、标准化奶牛规模养殖、特色藏猪藏鸡养殖、绒山羊养殖等特色产业基地。[③]农产品营销战略有效实施。2017 年，“雪域圣谷”青稞香米、“雪域茶谷”、易贡红（特级）、“藏果”苹果 3 个企业产品获得了第十五届中国国际农产品交易会农产品金奖，牦牛奶及酸奶、青稞香米、青稞啤酒等 7 个企业产品获得了第十八届中国绿色食品博览会金奖。西藏农畜产品共获得国际、国内农产品展销会金奖 31 个。帕里牦牛、亚东黑木耳获评 2017 年中国百强农产品；新增全国主食加工业示范企业 2 个、达到 4 个，岗巴羊、圣鹿食用油、艾玛岗土豆等西藏著名商标不断涌现。

（4）农业综合开发的贫困治理成效显著

和平解放前，西藏农牧区贫困发生率在 90% 以上。近 70 年来，党和国家十分重视扶贫开发和农业综合开发工作，努力减少贫困人口数量。20 世纪 90 年代中期，中央政府在农村开展“八七”扶贫攻坚，由生产扶贫转向开发式扶贫。2000 年，国务院明确提出“要把西藏自治区作为一个特殊的集中连片地区加以扶持”，通过大力实施整乡推进扶贫、贫困户安居

① 徐伍达，杨亚波，张伟宾，等. 从传统迈向现代——西藏农村经济 60 年回顾与展望［J］. 中国藏学，2013（02）：191-201.

② 索县广播电影电视局 . 西藏发力特色产业脱贫调研：雪域高原踏上坚实脱贫路［EB/OL］.（2019-02-20）［2019-05-19］. http://www.sohu.com/a/296187768_737114?sec=wd.

③ 国务院新闻办公室 . 伟大的跨越：西藏民主改革 60 年白皮书［EB/OL］.（2019-03-27）［2019-05-19］. http://www.scio.gov.cn/zfbps/32832/Document/1650692/1650692_1.htm.

工程、地方病重病区群众搬迁、特色产业扶贫、定点扶贫、扶贫培训、面上扶贫、溜索改造、“连片开发”试点、互助资金试点等工程，扶贫开发成绩喜人。农村贫困人口从2010年的117万人减少到2017年底的33.1万人，贫困发生率下降到12.4%。[①]2018年，西藏累计实施产业扶贫项目2142个，完工率达到65.4%，实现产业脱贫21万人。[②]

经过近70年的奋斗，西藏农牧业彻底走出了靠天吃饭、靠天养畜的困局，现代化程度不断提高。70年来，西藏产业结构中农牧业基础地位进一步夯实，农牧业发展质量稳步提升，农牧业科技水平不断提高，西藏农牧业逐步走上现代化发展道路，同时，强农惠农富农政策不断强化，农牧民获得感显著增强，为实施乡村振兴战略奠定了坚实基础。[③]

4.2.2 西藏现代工业体系初现轮廓

和平解放前，西藏除传统的民族手工业作坊和少数官办厂矿外，几乎没有现代意义上的工业。民主改革以来，现代工业从无到有，不断发展壮大。西藏现代工业体系逐步形成正是西藏工业近70年来取得的巨大成就，具体表现在以下几个方面。

一是立足丰富的工业资源发展现代工业。西藏自治区拥有丰富的工业发展资源，尤其是水利、水产资源和地热、太阳能、风能等能量资源方面居于全国前列，该地区也是野生动植物王国和矿产资源聚集地，可供开发的荒地面积广大。经过近70年的发展，西藏已建立起一个包括能源、建材、机械、采矿、轻工、食品加工、民族手工业、藏医药等20多个门类的现代工业体系，并告别传统的生产模式，逐步达到现代化水平。

二是构建了具有高原特色的工业体系。目前，西藏已经形成了以农畜产品加工业、优势矿产业、水电能源业、民族手工业、藏医药业、旅游

①③ 多庆，徐伍达，邓亚净，等.改革开放40年西藏农牧区发展回顾与展望[J].西藏研究，2018(05)：113-122.

② 索县广播电影电视局.西藏发力特色产业脱贫调研：雪域高原踏上坚实脱贫路[EB/OL].(2019-02-20)[2019-05-19].http://www.sohu.com/a/296187768_737114?sec=wd.

业、现代物流业为支柱的特色工业体系，在电力、煤炭、机械工业、轻工业及手工业方面取得显著成效。例如，在电力工业方面，民主改革之前西藏只有一座125千瓦，仅供少数上层贵族且断续发电的小水电站。1960年，纳金水电站建成发电，拉萨普通市民首次用上了电灯。此后，羊湖、沃卡、查龙、金河、直孔、狮泉河、雪卡、老虎嘴、藏木、多布、果多、觉巴等水电站，羊八井地热电站，大型并网光伏电站等相继建成，以水电为主，油、气和可再生能源互补的综合能源体系基本形成。2017年，先后建成青藏、川藏联网两条“电力天路”，西藏电网实现与全国电网互联互通，首次实现藏电外送，使青藏直流联网工程效益得到进一步发挥，西藏的水电、光伏等清洁能源装机容量达到257万千瓦，占总装机容量的89%，同比增长32%，主电网覆盖范围进一步延伸至58个县，解决并改善了13.68万户、54.77万人的用电问题。截至2018年底，区内主电网延伸到62个县（区），供电人口272万人，其他地区通过小水电、光伏局域网、户用光伏系统等方式初步实现用电人口全覆盖。①

三是轻重工业比重趋于合理。20世纪60年代，西藏的工业结构经过不断调整后日趋合理。1958年工业部门产值中重工业产值占96.23%，1965年下降到62.22%，2008年为38.11%，2010年下降到36.56%。其中，重工业的采掘业和非金属矿物制品为两大工业行业，电力工业和工艺美术制品业发展较快，轻工业中医药、饮料和食品工业发展较快。②

四是生产规模经营逐渐形成。西藏企业以小型为主，中型企业发展迅速，大型企业也有所发展。2018年规模以上工业增加值增长14%；天然饮用水等绿色产品加工业增加值为53亿元，增长14.3%，“西藏好水”品牌凸显；农畜产品加工业总产值增长15%。

总体来看，近70年来，西藏现代工业从起步到发展，已初步形成规模，现代工业体系也初现轮廓，取得了日益显著的经济效益和社会效益，

① 国务院新闻办公室．伟大的跨越：西藏民主改革60年白皮书［EB/OL］.（2019-03-27）［2019-05-19］. http://www.scio.gov.cn/zfbps/32832/Document/1650692/1650692_1.htm.

② 罗莉．西藏自治区经济史 / 中国少数民族省区经济史［M］. 太原：山西经济出版社，2016：149，195，201.

工业增加值从 1959 年的 0.15 亿元增加到 2018 年的 114.51 亿元。[①]

4.2.3 西藏旅游产业优势日趋明显

民主改革以来，西藏的旅游业稳步增长，西藏旅游的品质进一步提升，旅游产业作为主导产业的优势日益突出。随着现代交通网络的建设、文化产品与产业的创新发展、餐饮住宿等服务业与信息产业的蓬勃发展，西藏旅游业发展潜力较大和带动作用突出的特点日益明显。旅游业类型进一步多样化，目的地更为丰富，时间点更分散，消费更综合，旅游业对推动经济社会发展的影响愈加深刻广泛。[②]

一方面，旅游业成为西藏的支柱产业之一，对国民经济的贡献率逐年提高。旅游业带动了相关产业的发展，为地方特色产品和文化产业创造了广阔的市场。2017 年立足西藏民风民俗、休闲观光、农耕文化等特色亮点，拓展农牧业多功能。新增全国一村一品示范村镇 4 个，达到 30 个；新增中国美丽休闲乡村 3 个，达到 9 个；新增全国休闲农业与乡村旅游示范县 1 个，示范县达到 7 个、示范点 9 个；中国最有魅力休闲乡村 1 个；星级家庭旅馆 821 家，从事休闲农业服务的农牧民 9.7 万人，年人均增收 1.23 万元。[③] 深入实施“冬游西藏 · 共享地球第三极”等活动，截至 2017 年底，全区累计接待国内外游客 9739.04 万人次，实现旅游总收入 1361.22 亿元。

另一方面，全域旅游快速推进，世界旅游目的地建设成效初显。2018 年全区接待国内外游客 3368.7 万人次，增长 31.5%，实现旅游总收入 490 亿元，增长 29.2%。成功举办了第四届中国西藏旅游文化国际博览会，集

---

① 国务院新闻办公室 . 伟大的跨越：西藏民主改革 60 年白皮书［EB/OL］.（2019-03-27）［2019-05-19］. http://www.scio.gov.cn/zfbps/32832/Document/1650692/1650692_1.htm.

② 西藏社科院当代西藏研究所研究员达瓦次仁在纪念西藏民主改革 60 周年理论研讨会暨西藏自治区社科联第五届学术年会上的发言。西藏自治区哲学社会科学界联合会 . 扫除历史垃圾建设小康西藏［N］. 西藏日报（汉），2019-04-01（006）.

③ 西藏日报 . 希望，在金色的田野上——我区着力建设高原特色农产品基地［EB/OL］.（2018-09-13）［2019-05-19］. http://www.xzitv.com/chinese/folder686/2018-09-13/135797.html.

中签约招商引资项目 108 个，总投资达 541 亿元。①

4.2.4　特色优势产业发展迈上新台阶

随着西藏产业经济的发展，高原生物、绿色工业、特色旅游文化等特色产业发展也迈上新水平。2018 年第四届藏博会集中签约招商引资项目 108 个，总投资 541 亿元。签约合同项目中，绿色工业项目 20 个，投资 123.3 亿元；特色旅游文化产业项目 17 个，投资 133 亿元；高原生物产业项目 24 个，投资 66 亿元。②

西藏文化产业在政府扶持下，尤其是演艺产业、民族手工业、文化旅游业、节庆产业、会展产业的诸多发展与开拓，形成了西藏文化产业与新型城镇化之间的良性互动。③2018 年建成文化产业示范基地（园区）234 家，文化产业产值达 46 亿元。④

现代服务业继续蓬勃发展。健身休闲产业加快发展，旅游、文化、体育、健康、养老、教育、培训等领域消费进一步扩大，不断释放潜在消费需求。2018 年成功举办了西藏自治区第十二届全运会暨第四届民族传统体育运动会、首届环喜马拉雅自行车极限赛、拉萨半程马拉松等重大赛事。金融对小微企业、民营企业、涉农、金融精准扶贫、基础设施建设和绿色产业等重点领域和薄弱环节的服务力度也不断加大。⑤

高新数字产业创新发展。2018 年高新技术企业增长 55%，组织完成了 75 家科技型中小企业入库工作，增长 1.4 倍。信息化发展成效凸显，电子商务、智慧政务等迅速发展。信息化投资达 54 亿元，信息消费规模近 60 亿元。12 家企业被列为国家级“两化融合”管理体系贯彻试点企业，其

① 西藏自治区发展和改革委员会．西藏自治区 2018 年国民经济和社会发展计划执行情况与 2019 年国民经济和社会发展计划草案报告［N］．西藏日报，2019-01-28（003）．

② 西藏自治区人民政府．七大产业协同推进西藏经济发展［EB/OL］．（2019-02-17）［2019-5-19］．http://www.xizang.gov.cn/xwzx/jjjs/201902/t20190217_176191.html.

③ 戴晶斌．西藏特色文化产业理论与实践［M］．上海：上海人民出版社，2015：43.

④ 政府工作报告：2018 年成就斐然，2019 年再创辉煌［EB/OL］．（2019-01-11）［2019-05-19］．http://xz.people.com.cn/n2/2019/0111/c138901-32520235.html.

⑤ 政府工作报告：2018 年成就斐然，2019 年再创辉煌［EB/OL］．（2019-01-11）［2019-05-19］．http://xz.people.com.cn/n2/2019/0111/c138901-32520235.html

中3家企业通过国家级认证。[①]27个县确定为国家电子商务进农村综合示范县。全社会信息化建设直接投资完成54亿元，数字行业实现增加值20.2亿元，增长25.1%；电商达3万多家。[②]

边贸物流产业稳步发展。2018年积极推进吉隆边境经济合作区和拉萨综合保税区申建工作。大力发展电商物流，全区27个县确定为国家电子商务进农村综合示范县，建成11个电子商务公共服务中心、10个电商物流配送中心、77个乡级服务站、218个村级服务点，实现农牧区特色产品网络销售额7065万元。[③]

总之，经过近70年的努力奋斗，西藏产业经济发展取得了巨大成就，是在国家及兄弟省份全力支持下取得的，虽然还存在自我发展能力不足、发展区位和自然条件较差的问题，需要继续坚持改革开放和“两个长期不变”基本方针，实施新型“跨越式”发展战略，加大城乡基础设施建设力度，引导优势、特色产业发展，从而促进产业结构及空间布局进一步优化。[④]

4.3 农牧业发展历程现状分析

农牧业是西藏国民经济的基础产业和支柱产业之一，西藏农牧业的发展历程就是探索现代化发展之路的过程。民主改革前，西藏农牧业基本没有现代化可言，传统落后的农牧业生产方式抵御自然灾害的能力非常弱。如今，农牧业现代化程度大幅提高，农业产出也大幅增长，农业产业化经营也不断发展。1959年粮食产量18.29万吨，2018年突破104万吨，青

① 西藏自治区发展和改革委员会.西藏自治区2018年国民经济和社会发展计划执行情况与2019年国民经济和社会发展计划草案报告［N］.西藏日报（汉），2019-01-28（003）.

② 政府工作报告：2018年成就斐然，2019年再创辉煌［EB/OL］.（2019-01-11）［2019-05-19］.http://xz.people.com.cn/n2/2019/0111/c138901-32520235.html.

③ 西藏自治区发展和改革委员会.西藏自治区2018年国民经济和社会发展计划执行情况与2019年国民经济和社会发展计划草案报告［N］.西藏日报（汉），2019-01-28（003）.

④ 赵建安.民主改革以来西藏的经济发展与前瞻［J］.经济地理，2009，29（9）：1441-1447.

稞产量达到 81 万吨。“十二五”期间，西藏全区财政支农资金累计投入 787.2 亿元，建成高标准农田 137 万亩，农牧民专业合作经济组织达 4624 个。下面从西藏农牧业发展历程、发展现状及问题分析、发展新趋势及对策思路分别进行阐述。

4.3.1 西藏农牧业发展历程

民主改革前，西藏农业生产长期采用原始耕作方式，主要农业区使用木犁、木锄耕种，收成仅为种子的 4～5 倍；牧业生产基本采用自然游牧方式，农畜产品单一退化，劳动工具少有改进，仍沿用吐蕃时期的手工工具，生产效率低下，产品数量极其有限。

1959 年民主改革开创了西藏发展新纪元，农牧业从此迎来了发展的春天。民主改革 60 年以来，西藏农牧业稳步推进、有序发展，可以划分为以下 4 个阶段。

（1）农牧业蓬勃发展阶段（1959—1965 年）

1959 年，西藏在山南地区乃东县克松村掀起了民主改革运动，随后在农区、牧区先后推进了民主改革工作，翻身农奴和奴隶分到了耕地和其他生产资料，人均分得土地 3.5 亩多，实现了“耕者有其田”，充分调动了广大农牧民的积极性。在这个时期，西藏先后成立了第一个乡级农民协会（克松农民协会）、第一个县级农民协会（乃东县农民协会）和第一个朗生互助组（由乃东县结巴乡 11 户翻身奴隶组建）。到 1960 年，全区农业生产互助组发展到 13000 多个，入户农民达 15 万户，已占完成民主改革区域农户的 90%。

1961 年、1962 年，西藏工委先后拟定《关于农村若干具体政策的规定》（“农村二十六条”）、《关于牧区当前若干具体政策的规定》（“牧区三十条”），并在中央“稳定发展”方针和西藏工委“大办农业、大办粮食、大办牧业、农牧并举、多种经营”的决策指引下，农牧区很快掀起了互助生产和“爱国增产保畜”运动高潮，到 1965 年，农业互助组已达到 22000 多个、牧业互助组 4000 多个。西藏农牧业连续 6 年增产丰收，粮食产量比民主改革前的 1958 年增加了 11.57 万吨，牲畜总头数增加了约 800

万头（只、匹），分别达到 18.29 万吨、1701 万头（只、匹）。[①]

1959 年民主改革至 1965 年西藏自治区成立前，农牧民生产资料所有制改革极大地推动了农牧业发展，农业基础设施条件明显改善，综合生产能力显著提高。

（2）社会主义改造和建设稳步推进阶段（1965—1978 年）

1965 年西藏自治区成立到 1978 年改革开放前，全区有计划、有步骤地开展了社会主义改造，兴办人民公社，社员有自留地、自留畜，到 1976 年社会主义改造完成，历时十多年实现了生产资料的个体所有制到社会主义公有制的过渡。中央根据西藏建设的要求，作出了向西藏支援干部、科技人员的决定，选派优秀的科技人员等进藏工作，农牧业科技含量逐渐提高，全面推广种植冬小麦、改良草场、改良牲畜等。各驻藏部队大力支援地方经济建设，开垦了大量荒地，兴修了农田水利设施，对地方生产起到了示范引领作用。

在此期间，中央给予西藏的财政补贴平均每年增长 9%，从人、财、物等方面对西藏农牧业经济发展给予大力支持。1977 年，全区粮食首次突破 50 万吨大关，到 1978 年达到 51.34 万吨，人均粮食达 285 千克；耕地面积增加了 37 万亩，达到 341 万亩。畜牧业从 1973 年开始纠正单纯追求牲畜头数的牧业生产指导思想，提出了调整牧业生产结构和畜群结构，1978 年，牲畜总头数达到 2349 万头（只、匹），比 1965 年增加了 648 万头（只、匹）。

（3）农牧业改革开放与市场化发展阶段（1978—2001 年）

1978 年到 2001 年中央第四次西藏工作座谈会召开期间，西藏进一步放宽农牧区政策，坚持土地、草场公有制，采取一系列发展经济、治穷致富、休养生息的政策，极大地调动了农牧民群众的生产积极性，农牧业生产保持了较好的发展势头，可以细分为三个阶段。

1978—1984 年，西藏处于改革的初期阶段。1980 年西藏自治区确定了一系列减负增收的特殊政策，概括为“放、免、减、保”的四字方

① 西藏自治区农业农村厅 . 民主改革以来西藏农牧业发展实现的历史性跨越［EB/OL］.（2019-03-25）［2019-05-10］. http://www.xzass.org/html/news3045.html.

针。[①]1982年6月在人民公社体制下，全区开始有部分生产队建立了双包到户、双包到组、专业承包、联产计酬、小段包工、定额计酬、“五统一”下的分户经营、借畜还畜等多种形式的农牧业生产责任制。休养生息政策的实施，使全区种植业到1984年连续取得丰收，粮食总产量稳定在50万吨左右；畜牧业生产得到较快发展，肉类、奶类总产量分别达到6.21万吨和12.76万吨。

1984—1994年，西藏处于改革迈向市场化阶段。1984年中央第二次西藏工作座谈会提出“一个解放、两个转变”的指导思想，据此制定实施了“两个长期不变”的政策，[②]使农牧民家庭自主经营逐步成为农牧区经营体制的主体部分，发挥了农牧民群众的生产经营积极性，粮油肉自给能力逐年增强。到1994年，全区种植业连续取得丰收，畜牧业生产较快发展。粮食总产量达到66.5万吨、油菜籽2.9万吨、肉类10.4万吨、奶类16.2万吨，分别比1984年增长了34.4%、126%、67%和27%。

1994—2001年，西藏进入深化市场经济改革阶段。1994年中央召开第三次西藏工作座谈会，围绕“一个中心、两件大事、三个确保”，继续深化农牧区市场经济改革。进一步深化农牧区流通体制改革，相继成立了国营联营公司和县供销社联社，并对基层供销社免征营业税、所得税；鼓励和扶持多种经营与乡镇企业的发展；扩大开放，兴贸通边等。在向社会主义市场经济体制转变的过程中，西藏乡镇企业异军突起，经历从无到有、从小到大、从少到多，逐步积累、逐步发展的过程，成为西藏农牧区经济的重要支柱、吸纳农牧区劳动力的主要渠道和农牧民增收的重要来源。农牧区经济结构开始发生变化，种植业结构由二元向三元转变，产业结构进一步优化。到2000年，全区粮油肉总产量分别达到96.2万吨、4.0

① 放：放宽政策。1980年起，自治区、地（市）、县不再下达指令性生产计划和种植计划，由队、组、户根据当地自然条件、群众生活和社会需要，安排作物种植计划，农牧区社员的自留地、自留畜和家庭副业由自己经营，产品由自己支配。免：免征农牧业税收，取消一切形式的派购。减：废除包括用工在内的一切形式的摊派，减轻负担。保：保证口粮、油菜籽、酥油、毛类、皮张的必要供应。

② 农区实行“土地归户使用，自主经营，长期不变”的政策，牧区实行“牲畜归户，私有私养，自主经营，长期不变”的政策。

万吨和 15.5 万吨，分别比 1994 年增长 44.8%、46.4% 和 49.2%。农畜产品由过去长期短缺变为总量基本平衡，农畜产品的市场供应充足，基本实现了粮油肉自给目标。

（4）综合改革和建设社会主义新农村阶段（2001 年至今）

由于稳步推进农村土地三项制度改革试点，全面实施农村土地承包经营权确权登记颁证，启动林权抵押贷款和农村耕地承包经营权抵押贷款试点，全区农牧业飞速发展。先后落实强农惠农富农政策资金 269 亿元，实行种粮直补、农资补贴、良种补贴、农机购置补贴、化肥补贴、农药补贴、涉农商业保险保费补贴、动物防疫补助经费、牲畜良种补贴等政策，全面落实西藏自治区关于提高村级动物防疫员待遇、稳定村级动物防疫员队伍的政策，全区粮食单产从 2001 年的 311 千克 / 亩提高到 2018 年的 383 千克 / 亩；肉奶产量从 39.06 万吨提高到 84.01 万吨，粮食、肉奶供给能力进一步提升。

党的十八大以来，西藏深入贯彻落实习近平总书记关于西藏生态环境保护与建设的重要指示，贯彻落实草原生态保护补助奖励机制政策。2016 年起，西藏每年草原生态保护补助奖励和绩效考评资金突破 30 亿元，使牧民收入提升 50% 以上。科技兴藏战略得到进一步重视，以科技体系建设为主的农牧业建设项目的实施，极大地改善了农牧民生产生活条件。

农牧业结构及时调整，2003 年提出大力实施农牧业特色产业发展战略，2018 年，青稞种植面积达到 212.68 万亩，牦牛存栏 480 万头，藏猪养殖规模达到 60 万头左右，羊存栏 1061 万只，改良奶牛存栏总数达到 75 万头，蔬菜种植面积达到 38.62 万亩，人工种草保留面积 150 万亩。农牧业产业化进程不断加快，岗巴羊、艾玛岗土豆等具有西藏高原特色的农畜产品著名品牌不断涌现，一批“藏”字号高端、精品拳头产品畅销区内外甚至海外。农牧业科技人才队伍不断壮大，截至 2019 年 3 月，全区农牧业专业技术人员 8337 人，为西藏农牧业科技进步作出了巨大的贡献。①

① 国务院新闻办公室 . 伟大的跨越：西藏民主改革 60 年白皮书［EB/OL］.（2019-03-27）［2019-05-19］. http://www.scio.gov.cn/zfbps/32832/Document/1650692/1650692_1.htm.

4.3.2　西藏农牧业发展现状与问题分析

改革开放以来，特别是“十一五”以来，中央和西藏自治区始终将农业作为国民经济的基础和重点产业，把农业、农村和农民问题作为政府工作的首要任务，加大了对第一产业的投入，对农业生产所需的良种、化肥、农机、柴油等实行巨额补贴，这些支农措施减轻了农户的负担，促进了农业的发展，目前西藏农牧业发展形势良好，表现在以下 5 个方面。

（1）以农业机械化为重点的耕作方式加快变革，农业科技水平提升

以水利为重点的高标准农田建设整体提速，以种业为重点的农业科技不断进步，西藏农业水利化、化学化、机械化及农村电力化的发展情况如表 4–1 所示。2017 年，实现小型农田水利建设全覆盖，全区农田有效灌溉面积达到 250 千公顷，比 1978 年增加了 98.87 千公顷。2017 年，全区完成机械化耕地面积 155.0 千公顷、播种面积 130.0 千公顷和收获面积 125.0 千公顷，开展主要农作物生产全程机械化示范推广面积 2.67 千公顷。

（2）畜牧业生产条件得到明显改善，草原生态保护与建设取得突出成效

在牧区实施开发示范工程、藏西北白绒山羊基地建设、天然草地建设与保护等项目，实施退牧还草工程、人工草地建设、“三害”治理等项目，加强草场承包责任制经营体制改革，推行“南草北牧”发展模式，落实草原生态保护补助奖励机制政策和草原监测制度，2013 年实现了草畜平衡。

表 4–1　西藏农业水利化、化学化、机械化及农村电力化情况

年份	有效灌溉面积 / 千公顷	化肥施用量 / 万吨	农机总动力 / 万千瓦	农村用电量 / 亿千瓦时
1978	151.13	2.00	—	—
1980	148.47	1.60	—	—
1985	133.31	0.77	33.38	0.10
1990	136.67	1.55	45.36	0.14
1995	144.20	1.98	68.39	0.17
2000	157.03	2.50	114.53	0.34
2005	153.01	4.21	230.86	0.64

续表

年份	有效灌溉面积 / 千公顷	化肥施用量 / 万吨	农机总动力 / 万千瓦	农村用电量 / 亿千瓦时
2010	167.04	4.74	411.99	0.76
2011	169.03	4.79	445.90	0.87
2012	178.32	4.99	499.48	1.01
2013	173.56	5.70	578.33	1.09
2014	175.74	5.82	660.56	1.18
2015	176.94	6.03	722.24	1.28
2016	178.11	5.91	822.01	1.21

数据来源：《从传统迈向现代——西藏农村经济 60 年回顾与展望》及 2013—2017 年《西藏统计年鉴》。

（3）构建农牧业新型经营体系，农牧业产业化建设稳步推进

先后实施商品粮基地建设、拉萨河谷地区“3357”农业综合开发项目和“一江两河”中部流域综合开发项目，农业主产区基本形成“田成方、林成网、路相通、渠相连”的新面貌。在借鉴国内外农业产业化经营经验的基础上，种养加一条龙、贸工农一体化经营的发展模式逐渐成熟，互助合作经济组织发展迅速。2017 年，自治区级农牧业产业化龙头企业总产值 33.06 亿元，同比增长 15%；农畜产品加工企业总产值 36.64 亿元，同比增长 16.0%。在第十五届中国国际农产品交易会上，帕里牦牛、亚东黑木耳获评 2017 年中国百强农产品；“雪域圣谷”青稞香米等 3 个企业产品获农产品金奖。①

（4）农牧业经济结构调整逐步趋于合理，促进了农牧民持续增收

目前，农牧业生产结构已经由单一的种植业向粮经饲三元结构发展。2017 年种植业结构进一步优化，农作物播种面积 390.32 万亩，其中粮食作物 274.61 万亩、经济作物 74.46 万亩、饲草料作物 41.25 万亩。蔬菜播种面积预计为 40.94 万亩，同比增加 4.9 万亩。畜牧业作为结构调整的

① 西藏自治区发展和改革委员会 . 2017 年国民经济和社会发展计划执行情况与 2018 年国民经济和社会发展计划草案报告［EB/OL］.（2018-02-13）［2019-05-19］. https://www.sohu.com/a/222478090_160909.

重点引起高度重视，农畜产品优质化、市场化进程加快，经济效益有所提高。①

（5）大力发展特色农牧业，统筹推进乡村产业发展

从 2004 年开始实施了农牧业特色产业开发项目，探索出了符合西藏实际的国家补贴、群众投入、企业参与和以农牧民为生产经营主体、受益主体、逐步成为投资主体的产业开发有效机制。实施了特色种植、养殖、设施农业、生物资源开发和畜禽水产良种繁育等项目。初步形成了藏东北牦牛、藏西北白绒山羊、藏中奶牛、藏中北草地型绵羊、一江两河中部优质青稞油菜、城郊县（区）优质蔬菜、藏东南林区林果和林下资源基地 7 个产业带。特色农牧业区域化布局、专业化生产、产业化开发、规模化经营的产业化、标准化发展初具雏形。②

当然，西藏农牧业发展中也存在一些比较突出的问题，主要包括以下 3 个方面。

一是西藏农牧业经济结构尚不够合理，发展中存在的严重依赖性、供给性、封闭性及效率不高等问题严重影响了产业发展的可持续性。例如，西藏农业在全国农业中的竞争力较弱，农业产业、种植业与畜牧业结构渐趋合理，但对政策优惠与资金投入的依赖性较大，结构效应的后续潜力不足。③

二是西藏牲畜生产的区域差异问题，即西藏各地区牲畜的存栏规模优势、产量优势和综合比较优势呈现明显差异，比较优势对畜牧业总产值增长的影响偏低，规模经济效益较小，是实现西藏畜牧业跨越式发展的制约因素。④

三是农牧业产业化水平有待提高，合作社发展要注重提升经济社会综

① 多庆，徐伍达，邓亚净，等 . 改革开放 40 年西藏农牧区发展回顾与展望［J］. 西藏研究，2018（5）：113–122.

② 徐伍达，杨亚波，张伟宾，等 . 从传统迈向现代——西藏农村经济 60 年回顾与展望［J］. 中国藏学，2013（2）：191–201.

③ 李少伟，余成群，孙维 . 西藏农业结构特征及调整效应研究［J］. 农业系统科学与综合研究，2009，25（3）：257–262.

④ 张剑雄 . 区域优化对西藏畜牧业实现跨越式发展的影响［J］. 中国藏学，2015（3）：93–98.

合效益。在评估合作社绩效时，对组织运营效益要重点关注合作社规范化程度，经济效益中要重点关注人均纯收入，生态效益中要重点关注草畜平衡，社会效益中要重点关注合作社吸纳富余劳动力的能力。[①]

4.3.3 西藏农牧业现代化发展道路的继续探索

近 70 年的发展经验表明，推进西藏农牧业现代化，需要加快结构性改革，转变农牧业发展方式，走产出高效、产品安全、资源节约、环境友好的农牧业现代化道路。

首先，应巩固和完善农牧区基本经营制度，走共同富裕之路。在继续坚持“三个长期不变”的基础上，坚持家庭经营基础性地位，坚持稳定土地承包关系，完善农牧区产权制度，健全农牧区要素市场化配置机制。处理好农牧民和土地（草场）的关系，仍然是深化农牧区改革的主线。根据西藏“大区小农”的基本区情农情，小规模家庭经营是农牧业的本源性制度。在土地制度改革方面，落实“三权分置”制度，颁发土地承包经营权证书，建立土地承包管理信息系统，真正为农牧民“确实权、颁铁证”。

其次，应大力推进农牧业供给侧结构性改革，走质量兴农之路。以保障主要农畜产品供给和促进农牧民增收为核心，优化农牧业生产空间布局，加快现代农牧业示范区和高原特色农畜林产品产业带建设。一方面，应大力促进粮食双增。继续优化种植业结构，增青稞减小麦优化粮食内部结构；开展前期粮食生产功能区划定，推进“藏粮于地”；落实“藏粮于技”，实施绿色高产高效创建示范田、测土配方施肥示范田，推广“藏青2000”“喜拉 22 号”等农作物新品种，建设农作物良种繁殖基地，创建农作物病虫害专业化统防统治与绿色防控融合示范基地；推进农业机械化，进一步提高科技贡献率。另一方面，应优化畜牧业发展结构。通过实施《西藏自治区畜牧业提质增效行动计划（2016—2020）》《西藏自治区（万头）奶牛养殖示范基地建设规划（2017—2020）》《西藏自治区牦牛短期育肥示范基地建设规划（2017—2020）》等产业发展战略，着力打造草业、

① 李双元 . 高原牧区生态畜牧业合作社绩效评价——基于青海牧区 55 家合作社的数据［J］. 西南民族大学学报（社会科学版），2015（8）：152–157.

牦牛、奶业、藏猪、藏羊产业，实施特色饲草产业化、牦牛改良、特色畜产品加工业发展等战略。通过保护利用牲畜品种资源、转变养殖方式、推进畜禽标准化规模养殖，强化防控动物疫病等措施实现提质增效目标。[①]例如，可以通过观念改变、产业链关键技术研发、屠宰加工龙头企业介入、技术培训和典型示范等技术措施振兴西藏牦牛产业。[②]再如，延伸现有畜牧业产业链，将青藏高原社区传统畜牧业形态中极富旅游开发潜力的放牧、转场、藏式食品制作、转山会等环节或活动开发成旅游产品，建设生态友好型的畜牧业。[③]

再次，应构建现代农业产业体系，加快推进农牧业转型升级。以青稞产业、农区畜牧业与设施农业为产业发展重点，构建以现代农业生产体系、经营体系与社会化服务体系为内涵的现代农业产业体系，是西藏现阶段农牧业转型发展的根本出路。[④]因此，要提高农牧业组织化程度，做强农牧业龙头企业和专业化合作社，推进特色农畜产品精深加工，突出农牧业绿色化、优质化、特色化、品牌化。[⑤]优化农牧业产品结构和区域布局，健全农牧业社会化服务体系，延长产业链，提高附加值，稳步提高农牧业综合供给质量。实施农业品牌战略，落实“一免一补”的“三品一标”发展支持政策，推动全区农畜产品质量水平上台阶，打造一批优质农畜产品品牌。

最后，应着力培育打造农牧产业新业态，走产业融合创新之路。一是发展休闲农业。按照藏中农耕文化与特色产品旅游体验圈、藏东南景观农业与休闲旅游体验圈、藏西北游牧文化与草原生态旅游体验圈的区域布局，加强与旅游、住建等部门的沟通协调，突出区域人文、自然景观优

① 徐伍达. 西藏农牧业供给侧结构性改革研究 [J]. 西藏研究，2018（5）：71–83.

② 邓由飞，王建，孟庆翔，等. 从斯布村调查数据看西藏牦牛业的问题和发展潜力 [J]. 中国畜牧杂志，2015，51（S1）：15–19.

③ 邓维杰，尹雪梦. 青藏高原社区传统畜牧业形态与旅游开发增收途径研究——以四川省红原县哈拉玛村为例 [J]. 农村经济，2015（5）：50–54.

④ 余成群，钟志明. 西藏农牧业转型发展的战略取向及其路径抉择 [J]. 中国科学院院刊，2015，30（3）：313–321.

⑤ 多庆，徐伍达，邓亚净，等. 改革开放40年西藏农牧区发展回顾与展望 [J]. 西藏研究，2018（5）：113–122.

势，发展一批文化遗产观光、自然风光欣赏、藏家乐、休闲农牧园区、美丽乡村、农耕文化深度体验等休闲农业。二是推动双新双创。培养新型农牧民、推广农牧业新技术，实施新型职业农牧民培育工程。支持返乡下乡人员到农牧区创业创新，引入生产经营新理念，催生新产业、新业态、新模式。开展“互联网 + 农业”行动，继续推进电商示范点和信息进村入户试点村示范。三是加快边境小康村产业建设步伐，以项目建设为依托，以推进农牧民组织化、强化新型职业农牧民培训为抓手，建成设施完善、安居乐业、生态良好、环境优美、魅力独特的宜居宜业宜游边境乡村。四是积极探索农牧业循环经济发展模式，营造农牧区生态新风貌。围绕“一控两减三基本”要求，继续打好农牧业面源污染防治攻坚战，全面开展农业污染普查，深入实施化肥、农药使用零增长行动，推进农牧业清洁生产工程，重点利用畜禽粪污资源化，强化畜禽养殖污染防治技术指导与服务，提高种植业水肥利用率，实施农产品产地土壤重金属污染防治行动计划等，将保护环境和发展农牧业有机结合起来。①

根据“十三五”时期西藏经济社会发展的基本思路，推进农牧业现代化，还应完善农牧业服务体系和质量安全保障体系，加强特色农畜产品地理标志建设。推进农牧区电子商务发展，加快农产品流通设施和市场建设。加强防抗灾体系和动物防疫专用设施建设，完善农牧业政策和保险保费补贴制度。②

4.4 现代工业起步与发展现状

西藏和平解放以后，第二产业从无到有经历了曲折的发展历程，总产值比重不断提高，已形成较为完备的产业体系。但无论与全国平均水平还

---

① 西藏自治区农牧厅 . 关于改革开放 40 年来西藏农牧业重大发展成就的报告［EB/OL］.（2018-05-31）［2019-05-19］. http://xznm.agri.gov.cn/index/xinxi/gonggao/2018/0725/1640.html.

② 中国西藏新闻网 . 西藏通过“十三五”经济和社会发展规划的建议［EB/OL］.（2015-12-31）［2019-05-19］. http://www.scio.gov.cn/ztk/dtzt/2015/33681/33685/Document/1460676/1460676.htm.

是西部欠发达地区相比，西藏第二产业发展仍相对落后，表现在产值比重低、产业发展对地方经济拉动能力非常有限，产业链短，效率较低，产业结构偏离度高，难以有效吸收当地劳动力就业等方面。同时，企业规模偏小，工业集中化低，没有形成有效的产业集聚地。下面简要说明西藏现代工业的发展历程、主要特点、主要问题及对策。

4.4.1 西藏现代工业起步并发展

民主改革前，西藏没有任何现代意义上的工业企业，仅有的民族手工业设施也极为简陋，生产规模小，产量十分有限。十三世达赖执政时期曾兴办了一个小型军械厂和一个小型铸币厂，但不久就处于倒闭或半倒闭状态。1931 年，在拉萨北部夺底沟修建了一座 125 马力（92 千瓦）的水电站，1944 年被大水冲毁。①

西藏现代工业发展历程可以划分为以下几个阶段。

（1）西藏现代工业起步阶段：1952—1958 年

1952 年，西藏工委筹建了西藏建工处，负责管理西藏的建筑业。1954 年，在川藏公路和青藏公路通车后才出现了西藏现代工业，并且在交通能源不断发展的同时，逐步建立和发展成为一个初具规模的现代工业体系。1956 年，西藏历史上第一次产生了工业总产值的统计数据，虽然仅仅反映了进藏部队和地方单位服务性工厂的成绩，产值也只有 139.1 万元，但从此奠定了现代工业发展的基础。②

（2）西藏现代工业初步发展阶段：1959—1977 年

1959 年，西藏民主改革开始进行，拉开了现代工业建设的序幕，建成了一些至今还具有影响的重要企业，如电力企业中的拉萨纳金站、八一电厂，拉萨机械修配厂，拉萨铁木工厂、拉萨皮革厂、拉萨毛纺厂、拉萨面粉厂和拉萨食品厂等。该时期发展最为迅速的是西藏民族手工业。1965 年，西藏自治区正式成立，建成电力、煤炭、机械修理、化工、建材、森工、轻工等行业中小型工厂 80 个（其中集体企业 7 个）。

① 镜燃．西藏工业：0 到 47 亿的历程［J］．中国农村科技，2009（7）：32-33.

② 罗莉，拉灿．西藏 50 年（经济卷）［M］．北京：民族出版社，2001：76.

由于工业历史较短，基础较弱，与该区主体产业——农牧业缺乏必要的联系，西藏现代工业被认为是“镶嵌式”的产业。

（3）西藏现代工业快速发展阶段：1978—1993 年

党的十一届三中全会以来，西藏自治区认真贯彻执行中央对西藏工作的重要指示，从西藏实际出发，在工业经济建设方面，确定了重点发展能源、交通和民族手工业的方针；果断地对 36 个能源、原材料、技术力量和产品销路无保障的工业企业实行了关停并转，调整了工业结构和产品方向；对全区的国营工业企业逐步开始了全面整顿和初步改革，从而使西藏工业经济摆脱了徘徊不前的局面。1979 年，在中央政府的大力扶持下，西藏已经建立起包括能源、轻工、纺织、机械、森工、采矿、建材、化工、制药、印刷、食品加工等 20 多个门类的，富有西藏地方特色的现代工业体系。

1980 年，西藏现代工业发展进入第二个高潮，以 1984 年开工坚实的“43 项工程”为标志。从 1982 年开始，西藏工业总产值开始回升，1982 年的工业总产值比 1981 年增长了 4.6%；1983 年又比 1982 年增长了 6.5%。西藏工业经济进入了一个新的发展时期。①

（4）西藏现代工业创新发展阶段：1994 年至今

1994 年，西藏工业发展进入第三个高潮，以中央第三次西藏工作座谈会为起点，以各部委和相关省市为西藏援建的“62 项工程”为标志，强有力地推进了西藏现代工业的发展。

4.4.2 西藏工业发展的主要特点

西藏第二产业发展现状不仅体现在第二产业产值、结构和劳动生产率、种类和规模的变化方面，也体现在主要工业部门的重点项目建设方面。西藏工业发展的主要特点有以下 3 个方面。

一是工业整体提质增效效果明显。2017 年，西藏工业固定资产投资超过 300 亿元，同比增长 40% 以上，其中技改投资同比增长 2 倍多。设立

① 孙红 . 论西藏工业经济发展的客观规律性及对策［J］. 西藏研究，1984（3）：11-15.

110 亿元政府投资基金，加快推进清洁能源、净土健康、天然饮用水、绿色建材、高原生态等特色产业发展。园区建设步伐加快，藏青工业园室外管网工程完成 90.0%，拉萨经开区加快推进 A 区污水管网改造工程和 B 区排水口建设。企业效益和运行质量稳步提升，西藏规模以上工业增加值按不变价格计算增长 14.2%，比 2016 年加快 1.5 个百分点。各产业集团组建工作加快推进。

二是绿色工业健康发展。2017 年，西藏实现工业销售产值 216.5 亿元，增长 23.9%，工业品产销率为 101.6%。藏中建材年产 120 万吨新型干法水泥生产线已竣工投产。绿色矿业快速发展，玉龙二期完成基建剥离、雄村铜矿完成前置审批，斯弄多铅锌矿投产运行。华泰龙、玉龙等绿色矿业生产形势较好，铜金属含量 7.9 万吨，增长 53.2%。2017 年天然饮用水产量达到 80 万吨，包装饮用水产量达到 53 万吨。[①]2018 年规模以上绿色工业增加值增长 14%；天然饮用水等绿色产品加工业增加值为 53 亿元，增长 14.3%。[②]

三是清洁能源产业壮大发展。加快推进电源点建设，2018 年底全区电力总装机容量达到 333 万千瓦，累计发电量达到 70.6 亿千瓦时，增长 13.1%。羊易地热发电项目（一期）建成投产，措美风电工程开工建设。积极拓展电力外送通道和消纳市场，跨省（区）电力交易迈出坚实步伐，先后与山西、河北、重庆、山东等 14 个省（区、市）签署藏电外送协议，全年外送电量 8.7 亿千瓦时。[③] 金沙江上游水电送河北工程启动了预可研工作。[④]

① 西藏自治区发展和改革委员会 . 2017 年国民经济和社会发展计划执行情况与 2018 年国民经济和社会发展计划草案报告［EB/OL］.（2018-02-13）［2019-05-19］. https://www.sohu.com/a/222478090_160909.

② 政府工作报告：2018 年成就斐然，2019 年再创辉煌［EB/OL］.（2019-01-11）［2019-05-19］. http://xz.people.com.cn/n2/2019/0111/c138901-32520235.html.

③ 西藏自治区发展和改革委员会 . 西藏自治区 2018 年国民经济和社会发展计划执行情况与 2019 年国民经济和社会发展计划草案报告［N］. 西藏日报（汉），2019-01-28（003）.

④ 政府工作报告：2018 年成就斐然，2019 年再创辉煌［EB/OL］.（2019-01-11）［2019-05-19］. http://xz.people.com.cn/n2/2019/0111/c138901-32520235.html.

4.4.3 西藏现代工业发展中的问题及对策

西藏新型工业化具有一定的后发优势，同时，也存在诸如工业总量小、布局分散、各产业之间差距悬殊、经济效益较低等问题，[①]具体表现在以下两个方面。

一是轻重工业结构不尽合理，民用工业发展滞后，工业可持续性不强等，还需要加大投资力度、加强人才培养、优化产业结构、积极发展民营企业和提高工业集中度。[②]

二是某些特色产业的发展后劲不足。以藏药产业为例，目前藏医药基础理论研究薄弱，藏药材生态环境脆弱，藏药安全性评价相对能力不足，尚无适合藏药研究的标准化体系，缺乏支撑藏药产业发展的合理的人才队伍，产、学、研结合不紧密，创新能力低下，尚无适合藏药新药评价的指导原则，这些都是制约藏药产业发展的主要因素。[③]

因此，加快推进新型工业化是西藏经济发展中的一项紧迫任务。应坚持以信息化带动工业化，以工业化促进信息化，走出一条科技含量高、经济效益好、资源消耗低、环境污染少、人力资源优势得到充分发挥的新型工业化道路。在新型工业化道路中，选择重点发展产业时要立足高原特色，重点发展旅游业、清洁能源业、天然饮用水业、藏医药业、特色文化产业等十大绿色优势产业，重点培育民族手工业、农畜产品加工业、藏医药业、高原特色生物产业和绿色饮料等产业集群。

根据“十三五”时期西藏经济社会发展的基本思路，目前的重点任务是进一步推动工业提质增效，具体对策包括以下 7 个方面。

（1）加快推进绿色工业规模发展

通过优化资源配置和培育壮大产业集团，力争规模以上工业增加值增长 12% 以上。加快推进水泥等绿色建材项目建设。完善以铜、锂为主的优

① 肖霞 . 西藏新型工业化发展政策研究［D］. 拉萨：西藏大学，2012.

② 刘爱军，李祥妹 . 西藏第二产业发展现状分析［J］. 中国人口·资源与环境，2010，20（2）：129–133.

③ 毛萌，任小巧，卢乃杰，等 . 西藏藏药产业发展现状及发展战略［J］. 中国中医药信息杂志，2015，22（11）：6–9.

势矿产资源生产加工产业链，推动已建成的华泰龙二期项目稳定达产，玉龙二期、巨龙一期建成投产，协调推动阴极铜冶炼项目落户藏青工业园，加快盐湖锂资源开发。例如，西藏特色矿产业发展需统筹好生态价值与生产力价值；制定西藏矿业发展规划，规范矿产资源勘察开发；加大西藏生态脆弱地区矿业开发的技术创新和研发投入，实现资源节约集约利用；坚持矿产资源开发与矿产地储备并举的原则；[①] 建设重要的战略资源储备基地，加快盐湖资源综合开发利用，建设有色金属产业基地。

（2）强化水资源勘察和保护，全力打造西藏好水品牌

加强水资源保护，强化地理标志保护、品牌培育和市场开拓，完善产业链条、提高质量效益。稳步发展天然饮用水产业。打造“西藏好水”国际化品牌，推进要素整合、合理布局产能、提升工艺水平。加快推动福地天然饮品有限公司山南琼结县 500 万吨大包装水项目、西藏玉麦天然饮用水有限公司 5 万吨矿泉水项目建设。

（3）壮大清洁能源产业

推进“西电东送”接续基地建设，合理开发水电资源，集中建设光伏发电产业区，推进覆盖藏、川、渝三省区的西南电网建设，实现清洁能源规模外送。加快高温地热潜力区勘察、开发与应用。扎实推进水电站项目建设，积极拓展电力外送通道和消纳市场，确保已签协议落地生效。

（4）改造提升传统产业

支持新技术、新工艺应用，加快藏药业、民族手工业、建筑业发展。积极发展藏药现代化生产技术，推进藏药业标准化、规模化、集约化发展。[②]

（5）大力发展商贸物流业

完善物流基础设施建设，围绕交通干线和面向南亚开放重要通道，重点打造拉萨物流中枢和日喀则、那曲、昌都区域性物流中心，引导扶持商贸物流向农牧区延伸。

① 张兴，潘存海，郭琳琳 . 生态西藏视角下的特色矿产业发展模式分析［J］. 中国国土资源经济，2015，28（7）：10–13.

② 西藏自治区发展和改革委员会 . 西藏自治区 2018 年国民经济和社会发展计划执行情况与 2019 年国民经济和社会发展计划草案报告［N］. 西藏日报（汉），2019–01–28（003）.

（6）积极发展新业态、新产业

依托新一代信息技术，大力扶持“众创、众筹、众智、众包”等创新模式，鼓励企业创新经营模式、商业模式、服务模式，推进产业融合，提升产业品质。加快发展保健食饮品、休闲健身、康复疗养等健康产业。推进传统媒体和新兴媒体融合发展。大力发展生态型产业。

（7）加强产业园区建设

完善园区配套设施，优化园区发展环境，规范财税、土地等实体经济扶持政策，促进产业聚集发展。提升拉萨经济技术开发区、格尔木藏青工业园区、达孜工业园区等功能，推进拉萨高新技术园区、西藏空港新区、昌都经济开发区建设。加强与对口支援省区的产业合作，积极建设产业合作示范区。①

4.5 旅游业发展趋势及其对策

西藏民主改革以来，旅游业表现出稳步增长态势，尤其进入 21 世纪以后，西藏地区旅游业快速发展态势不可逆转。下面简要介绍西藏旅游业的发展历程、现状、问题及对策。

4.5.1 西藏旅游业发展历程

根据旅游地生命周期理论，西藏旅游业的发展可以分为四个阶段。

一是萌芽起步阶段（1959—1978 年）。1959 年民主改革后，西藏的公路和民航建设彻底改变了交通封闭的状况，极大地改善了进出西藏的交通条件，为日后西藏发展旅游奠定了基础。20 年间，西藏自治区政府组织官方会议、参观、交流等活动，接待的主要游客为国内官方客人，旨在宣传西藏，增加外界对西藏的了解。

① 中国西藏新闻网 . 西藏通过“十三五”经济和社会发展规划的建议［EB/OL］.（2015-12-31）［2019-05-19］. http://www.scio.gov.cn/ztk/dtzt/2015/33681/33685/Document/1460676/1460676.htm.

二是探索导入阶段（1979—1989年）。党的十一届三中全会明确提出中央关心西藏、全国支援西藏的号召，从人才、技术、资金等方面给予大力支持，西藏旅游业迎来发展的春天；1984年，中央第二次西藏工作座谈会确定为西藏援建43项工程，改善了西藏的旅游设施和环境；党的十一届三中全会以后，国家先后投入4亿多元，维修寺院和名胜古迹，改善了文化和宗教旅游场所；1987年旅游业被正式纳入国民经济和社会发展计划，同年西藏中国旅行社成立，1989年成立西藏自治区旅游局，旅游业逐步走上正轨。

三是稳步发展阶段（1990—2005年）。20世纪90年代以后，西藏自治区政府进一步重视旅游业的发展，加强旅游设施和景点的建设，出台一系列旅游优惠政策，加大旅游宣传力度，国内游客显著增加，并成为西藏地区游客的主体。第三次和第四次中央西藏工作座谈会，明确指出西藏发展旅游业的必要性和重要性，确立了旅游业在西藏经济社会发展中的地位。西藏自治区投入大量资金改善旅游基础设施，成立高原旅客管理中心，开设导游专业和培训班，推出“假日旅游”项目，实施“谁投资、谁开发，谁受益、谁保护”的政策。

四是快速发展阶段（2006年至今）。西藏旅游业进入了井喷式发展阶段。青藏铁路建成通车后，入藏旅游的交通条件得到有效改善，由铁路、公路、航空构成的交通网络逐步形成；2010年中央第五次西藏工作座谈会明确提出把西藏建成“重要的世界旅游目的地”的定位，既是国家战略，也是西藏改革发展的需要。[①]

2007年以来，西藏旅游接待总人次呈逐年递增（2008年除外）趋势，但增速总体上呈现下降趋势，见表4–2。

表4–2 2007—2017年西藏旅游接待人次及变化

年份	旅游接待总人次	同比变化/%
2007	402.94	60.4
2008	224.64	–44.2

① 西藏社科院当代西藏研究所研究员达瓦次仁西认为，西藏旅游业飞速发展态势不可逆转。西藏自治区哲学社会科学界联合会．扫除历史垃圾，建设小康西藏——纪念西藏民主改革60周年理论研讨会暨社科联第五届学术年会观点综述［N］．西藏日报（汉），2019–04–01（06）．

续表

年份	旅游接待总人次	同比变化 /%
2009	561.06	39.2
2010	685.14	22.1
2011	869.76	26.9
2012	1058.39	21.7
2013	1291.06	22.0
2014	1553.14	20.3
2015	2017.53	29.9
2016	2315.94	14.8
2017	2561.43	10.6

数据来源：西藏自治区旅游发展委员会《2017—2018 年度西藏旅游业发展情况分析报告》。

2017 年以来，西藏旅游经济运行平稳增长，取得了良好的成效。旅游业作为战略性支撑产业地位更加巩固，向国内外展示西藏旅游的良好形象，旅游扶贫产生良好效益。通过发展旅游业，带动了 5.5 万（含 2016 年的 2.6 万）建档立卡贫困人口脱贫，2017 年西藏农牧民群众旅游从业人员达到 12.5 万人、人均收入 1.2 万元，比 2016 年增加 1.5 万人。

4.5.2　西藏旅游业发展现状特点

目前，西藏旅游业处于稳定发展期，促进了西藏经济增长和社会发展，主要表现在以下 4 个方面。

其一，旅游业已经成为西藏地区的支柱产业之一，对国民经济的贡献率逐年提高。2017 年积极开展江孜县宗城、岗托等红色旅游景区景点创建活动，开通运行“唐竺古道”号旅游品牌列车，启动冈底斯南亚旅游合作区国家级规划编制。2017 年接待国内外游客 2561.43 万人次，同比增长 10.6%；实现旅游总收入 379.37 亿元，同比增长 14.7%，旅游在国民经济中的占比达 28.95%。2018 年接待游客 3368.7 万人次，增长 31.5%；实现旅游收入 490 亿元，增长 29.2%。①

① 政府工作报告：2018 年成就斐然，2019 年再创辉煌［EB/OL］.（2019-01-11）［2019-05-19］. http://xz.people.com.cn/n2/2019/0111/c138901-32520235.html.

其二，旅游业在各行业中表现出发展速度快、发展潜力大、带动作用突出等特征。随着现代交通网络的形成、文化产品与产业的发展、餐饮住宿等服务行业的快速发展及信息产业的蓬勃发展，西藏旅游的品质进一步提升。2017 年大力撬动社会资本参与旅游发展，西藏旅游产业孵化园启动项目建设，与中核（西藏）实业有限公司联合推进地热温泉资源开发签订框架协议，涉及资金达 28 亿元；与西藏东风新能源科技有限公司签订《新能源汽车旅游开发合作协议》，涉及资金达 100 亿元。2018 年旅游文化产业实现增加值 177.4 亿元，增长 13.3%。①

其三，旅游业类型多样化，目的地更丰富，时间点更分散，消费更综合，对经济社会发展影响愈加深刻广泛。近年来，西藏突出区域特色，打造胜地拉萨“心灵之旅”、壮美日喀则“神奇之旅”、藏源山南“人文之旅”、醉美林芝“生态之旅”等旅游区域品牌。“冬游西藏 共享地球第三极”活动进展顺利，在国内外引起了强烈反响。巴松措景区 2018 年 1—3 月游客接待量同比增加 6 倍。

其四，旅游产业升级发展。一方面，旅游基础设施建设日益完善强化，旅游宣传促销逐步深化，旅游管理服务水平不断提升。2017 年大力开展项目建设，山南达古景区建设项目及陈塘口岸旅游建设项目稳步推进，旅游厕所革命深入开展，2017 年建设旅游厕所 300 座（包含 26 座高标准旅游示范厕所），加快建设西藏旅游信息化和西藏旅游综合信息服务试点工程项目，2017 年累计落实项目资金 3 亿元，完成重点项目投资 4 亿元。调整完善西藏自治区旅游资源规划开发质量评定委员会，理顺 A 级景区、旅游度假区等重点旅游资源规划开发及评价机制。另一方面，旅游业规模经济效应初步形成。截至 2017 年，西藏旅行社达 311 家、星级饭店（宾馆）243 家、A 级景区 115 处、导游 3156 人，全行业固定资产近 200 亿元。② 顺

① 西藏自治区发展和改革委员会 . 西藏自治区 2018 年国民经济和社会发展计划执行情况与 2019 年国民经济和社会发展计划草案报告［N］. 西藏日报（汉），2019-01-28（003）.

② 拉萨日报 . 西藏今年力争接待游客突破 3300 万人［EB/OL］.（2018-03-23）［2019-05-19］. http://www.xzitv.com/chinese/folder686/2018-03-23/118082.html.

利召开了全国旅游援藏工作会议，签约项目 97 个，涉及资金 197.5 亿元。①

可见西藏旅游业正处于稳定发展期，此阶段的游客增长率出现下降趋势。若大力推进旅游供给侧结构性改革、挖掘新的增长点，则能够进入新一轮的高速发展期。

4.5.3 西藏旅游业发展面临的问题与困境

旅游业作为西藏经济发展的一大支柱产业，青藏铁路通车以后蓬勃发展，2008 年“3·14”事件以后受到短暂的打击，随后又得到快速的恢复。西藏独特的自然、人文风光对全球游客有着持久的吸引力，旅游业发展前景十分可期。然而，西藏旅游业发展还面临以下问题与困境。

（1）对外开放程度和旅游便利性不足，国际化程度依然较低

目前，国内游客进入边境地区还面临很多障碍，边境地区旅游资源开放度不够。国内游客在西藏旅游期间频繁受检，距离中央第六次西藏工作座谈会提出的“打造无障碍旅游区”任重而道远。西藏入境游客接待量占全部游客接待量的比重仍然很低，距离“重要世界旅游目的地”的定位差距很大。境外游客进藏旅游审核程序较多，旅游便利性存在一定范围的制约。开放程度不足，已经成为制约西藏旅游发展、制约西藏建设成为重要世界旅游目的地的重要“瓶颈”。

以 2007—2017 年国内游客接待量占比、旅游收入占比作为分析指标，可以发现西藏旅游市场的国际化程度依然偏低，见表 4–3。

表 4–3 2007—2017 年西藏国内游客接待量及旅游收入占比

年份	国内游客接待量占比 /%	国内旅游收入占比 /%
2007	90.93	78.98
2008	96.98	90.39
2009	96.88	90.39
2010	96.67	90.15

① 西藏自治区发展和改革委员会.2017 年国民经济和社会发展计划执行情况与 2018 年国民经济和社会发展计划草案报告［EB/OL］.（2018–02–13）［2019–05–19］. https://www.sohu.com/a/222478090_160909.

续表

年份	国内游客接待量占比 /%	国内旅游收入占比 /%
2011	96.89	91.31
2012	98.16	94.72
2013	98.27	95.21
2014	98.43	95.59
2015	98.55	96.15
2016	98.61	96.39
2017	98.66	96.54

数据来源：西藏自治区旅游发展委员会《2017—2018 年度西藏旅游业发展情况分析报告》。

2007 年以来，西藏旅游国内游客接待量和国内旅游收入占比均在 90% 以上，且呈现出逐年加大的趋势。虽然西藏的战略定位之一是重要的世界旅游目的地，但无论是国际游客接待量还是国际旅游收入，都低于全国平均水平（国际游客接待量占比为 2.71%，国际旅游收入占比为 14.95%）。

（2）旅游淡旺季差异明显，区内旅游需求重视不够

西藏旅游发展仍然有明显的季节性特征。5—10 月为旅游旺季，以旺季旅游接待人次、旅游收入占全年比例为评估标准，对西藏旅游淡旺季差异进行评估。以 2013—2017 年数据作为分析依据，见表 4–4。

表 4–4　2013—2017 年西藏旅游旺季基本情况

年份	旺季游客接待量占比 /%	旺季旅游收入占比 /%
2013	88.90	89.83
2014	88.22	90.23
2015	91.49	92.40
2016	92.22	90.55
2017	92.01	92.21

数据来源：西藏自治区旅游发展委员会《2017—2018 年度西藏旅游业发展情况分析报告》。

2013 年以来，西藏旅游旺季游客接待量和旅游收入占全年比例都在 90% 左右，2015 年以来更是达到了 90% 以上，而且旺季占比总体上呈现

出逐年加大的趋势。2017年旺季游客接待量占比相比2016年呈现出小幅下降，2018年因西藏自治区大力开展“冬游西藏”旅游促销，淡旺季差距会出现一定程度的缩小，但淡旺季分明的总体状况在短期内依然显著。

另外，西藏旅游发展侧重于区外旅游市场，对区内旅游需求的重视不够。城郊休闲度假游等产品配套及开发力度不够，区内游需求长期得不到有效满足。近年来，各族群众收入有所增加，西藏有“林卡”等休闲度假游传统，区内群众的旅游需求特别是高质量旅游需求日益高涨，亟须大力开发和推出一批品质优良、价格实惠的城郊休闲度假游产品，实现城郊休闲度假游从“小帐篷”向“度假区”的转变。

（3）交通成本居高不下，产品吸引力不够强

西藏旅游区域跨度大、交通线路长的客观实际，决定了游客在西藏旅游交通支出“占大头”的情况。从全国范围来看，前往西藏旅游的交通成本以及在西藏旅游的交通成本均居高不下，造成西藏旅游产品价格整体上处于高位。西藏旅游车辆市场垄断经营及高价运营现状若不改变，旅游市场价格高企、需求低迷的状况仍将延续。

长期以来，西藏旅游资源低水平开发，西藏高质量、高水平景区等旅游吸引物较少且仍以传统吸引物为主，旅游新业态、新产品发展滞后，导致游客人次的增加多依靠“人”而未依靠“次”，游客消费有限、人次增长的动力单一，不符合集约式发展要求。

（4）西部各省实施旅游优惠政策，市场竞争压力趋大

由于西部各省份的主要客源地大多相同，优惠政策会对游客选择产生较大影响。近年来，西部省份旅游优惠力度空前。例如，2017年以来，贵州先后多频次向京津冀和港澳台及外国游客推出了旅游系列优惠政策，取得了显著效果。西藏旅游人次增长面临的外部压力将越来越大，旅游发展的外部环境也将越来越严峻。

（5）旅游产业发展缺乏统筹规划，各项支撑能力较弱

将西藏全区作为整体旅游目的地的规划、政策和举措均存在不足，重要旅游资源的开发打造缺乏整体统筹，部分地区同质化的产品打造、竞争现象比较突出。对于一些跨区域的景区资源，缺乏良好的统筹管理机制，

直接影响了旅游发展的质量效益。各项支撑能力较弱，涉及基础设施、市场主体、品牌、服务水平、专业人才和市场监管等方面。

（6）旅游资源开发的有效投入不足，旅游产业辐射带动作用不明显

西藏现有旅游资本投入量远远无法支撑旅游先导发展的定位和跨越式发展的需求。在旅游投入方面，政府与市场协同较差，政府投入尚未有效引导市场投入，在广泛撬动社会资本参与旅游市场发展方面还有很大的空间。

目前，西藏旅游产业在融合发展、辐射带动上存在明显不足，旅游融合发展的载体（旅游产业园区）发展滞后。特色农牧业、高原制造业、文化产业、藏医药业、体育产业等发展过程对旅游发展需求考虑不够充分，林业旅游、农业旅游、研学旅游、康养旅游、体育赛事旅游等新业态发展也较为滞后。乡村旅游发展起步晚、起点低，相应基础设施建设较为滞后。①

（7）政府产业激励政策效果有限，产业扶持方式有待优化

政府产业政策以税收优惠和财政补贴资金为主，财政补贴主要采取产业扶持资金方式，通过企业申报、部门评估的方式来运作，最终将扶持资金直接补贴给企业。这种方式简单粗放，为一次性补贴，在一定程度上存在寻租空间，对推动产业发展的实际成效也难以量化评估，在激励和引导民间投资方面作用有限。

由此可见，西藏旅游业存在产业发展相对滞后、总量偏低、旅游产业结构不合理等问题，还需要进一步优化旅游产业结构，实行多种优惠政策，积极争取各项资金，处理好旅游资源保护与开发的关系。②

4.5.4 西藏旅游业创新发展的对策建议

旅游业作为西藏战略性支撑产业的新定位，尤其是 2015 年西藏被国家确立为建设世界旅游目的地，为旅游产业创新发展提供了前所未有的重

① 西藏自治区旅游发展委员会 . 2017—2018 年度西藏旅游业发展情况分析报告［R］

② 刘妍，陈世江，胡大凯 . 西藏旅游产业发展现状研究［J］. 西藏大学学报（社会科学版），2009，24（2）：22–27.

大机遇。按照西藏自治区第九次党代会的决策部署以及国家文化和旅游部“六个一批”建设思路，坚持以新发展理念深入推进旅游供给侧结构性改革，坚持“特色、高端、精品”和全域全时、融合发展思路，把旅游业培育成为西藏经济发展的战略性支撑产业，实现政治效益、经济效益、社会效益、生态效益相统一。

西藏旅游业创新发展的指导思想是充分发挥政府与市场的作用，从而完成“推动特色旅游文化产业全域发展，力争 2022 年旅游总人数达到 7000 万人次以上”这一新时期西藏旅游发展的目标。由于目前西藏旅游产业仍然处于弱势发展的阶段，该地区丰富的旅游资源优势尚未转化为实际的旅游产业优势，需要尽快构建起与旅游主导定位相匹配的体制机制。一方面，要发挥政府作用，弥补旅游产业自发演进的不足，促进西藏从“旅游产业拉动区”逐步迈入“旅游产业强势区”；另一方面，要大力发挥市场作用。优化产业扶持方式，激活民间投资。整合相关的产业扶持资金，成立旅游产业发展基金，改直接性的资金补贴为股权投资性质的融资支持，实现产业扶持资金的循环使用。整合优势的旅游资源，以景区特许经营权出资，采取政府与社会资本合作（PPP）的方式来吸引社会资本参与精品景区开发建设，尽快壮大旅游产业领域的投资规模。积极探索建立自治区旅游资源交易平台，全面开展旅游文化投融资，与探索设立西藏旅游资源开发项目管理中心作为互补配套措施，推进旅游资源开发管理更为规范高效。

根据“十三五”时期西藏经济社会发展的基本思路，应做大做精旅游文化产业，把旅游业作为经济发展的主导产业加以培育壮大，带动其他产业发展，①具体对策包括以下 7 个方面。

（1）不断扩大对外开发开放区域，在开放环境下推进旅游发展

推动实行边防证网上一站式受理办理、24 小时内办结政策，实现国内公民凭网上办理的电子凭证即可前往边境地区旅游。按照全域全时发展要求，积极向国家层面争取有关政策，申报落实离藏免税政策，申报开展国

① 中国西藏新闻网 . 西藏通过“十三五”经济和社会发展规划的建议［EB/OL］.（2015-12-31）［2019-05-19］. http://www.scio.gov.cn/ztk/dtzt/2015/33681/33685/Document/1460676/1460676.htm.

家边境旅游试验区等建设。

（2）深入开发西藏旅游种类和旅游产品

针对旅游淡旺季明显、游客集中及时空分布不均衡的问题，继续通过打造西藏桃花节、冬季旅游热点等方式，完善西藏旅游产业发展布局。① 在已有旅游类型的基础上，进一步探索在西藏开展温泉旅游、民俗旅游、地质旅游等新类型的可行性。② 实施西藏旅游产品的深度开发战略，包括优化旅游产品的空间布局和地域组合，构建复合型旅游产品体系，挖掘旅游资源的文化内涵，加快传统产品的升级，积极开发高品质、高附加值的特种、专项旅游产品等。③ 例如，积极开发唐卡、藏香、藏毯、氆氇等高原旅游特色产品；借助雪顿节、藏博会、国际旅游交易会等活动，集中开展“冬游西藏”等旅游产品宣传推广。

加快构建西藏低端、中端、高端旅游产业布局，构建多层次互补的旅游特色产品体系。大力发展高端旅游，打造一批高原通用航空、定制奢野、休闲康养、文化体育等特色高端旅游产品。推动旅游产品提质增效，壮大一批特色演艺、精品景区、乡村度假等优质旅游产品，打造中端优质旅游产品集群。瞄准大众旅游时代新趋势，立足西藏特殊区情、生态环保要求和发展趋势，科学合理发展大众旅游。

（3）挖掘文化内涵，提升旅游品牌价值

例如，以纳木错为代表的圣湖旅游文化内涵挖掘不够、展现不足，圣湖旅游开发应塑造主题景观，彰显圣湖文化；组织体验项目，强化文化感受；策划公益活动，突出社会功能。④ 又如，积极打造以冈底斯国际旅游合

---

① 今日中国 . 西藏旅游研究所：为西藏旅游产业发展保驾护航［EB/OL］.（2018-06-26）［2019-05-19］. http://www.sohu.com/a/237873161_100122958.

② 钟林生，王婧，唐承财 . 西藏温泉旅游资源开发潜力评价与开发策略［J］. 资源科学，2009，31（11）：1848-1855.

把多勋，常承明，李秀兰，等 . 甘肃省白马藏族民俗旅游资源开发研究［J］. 安徽农业科学，2009，37（7）：3143-3146.

③ 王亚欣，曹利平 . 论西藏旅游产品的深度开发［J］. 地理与地理信息科学，2009，25（2）：109-112.

④ 王亚欣 . 论西藏圣湖旅游的文化开发——以纳木错为例［J］. 中央民族大学学报（哲学社会科学版），2009，36（6）：34-39.

作区、色林错、阿里大峡谷、易贡—嘉黎地貌垂直变化带等为代表的“地球第三极”旅游品牌。再如，借鉴美国西部文学对西部旅游产品开发的影响，在旅游产品开发方面注重提升西藏旅游品牌价值。①

（4）有效规范旅游资源开发，实现旅游产业发展质量提升

应招大引强、扩大投资，进一步加大旅游公共服务和基础设施通建设力度，推进旅游“产城一体”发展，打造全域旅游区。积极发展智慧旅游，推进旅游文化服务标准化，积极打造无障碍旅游，大力发展乡村旅游，加强航空、铁路等通道建设，破解进出西藏“瓶颈”，推动特色旅游文化产业全域发展。②

（5）促进旅游产业融合发展，提升旅游供给水平

在旅游发展的业态上要实现从“门票经济”向多样化发展的转变，充分发挥旅游产业的辐射带动作用，形成以旅游为核心带动的新型产业链条，构建旅游先导的多元化产品体系。通过“联动”与“融合”发展，使旅游业组合串联餐饮、住宿、娱乐、交通等服务业，推动旅游与特色农牧业、体育赛事、藏医药、城镇化建设、森林度假、休闲康养等融合发展，积极推动单一旅游产品向复合型产业链转变，实现旅游方式由观光式向体验式、参与式、互动式转变，通过旅游与三次产业的交叉融合渗透，发展壮大一批依托旅游的新业态。

（6）加强旅游遗产保护，实现可持续发展

青藏铁路通车以来，进藏游客数量激增，布达拉宫作为西藏最具代表性的旅游文化遗产，面临巨大的接待压力。应探索缓解布达拉宫接待压力及加强对布达拉宫保护的有效措施，这是合理利用西藏文化旅游遗产、实现西藏旅游业可持续发展的必然选择。③

---

① 杨永，朱娟辉 . 美国西部文学对西藏旅游产品开发的启示［J］. 云梦学刊，2009，30（1）：120–122.

② 西藏自治区发展和改革委员会 .2017 年国民经济和社会发展计划执行情况与 2018 年国民经济和社会发展计划草案报告［EB/OL］.（2018–02–13）［2019–05–19］. https://www.sohu.com/a/222478090_160909.

③ 陈娅玲，孟来果 . 西藏旅游文化遗产的利用和保护研究——基于布达拉宫的容量分析［J］. 西藏民族学院学报（哲学社会科学版），2009，30（4）：43–46，123.

（7）突出旅游业先导作用，践行全域全时旅游发展新理念

通过完善“十三五”相关专项规划，打造一批重点项目，创新推进宣传促销等，强化旅游人才支撑保障等具体举措，[①]促进“全域 + 全民”的旅游发展成以旅游为先导、多部门共同发力的扶贫新模式；[②]大力发展乡村旅游等富民增收效益明显的旅游业态，不断创新乡村经济模式；突出旅游在城镇发展布局中的特殊定位，实现“旅游新城、文化老城”新老城区特色各异、功能互补、协调发展；推动旅游与特色文化深度融合，促进旅游文化创意产业集聚发展。

4.6 结论

综上所述，西藏和平解放以来，尤其在民主改革以后，西藏产业经济实现了历史性跨跃，西藏已初步建成了较为完整的产业体系，西藏的产业结构出现“三二一”排序的良好态势，西藏特色产业优势凸显，已形成了一批驰名全国的品牌，产业组织已基本完成原始积累，独具特色的产业还有巨大的发展空间。[③]

在西藏产业今后的发展中，首先必须明确该地区的战略定位：西藏是重要的国家安全屏障、重要的生态安全屏障、重要的战略资源储备基地、重要的高原特色农产品基地、重要的中华民族特色文化保护地、重要的世界旅游目的地、重要的“西电东送”接续基地、面向南亚开放的重要通道。[④]

① 西藏：2018 年全区旅游工作会议在拉萨召开［EB/OL］.（2018-03-22）［2019-05-19］. http://zgsc.china.com.cn/2018-03/22/content_40262538.html.

② 由于地域所限和观念局限，与内地贫困地区比，西藏发展特色产业难度更大。在产业扶贫中，注重立足资源禀赋和比较优势，因地制宜发展特色产业，加大生态脱贫力度，发展生态旅游，让贫困群众吃上“生态饭”，正是西藏扶贫工作的一个重要着力点。

索县广播电影电视局 . 西藏发力特色产业脱贫调研：雪域高原踏上坚实脱贫路［EB/OL］.（2019-02-20）［2019-05-19］. http://www.sohu.com/a/296187768_737114?sec=wd.

③ 岳颂东 . 关于西藏经济发展战略的思考［J］. 中国藏学，2009（2）：81-90.

④ 中国西藏新闻网 . 西藏通过“十三五”经济和社会发展规划的建议［EB/OL］.（2015-12-31）［2019-05-19］. http://www.scio.gov.cn/ztk/dtzt/2015/33681/33685/Document/1460676/1460676.htm.

根据“十三五”时期西藏经济社会发展的基本思路，产业发展要以基础设施、特色优势产业、生态保护与建设为重点，以提高经济发展质量和效益为中心。要大力发展特色优势产业，坚持“一产上水平、二产抓重点、三产大发展”的经济发展战略，实施产业强区富民工程，依托高原特色资源优势，促进产业聚集、联动、融合，大力培育具有地方比较优势和市场竞争力的产业集群。①

今后应充分发挥西藏独特的资源、区位和文化优势，着力推进产业富民工程，做大做强特色优势产业。围绕国家对西藏“两屏五地一通道”的总体定位，立足资源禀赋，着力发挥后发优势，重点抓好“短、平、快”富民产业和战略性支撑产业发展。其中，商贸物流、金融保险、电子商务、物流配送等新业态发展迅速，正逐步成长为西藏地区新的经济增长点。此外，还应兼顾产业发展与就业、区域成长的关系，实现西藏地区产业经济的可持续发展。例如，统筹区域协调发展。坚持适度集中、规模发展的原则，有序推进藏东南生态旅游、藏东交通能源、藏北现代高原畜牧业基地和区域物流中心建设。②

参考文献

［1］西藏自治区统计局，国家统计局西藏调查总队．西藏统计年鉴（2011）［M］．北京：中国统计出版社，2011.

［2］西藏自治区“十三五”时期国民经济和社会发展规划纲要［N］．西藏日报（汉），2016-04-24（001）．

［3］中共西藏自治区委员会关于制定“十三五”时期国民经济和社会发展规划的建议［N］．西藏日报（汉），2015-12-31（001）．

① 中国西藏新闻网．西藏通过“十三五”经济和社会发展规划的建议［EB/OL］．（2015-12-31）［2019-05-19］．http://www.scio.gov.cn/ztk/dtzt/2015/33681/33685/Document/1460676/1460676.htm.

② 西藏自治区发展和改革委员会．西藏自治区 2018 年国民经济和社会发展计划执行情况与 2019 年国民经济和社会发展计划草案报告［N］．西藏日报，2019-01-28（003）．

［4］西藏自治区发展和改革委员会．西藏自治区2018年国民经济和社会发展计划执行情况与2019年国民经济和社会发展计划草案报告［N］．西藏日报，2019-01-28（003）．

［5］西藏自治区科学技术厅．西藏自治区科技发展报告（2010）［R］．拉萨：西藏自治区科学技术厅，2010.

［6］旺堆次仁．西藏辉煌50年［M］．拉萨：西藏人民出版社，2009.

［7］向巴平措．西藏自治区概况［M］．北京：民族出版社，2009.

［8］康欣平．60年来中央对西藏经济发展的指导思想［J］．西藏民族学院学报（哲学社会科学版），2009，30（5）：6-8，13，121.

［9］赵建安．民主改革以来西藏的经济发展与前瞻［J］．经济地理，2009，29（9）：1441-1447.

［10］多庆，徐伍达，邓亚净，等．改革开放40年西藏农牧区发展回顾与展望［J］．西藏研究，2018（5）：113-122.

［11］徐伍达，杨亚波，张伟宾，等．从传统迈向现代——西藏农村经济60年回顾与展望［J］．中国藏学，2013（2）：191-201.

［12］徐伍达．西藏农牧业供给侧结构性改革研究［J］．西藏研究，2018（5）：71-83.

［13］西藏自治区哲学社会科学界联合会．扫除历史垃圾，建设小康西藏［N］．西藏日报（汉），2019-04-01（006）．

［14］李少伟，余成群，孙维．西藏农业结构特征及调整效应研究［J］．农业系统科学与综合研究，2009，25（3）：257-262.

［15］张剑雄．区域优化对西藏畜牧业实现跨越式发展的影响［J］．中国藏学，2015（3）：93-98.

［16］邓由飞，王建，孟庆翔，等．从斯布村调查数据看西藏牦牛业的问题和发展潜力［J］．中国畜牧杂志，2015，51（S1）：15-19.

［17］余成群，钟志明．西藏农牧业转型发展的战略取向及其路径抉择［J］．中国科学院院刊，2015，30（3）：313-321.

［18］镜燃．西藏工业：0到47亿的历程［J］．中国农村科技，2009（7）：32-33.

［19］孙红．论西藏工业经济发展的客观规律性及对策［J］．西藏研究，1984（3）：11–15.

［20］肖霞．西藏新型工业化发展政策研究［D］．拉萨：西藏大学，2012.

［21］刘爱军，李祥妹．西藏第二产业发展现状分析［J］．中国人口·资源与环境，2010，20（2）：129–133.

［22］毛萌，任小巧，卢乃杰，等．西藏藏药产业发展现状及发展战略［J］．中国中医药信息杂志，2015，22（11）：6–9.

［23］张兴，潘存海，郭琳琳．生态西藏视角下的特色矿产业发展模式分析［J］．中国国土资源经济，2015，28（7）：10–13.

［24］刘妍，陈世江，胡大凯．西藏旅游产业发展现状研究［J］．西藏大学学报（社会科学版），2009，24（2）：22–27.

［25］钟林生，王婧，唐承财．西藏温泉旅游资源开发潜力评价与开发策略［J］．资源科学，2009，31（11）：1848–1855.

［26］把多勋，常承明，李秀兰，等．甘肃省白马藏族民俗旅游资源开发研究［J］．安徽农业科学，2009，37（7）：3143–3146.

［27］王亚欣，曹利平．论西藏旅游产品的深度开发［J］．地理与地理信息科学，2009，25（2）：109–112.

［28］王亚欣．论西藏圣湖旅游的文化开发——以纳木错为例［J］．中央民族大学学报（哲学社会科学版），2009，36（6）：34–39.

［29］杨永，朱娟辉．美国西部文学对西藏旅游产品开发的启示［J］．云梦学刊，2009，30（1）：120–122.

［30］陈娅玲，孟来果．西藏旅游文化遗产的利用和保护研究——基于布达拉宫的容量分析［J］．西藏民族学院学报（哲学社会科学版），2009，30（4）：43–46，123.

［31］岳颂东．关于西藏经济发展战略的思考［J］．中国藏学，2009（2）：81–90.

［32］尕藏才旦，刘静静．西藏经济逐年递增五十载的辉煌历程［J］．西藏大学学报（社会科学版），2009，24（3）：11–17.

[33] 国务院新闻办公室 . 伟大的跨越：西藏民主改革 60 年白皮书 [EB/OL] .（2019-03-27）[2019-05-19] . http://www.scio.gov.cn/zfbps/32832/Document/1650692/1650692_1.htm.

[34] 西藏自治区发展和改革委员会 . 2017 年国民经济和社会发展计划执行情况与 2018 年国民经济和社会发展计划草案报告 [EB/OL] .（2018-02-13）[2019-05-19]. https://www.sohu.com/a/222478090_160909.

[35] 政府工作报告：2018 年成就斐然，2019 年再创辉煌 [EB/OL] .（2019-01-11）[2019-05-19] . http://xz.people.com.cn/n2/2019/0111/c138901-32520235.html.

[36] 西藏自治区农牧厅 . 关于改革开放 40 年来西藏农牧业重大发展成就的报告 [EB/OL] .（2018-05-31）[2019-05-19] . http://xznm.agri.gov.cn/index/xinxi/gonggao/2018/0725/1640.html.

[37] 索县广播电影电视局 . 西藏发力特色产业脱贫调研：雪域高原踏上坚实脱贫路 [EB/OL] .（2019-02-20）[2019-05-19] . http://www.sohu.com/a/296187768_737114?sec=wd.

[38] 今日中国 . 西藏旅游研究所：为西藏旅游产业发展保驾护航 [EB/OL] .（2018-06-26）[2019-05-19] . http://www.sohu.com/a/237873161_100122958.

[39] 西藏日报 . 希望，在金色的田野上——我区着力建设高原特色农产品基地 [EB/OL] .（2018-09-13）[2019-05-19] . http://www.xzitv.com/chinese/folder686/2018-09-13/135797.html.

[40] 拉萨日报 . 西藏今年力争接待游客突破 3300 万人次 [EB/OL] .（2018-03-23）[2019-05-19] . http://www.xzitv.com/chinese/folder686/2018-03-23/118082.html.

[41] 西藏：2018 年全区旅游工作会议在拉萨召开 [EB/OL] .（2018-03-22）[2019-05-19] . http://zgsc.china.com.cn/2018-03/22/content_40262538.html.

[42] 西藏自治区人民政府网，http://www.xizang.gov.cn/.

[43] 西藏新闻网，http://www.chinatibetnews.com/.

第5章 西藏城镇化

丁晋勐[①] 潘久艳[②]

5.1 引言

城市是现代文明的标志，是国家工业化、现代化的物质空间载体，城镇化水平反映了一个国家或地区的经济发展水平。世界银行在《2020年的中国》一文中指出："当前中国正经历两个转变，即从指令性经济向市场经济转变和从农村、农业社会向城市、工业社会的转变。"[③] 改革开放以来，东部沿海地区是我国经济发展的重心，由此导致东西部地区城镇化水平有着明显差别，尤其是位于祖国边陲的西藏自治区，由于各种原因，城市发展缓慢。截至2017年底，西藏自治区城镇化率仅为30.9%，远低于全国平均水平[④]。

党的十八大指出，要"坚持走中国特色的新型城镇化道路"。2013年12月，中共中央在北京召开中央城镇化工作会议，对新时期推进城镇化工作作了具体部署，并制定了《国家新型城镇化规划》。党的十八届三中全会决议指出，要"推进以人为核心的城镇化""完善城镇化健康发展体制

① 丁晋勐，山西太原人，西南民族大学经济学院国防经济学专业2017级硕士研究生，主要研究方向为民族经济、国防经济。

② 潘久艳，四川夹江人，经济学博士，现工作于西南民族大学经济学院，硕士研究生导师，主要研究方向为区域经济、民族经济。

③ 世界银行.2020年的中国［M］.北京：中国财政经济出版社，1997：28.

④ 数据来源：2017年西藏自治区国民经济和社会发展统计公报。

机制”。显然，推进新型城镇化在当前及未来很长一段时间内，已经成为国家重要的发展战略和举措。

对西藏自治区而言，城镇化是实现区域经济增长、提高人民生活水平和维持社会安定团结的重要渠道。一直以来，西藏自治区非常重视区域内城镇化发展，目前已建成拉萨市、日喀则市等区域中心城市和一系列中小城镇，城镇化发展逐渐走向繁荣。但总体而言，西藏城镇化尚处于城市化发展的初级阶段，存在许多特殊之处，例如，西藏在很大程度上仍处于传统农牧社会、地广人稀、自然环境脆弱且较恶劣、城镇发育环境较差、经济欠发达等。我们应当正视西藏自治区在城镇化方面存在的问题，理解其在长期发展过程中形成的历史而文化特性，结合西藏实际，因地制宜，坚持自然环境与经济社会协调发展原则，走出一条具有中国特色、西藏特点的城镇化发展道路。

5.2 城镇化发展的重要历程

西藏自治区脆弱的自然条件和独具特色的历史文化，决定了西藏独特的城镇化过程。了解过去，把握西藏城镇化发展脉络，才能把握西藏城镇化的未来。本节以西藏和平解放为节点，介绍西藏城镇化发展历程。

5.2.1 古代西藏城镇化的形成与发展

西藏历史较为久远但缺乏文字记载，考古资料匮乏，直到公元前3世纪出现文献记载后人们才对西藏历史有了大致了解。公元前360年，吐蕃部落第一位赞普聂尺赞普修建了西藏的第一座宫殿城堡——雍布拉康，至今遗址尚存。此后吐蕃部落以琼结为中心，在雅砻河谷修水利设施，发展农牧业，逐步形成了包括琼结和泽当在内的众多城镇居民点。公元633年，松赞干布统一西藏，定都拉萨，初步开拓了“一江两河”流域（雅鲁藏布江、拉萨河和年楚河），相对发达的经济为拉萨城的兴起奠定了物质基础，使拉萨成为西藏各市镇中功能最完善、最多元的城市。此外，这个时期吐蕃与西北、中原等地的贸易往来也促使一批边境商贸城镇的兴起。

西藏城镇的兴起与宗教密不可分。藏传佛教、政教合一制在城镇的兴起和发育过程中起到至关重要的作用。吐蕃政权崩溃后，青藏高原陷入动荡，公元 14 世纪前后，藏传佛教萨迦派占据了统治地位并得到元朝中央政府的扶持，从而促进了萨迦地区城镇的繁荣和发展。萨迦教派统治后来被兴起于今山南地区的帕木竹巴派所取代，该政权除在西藏各地大力推广庄园制度外，还成立了 13 个行政单位——“宗”（相当于县）。宗的设立，不仅发挥了基层行政单位统治管理作用，还促进了宗所在地城镇的发展。[①]以帕木竹巴政权时期建立的桑珠孜宫堡和扎什伦布寺为中心，形成了一批以手工业作坊为主的居民点和商业集市，推动了日喀则城镇的兴起；同一时期，格鲁教派在昌都修建了强巴林寺，该寺成为藏东的宗教中心，昌都作为川康滇青的交通要冲，居民点和商业集市主要围绕强巴林寺逐渐形成。公元 18 世纪，清朝政府在藏北建立了坎囊宗（今那曲市）。清末，随着英帝国主义的入侵，强迫开放亚东为通商口岸，在外国资本的刺激下，各边境城镇出现了一定的繁荣。

5.2.2 西藏城镇化发展历程

1949 年以后，西藏城镇化发展历程经历了以下 4 个阶段。

第一个阶段是 1949—1951 年。1949 年，西藏基本没有现代工业，仍是以农牧业为主的自然经济，施行农奴制度导致生产力低下，经济发展缓慢，严重制约了城镇的形成和发展。西藏已有城镇数量少、规模小，缺乏市政基础设施。拉萨、日喀则、昌都、亚东、那曲等仅初具城镇（城市）雏形。根据相关资料可知，拉萨当时人口在 3 万人左右，占地不足 3 平方千米，日喀则有 0.9 万余人，昌都有 0.4 万余人，其余城镇人口仅千余人。区域城镇总面积不足 9 平方千米，城镇总人口尚未超过 7 万人，仅占当时

① 王松磊，杨剑萍，王娜．中国特色西藏特点的城镇化道路研究［J］．西藏大学学报（社会科学版），2017（1）：177.

西藏人口的6%左右。[①]

第二个阶段是1951年至1959年3月民主改革前。1951年5月23日，西藏地方政府与中央人民政府签订协议，西藏和平解放。在此期间，中央投入大量的人力、物力，修通川藏、青藏、拉萨—日喀则—亚东、那曲—狮泉河、拉萨—泽当等公路，并在公路沿线的中共西藏工委及各分工委所在的城镇和驻藏部队驻地，进行了小型的基本建设，重点修建了一批机关住房、学校、医院、银行、邮电所、交通运输站、气象站、电站等设施。同时，在各条公路沿线扩建了一批原有的居民村落，出现了江达镇、札木镇、八一镇、当雄镇、羊八井镇等一批新兴城镇。

第三个阶段是1959—1978年。1960年国务院决定对西藏地区原有行政区划进行改革，形成1市、72县、7个专员公署的格局；1964年，西藏自治区（筹备）下辖5个专区、1个省辖市和68个县；1965年成立的西藏自治区辖5个专区、1个省辖市和70个县。这个阶段，国家投入巨资促进西藏的经济社会发展，使各个城镇的基础设施、公共服务设施和居民住宅建设都有不同程度的发展。各县委、县政府驻地均掀起建设浪潮，修建学校、医院、机关住房、银行、邮电所等，改建部分民居，不仅促进了1951年后新兴市镇的发展，而且带动了又一批城镇的出现。不仅如此，为了联络各地，促进区域经济发展，西藏修通了中尼、滇藏等公路干线，修建并开放了樟木口岸。

第四个阶段是1978年至今。西藏经济发展进入改革开放时期，西藏实行了一系列促进经济发展、提高生产力的政策，鼓励发展集体和个体经济，农牧产品实行以市场调节为主的方针，极大地促进了农村商品经济的发展。大量当地农牧民以及从青海、甘肃等省市进入西藏进行工商业活动的人们一道，助力了西藏自治区的城镇化发展。截至2018年底，西藏自治区下辖6个地级市（拉萨、日喀则、昌都、林芝、山南、那曲）、1个地区（阿里地区）和72个县或区。[②]

---

① 数据来源：作者根据相关资料整理。

② 王松磊，杨剑萍，王娜．中国特色西藏特点的城镇化道路研究［J］．西藏大学学报（社会科学版），2017（1）：178

当前及未来一段时间，西藏将重点围绕构建“一圈两翼三点两线”城镇化空间布局，统筹实施各项重大项目，以有效破解发展“瓶颈”的制约。“一圈”，即以拉萨为中心、泽当镇为重要支撑，以拉萨至墨竹工卡、拉萨至泽当为两轴线的拉萨—泽当城镇圈；“两翼”，即雅鲁藏布江中上游城镇为中心的西翼和以尼洋河中下游城镇为中心的东翼；“三点”，即强化昌都市卡若区区域中心地位；强化那曲县那曲镇（现那曲市）区域中心地位；强化噶尔县狮泉河镇区域中心地位；“两线”，即边境沿线重点乡镇和交通沿线重要小城镇。坚持“一个中心、六个支撑、一批镇群、若干、小镇”的总体布局，充分发挥拉萨首府城市的辐射带动作用，推动人口适度聚集，同时抓好其他地（市）所在地城镇和主要县城建设，合理布局城镇集群，形成以拉萨为中心、以其他地（市）所在地城镇为中轴、以中心县城为支点、以边疆和民族小镇为特色的城镇网络，打造结构合理、层次有序、辐射力强、功能互补的城镇体系。①

5.2.3 中央西藏工作座谈会给城镇化建设带来的影响

5.2.3.1 第一次中央西藏工作座谈会

1980年3月，第一次中央西藏工作座谈会在北京召开，会后国家在西藏实施“两个长期不变”的政策，对农牧民的生产经营活动免征一切税收；在西藏实施更为优惠的对外开放政策；确立中央对西藏的援助与特殊政策。此后，西藏出现了一批前所未有的现代工业和交通设施，城镇人口不断增加，城镇化率不断攀升。当时西藏城镇人口仅28.7万人。

5.2.3.2 第二次中央西藏工作座谈会

1984年2月召开了第二次中央西藏工作座谈会，此次座谈会标志着全国援藏工程的开启。中央决定由北京、上海、天津、江苏、浙江、福建、山东、广东、四川等省份与水电部等有关部门，按照西藏要求，分两批建设43项西藏急需的项目工程，包括旅馆、电站、学校、医院、工业企业

① 中共西藏自治区委员会关于制定“十三五”时期国民经济和社会发展规划的建议［N］. 西藏日报（汉），2015-12-31.

等，很大程度上满足了20世纪80年代西藏经济社会发展的需要。此次会议提出，应进一步促进经济发展，不断提高农牧民收入，这些政策与43项工程相结合，改善了城镇居民生活环境，提高了城镇的吸引力，鼓励劳动力向城镇转移、向第二三产业转移。

5.2.3.3 第三次中央西藏工作座谈会

1994年7月召开了第三次中央西藏工作座谈会，此次会议作出了中央各部门和15个省市"对口援藏、分片负责、定期轮换"的重大决策；动员各省（区、市）和中央、国家机关援助西藏建设了62个项目，开创了全国支援西藏的新局面。对口援藏政策极大地推动了西藏各市镇的基础设施建设，道路网不断完善，交通通达度不断提高。1995年西藏城镇化率约为16.7%，城镇人口为40.05万人。①

5.2.3.4 第四次中央西藏工作座谈会

2001年6月，第四次中央西藏工作座谈会提出，当前的主要任务是分析21世纪初西藏工作面临的形势和任务，研究进一步做好西藏工作的一些重大问题，促进西藏实现跨越式发展和长治久安。在"十五"计划期间由国家直接投资312亿元，建设117个项目；各省市对口支援建设项目70个，总投资约10.6亿元。西藏各地市经济不断发展，城镇人口数量不断提高。当年西藏城镇化率为19.64%，城镇人口为51.77万人。

5.2.3.5 第五次中央西藏工作座谈会

2010年1月，中央召开第五次西藏工作座谈会。会议认为，要紧紧抓住发展和稳定两件大事，实现经济社会跨越式发展，确保国家安全和西藏长治久安。西藏存在的社会主要矛盾和特殊矛盾决定了西藏工作的主题必须是推进跨越式发展和长治久安。出现的暴力活动既不利于西藏的进一步发展，更不利于人民群众向城市转移，因此只有保证西藏安全，实现跨越式发展，才能为西藏城镇化进一步发展提供动力。当年西藏城镇化率为22.67%，城镇人口为68.06万人。

---

① 数据来源：《西藏统计年鉴2018》。

5.2.3.6 第六次中央西藏工作座谈会

2015年8月，习近平总书记主持中央第六次西藏工作座谈会，全面阐释了党的治藏方略，即“六个必须”，提出了依法治藏、富民兴藏、长期建藏、凝聚人心、夯实基础的重要原则，确定了把维护祖国统一、加强民族团结作为西藏工作的着眼点和着力点，把深入开展对达赖集团的斗争、实现社会局势的持续稳定、长期稳定、全面稳定作为首要政治任务，把改善民生、凝聚人心作为经济社会发展的出发点和落脚点。这些战略原则为西藏城镇化发展奠定了政治基础。当年西藏自治区城镇化率为27.74%，城镇人口为89.87万人。

六次中央西藏工作座谈会，虽未直接提到与城镇化相关的问题，但从“两个长期不变”政策、43项工程及62项工程到促进经济稳定快速增长、加大城镇基础设施建设等要求，均一定程度上鼓励人民群众向城镇转移以寻找更好的发展机会，为西藏自治区的城镇化发展保驾护航。[①]

5.3 城镇化发展的伟大成就

新中国成立70年来，西藏地区的城镇化发展迅速，从无到有，从有到强，行政区划、城镇建设、城镇化率及城镇人口均有了翻天覆地的变化。

5.3.1 西藏自治区行政区划变化情况

1949年前后，西藏城镇规模小、数量少，仅有拉萨等地初具城市雏形。经过70年的发展，西藏自治区有6个地级市和1个地区，拥有市辖区8个、县66个、乡545个、镇140个，基本形成了遍布全区的、有一定层次的城镇网络（见表5-1）。

① 汪德军.改革开放以来的中央历次西藏工作座谈会主要特点和重大影响［N］.西藏日报（汉），2018-12-10（006）.

表 5-1 2017 年末西藏自治区行政区划 单位：个

地区	市辖区	县	乡	镇
拉萨市	3	5	48	9
日喀则市	1	17	175	27
昌都市	1	10	110	28
林芝市	1	6	34	20
山南市	1	11	59	24
那曲市	1	10	89	25
阿里地区	0	7	30	7
总计	8	66	545	140

资料来源：《西藏统计年鉴 2018》。

各市（地区）所辖区县见表 5-2。

表 5-2 各市（地区）所辖区县一览

市（地区）	所辖区县
拉萨市	城关区　堆龙德庆区　达孜区　林周县　当雄县　尼木县　曲水县　墨竹工卡县
日喀则市	桑珠孜区　南木林县　江孜县　定日县　萨迦县　拉孜县　昂仁县　谢通门县　白朗县　仁布县　康马县　定结县　仲巴县　亚东县　吉隆县　聂拉木县　萨嘎县　岗巴县
昌都市	卡若区　江达县　贡觉县　类乌齐县　丁青县　察雅县　八宿县　左贡县　芒康县　洛隆县　边坝县
林芝市	巴宜区　工布江达县　米林县　墨脱县　波密县　察隅县　朗县
山南市	乃东区　扎囊县　贡嘎县　桑日县　琼结县　曲松县　措美县　洛扎县　加查县　隆子县　错那县　浪卡子县
那曲市	色尼区　嘉黎县　比如县　聂荣县　安多县　申扎县　索县　班戈县　巴青县　尼玛县　双湖县
阿里地区	普兰县　札达县　噶尔县　日土县　革吉县　改则县　措勤县

资料来源：《西藏统计年鉴 2018》。

5.3.2 西藏自治区城镇建设变化情况

1949 年前后，西藏的城市建成面积几乎可以忽略不计，其中拉萨占地面积不足 3 平方千米，其余城镇建成区面积甚至更少。根据 2018 年发布的《2016 年中国城市建设统计年鉴》可知，西藏市区面积 31334 平方千米；城区面积 449.83 平方千米，其中建成区面积 145.18 平方千米（见表 5–3）。

表 5–3 2016 年西藏各市城镇化建设情况 单位：平方千米

地区	市区面积	城区面积	建成区面积
拉萨	4202	362.47	82.82
昌都	10809	18.20	6.70
山南	2211	14.66	14.66
日喀则	3875	42.00	28.50
林芝	10237	12.50	12.50

数据来源：《2016 年中国城市建设统计年鉴》。

注：那曲市和阿里地区详细资料缺乏。

由此可知，《2016 年中国城市统计年鉴》中列举的西藏各市，其市区面积、城区面积与建成区面积虽与东中部城市之间差距较大，但与新中成立初期及西藏自治区初建时期相比，已经有了显著进步。在党和国家大力支持下，西藏城镇建设已取得了辉煌成就。

5.3.3 西藏自治区城镇化率及城镇人口变化情况

1950 年，西藏城镇化率尚未达到 3%（以 3% 计），随着西藏民主改革以及西藏自治区的建立，国家投入巨资支持西藏建设，区内城镇化水平出现快速增长；改革开放释放了西藏的发展潜力，随着第二次中央西藏工作座谈会的召开，全国援藏计划启动，西藏城镇化进入新的发展阶段；20 世纪 90 年代到 2010 年前后，西藏城镇化率平稳上升；2012 年前后，随着第四次、第五次中央西藏工作座谈会的召开，以及全国援藏工作进一步展开，西藏城镇化率出现新的快速增长（见图 5–1）。

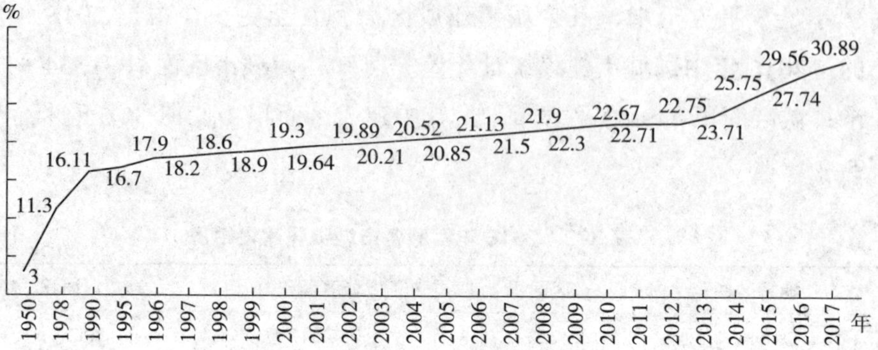

图 5-1　西藏自治区历年城镇化变化①

根据《西藏自治区新型城镇化规划（2014—2020 年）》，西藏力争于 2020 年使城镇化率达到 30%，在全区的共同努力下，截至 2018 年末，西藏自治区城镇化率已达到 30.9%，提前完成任务。

西藏城镇人口数量由新中国成立初期的约 7 万人增长到 2017 年的 104.15 万人，增长约 13.9 倍，其中：1950—1990 年城镇人口数量增长 4.1 倍，与同期城镇化率增长情况相符，表明在这 40 年间，众多农村人口由于经济社会等各类原因进入城市安家落户，寻找工作，逐步转变成城镇人口；20 世纪 90 年代初到 2012 年，西藏城镇人口长期保持平稳增长；2012 年后，西藏城镇人口出现了快速增长，2013—2017 年西藏年新增城镇人口分别为 4.01 万人、7.78 万人、8.1 万人、7.84 万人和 6.44 万人，创历史新高，这表明新时期党和国家对西藏人民高度重视，下大力支持西藏发展，不断推动西藏自治区的新型城镇化向前发展（见表 5-4）。

表 5-4　历年西藏城镇人口变化情况

年份	城镇人口数量 / 万人	年份	城镇人口数量 / 万人
1950	7	2004	56.7
1970	10.7	2005	58.45
1978	20.22	2006	60.25
1985	20.53	2007	62.1
1990	35.68	2008	64.01

① 数据来源：《西藏统计年鉴 2018》，其中 1949—1990 年数据不全，因此用代表性年份表示。

续表

年份	城镇人口数量 / 万人	年份	城镇人口数量 / 万人
1995	40.05	2009	65.99
1996	43.64	2010	68.06
1997	45.14	2011	68.88
1998	46.69	2012	69.98
1999	48.29	2013	73.99
2000	50.22	2014	81.77
2001	51.77	2015	89.87
2002	53.36	2016	97.71
2003	55	2017	104.15

数据来源：《西藏统计年鉴 2018》。

注：1949—1990 年数据不全，因此选取代表性年份表示。

5.4　城镇化发展中的特殊性

在西藏 70 年的城镇化过程中，我们发现其发展过程与内地相比存在较大不同，甚至可以说是很具有“西藏特色”的，包括基础要素、发展性质、发展阶段等方面的特殊性。

5.4.1　城镇化基础要素的特殊性

从城镇化基础要素进行分析，一方面，西藏位于世界屋脊的青藏高原，高寒缺氧，区内 92% 以上地区海拔超过 4000 米，生态环境十分脆弱，自然灾害较为频发；另一方面，区内藏族人口集聚、民族传统文化底蕴深厚，文化传承势在必行。这两个方面决定了西藏难以沿袭内地城镇化发展模式，难以建设类似内地的城市群，无法追求城镇化的均衡布局，不能追求城镇化的速度和水平，只能追求城镇化的效益与质量及据点式发展。①

① 方创琳，李广东．西藏新型城镇化发展的特殊性与渐进模式及对策建议［J］．中国科学院院刊，2015，30（3）：296.

5.4.2 城镇化发展性质的特殊性

第一，旅游人群推动西藏城镇化。中西部地区虽然存在诸多旅游城市，其旅游业产值在地区生产总值中占较大比重，但旅游业并未成为这些城市城镇化的主导力量，西藏情况较为特殊。2017 年末，西藏人口 337.15 万人，尚不如一个地级市的人口规模，其中城市人口 104.15 万人。与这组数据形成鲜明对比的是，2017 年西藏接待国内外游客 2561 万余人，年增长率超过 10%。① 在这样的人口规模下，目前西藏城镇化水平仅为 30.9%，因此单纯地通过鼓励人口向城镇集聚以提升城镇化水平的模式在西藏并不适用，旅游业在西藏城镇化过程中占据重要地位。

第二，西藏城镇化不同于土地城镇化。西藏地域辽阔，面积超过 120 万平方千米，占我国国土面积的 1/8，但海拔超过 4500 米的地区约占全区面积的 80%，大量可供开发利用的土地却不适宜人类居住。《西藏自治区主体功能区规划》显示，未来全区开发强度控制在 0.083%，城镇空间控制在 261.74 平方千米以内，农村牧区居民点占地面积控制在 633.98 平方千米以内。② 适宜人类居住的土地面积本已不足，再加上如此狭小的可供建设用地，这些都清楚地表明西藏无法沿袭内地走过的土地城镇化过程。

第三，服务业推动西藏城镇化。西藏工业化程度较低，刚迈入工业化的中级阶段，2018 年第二产业产值占地区生产总值的比重为 42.5%，年平均增长率仅为 0.2% 左右，比全国同期水平低 10% 以上，依靠工业化推动城镇化、使两者同步发展的方式并不可取（见表 5-5）。

表 5-5 西藏三次产业比重变化情况

%

年份	1978	1994	2000	2010	2016	2017	2018
第一产业	50.7	46.0	30.9	13.5	10.0	9.4	8.8
第二产业	27.7	17.1	23.2	32.3	37.3	39.1	42.5
第三产业	21.6	36.9	45.9	54.2	52.7	51.5	48.7

数据来源《西藏统计年鉴 2018》。

① 数据来源：《西藏统计年鉴 2018》。

② 西藏自治区人民政府．西藏自治区主体功能区规划——建设有中国特色、西藏特点的和谐美好家园［EB/OL］．（2014-10）［2019-02-15］.http://www.docin.com/p-1033105988.html.

与此同时，2017 年西藏第一产业、第二产业和第三产业就业人数分别占全部就业人口的 37.6%、17.6% 和 44.7%，第一产业产值比例较低，但吸纳就业人口远高于第二产业，第三产业吸纳就业比例最高。结合表 5–5 可知，近年来西藏经济发展呈现出“三二一”的结构，实质上反映出发展的“虚高度化”特点，但同时表明第三产业对西藏城镇化的重要作用。

第四，西藏城镇化力求社会效益最大化。由上述分析可知，西藏城镇化不应追求速度，而应实现以城镇化质量为核心的高原特色城镇化，是民族和谐型的城镇化，更是守土固边型的城镇化。西藏城镇化未来目标是要将扩大就业、提升服务质量、延伸基本公共服务到重点村镇、确保社会稳定和国家安全摆在优先重要的位置。城镇化不仅要使马路变宽，基础设施变好，重要的是让村民和城市居民享受到均等的公共服务。

5.4.3　城镇化前进动力的特殊性

第一，西藏城镇化是投资拉动的城镇化。从产投比方面分析，西藏地区生产总值与全社会固定资产投资之比由 1978 年的 3.59 降至 2017 年的 0.64，从 2012 年起，西藏地区全社会固定资产投资便已超过地区生产总值，到 2017 年前者已经为后者的 1.56 倍。投资来源中，近 60% 依靠国家预算内投资拉动（见表 5–6）。

表 5–6　西藏产投比变化情况

年份	1978	1985	1990	1995	2000	2005	2010	2015	2016	2017
地区生产总值 / 亿元	6.65	17.76	27.70	56.11	117.80	248.80	507.46	1027.43	1151.41	1310.92
全社会固定资产投资 / 万元	1.85	7.49	7.61	36.95	66.50	196.20	423.26	1342.16	1655.50	2051.04
产投比	3.59	2.37	3.64	1.52	1.77	1.27	1.20	0.77	0.70	0.64

数据来源：《西藏统计年鉴 2018》。

注：1951—1978 年资料不全。

从一般公共预算收支方面分析，1996—2017 年，西藏一般公共预算支收比由 15.26 降至 9.05，表明近年来，90% 的一般公共预算支出由国家转移支付（见表 5–7）。

表 5–7　西藏一般公共预算支收比变化情况

年份	1996	2000	2005	2010	2015	2016	2017
一般公共预算收入 / 万元	24141	53848	120312	366473	1371293	1559861	1858341
一般公共预算支出 / 万元	368458	599693	1854502	5510362	13814638	15879748	16819444
支收比	15.26	11.14	15.41	15.04	10.07	10.18	9.05

数据来源：《西藏统计年鉴 2018》。

第二，西藏城镇化是文化旅游产业拉动的城镇化。西藏丰富独特的高原生态旅游资源和民族文化旅游资源，吸引了世界各国的游客前来观光，随着青藏铁路、拉日铁路和拉林铁路的陆续开通，西藏与内地的航线也不断增多，每年到西藏旅游的游客快速增长，2017 年西藏接待游客已经突破 2500 万人次。西藏现有世界级国家自然保护区三处（珠峰自然保护区、藏北羌塘自然保护区和藏东南雅鲁藏布大峡谷自然保护区），国家级名胜风景区一处（雅砻国家级风景名胜区）。自然风光主要有以喜马拉雅山脉为主的雪山风光区域；以藏北羌塘草原为主的草原风光区域；以阿里神山圣湖为主的高原湖光山色风光区域，而高原湖光风光包括以阿里神山圣湖为代表的高原雪山湖泊，以纳木错为代表的草原湖泊和以巴松措为代表的高原森林湖泊等。区内现已开辟了拉萨—林芝—山南—拉萨生态旅游环线；拉萨—日喀则—阿里朝圣观光旅游线；拉萨—日喀则—定日—樟木观光旅游线等线路。[①] 在这种情况下，西藏在城市化建设过程中不仅应当加强物质和非物质文化遗产保护，保持历史文化魅力和浓郁民族风情，而且还应为日益增长的游客提供各种便捷的基础设施和公共服务设施，促进现代文化与传统文化在城镇化过程中交相辉映，建设出彰显历史记忆、表述文化脉络、展示地域风貌、突出民族特色的美丽城镇。

5.4.4　城镇化发展阶段的特殊性

由于受到历史、地理、经济发展水平等因素的制约，西藏的城镇化一

① 王松磊，杨剑萍，王娜．中国特色西藏特点的城镇化道路研究［J］．西藏大学学报（社会科学版），2017（1）：179.

直处于缓慢增长状态。2017 年底，西藏城市化率为 30.9%，同期全国城镇化率为 58.52%。对于处在“世界屋脊”上的西藏自治区来说，传统城镇化发展阶段性规律并不适用，经典的经济发展阶段性规律也不适用。西藏处在城镇化的初期阶段和工业化中期经济发展阶段，与“虚高度化”的产业结构、就业结构等指标交互作用，导致无法用正常的指标判断，更无法对比西藏所处的城镇化发展阶段和经济发展阶段，这就是西藏城镇化发展阶段的特殊性。

5.4.5　城镇化分布格局的特殊性

一方面，由于大部分人民群众分布在广大农牧区内，使西藏不仅城镇化发展水平较低，而且城镇数量也少，城镇密度仅为 1.2 个 / 万平方千米，比全国平均城镇密度低 19.5 个 / 万平方千米，绝大部分城镇镇域人口为 0.5 万～0.6 万人且布局相当分散。不仅如此，城市市区面积和建成区面积也相对较小，许多都是由没有经过发展的自然村落组成，完全没有现代都市的面貌，下属的县镇有的面积还不到 1 平方千米，有的镇只不过是一条街道或几幢机关、学校、店铺的房子而已；全区城镇建成区面积仅为 200 平方千米左右，不到全国其他地区一个大型城市的建成区面积；现有 6 个地级市和 1 个地区，城镇化层次不分明，辐射带动作用不明显；城镇化地域差距大，城镇基础设施薄弱，呈现出“大城市服务能力不足，小城镇发展短板众多”的特点。①

另一方面，我国的对外开放不断深化，必将进一步加强同周边国家的边贸和国际交往，由于西藏处在“一带一路”的重要位置，应充分利用国际国内两个市场和两种资源，为提高区内城镇化率带来更加有利的宏观环境。西藏边境线长，毗邻印度、不丹、尼泊尔等国和克什米尔地区，地缘优势明显，有利于边贸城镇的发展。西藏距内地较远但与毗邻国家的距离相对较短，历史上便与周边国家有着较为密切的贸易和文化往来，现已形成亚东、樟木口岸等一系列边贸城镇，这意味着边境城镇可能成为西藏城

① 吴沛宝 . 西藏城镇化发展战略研究［D］. 拉萨：西藏大学，2012：15.

镇化发展格局的重要组成部分。

虽然西藏在城镇化方面有上述一系列特殊性，但不意味着西藏无法推进城镇化进程。可以说，西藏的城镇化是一个高原生态文明地区背景下的城镇化，与内地走过的城镇化道路有很大不同。

5.5 城镇化发展思路及模式

5.5.1 城镇化发展思路

（1）因地制宜，稳中求进

应充分认识到西藏城镇化的特殊性和长期性，从西藏特殊区情出发，把握西藏经济、社会和城镇化所处的特殊发展阶段，考虑特殊的民族生活习惯和生产方式，正确处理好西藏城镇化速度与质量之间的辩证关系，不可消极等待，也不可冒失前进，应积极稳妥地有序推进。

（2）实事求是，适度集聚

西藏区域面积大，人口总量小，人口密度仅为 2.6 人 / 平方千米，重点生态功能区和禁止开发区分别占全区面积的 67.8% 和 37.6%，在这样一个分散的区域上推进城镇化，需要根据实际情况聚集，将高海拔地区、高山峡谷生存条件恶劣区和地质灾害频发区的农牧民疏散到人口承载能力较强的河谷城镇地区，实现城镇化。在这个过程中，要充分尊重农牧民意见，了解其生活习惯，同时考虑相关城镇的承载能力，推动农牧民适度向城市集中，增强其非农产业就业能力，提供非农岗位，让农牧民在城镇待得住，过得好，使他们逐步融入城镇。

（3）就近落户，就地就业

推进西藏城镇化有效的方法之一就是为农牧民在小城镇建集中住宅区，让他们在乡下务农或放牧，即把家安在小城镇里，老人小孩等住在城镇里，青壮年在乡下。这种过渡办法能使部分农牧民开始转变为城镇居民，之后通过若干年完全脱离畜业，转入二三产业；剩下的牧户通过兼并、租赁等方式变成规模较大的家庭牧场，这是西藏牧区城镇化的主要思路。

（4）突出民俗，重在实用

推进西藏城镇化必须紧密结合西藏实际，从规划到施工，均要体现民俗风情、历史文化及时代特色，反对以内地城市为翻版，反对面子工程，重在实用。城镇建设既要满足当地居民生产生活需要，又要保持历史传统、展现民族特色；要突出文化特点，吸收、弘扬藏传佛教等传统文化之精华，将城镇建设为文化之城、历史之城。此外，要突出边疆特点，建立一批有边境特色的城镇，展示国门形象。

5.5.2 城镇化发展模式

西藏城镇化在因地制宜的基础上，充分尊重本区现实情况，在高度重视保护本区生态环境的同时，走以“政府为主导，小城市、重点建制镇的城镇发展战略”有其必然性。

（1）解放后西藏城镇化主要由政府推动，并在相当长的一段时间内起到主导作用

根据上文分析，西藏地方财政收入有限，绝大部分公共支出来源于国家财政转移支付，西藏自治区财政吃紧，既不可能大量新建城镇，也不可能拓展现有区内大中城市，将大量农牧民安置其中。由于小城镇的建设成本相对较小，对原有建制镇的完善建设投入也相对较小，只需将城市和县城的基础设施与公共服务设施延伸至小城镇，因此这种发展模式是符合本区实际的。

（2）对于就近集中到小城镇的农牧民，西藏自治区应修建标准化的农牧民定居点

首先实现社区化，因地制宜地集中建设农牧民社区，对分散的农牧民定居点进行合并，扩大农牧民社区规模，逐步形成小城镇，创造新的经济机会，增加就业岗位。小城镇通过其集聚和扩散效应的发挥，也能充分地带动本区经济的发展，成为区内经济增长的增长极，从而促进区内城镇化的发展。

（3）西藏城镇化一定要吸取内地城镇化的教训，充分尊重农牧民意见，保证和谐稳定

西藏自治区“十二五”规划中指出，“要大力发展县域经济，促进人口适度集中”，这也就是要求西藏大力发展小城镇经济，带动区域经济发展，同时要努力改变人口极度分散的状况，适度地促进人口集中，从而使经济的发展更具有规模效应，可以更好地进行管理和规划。未来的城镇发展是各方面的协调发展，因此，促进城镇的发展、严格控制城市规模、杜绝“城市病”以及合理发展规划小城镇等提议，成为西藏城镇发展的必由之路。

5.6　城镇化发展的前景展望

5.6.1　建立城乡一元化户籍制度和城乡一体化社保制度

西藏人口自然增长率较低，2017 年为 11.05‰。70 年来，特别是近 30 年，西藏人口的增加主要来源于内地援藏人员及外来务工人口。随着西藏自治区经济社会的发展、教育水平的提高，大多数民众将走进城镇，享受城镇生活。不仅如此，当前西藏经济发展相对平衡，除几个重点城市外，区内差异不明显，有利于实行统一的政策。因此，西藏可逐步实施一元化户籍制度，实现人员的自由流动。①

西藏自治区在各方支援下，社会保障事业走在全国前列。西藏社会保障制度改革的目标是“建立覆盖城乡居民的社会保障体系”，现在工作的重心在农牧区，目标是做到社会保障制度的全覆盖。西藏实现这个目标的优势在于人口基数小（2017 年末全区人口仅为 337.15 万人），地区差异小，便于管理，加之中央转移资金相对充足，因此在一定意义上具备了实现无差异社保制度的条件。所以可以在西藏率先试点，尽快建立一个没有城乡差距和地区差异的区内福利制度，同时，利用现代信息技术手段，建

① 栾谨崇．农业剩余劳动力转移的目标定位与制度创新［J］．求实，2004（5）：94.

立覆盖全区的社会保障信息网络，实现“一人一号”(社会保障号码)，最终目的是实现区内社会保障一卡通，随人口流动而流动。

5.6.2 依靠科技创新推动

（1）从“科技兴藏”角度开展西藏城镇化

创新驱动是西藏城镇化发展的关键，从建设创新型西藏的战略出发，最大限度地发挥科技对经济社会发展的支撑引领作用，牢牢抓住“科技兴藏，稳边富民”的核心，以科技为支撑，以惠民为导向，以现代信息技术为载体，重点实施创新驱动、科技兴藏、科技惠民、科技稳藏四大战略。[①]

（2）探索“科技援藏”

西藏自治区首先要明确自身现状和发展需求，各援藏省市及相关部门应对症下药，着力解决西藏城镇化过程中存在的技术难题，探索科技援藏的地方特色，为全面科技援藏与合作提供经验。

（3）建设国家创新型城市和一批智慧低碳小城镇

依靠科技创新驱动，把拉萨建成国家创新型城市；依托互联网时代带来的数字化生产、分散布局、分布式生产与供应等新型发展模式，在西藏地区不受资源限制和自然条件限制地积极发展智慧产业、低碳产业和云计算产业，创造条件建设一批智慧低碳小城镇。

5.6.3 加大基础设施投入

基础设施是城镇正常运转的基石。长期以来，西藏的交通运输等基础设施建设一直处于供给不足的状态，不能满足当前西藏经济发展和人民群众日益增长的需要。近年来，中央加大了对西藏基础设施建设的投资力度，交通运输、通信产业等发展迅速，尤其是青藏铁路的通车，使公路、铁路、航空三位一体的综合运输体系逐渐形成。未来西藏基础设施建设的建议为以下 3 个方面。

第一，以公路、铁路建设为重点，统筹发展航空、管道等多种运输方

① 方创琳，李广东. 西藏新型城镇化发展的特殊性与渐进模式及对策建议［J］. 中国科学院院刊，2015，30（3）：301.

式，建设安全畅通、经济高效的综合运输体系。依托“四纵、三横、九联”国道干线，加快拉萨—林芝、泽当—贡嘎机场高速公路的建设；加快推进川藏、滇藏铁路项目前期工作；大力发展航空运输，适当增加国际航线数量，带动旅游城镇快速发展；积极对接“一带一路”和孟中印缅经济走廊，参与开辟南亚陆路大通道、建设环喜马拉雅经济带，加强与尼泊尔等南亚国家的交往和交流，加强口岸城镇、边贸城镇建设。

第二，大力发展清洁能源和可再生能源，为西藏新型城镇化提供能源支撑。坚持区内供给和区外输入并举、规模化与分布式相结合的原则，因地制宜，适当开发利用新能源，实现能源互补；加强电网建设，以适当集中和分散供电相结合，提高供电覆盖率。

第三，要加强通信网络建设，重点建设新一代通信网、互联网和数字广播电视网，构建大容量、高速度、高质量、高可靠度的统一平台。

这些措施的实施，在很大程度上将提高西藏自治区基础设施的水平，为自治区城镇的发展提供了一定的物质基础。

5.6.4 加强对口支援和结对共建制度

1984 年对口援藏计划正式实施以来，中央各部门、全国各省市对口援藏工作已经形成全方位、多层次、宽领域的对口支援格局，构建起可持续和长效合作的对口援藏机制。30 多年的对口援藏，有效助推了西藏自治区社会经济的发展，帮助培育了一批地方特色优势产业，为西藏的可持续发展和生态文明建设提供了资金、人才、科技和管理支撑。

未来应进一步加强对口支援，各地市和中央各部门应筹措更多的资金，招募各类优秀人才投入到西藏城镇化过程中，依靠过去对口支援的基础，尝试推行西藏与内地城镇化发展的结对共建制度，如北京市结对拉萨市、上海市结对日喀则市、天津市结对昌都市、广东省城市结对林芝市、湖北省城市结对山南市城镇等，通过市对市、市对镇、镇对镇的结对共建，互促互进，在城镇基础设施建设、公共服务设施均等化、战略通道建设和能源保障等领域进行帮助，为西藏城镇化注入新的活力，推动西藏城镇化扎实推进，稳见成效。

5.6.5 建立政府主导、多方参与的投融资机

目前，西藏城镇化建设主要依靠政府投资，分给地方和民间资本的“蛋糕”尺寸较小。为了改变这种局面，建议未来在政府政策主导下充分发挥市场的作用，不断拓宽投融资渠道，建立以政府为主导，市场为基础，社会各方广泛参与的新型投融资机制。

一是加大政府对西藏城镇发展的支持力度。一方面，西藏城镇的投资大多来源于中央政府财政的转移支付，政府年度预算中一定比例的资金用于城镇化建设；另一方面，随着内地省市对援藏投入的增加，全国各地的人力、物力不断涌入区内各城镇，西藏城镇也获得了较快的发展。

二是新中国成立 70 年来，西藏经济获得跨越式发展，但长期以来受到相关政策的限制，大量民间资本无法进入西藏各行业，某种程度上造成了效率低下和资源浪费。未来，为加快城镇化进程，增加新的就业机会和经济增长点，城镇基础设施建设可向社会开放，鼓励通过承包、租赁、股份制等经营手段吸引社会闲置资本进入西藏。

三是创新融资方式和金融机构设立制度。当前较为主流的融资方式有“建设—经营—转让”（BOT）、“转让—经营—转让”（TOT）和拍卖经营权等方式。西藏城镇化建设过程中应实行有差别的金融机构设立、管理制度，适当降低在西藏设置区域性商业银行、非银行金融机构的条件，鼓励区内金融机构的发展；积极引进国有商业银行、外资银行等分支机构，颁布地方性法规，完善制度建设，吸引海内外投资。[①]

5.7 结论

1949 年至今，西藏已走过 70 个春秋，西藏在全国各族人民的帮助下、在本区人民艰苦奋斗的基础上，各方面均取得了显著成就。我们希望通过

① 旦真罗布．乡村振兴战略擘画了西藏特色城镇化愿景——西藏城镇化动力研究［J］．西藏发展论坛，2018（4）：11.

发展城镇化促进农牧区剩余劳动力的转移和产业结构的优化升级，让民众充分享受到现代物质文明和精神文明，不断地提高其文化水平和生活水平，增加民族凝聚力和向心力。由于城镇化是工业化的物质、空间载体，所以当前西藏自治区实施的新型工业化战略需要城镇化予以支持。与此同时，大力发展城镇也可以使西藏自治区的人口相对集中，这对保护西藏的生态环境具有重要意义。

“治国必治边，治边先稳藏”，西藏是新时代习近平治疆方略的重要组成部分，也是中国向西开放的门户和“一带一路”倡议的重要环节，更是维护国家安全和稳定的重中之重。西藏特殊的地理位置使其城镇化发展道路与中东部地区不同，西藏的城镇化只能是“在政府的主导下，以小城市、建制镇和区位优势城镇为发展模式”逐步发展，在建设过程中应坚持因地制宜、实事求是，稳定与发展并重，妥善处理民族问题，重点关注生态环境，充分发挥西藏的地理优势和资源优势，从而走出一条具有“中国特色、西藏特点”的城镇化发展道路，使西藏城镇化水平稳步提高，让西藏人民享受城镇化带来的红利，以城镇化带动西藏地区的长期稳定发展，是当前和未来西藏城镇化的重要内容。

参考文献

［1］王松磊，杨剑萍，王娜．中国特色西藏特点的城镇化道路研究［J］．西藏大学学报（社会科学版），2017（1）：176-183.

［2］方创琳，李广东．西藏新型城镇化发展的特殊性与渐进模式及对策建议［J］．中国科学院院刊，2015，30（3）：294-305.

［3］栾谨崇．农业剩余劳动力转移的目标定位与制度创新［J］．求实，2004：92-94.

［4］旦真罗布．乡村振兴战略擘画了西藏特色城镇化愿景——西藏城镇化动力研究［J］．西藏发展论坛，2018：7-13.

［5］吴沛宝．西藏城镇化发展战略研究［D］．拉萨：西藏大学，2012.

［6］罗娅．关于旅游业对西藏城市化驱动的战略研究［D］．成都：四川大学，2005.

［7］世界银行．2020年的中国［M］．北京：中国财政经济出版社，1997.

［8］谢文蕙，邓卫．城市经济学［M］．北京：清华大学出版社，2008.

［9］西藏自治区统计局，国家统计局西藏总队．西藏统计年鉴2018［M］．北京：中国统计出版社，2018.

［10］中共西藏自治区委员会关于制定“十三五”时期国民经济和社会发展规划的建议［N］．西藏日报（汉），2015-12-31（01）.

［11］汪德军．改革开放以来的中央历次西藏工作座谈会主要特点和重大影响［N］．西藏日报（汉），2018-12-10（06）.

［12］中共西藏自治区委员会，西藏自治区人民政府．西藏改革开放40年的历史性变革和经验启示［N］．西藏日报（汉），2019-01-03（01）.

［13］西藏自治区新型城镇化规划（2014—2020年）［EB/OL］．（2015-04-15）［2019-02-10］．http://drc.xizang.gov.cn/zwgk/fz/cz/201504/t20150415_53926.html.

［14］西藏自治区人民政府．西藏自治区主体功能区规划——建设有中国特色、西藏特点的和谐美好家园［EB/OL］．（2014-10）［2019-02-15］．https://www.docin.com/p-1033105988.html.

［15］西藏自治区统计局，国家统计局西藏总队．2017年西藏自治区国民经济和社会发展统计公报［EB/OL］．（2018-12-20）［2019-02-10］．http://www.xzqtjdcw.gov.cn/tjgb/13566.jhtml.

第 6 章　西藏贸易与发展

刘杨星[①]　黄毅[②]

6.1　引言

西藏自治区地处中国西南边陲，素有“世界屋脊”之称。西藏外与南亚及东南亚国家（包括印度、尼泊尔、不丹、缅甸、锡金 5 个国家和克什米尔地区）毗邻，边境总面积 34.35 万平方千米，边境线长达 4300 多千米，分布有 21 个边境县，104 个边境乡，边境通道 312 条，边贸市场 28 个，陆路边境口岸 7 个，中央第六次西藏工作座谈会明确指出，“要把西藏打造成我国面向南亚开放的重要通道”。西藏内与新疆、青海、四川、云南毗连，20 世纪以来，我国在青藏高原相继建设了青藏公路、川藏公路、滇藏公路、新藏公路以及青藏铁路等核心交通干线，为西藏对内贸易与物流的快速发展奠定了基础。可见，西藏自治区具有对外开放及对内合作的双重有利条件。改革开放以来，在党和国家的关心以及全国人民的共同支持下，西藏自治区无论是区内贸易还是对外贸易，都得到了巨大的发展，不仅提高了该区农牧民的经济收入和农牧业发展规模水平，同时对西藏产业结构调整升级、缩小中西部贫富差距具有重要的现实意义。

① 刘杨星：西南民族大学经济学院，硕士研究生。
② 黄毅：西南民族大学经济学院教授，硕士生导师。

[基金资助] 国家民委“一带一路”区域与国别研究—东南亚研究中心资助项目“一带一路”下云南省与南亚、东南亚国家人文交流探索，项目编号：SE2019X01。

但是，受到复杂的地理自然条件的限制和高原气候的影响，西藏自治区处于全国交通、物流、文化及经济发展的边缘地带。长期以来，该区经济基础薄弱，工业生产能力甚低，对外开放水平不高。因此，搭建好联结区内与区外、区内与邻国、城乡之间以及生产与消费之间的桥梁，对推进区域间贸易和跨境交流合作、实施新一轮的对外开放具有重要作用。进入21世纪以来，在经济全球化以及西部大开发的背景下，西藏自治区积极开拓南亚市场，对接“一带一路”和孟中印缅经济走廊，推动环喜马拉雅经济合作带建设；在“十三五”期间，西藏将紧紧抓住国家建设“一带一路”和构建沿边地区开发开放“三圈三带”新格局的发展机遇，发挥其区位优势，全方位对内对外开放，加快形成开放型经济体制。①

经过70年的建设，特别是改革开放以来西藏自治区经济社会的迅速发展，一个多条流通渠道、多种经济成分、多种经营方式并存的开放式的商品流通格局初步形成，市场经济体系逐渐发育完善，国内贸易和对外贸易都取得了显著的成绩。西藏自治区的经贸发展在这70年间经历了大起大落，现已进入规范发展阶段，而在经济全球化和区域经济一体化的发展背景下，西藏正处于社会经济发展的关键时期。为此，本章在总结1949年新中国成立以来西藏自治区对内与对外贸易的发展历史进程的基础之上，回顾并深入剖析了西藏自治区贸易发展的自身规律和特点，最后通过对西藏自治区对内贸易和对外开放可能存在的问题进行分析，并提出相应的解决措施进行展望。

6.2 贸易发展的主要历程

邓小平同志说过：“关起门来搞建设是不行的，发展不起来。关起门来有两种，一种是对国外；一种是对国内，就是一个地区对另外一个地

① 洛桑江村．西藏自治区2015年政府工作报告［R/OL］．（2015-02-05）．http://www.tibet.cn/news/index/xinwenfbh/201503/t20150307_2381207.htm.

区，一个部门对另外一个部门。两种关门都不行。”[①] 自古以来，西藏自治区不仅是“丝绸之路”“唐蕃古道”“茶马古道”的主要参与者，同时也是祖国内地面对南亚国家和地区开放的重要门户。可见，西藏自治区的区内贸易与对外贸易在西藏经济中都占有重要地位。而该区大部分对外贸易额都来源于边境贸易，且主要的边境贸易对象国为印度、尼泊尔、不丹。因此，下文将从国内贸易、对外贸易、边境贸易三个方面阐述西藏70年来特别是改革开放以来贸易发展的历程。

6.2.1 国内贸易发展历程

一提到贸易，许多人首先想到的是对外贸易，而容易忽视对内贸易，受地缘政治等因素的影响，西藏自治区发展对内贸易有诸多有利的条件：一则享有中央政府相关政策的支持和兄弟省市的支援；二则内地的发展水平总体高于西藏地区，发展模式多样，便于西藏借鉴；再者，国家实行对外开放政策多年，已经积累了大量的经验与技术资本，实行对内开放可间接汲取其成果。所以，区内贸易的发展是西藏自治区贸易发展不可或缺的组成部分。

6.2.1.1 准备阶段

1949年，人民解放战争取得决定性胜利，中华人民共和国宣告成立，至此，人民解放军进军西藏，解放西藏，驱逐帝国主义势力便提上了议事日程。1950年进入西藏后，毛泽东在《关于西藏工作方针的指示》中适时提出两条政策来解决和保障进藏部队急需的物资供应问题：一是开荒生产，自力更生；二是打通贸易。为了打通贸易，西藏部队先后开辟了两条进货途径：一条途径是利用四川康定的统战关系，从四川组织一部分市场急需的货物，以牦牛为主的游牧方式运进西藏；另一条途径是国家在内地组织货源，经香港运抵印度噶伦堡，转运亚东，再用牲畜驮运至拉萨等地。为了保障供给，1952年4月，以进藏部队采购处为基础，成立了西藏贸易公司。为扶持西藏地区私营商业，1952年西藏贸易公司在拉萨与400多家私商签订购销合同，优价收购了他们积压了两年多的9万多包羊毛，

---

① 人民网．邓小平：建设有中国特色的社会主义［EB/OL］．（2000-12-29）．http://www.people.com.cn/GB/channel1/10/20000529/80783.html.

价值银币400多万元。[①]

交通是经济发展的基础，1954年底，川藏、青藏公路通车；1965年3月2日，成都拉萨航线正式宣告开通。从此，西藏有了第一条通往外界的空中桥梁。西藏贸易市场随即发生了巨大的变化，初步改变了以往洋货充斥市场的局面。据统计，自通车起到1989年，全区共运输各类进藏物资1000多万吨，出藏物资112.7万吨，极大地促进了西藏经济建设的发展和人民生活的改善，改变了西藏长期封闭的状况，对于西藏经济建设和国防建设都具有极为重要的作用。在货币流通方面，随着解放初期区域间市场经济的发展，1955年以来，人民币开始在昌都、拉萨、日喀则等地的部分部门流通，1959年8月10日，筹委会发布关于在全区废除和收兑藏钞的布告，同时宣布人民币为本币。币制的统一，对于西藏的商品流通和市场的进一步扩展，创造了历史性前提。

6.2.1.2　调整发展阶段

20世纪六七十年代，为保障西藏地区群众生产生活的需要，在逐步发展国有商业的同时，在主要城市建立了供销合作社。1962年10月，商业部、对外贸易部和国家民委联合召开第五次全国贸易工作会议，指示民族贸易工作既要体现党和商业政策，又要体现党的民族政策，要从“发展经济、保障供给”的总方针出发，促进少数民族地区经济的发展，逐步改善人民生活，加强各民族之间的凝聚力。1965年，在西藏自治区筹委商业管理处的基础上，建立了西藏自治区商业厅，各地市商业局和商业科随后也相继成立。至此，一个以广大农牧区基层供销社为基础、以自治区商业厅为领导的管理机构，以自治区、地市、商贸易公司为主导的批发与零售兼备、供应与收购相结合的三级商业计划管理体制基本建成。据1979年底统计，西藏人民穿、用、戴的民族特色商品有449种之多，其中从内地供货的多达407种。1977年9月，全长1080千米的输油管道正式投入使用，每年可向西藏输送成品油8万吨以上，彻底刷新了西藏燃料供给的历史。1979年底，医药科从西藏贸易公司分出，建立西藏自治区医药公司，统

① 多杰才旦，江村罗布．西藏经济简史［M］．北京：中国藏学出版社，2002：477.

一安排从内地采购药品、密切供给关系，保障全区医疗单位的医药用品供应。[①] 商品的流通建立在交通物流基础上，为了保障西藏与内地商品贸易的双向流动，带动地区经济发展，中央加大对出入藏的交通基础设施建设：1973 年 10 月，滇藏公路全线通车，同时还修了一些支线；1985 年 12 月，建成格尔木至拉萨段全程 1156 千米的青藏柏油公路；2006 年 7 月 1 日，青藏铁路通车。

6.2.1.3　深入发展阶段

2011 年 11 月，西藏自治区党委书记陈全国代表中共西藏自治区第七届委员会所作的报告中指出，西藏将统筹区域协调发展，实施“中东西战略”，提升对内对外开放水平。在此基础上，2015 年底西藏通过的“十三五”规划建议，坚持引进来和走出去相结合、引资和引技引智并举，加强交流合作以实现共同发展。如积极融入内地市场，强化与周边省区合作，做好对口支援工作。为了支撑西藏地区与内地的双向互通，在党中央的亲切关怀和有力部署下，连通内地与世界屋脊的幸福大道越走越宽广。物流方面，具有我国一流水平的现代化物流中心——那曲物流中心于 2009 年 8 月 17 日建成；陆路方面，拉日铁路开工、川藏铁路和日喀则亚东铁路的规划以及西藏公路网的完善等重大项目，都有力加强了西藏基础设施建设；空运方面，截至 2017 年底，西藏共有拉萨贡嘎机场、昌都邦达机场、林芝米林机场、阿里昆莎机场和日喀则和平机场 5 大民用机场，航线 32 条，通达城市 21 个，执飞航空公司 6 家。

6.2.2　对外贸易发展历程

近代西藏地区的对外贸易，是伴随着英帝国主义的入侵而发展的。然而，掠夺性的贸易发展加剧了西藏地区的贫困。同时，由于大量的英印商品的涌入，扰乱了该地区的商品经济，并且影响了当地经济的发展。

6.2.2.1　准备阶段

和平解放初期，是西藏贸易的兴起时期。“十七条协议”规定：“西藏

① 多杰才旦，江村罗布．西藏经济简史［M］．北京：中国藏学出版社，2002：480-500.

地区与邻邦和睦相处，建立和发展公平的通商贸易关系。”民主改革后，1961年成立西藏自治区筹备委员会对外贸易局，在亚东、吉隆、聂拉木、阿里设外贸分局。1984年，中央召开了第二次西藏工作座谈会，进一步明确西藏要积极实施对外开放，不断扩大对外贸易，给西藏外贸体制改革带来了较大的进展。经贸部下发《关于西藏自治区要求扩大对外贸易自主权问题的批复》，大大放宽了西藏自治区在进出口贸易中的自主权和经营权。海关总署相继于1980年制定了新的西藏关税优惠政策后，又允许西藏经内地口岸进口关税后按西藏地区进口税则征税，所征税款留交西藏地方财政。同年，西藏自治区对外经济贸易局成立，下放对邻国的进出口经营贸易权，同时下放财务经营权。①

6.2.2.2 调整发展阶段

进入20世纪七八十年代后，西藏地区在积极开展对邻国贸易的同时，也进一步组织开展经内地沿海口岸的对外贸易。1978年开始，国家每年拨付给西藏外汇600万美元，加上地方自营出口创汇，年均用汇800万美元，收支基本平衡。1985年起，国家不再下达调拨出口商品计划，从此西藏开始全面自营出口。伴随着市场经济的进一步发展以及中央政策的特惠待遇，西藏经内地口岸进出口贸易迅速扩大，成效十分显著。1985—1993年，在年均进出口贸易总额3773万美元中，邻国贸易只占21.9%，出口创汇年均1081万美元，其中邻国贸易创汇也只占31.5%。可以看出，西藏对外贸易格局由邻国贸易为主转变成以远洋贸易为主。2007年，胡锦涛总书记在党的十七大报告中提出，要坚持对外开放的基本国策，提升沿边开放，提高开放型经济水平。认识到坚持对外贸易，提高对外开放水平是保持西藏地区经济发展与社会稳定，实现跨越式发展的必由之路，西藏出口商品市场已由历史上的印度、尼泊尔，扩大到日本、南朝鲜、中国香港、德国、意大利、荷兰、英国、瑞士、美国等十多个发达国家和地区。扩大远洋贸易，不仅有利于西藏地区经贸的发展，也有助于加强西藏地区同国际经济的联系和合作。

---

① 多杰才旦，江村罗布．西藏经济简史［M］．北京：中国藏学出版社，2002：501-507.

6.2.2.3 深入发展阶段

2013年，习近平总书记提出“一带一路”的倡议，为西藏实现新的跨越式发展带来了新的历史机遇。近年来，西藏不断加强边贸市场、边民互市贸易点的建设，深入推进“兴边富民”战略，对外贸发展产生积极影响。在中央第六次西藏工作座谈会提出“西藏是面向南亚开放的重要通道”的思想下出台了《西藏面向南亚开放重要通道建设规划》，积极融入“一带一路”倡议，为外贸发展注入强劲动力。随着西藏加快落实面向南亚开发的重要通道建设工作和吉隆口岸整体建设的不断推进，以及西藏自治区部署在拉萨经济技术开发区申请设立综合保税区、在日喀则市申请设立保税物流中心（B型）相关工作的深入开展，西藏外贸有望实现持续增长。拉萨海关统计数据显示，2018年西藏外贸进出口总值达47.52亿元，边民互市贸易总值突破亿元大关，同比增长169.3%，增长势头迅猛。

6.2.3 边境贸易发展历程

边境贸易，顾名思义，就是相邻国家在边境地区进行的经济贸易活动，它既是一种初始形式的国际贸易，又是国家对外经济贸易活动的重要组成部分。而西藏的边境贸易主要以边民互市贸易、边境小额贸易为主。西藏自治区有边境县21个，边境乡104个，与邻国接壤的陆地国界长4300多千米，边境地区土地总面积约为34.35万平方千米。边境线上对外通道有312条，其中常年性通道有44条，季节性通道有268条。对外通道分布在中尼边境184条，中印边境85条，中不边境18条，中锡边境8条，中缅边境5条，与克什米尔地区边境12条。有5个国家口岸，除亚东口岸尚待恢复开放以外，已开放的樟木、普兰为一类口岸，吉隆、日屋为二类口岸。樟木、吉隆、日屋三个口岸面向尼泊尔，普兰口岸兼容中印、中尼边境贸易，亚东口岸历史上兼容中印、中锡、中不边境贸易。国家口岸和开放的边境市场共28个，分布在中尼边境18个，中不边境7个，中印边境1个，对克什米尔地区2个（见表6–1）。近年来，边境口岸市场建设不断加强，交通条件日益改善，有5条公路与邻国边境地区相通。[①]

表 6-1　西藏自治区对南亚陆路口岸和边贸市场分布

<table>
<tr><th>地区</th><th>陆路边境口岸</th><th>印度
边贸市场</th><th>尼泊尔
边贸市场</th><th>不丹
边贸市场</th></tr>
<tr><td rowspan="3">阿里</td><td rowspan="3">普兰口岸（一类）</td><td>日土县 3 个</td><td rowspan="3">普兰县 3 个</td><td rowspan="3">—</td></tr>
<tr><td>普兰县 1 个</td></tr>
<tr><td>噶尔县 1 个</td></tr>
<tr><td rowspan="6">日喀则</td><td rowspan="6">樟木口岸（一类）
吉隆口岸（二类）
日屋口岸（二类）
亚东口岸（待开放）</td><td rowspan="6">亚东县 3 个
岗巴县 1 个</td><td>仲巴县 4 个</td><td rowspan="6">亚东县 1 个</td></tr>
<tr><td>萨嘎县 1 个</td></tr>
<tr><td>吉隆县 3 个</td></tr>
<tr><td>定日县 3 个</td></tr>
<tr><td>定结县 2 个</td></tr>
<tr><td>聂拉木县 2 个</td></tr>
</table>

数据来源：笔者根据《西藏经济简史》并在网上查找相关内容整理所得。

6.2.3.1　准备阶段

和平解放初期，西藏边境贸易处于开创恢复阶段。1954 年 4 月 29 日，中印两国签订了《中华人民共和国、印度共和国关于西藏地方和印度之间的通商和交通协定》。协议内容中取消了印度在西藏沿袭的各种特权，首次将和平共处五项原则写进了协议，推动了中印关系的正常发展，也为西藏地方和印度的正常边境贸易打下了基础。1956 年 9 月 20 日，中国和尼泊尔两国在尼泊尔首都加德满都签订了《中华人民共和国和尼泊尔王国保持友好关系以及关于中国西藏地方和尼泊尔之间的通商和交通的协议》，两国的代表团团长也相互交换了照会，结束了百余年来中尼两国贸易不平等、不均衡等问题，开启了两国经济与贸易互惠友好的新发展趋势。回暖的贸易软环境使亚东口岸的进出口贸易额明显增加，1953—1962 年，这 10 年的边贸进出口总额为 11524 万元人民币，年均 1152 万元，最高年份达到 2800 多万元人民币。

1956 年，西藏地区发展武装叛乱，印度对我国内政加以干涉，单方

① 多杰才旦，江村罗布．西藏经济简史［M］．北京：中国藏学出版社，2002：509-510.

面对西藏实施禁运。1962年中印爆发边境冲突，印度完全封锁了西藏与印度之间的一切交通往来，亚东口岸被迫关闭，至今尚未开放，西藏与印度之间的边境贸易暂时中断。20世纪60—70年代，西藏边境贸易主要以尼泊尔为主，自1965年中尼公路通车后，边境贸易主要集中在樟木口岸和吉隆口岸。同时，由于达赖集团“卫教军”不断在我国西部边境进行骚扰，加上我国10年“文化大革命”的动乱，西藏地区的边境贸易跌入谷底。1963—1979年，17年的边境进出口贸易总额仅为6084万元人民币，年均进出口总额只有358万元人民币，1978年以后才达到600多万元人民币。

6.2.3.2 调整发展阶段

党的十一届三中全会以后，随着国内外政治环境的变化，中印关系开始改善，特别是在1980年6月西藏第一次工作座谈会上，允许尼泊尔、印度、不丹、缅甸等国的边民到西藏边境市场进行交换，也允许西藏边民出境交换。1992年中印两国签订新的条约草案，两国中断了整整30年的边境贸易也随之恢复，普兰口岸成为中印之间正式开放的边境贸易口岸。2006年，关闭了44年的中印传统贸易通道乃堆拉山口重新开放，中国在距山口16千米处开设仁青岗边贸市场。为了进一步扩大开放，促进边境贸易发展，西藏自治区党委和人民政府在1992年出台的《关于深化改革扩大开放的决定》中，进一步提出要以边境贸易为突破口，振兴边境地区经济，促进全区经济发展的战略思想。边境贸易也因此成为西藏自治区外经贸厅实施的“三外（外贸、外资、外经）并举、两点（边贸、引进外资）突破”的外经贸发展战略的重中之重。1980—1993年，14年的边境贸易进出口总额为36905万元人民币，年均2636万元，从1992年起突破了5000万元。

1996年初，国务院下发了《国务院关于边境贸易有关问题的通知》，对边境互市贸易和边境小额贸易两种形式予以更加明确的规定。对边民互市贸易进口的商品，每人每日价值在1000元以下的免征进口关税和进口环节税。根据这一通知，1996年3月底，外经贸部、海关总署制定了《边民互市贸易管理办法》《边境小额贸易和边境地区对外经济技术合作管理办法》，首次将边境对外经济技术合作纳入管理范围。随后，在《国务院关于边境贸易有关问题的通知》的基础上，1998 年，对外贸易经济合作部、海关总署下发了《关于进一步发展边境贸易的补充规定的通知》，将边民通过互市贸易进口的生活用品，免征进口关税和进口环节增值税的起点由每人每日价值 1000 元提高到 3000 元。在这个基础上，西藏自治区人民政府于 2000 年发布了《西藏自治区边境贸易政策》，对边境贸易进行放权，也对工商管理费、银行贷款和税收等方面给予相应的优惠措施。根据 2008 年 11 月 1 日起生效实施的《财政部、海关总署、国家税务总局关于促进边境贸易发展有关财税政策的通知》，边民通过互市贸易进口的生活用品（易制毒化学品和国家禁止进出口的商品和物品除外），每人每日价值在 8000 元人民币以下的免征进口关税和进口环节税。①

6.2.3.3　深入发展阶段

2009 年，西藏在阿里和日喀则边境确定了“建立南亚陆路贸易大通道”的总体发展目标，为促进西藏边境贸易奠定了基础。各边境地县也结合不同的区域特点，以“通贸兴边”“边贸富县”等发展战略为目标，不断促进县域经济发展，西藏传统边贸市场也逐渐成为现代边贸市场。进入 21 世纪以来，随着第三产业服务业的兴起，西藏自治区独特的民族文化以及得天独厚的旅游资源成为该区旅游服务贸易新的增长点。接着，在 2010 年中央第五次西藏工作座谈会精神的指引下和中国特色西藏特点发展路子理论的推动下，西藏南亚贸易陆路大通道战略日益清晰，以“一线、两基地、三出口”（即青藏铁路和拉日铁路为干线，那曲物流中心和拉萨经济技术开发区两基地，樟木吉隆和亚东三大口岸为出口）为主要内容的南亚贸易陆路大通道基础建设步伐明显加快，2018 年以来，西藏不断加强边贸市场、边民互市贸易点建设，深入推进“兴边富民”战略。

① 财政部 . 关于促进边境贸易发展有关财税政策的通知 .［EB/OL］.（2008-10-30）. http://www.mof.gov.cn/zhengwuxinxi/caizhengwengao/caizhengbuwengao2008/caizhengwengao2008dishiqi/200901/t20090116_108798.html?flyarg=1& flyarg=2.

6.3 贸易发展的伟大成就

西藏和平解放以来，得益于党和国家对西藏的经贸赋予一系列特殊优待政策，西藏自治区经济与贸易发展的软硬环境得到了改善，不仅促进了西藏对外贸易的发展，也带动了该区经济社会的发展。西藏经济与贸易发展成就非凡，主要体现在地区经济与对外贸易发展的数量、质量和速度上。

6.3.1 对内经贸发展成就

6.3.1.1 地区经济总量不断增长，经济社会发展速度较快

在新中国成立之际，西藏是全国唯一一个直接从政教合一的封建农奴社会过渡到社会主义社会的地区。历史遗留下来的社会生产力水平极低，经济系统中不存在现代工业，只有农牧业和少量的手工业。这种特殊情况说明，与国内其他省市相比，西藏经济发展的历史起点很低。1951 年，西藏地区生产总值（GDP）为 1.29 亿元，经过缓慢发展，到西藏民主改革时为 1.74 亿元，到 1978 年全国改革开放时为 6.65 亿元。21 世纪以来，得益于西部大开发以及全国援藏热潮的兴起，西藏地区经济发展水平迅速提高，到 2017 年，西藏地区 GDP 已增长到 1031.92 亿元。1951—2017 年，西藏地区 GDP 增长了近 800 倍，年均增速为 11.09%。其中，1951—1959 年的年均增速为 3.93%，1959—1978 年的年均增速为 7.87%，1978—2017 年的年均增速为 14.12%（见图 6–1）。

6.3.1.2 国内贸易量不断提高，经济增速稳健提升

囿于数据的可得性，选取改革开放以来的地区社会消费品零售总额数据来表示西藏地区国内贸易量。随着公路、铁路等交通基础设施的不断完善，以及“一带一路”倡议的推进，打通了西藏地区对内贸易的通道，对内贸易发展水平得到了稳步提升。整体来看，西藏地区的社会消费品零售总额从 1978 年的 2.5 亿元增长到 2017 年的 523.3 亿元，增长了 208 倍，

年均增速为16.16%。从西藏社会消费品零售总额年均增速曲线的变动可以看出，改革开放以来到20世纪末，增长率上下起伏不定，直到进入21世纪以后，增速才呈现稳步上升的趋势（见图6-2）。

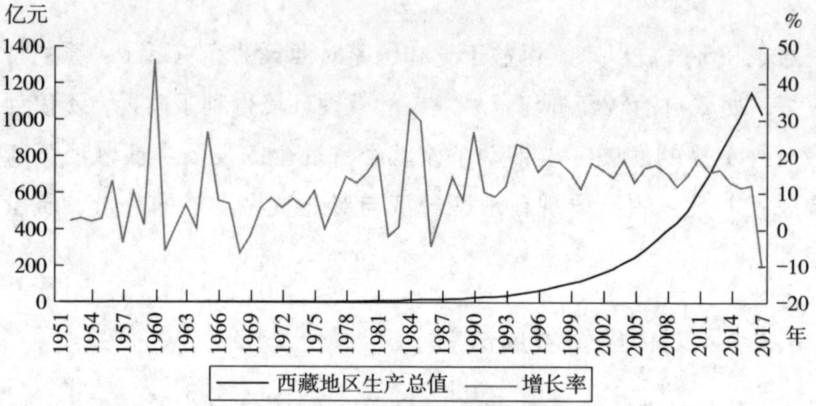

图6-1　1951—2017年西藏地区生产总值及其增长率

资料来源：根据历年西藏统计年鉴和国家统计局各省年度数据整理和计算所得。

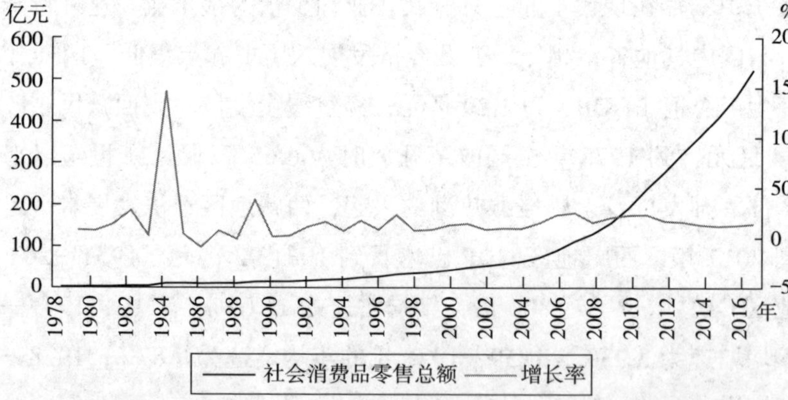

图6-2　2000—2017年西藏地区社会消费品零售总额及其增长率

资料来源：根据历年西藏统计年鉴和国家统计局各省年度数据整理和计算所得。

6.3.2　对外贸易发展成就

6.3.2.1　对外贸易规模不断扩大，贸易收支常年顺差

综上所述，由于历史、地缘政治等原因，西藏对外贸易起步较晚，起点

也较低，但发展快速，见效比较明显。1965 年西藏自治区成立之际，西藏进出口总额仅有 243 万美元；“七五”期间（1986—1990 年）西藏对外贸易才初步打开局面，全区进出口总额为 12819 万美元，比“六五”期间增长了 61.10%。“七五”计划以后，由于中央的一系列方针政策为西藏的经济发展指明了方向，西藏外贸工作在“七五”基础上迈上了一个新台阶。1993 年，西藏对外贸易进出口总额达到 18870 万美元，比 1990 年的 3022 万美元增长了 5 倍多，增幅显著。整体来看，西藏地区对外贸易进出口总额从 1993 年的 1870 万美元增长到 2017 年的 86345 万美元，增长了 45 倍多，年均增速为 23.15%。从西藏进出口总额波动来看，21 世纪以来，进出口总额总体呈上升趋势，受到 2008 年国际金融危机和“3·14”暴动事件的影响，进出口总额从 2008 年的 76582.9 万美元下降到 2009 年的 40209.8 万美元，下降了 47.5%；2014 年受西藏自治区调控政策和中尼国际公路塌方双重影响，进出口总额从 2013 年的 331940.9 万美元下降到 2014 年的 225494.7 万美元，又下降到 2015 年的 91383.9 万美元，分别下降了 32.07% 和 59.47%。此外，贸易收支是衡量一个地区经济稳定状况的指标，而在 21 世纪前后，西藏地区进出口贸易平衡情况发生了重大变化。统计数据显示，1994—1998 年均为贸易逆差，而在 1999 年以后一直处于顺差，在此期间，贸易顺差的比重总体来看越来越大，可能是由于上文提到的同样原因，使该区出口相对减少，仅在 2008 年、2013 年及 2014 年贸易顺差骤然缩小（见图 6–3）。

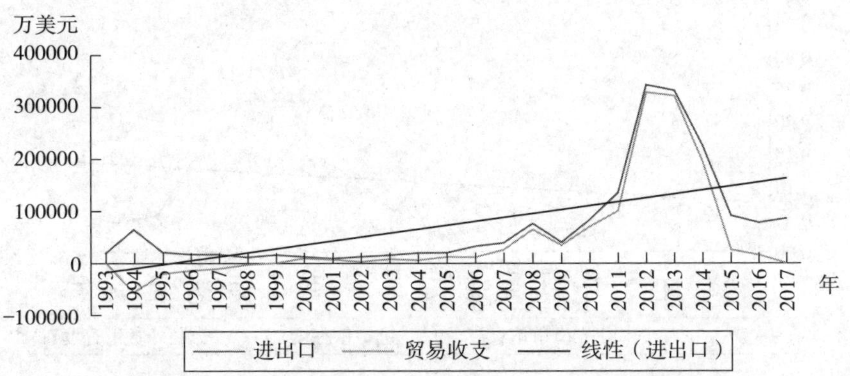

图 6–3 1993—2017 年西藏地区对外贸易进出口总额与贸易收支

资料来源：根据历年西藏统计年鉴和国家统计局各省年度数据整理和计算所得。

6.3.2.2　对外开放程度有较大的提高

一个国家的对外开放程度，反映了这个国家的综合实力、经济竞争能力和科技发展水平。同样，一个地区的对外开放程度，反映了该地区的综合竞争能力。我们一般用对外贸易依存度，即进出口总额与国内生产总值（GDP）或国民生产总值（GNP）之比来评价一国经济开放程度。可见，该指标反映的是对外贸易对该地区 GDP 的贡献程度，也能反映该地区经济对外开放规模的大小，一般认为，外贸依存度越高，对外贸易效率就越好。总体来看，2000—2017 年，西藏地区对外贸易依存度呈波动变化趋势，但通过线性回归得到的是一条上升的直线，说明外贸依存度总体是增加的，对外开放程度总体也是不断扩大的，表明西藏的经济朝着外向型开放经济的方向发展。西藏的外贸依存度从 2000 年的 9.16% 上升到 2008 年的 14.16%，同样受到 2008 年国际金融危机和“3·14”暴动事件的影响，2009 年仅为 6.23%，而在 2012 年，外贸依存度再创新高，达到 30.77%，2012 年之后又有所下降，直到 2015 年以后，外贸依存度回到了与 2000 年相当的程度。从图 6-4 还可以看出，出口依存度曲线和外贸依存度曲线“贴得”很近，两者的波动幅度相似，波动幅度较大；而进口依存度曲线趋于平稳状态，波动幅度较小。由此可知，外贸贡献大多来自出口贸易，出口贸易的效率高于进口贸易。

图 6-4　2000—2017 年西藏外贸、出口、进口依存度

资料来源：根据历年西藏统计年鉴和国家统计局各省年度数据整理和计算所得。

6.3.2.3 对外贸易商品结构不断改善

对外贸易商品结构指的是一定时期内一个国家或地区对外贸易中各种商品的构成。对外贸易商品结构的优化，尤其是出口商品结构的优化，意味着该国或该地区从以生产并出口具有比较优势的初级产品为主向以生产并出口具有比较优势的工业制成品为主转变，从粗加工产品向精加工产品转变。西藏和平解放以来，尤其是进入21世纪，西藏进出口商品的结构不断改善，主要表现在以下3个方面。

（1）进出口商品种类愈加丰富

20世纪50年代，西藏亚东口岸成为主要通道，其主要进口商品是大米、面粉、手工艺品、日用百货等，出口产品主要是绵羊毛、藏香等土畜产品；70年代后，西藏边民互贸市场开始，主要交换产品是绵羊毛、民族用品、轻工产品等；进入90年代后，西藏出口贸易的主要品种为畜产品、中药材、粮油食品和轻工品，进口贸易主要有汽车、建材、钢材、机电类；21世纪以来，进口产品更是发展为进口化工原料、建材、家用电器、汽车及摩托车、化肥、动植物油等上千个品种。

（2）对外贸易伙伴有所增加

西藏的对外贸易伙伴由原来主要以地缘附近的东南亚国家为主，扩大到欧洲与北美洲的20多个国家和地区，为西藏外贸市场实施多元化战略，分散出口地区贸易风险奠定了一定的基础。

（3）实现了以初级产品为主向工业制成品为主的转换

囿于数据的可得性，我们选取1990—2015年具有代表性的数据进行探讨。总体来看，1990—2004年，工业制成品的进出口额由低于初级产品的进出口总额转变为高于初级产品的进出口总额，说明在此期间，西藏地区已经实现了以初级产品为主向工业制成品为主的历史性转换。具体来看，在西藏的出口商品方面，1990年初级产品出口贸易额为1281万美元，占出口总额的91.92%，工业制成品出口贸易额为113万美元，占出口总额的8.08%；2004年初级产品出口贸易额为2037万美元，占出口总额的15.7%，工业制成品出口贸易额为10971万美元，占出口总额的84.3%，比1990年的8.08%增加了76.22%；在西藏的进口商品方面，1990年初级产品的进口额为 2.5 万美元，占进口总额的 1.51%，工业制成品进口额为 1603 万美元，占进口总额的 98.49%；2004 年初级产品的进口额为 501 万美元，占进口总额的 5.4%，工业制成品进口额为 8845 万美元，占进口总额的 94.6%。2008 年以后，进出口贸易中初级产品远远高于工业制成品，这样的商品结构得益于国家的大力扶持，一方面扩大对特色产业的开发和挖掘，发挥自产产品的出口优势，发展与周边国家的贸易保持进出口产品中初级产品的贸易额，另一方面利用国家赋予西藏的特殊出口政策，西藏的进出口商品结构已经从简单的粮食、羊毛、皮张等初级产品发展到纺织品、化工产品、机电产品以及建材等工业制成品（由工业制成品的线性回归线是上升的可得知），进出口商品的结构得到了很大的改善（见图 6–5）。

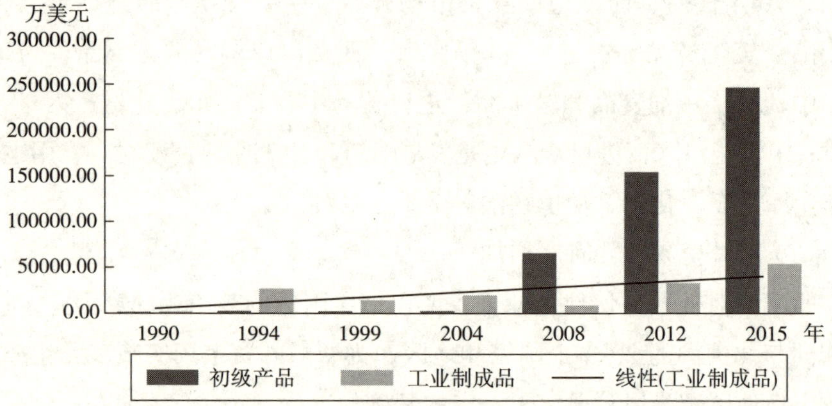

图 6–5　1990 年、1994 年、1999 年、2004 年、2008 年、2012 年、2015 年西藏初级产品、工业制成品进出口总额

资料来源：中国资讯行网。

6.3.3　边境贸易发展成就

6.3.3.1　边境贸易规模逐渐扩大，贸易收支常年顺差

1965 年西藏自治区成立之际，该区边境贸易总额仅为 150 万美元，进口比重高于出口，出现了明显的边贸逆差，为 72 万美元。1978 年，边境贸易才相对得到了改善，边贸总额为 349 万美元，逆差缩小至 33 万美元。直到“七五”时期全面开放发展，边境贸易实现了历史性的增长，该时期

西藏地区边境贸易总额为4085万美元，比“六五”期间增长了47.21%；到“九五”期间，该区边境贸易实现了跨越式的发展，总额达21192万美元，比“八五”期间增长了3.75倍。2000年，西藏边境贸易总额达到10854万美元，比1965年增长了72倍多。虽然从2001年开始，受客观因素的影响，西藏的边境贸易总额有所下降，但从2003年开始恢复，边境贸易逐渐形成规模，直到2014年创历史新高。同样，受西藏自治区调控政策和中尼国际公路塌方双重影响，2015年边境贸易额下降并在近几年维持与其相当的水平（见表6-2）。此外，在进出口总额中，出口贸易占很大的比例，基本占到了92%以上，为西藏财政收入的增加和区域社会经济的发展作出了很大的贡献。

表6-2　2000—2017年西藏边境进出口贸易情况

年份	进出口总额/万美元	出口总额/万美元	出口占比/%	进口总额/万美元	进口占比/%	贸易收支/万美元
2000	10854	10189	93.87	665	6.13	9524
2001	8111	7612	93.85	499	6.15	7113
2002	6141	5658	92.13	483	7.87	5175
2003	7757	7241	93.35	516	6.65	6725
2004	9052	8563	94.60	489	5.40	8074
2005	12220	11518	94.26	702	5.74	10816
2006	17618	17158	97.39	460	2.61	16698
2007	24892	24585	98.77	307	1.23	24278
2008	23949	23675	98.86	274	1.14	23401
2009	24878	24526	98.59	352	1.41	24174
2010	50055	49765	99.42	290	0.58	49475
2011	93033	92420	99.34	613	0.66	91807
2012	168648	167739	99.46	909	0.54	166830
2013	192389	191396	99.48	993	0.52	190403
2014	198190	196462	99.13	1728	0.87	194734
2015	48544	48013	98.91	531	1.09	47482
2016	44961	44572	99.13	389	0.87	44183
2017	34574	34256	99.08	318	0.92	33938

数据来源：《西藏统计年鉴2018》。

最后，在贸易收支平衡方面，西藏和平解放以来，边境进出口贸易平衡情况也发生了重大变化。总体来看，1953—2000年，贸易逆差为26个年份，贸易顺差为22个年份；但1986—2000年，西藏边境贸易保持了持续的贸易顺差，且顺差的比重越来越大。[①]即便进入21世纪，西藏边境贸易也一直保持顺差且顺差额居高不下。一般来说，在国际贸易中，两国进出口比例总体平衡是比较理想的状态，这种平衡不仅能够促进贸易各国相互发展进步，保持良好的合作关系，同时也可以使经济体互相促进而节省经济发展成本，增进区域一体化进程。西藏的边境贸易总额逐年递增且增长幅度很大，这得益于改革开放以来，西藏在国家资金、政策的支持下所取得的巨大成就。短期来看，我国在贸易当中占据优势，但西藏边贸进出口比重失衡也成为边境贸易可持续发展的潜在隐患。

6.3.3.2 边境贸易在对外贸易中长期占有较高份额

边境贸易总额占西藏地区外贸总额比重，能够反映出西藏与南亚国家贸易往来在该区对外贸易活动中所占有的地位及对全区经济发展所发挥的作用。有关统计资料显示，1953年西藏边境贸易总额占全区对外贸易比重的100%，这说明当时西藏的对外贸易全部是对南亚国家的贸易往来，这种情况一直持续到1962年才发生改变。也进一步说明，在西藏和平解放到1962年的这段时间里，西藏通过内地所进行的远洋贸易尚未起步，西藏对外贸易往来全部依赖南亚贸易通道，这并不是一种理想的状态。1965—1980年，边境贸易占对外贸易的比重为10%~45%；1980—1990年，为10%～40%；1990—2000年，为4%～83%。可见，1965—2000年，西藏通过内地所进行的远洋贸易逐步发展起来，既加强了西藏与内地的经济联系，又促进了西藏对外贸易的多元化。而在2000—2017年，西藏边境贸易占对外贸易的比重在30%~87%，平均值高达58%。可见，进入21世纪以来，西藏与南亚国家贸易的往来发展势头令人瞩目（见图6-6）。

---

① 西藏自治区统计局．西藏统计年鉴2001［M］．北京：中国统计出版社，2001（7）：273-274.

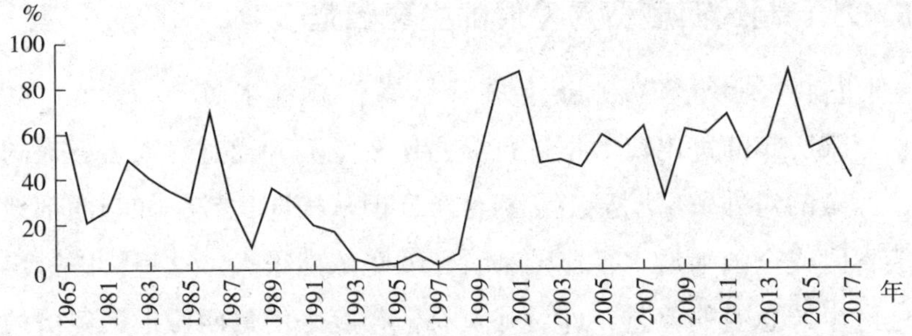

图 6-6 1965—2017 年西藏自治区边境贸易占对外贸易的比重

资料来源：根据《西藏统计年鉴 2018》计算。

6.3.3.3 带动非农产业的发展，促进产业变革

边境贸易跟国内、对外贸易一样，它的繁荣发展同样需要工业、交通、建筑、服务业等第二、第三产业的综合发展提供保障。与此同时，为了适应边境贸易地区的发展，边境地区的加工业、手工业、工艺品制作业、旅游业等相关产业逐渐发展起来。通过搜集 1965 年、1978 年、1993—2017 年的西藏边境贸易总额、地区生产总值、第一产业增加值、第二产业增加值及第三产业增加值数据，并分别测算边贸总额与地区生产总值、第一产业增加值、第二产业增加值和第三产业增加值的相关系数，分别为 0.6782、0.6177、0.6194 和 0.6468。由此可见，西藏自治区的边境贸易与当地经济的发展具有较大的相关性，边境贸易带动了当地的经济发展；在三大产业中，第三产业服务业与其关联度相对最高，说明服务业在边境贸易中占有比较重要的地位，大力发展服务业能够促进边境贸易的发展。

6.4 贸易发展的前景展望

1951 年西藏和平解放以来，西藏的对内对外贸易事业都得到了飞速的发展，外贸体制不断优化，但由于西藏对外开放的时间短、经验少等原因，仍然存在许多制约西藏贸易发展的因素及矛盾，亟待解决。

6.4.1 制约西藏贸易发展的主要因素

6.4.1.1 对外贸易开放度有待提高，规模不够

从西藏历年的进出口数据进行纵向比较来看，通过对以上各表的分析可知，西藏的对外贸易明显上了新台阶，但从横向比较，如与西部地区其他民族省区或全国平均水平比较来看，差距依然很大。这里，以进出口总额占地区生产总值的比重，即对外贸易依存度来衡量西藏地区经济的开放度。单从2017年的数据来看，西藏的对外贸易开放度不高，进出口总额占地区生产总值的比重仅为4%，与同处在西部民族地区的其他省区相比较低。这表明西藏对外开放的水平较低，不利于发挥比较优势，不容易形成合理的经济结构，难以形成新的经济增长点。另外，西藏的对外贸易规模不够，约占国土面积12.8%的西藏，其进出口总额却仅占全国水平的0.021%，人均进出口额仅为1729.92元，不到全国水平的1/10（见表6–3）。再综合图6–3和表6–3来看，虽然西藏的进出口贸易额在近年来发展迅速，已逐渐形成规模，但是与西部民族地区的其他省区相比，其进出口规模较小且存在很大差距，未来西藏对外贸易存在较大的发展空间。究其原因，是西藏现有的基础设施条件、本地产品输出规模与本区市场容量，以及受国际形势等方面的影响，造成西藏贸易发展规模不够。

表6–3 2017年全国与西部民族八省区经济总量与对外贸易依存度的比较

省区	地区生产总值/亿元	进出口总额/亿元	人均进出口额/亿元	对外贸易依存度/%
全国	818461.00	278101.00	20006.11	34
西藏自治区	1310.92	58.30	1729.92	4
内蒙古自治区	16096.21	936.71	3703.89	6
广西壮族自治区	18523.26	3907.85	7999.70	21
贵州省	13540.83	551.10	1539.39	4
云南省	16376.34	1583.37	3298.00	10
青海省	2624.83	44.27	740.38	2
宁夏回族自治区	3443.56	340.26	5418.12	10
新疆维吾尔自治区	10881.96	1388.75	5679.94	13

数据来源：《中国统计年鉴2018》。

6.4.1.2 商品贸易结构单一，竞争力不足

近年来，为顺应国际国内发展形势，西藏调整并提升了产业结构。产业结构的调整有效地促进了西藏商品贸易结构的提升，加工制成品在进出口商品中的比重占绝对优势，但仍未改变进出口结构层次较低的局面，出口集中于劳动密集型、资源密集型产品，附加值低，资源消耗大，而高技术、高附加值、高创汇率的商品所占比重较小，西藏地区虽然拥有丰富的资源，但出口商品的深加工贸易水平较低，导致商品竞争力不足。一方面，出口商品多以农牧业和小商品为主，参与供货的企业也大多为中小企业，这类产品的生产和制造往往集中在偏远农牧区，运输路途遥远且路况较差，因此常常错过最优价格时期，影响了西藏出口商品的履约率，同时，高额的运输成本使农副产品的出口利润低、损坏风险高，极不利于西藏出口贸易的繁荣发展。另一方面，进口主要集中于农副产品和资源性产品，科技带动性弱，这种量性增长较快而质性发展不足的发展态势加剧了西藏贸易增长的不稳定性和不平衡性。可见，优化西藏商品贸易进出口结构，提高商品出口贸易的科技含量和附加值，还有很长的一段路要走。

6.4.1.3 长期贸易顺差不利于贸易的开展

1953 年至今，西藏的贸易顺差额的年份明显远远多于逆差额；1998 年以来，西藏地区的对外贸易进出口总额连年顺差，最大年份的 2012 年，贸易顺差高达 328622.4 万美元，这对西藏地区对外贸易的长期开展是极为不利的。因为双方开展对外贸易的目的除了满足各自的短缺商品外，国家支持的一个重要目的是赚取外汇，如果长期顺差，势必影响逆差方参加外贸的积极性。所以，西藏地区长期高额的贸易顺差，既不利于对外贸易的良性循环和持续发展，影响地区国民经济的平稳健康运行，也会影响到西藏同周边国家和地区的政治经济关系。

6.4.1.4 交通配套设施建设不健全

目前，公路、铁路仍然是西藏对内对外贸易的重要运输方式，而且边境口岸是西藏对外贸易的主要通道，在这些交通配套设施上的建设较为薄弱，发展滞后，难以满足西藏对外贸易发展的需要。根据国家统计

局数据，截至 2017 年，西藏铁路营业里程为 0.08 万千米，仅占全国的 0.9%；公路里程 8.93 万千米，仅占全国的 1.87%；由于新疆维吾尔自治区和西藏自治区是我国两个面积辽阔、人口稀少的地区，故在经济和社会发展等方面也存在很多相似之处，横向比较来看，同期新疆铁路营业里程为 0.59 万千米，约为西藏的 7 倍；公路里程 18.53 万千米，约为西藏的 2 倍。由此可见，西藏的公路、铁路设施建设仍显滞后，加之西藏物流先天缺乏优势，货物入境销往区外要比沿海地区付出更高的运输费用和时间成本。此外，西藏五大口岸的作用没有完全发挥。其中，亚东口岸是中国与印度、不丹、锡金的重要贸易通道，然而自 1913 年起，亚东口岸一直处于关闭状态，严重阻碍了西藏与边境国家的贸易；普兰口岸受大雪封山的影响，为季节性口岸，贸易额不大；日屋口岸由于交通不便、贸易额较小等诸多原因导致口岸市场不是很规范，管理设施、机构也不太健全；吉隆口岸由于地理位置偏僻、交通困难，已逐渐被樟木口岸所取代；虽然樟木口岸是目前西藏边境口岸中建设最好的，但仍存在夏天泥石流塌方、冬天大雪封山导致樟木到拉萨交通中断、货物不能按时交接等问题。现有口岸多为分布在日喀则市对尼口岸，藏东、藏西地区对邻国的分布较少。“4·25”尼泊尔地震导致了边境贸易额的急剧减少，凸显了这一布局对西藏口岸整体发展的不利影响，口岸建设及其布局有待进一步展开。

6.4.2　促进西藏贸易可持续发展的基本思路

6.4.2.1　抓住发展机遇，提高对外开放水平和质量

从西藏特殊的发展历程可以总结出一条规律：只有坚持改革开放，坚持对外开放，对外贸易才有立足之地。在西藏融入“一带一路”倡议的实践，着眼于建设面向南亚开放的大通道的机遇下，更要加强对相邻国家的贸易市场调研，寻找新的合作机会，积极主动地推进全方位、多层次的对外开放经济，调整产业结构，进一步发展外向经济。具体落实措施建议如下：一方面，将双边、多边合作扩展到文化、教育和环境等领域，形成全方位的合作与交流机制，进一步消除与贸易国家的隔阂与

摩擦；另一方面，要在巩固提高传统市场占有率的基础上大力开拓新的市场，根据自身优势，结合各国家和地区的市场情况，制定出可行的开展经贸合作发展战略，尤其要积极开拓与西藏经济具有互补性的市场，稳定和提高在南亚、欧美及其他各国对外贸易中的份额；最后，要通过发展入境旅游，如打造一批高质量、多元化、富有民族特色的边境旅游景点，加大对外宣传力度，更好地将这些地区的人情风貌、社会发展状况展现在世人面前，从而吸引更多的境外游客，带动商业、饮食业、服务业、建筑业等第二、第三产业的发展，形成农村经济发展与产业结构调整有序良好的发展趋势。

6.4.2.2　优化商品贸易结构，发展特色产业

针对西藏自产产品结构单一、附加值低，难以满足国际市场多样化的需求，对外贸易商品大多仍为初级产品等问题，要通过提高劳动密集型产品的加工程度、技术含量、产品的质量与档次，形成民族品牌等多种方式来优化出口商品结构。具体来说，一些自产产品和特色产品要进行深加工，注重培育、扶持高原特色农畜产品、水资源、藏医药等产业建设，扩大利润；一些传统产品如毛毯、手工制品等，要积极同有技术、管理等优势的区内外企业合作，推出更多花色和品种产品，满足各地人们的需要。此外，也要注重对外贸易品质内涵的发展，从简单的货物贸易逐步向对外经济技术合作等方面发展，在一些条件成熟的地区建立特殊经济开发区，同时在政策、土地使用、税收等方面给予倾斜，从而将更多具有技术优势的外商企业吸纳进来。在巩固与发展传统比较优势产业的同时，还应大力扶持和发展高新技术产品贸易、绿色贸易及入境人文旅游等服务贸易的研发，积极开拓与培育高新技术产业、绿色产业和旅游业的竞争优势，使其成为西藏贸易乃至整个国民经济可持续发展的后备基础。

6.4.2.3　及时调整对外贸易顺差，鼓励商品进口

西藏对外贸易长期保持高额的贸易顺差，常年来出口依存度明显高于进口依存度，这对西藏贸易的良性循环是不利的，同时也意味着西藏经济的增长更依赖于外部的需求。在这种情况下，为调整地区贸易收

支平衡，实现地区经济持续健康发展，试从以下两个层面“对症下药”。从居民层面来看，一方面，应努力提高并合理调整城乡居民收入水平与收入差距，进一步完善社会保障体系、住房保障体系、教育体系，以增强居民的消费意愿扩大内需；另一方面，应大力进口适应西藏地区工农牧业生产及居民生活所需要的产品。从政府层面看来，一方面，应重新调整西藏对外贸易的政策，让更多的优惠政策向进口政策方面倾斜，如实施鼓励进口贴息政策，引进高新技术，合理放松对进口环节的贸易管制，放宽资本密集型产品的进口市场准入，释放民营企业在进口方面的活力；另一方面，应改善对外贸易环境，处理好西藏与边境各国互通有无的贸易关系，维护好区内社会经济繁荣稳定，妥善解决贸易摩擦，积极建设多边贸易体制。

6.4.2.4 加强道路设施建设，优化口岸开放布局

在西藏交通基础设施的建设上，要加强公路、铁路和货运场站的建设，加快健全完善交通运输网，构建点、线、面相结合的四通八达的便利运输系统；要建立大型物流中心，加强物流企业标准化运营和信息化建设水平，提高物流运输效率并建立新型物流仓储平台，引进高新技术及专业人才，培养掌握行业先进标准的大型物流集团；要积极推进南亚贸易陆路大通道建设，建立“西藏—南亚商贸城”，加快完善国际贸易大通道和边境贸易口岸建设，通过对主要边贸口岸进行转型升级、增设新兴边贸口岸、规范边贸程序、完善边贸监管体系，构建“两重两翼多支点”口岸发展总布局，形成“四廊三区”口岸联动发展新格局，逐步推进优化陆空相应、边腹互动、多点联动的全方位口岸开放格局。此外，在打造互联互通的同时，也要注意与生态环境的协调可持续发展和安全性要求。西藏是全球生态环境最好的地区之一，作为“世界屋脊”，它的生态系统又是世界上最脆弱的地区之一，特殊的地形与气候条件，对运输的安全性提出了严峻的挑战。西藏境内主要道路路况条件较差，运输过程中容易发生交通事故，当地政府应对青藏、川藏等公路的雪崩、塌方、泥石流、山体滑坡等自然灾害做好预防，并制定相关应急措施。

6.5　结论

综上所述，本章将改革开放以来西藏70年的贸易与发展纳入世界经济一体化进程与国际关系格局变化的时间序列趋势背景下加以考察，评述了70年来西藏对内对外贸易的发展历程，从理论与实证相结合的角度分析了70年来西藏贸易发展的状况，在此基础上剖析了制约西藏贸易发展的可能因素，并对加快西藏社会经济发展、提高对外开放的水平和质量提出了相应的建议。通过上文的论述，笔者认为可以得出以下两点结论：

第一，积极开拓南亚、欧洲市场，进一步扩大对外开放。西藏与邻国及欧洲各国贸易往来的历史经历和现实发展都清楚地证明，西藏经济社会不可能在封闭、半封闭状态下得到较快发展。尤其是近年来，在国家推进“亚欧大陆桥”的建设，大力发展外向经济的背景下，西藏积极推进“一带一路”倡议，立足面向南亚开放重要通道建设，实施全方位对外开放，全面融入世界经济一体化进程，加大对外开放的力度已成为历史必然。

第二，西藏进一步扩大对外开放水平具有特殊性，必须处理好开放、发展和可持续的关系。受地缘经济、历史发展等因素制约，西藏发展贸易还存在诸多困难：高寒气候复杂多样、与内陆交通不便、基础设施建设薄弱等因素制约了当地经济的发展；对外贸易商品结构层次低不利于贸易的长期开展；长期的对外贸易顺差不利于对外贸易的可持续发展。这些既是西藏对外贸易的特点，也是其特殊性所在，应合理采取针对性较强的措施，恰当地处理开放、发展和可持续的关系，把握好两者之间的度，克服各种现实困难和干扰，既坚定不移地扩大对外开放，又切实保障西藏经济的可持续发展，做到二者均不偏废。

参考文献

［1］多杰才旦，江村罗布．西藏经济简史［M］．北京：中国藏学出版社，2002：477-510.

［2］西藏自治区统计局．西藏统计年鉴2001［M］．北京：中国统计出版社，2001.

［3］西藏自治区统计局．西藏统计年鉴2018［M］．北京：中国统计出版社，2018.

［4］陈继东．西藏开拓南亚市场及其特殊性研究［D］．成都：四川大学，2003.

［5］何刚．西藏自治区改革开放30年的回顾与思考［J］．西藏经济，2008（3）.

［6］扎西，普布次仁．西藏边境贸易的历史演进与现实情况分析［J］．西藏大学学报（社会科学版），2014，（3）：1-7.

［7］高新才，陶君．西部民族地区经济发展的现状与思考［J］．西藏大学学报（社会科学版），2011，26（1）：19-23.

［8］孙颖，李云海，骞红．西藏边境贸易发展对策研究［J］．学术交流，2008（10）：69-72.

［9］史工会．西藏边境民族对外贸易研究［J］．青海民族大学学报（社会科学版），2013，39（1）：75-78.

［10］乔元忠．加速建立西藏对内对外开放新格局［J］．西藏研究，1995（3）：25-30+17.

［11］赵娟．中共在西藏和平解放初期的经济政策［J］．内蒙古电大学刊，2016（4）：2-5.

［12］张治强．新常态环境下西藏经济发展的现状分析［J］．西藏发展论坛，2017（1）：32-38.

［13］张云龙．中国西藏与南亚边贸问题探讨［J］．南亚研究季刊，

2005（1）：92-96.

［14］张冰乐，林琦 . 试论“十三五”时期西藏沿边开放对西藏经济的影响［J］. 西藏发展论坛，2017（6）：49-52.

［15］刘好 . 地缘经济视角下西藏边境陆路口岸空间布局、发展效力及对策研究［J］. 西藏大学学报（社会科学版），2018，33（2）：195-204.

［16］唐小明 . 建设南亚大通道融入丝绸之路经济带格局下的西藏物流发展战略研究［J］. 西藏科技，2015（10）：17-20.

［17］徐宁，图登克珠 .“一带一路”背景下西藏边境旅游发展的战略选择［J］. 西藏大学学报（社会科学版），2016，31（2）：147-152.

［18］图登克珠 .“一带一路”背景下西藏建设面向南亚开放重要通道的战略选择［J］. 西藏民族大学学报（哲学社会科学版），2017，38（1）：11-14+155.

［19］杨亚波 . 西藏边境贸易发展初探［J］. 西藏研究，2007（3）：115-119.

［20］李国平，贾敏 . 西藏对外贸易发展状况及其问题研究［J］. 西安交通大学学报（社会科学版），2006，26（4）：39-43，50.

［21］洛桑江村 . 西藏自治区 2015 年政府工作报告［R/OL］.（2015-02-05）. http://www.xizang.gov.cn/zwgk/zfgzbg/201502/t20150205_12516.html.

［22］国务院新闻办公室 . 西藏通过“十三五”经济和社会发展规划的建议［EB/OL］.（2015-12-31）. http://www.scio.gov.cn/ztk/dtzt/2015/33681/33685/Document/1460676/1460676.htm.

［23］财政部 . 关于促进边境贸易发展有关财税政策的通知［EB/OL］.（2008-10-30）. http://www.mof.gov.cn/zhengwuxinxi/caizhengwengao/caizhengbuwengao2008/caizhengwengao2008dishiqi/200901/t20090116_108798.html? flyarg=1& flyarg=2.

［24］西藏自治区发改委 . 西藏自治区综合交通运输“十三五”发展规划［EB/OL］.（2018-11-26）. http://www.xizang.gov.cn/zwgk/ghjh/201811/t20181126_171872.html.

[25] 西藏自治区发改委 . 西藏自治区口岸发展“十三五”规划 [EB/OL]. (2018-11-20). http://www.xizang.gov.cn/zwgk/ghjh/201811/t20181120_171540.html.

[26] 人民网 . 邓小平：建设有中国特色的社会主义 [EB/OL]. (2000-12-29). http://www.people.com.cn/GB/channel1/10/20000529/80783.html.

第 7 章　西藏金融与发展

王乾旭[①]　刘彤[②]

7.1　引言

党的十九大报告明确指出，中国特色社会主义进入新时代，这是我国发展的历史新方位。目前，我国经济正在从高速发展转向高质量发展阶段，处于发展方式、发展结构和新旧动能转化的关键时期，而金融具有资金融通的功能，可以服务于地区经济的发展。“西部大开发”是发展西部地区重要的战略举措，而西藏是西部重要的边境少数民族地区，西藏的发展对“西部大开发”有重要影响。由于特殊的地理位置和历史背景，西藏经济发展水平相对比较落后，金融业也相对落后，但是经过半个多世纪的发展，西藏的经济社会发展取得了巨大成就，金融业也得到了发展和提升，金融对经济的腾飞起到了重要作用。

本章介绍了西藏和平解放之后的金融发展历程、国家对西藏金融发展的特殊政策及金融业所取得的成就，探索金融发展过程中的问题，并提出相应的对策建议。西藏金融业虽然取得了快速发展，但也存在一些问题，西藏经济发展主要依靠政府的财政政策和优惠的金融支持，金融机构不能满足经济发展的需求，金融深化程度比较低，金融规模仍然偏小，不能有

① 王乾旭，西南民族大学经济学院，硕士研究生。
② 刘彤，西南民族大学经济学院教授，硕士生导师。

效服务于实体经济的发展。因此，西藏应进一步对金融进行深化，加强金融对产业的扶持力度，构建普惠金融体系，引进优质金融机构，丰富金融衍生品，提高金融市场化程度，服务于西藏经济的可持续发展。

7.2 金融业发展的重要历程

1951 年西藏的和平解放，标志着西藏地区进入了新的历史时期，也标志着西藏金融业的发展进入新的阶段。西藏地区先后经历了新民主主义革命、社会主义革命及改革开放时期，其金融业也经历了一个曲折、艰难的发展过程，但总体上是前进、发展的，在此期间呈现出不同的特征。西藏金融业近 70 年的发展历程可以划分为如下四个阶段。

7.2.1 西藏金融体系初步形成发展时期（1951—1965 年）

1951 年 7 月，中国人民银行西南区行从区分行、贵州分行、重庆分行及其他地区的分行分别抽调一些业务骨干，随解放军十八军先遣队供给部财经大队进入西藏；同年 10 月，中国人民银行昌都办事处成立；12 月，中国人民银行西藏办事处成立，主要业务是面向部队、机关的存款业务。这些金融机构的成立为稳定西藏地区经济、社会和国防发挥了重要作用，也标志着西藏金融的初始确立。

1956 年 2 月，中国人民银行西藏办事处正式更名为“中国人民银行西藏分行”，分别在昌都、阿里、塔工、江孜、日喀则等 11 个县设立支行。中国人民银行西藏分行主要是在“供给外汇、套取物资、保证军供、兼顾民需”金融方针的指导下，开展工作。主要办理的业务有：①供给外汇，获得足够的军用物资，以保证军队的需求，兼顾民众的需求，稳定军队驻扎，巩固边防；②实现现金管理制度，严格控制货币供给，稳定当地的物价水平；③发放无利息的农业贷款，为广大农牧业户提供有效的资金帮助，扩大农牧业户的就业途径，增加他们的收入，赢得群众的信任和支持；④通过银行业务，为西藏地方政府、贵族、寺庙、大商人等提供资金，发放贷款，促进统一战线工作的开展，增进民族团结。这一时期西藏现代金融表现出鲜明的政治制度内生性和强烈的外生发展特征[①]。其基本特征是：金融机构的任务主要是服务于党和国家的西藏政策，服务于军事、政治，机构创新优于业务创新，这一时期被称为西藏金融发展的“帐篷阶段”和“马背阶段”[②]。

1959年3月，以十四世达赖为首的西藏部分上层反动集团发动了全面武装叛乱，中国人民银行（以下简称“人行”）西藏分行全体员工根据形势需要，积极投入到平息叛乱的斗争中。随着平息叛乱进程的不断胜利，人行西藏分行的工作方针随即调整为“支持平息叛乱，进行民主改革，建立人民政权”。同年7月和8月，西藏自治区筹备委员会相继颁布了《关于在全区普遍发行使用人民币的布告》和《关于在全区废除收兑藏币的布告》，布告规定：“藏币”为非法货币，禁止流通和使用。1962年，西藏自治区筹委会又颁布了《西藏自治区金银管理和禁止外币、银元流通的暂行办法》，规定人民币是本位货币，禁止金银、外币、银元计价流通。在西藏地区发行、流通人民币促进西藏地区经济和社会的发展和稳定，得到了广大藏族民众的拥护和支持，人民币的流通制度基本上在西藏地区建立起来。为了打击农牧区的非法高利贷活动，建立农牧业信贷体系，保障农牧业的正常发展，人行西藏分行按照“加强领导，重点试办，取得经验，积极推广”的指导方针，于1960年在山南地区乃东县颇章区建立了第一家农牧区信用合作社，到1965年，人行西藏分行按照行政区划，在西藏地区建立了7个中心支行、72个县级支行、13个办事处（包括营业部）、412个农牧区信用社[③]。

这一时期，人行西藏分行根据时间环境的变化及相关部门制定的方针政策，不断地调整业务，货币流通不断地规范，农牧区的信用社体系也建立起来，形成了以国家银行为核心、农牧区信用社为基础、比较完整的社会主义金融机构体系。

---

① 张志恒．西藏金融发展（1951—1978）的经济学分析［J］．西藏民族学院学报（哲学社会科学版），2005（1）：40.

② 廖平之．西藏银行业改革开放30年［N］．国际金融报（第二版），2008-12-01.

③ 资料来源：《西藏自治区志·金融志》。

7.2.2 西藏地区金融业的曲折发展期（1966—1977年）

1966年5月，“文化大革命”在中国全面爆发，西藏地区正在进行社会主义改造的探索阶段，金融业运行受到了一定的冲击。1967年，由解放军组成的军事管制小组进驻人行自治区分行及各中心支行，对金融机构进行严格的军事管制；1970年，人行西藏区分行与自治区财政厅合并，成立了西藏自治区革委会财政金融局；1972年，根据财政部的有关规定，撤销西藏建设银行，由西藏财政金融局设立专门的基建拨款组，对基础建设所需的资金进行发放；1974年，基建拨款组变更为基建财务处；1978年，基建财务处对内隶属于财政金融局，对外隶属于中国人民建设银行西藏自治区分行。

这一阶段受到“文化大革命”的冲击，金融机构的名称和制度变化比较大，没有稳定的金融制度，导致金融业务萎缩，一定程度上阻碍了西藏地区金融业的发展。但是，金融业也发挥了服务经济发展的功能，使西藏的社会经济继续运行。1966年末，西藏金融机构各项贷款余额6712万元，到1977年末，金融机构各项贷款余额20361万元，增长约2倍；1966年，西藏银行现金收入和支出分别是13485万元、15464万元，现金净投放为1979万元，而1977年，西藏银行现金收入和支出分别是18739万元、20054万元，现金净投放为1315万元，现金收入和支出虽然没有快速增加，但是都保持在正常范围内[①]。因此，这一时期金融业虽受到一定的冲击，但是金融依旧保持着稳定而缓慢的增长，对西藏经济社会的发展起到了强有力的支撑作用。

7.2.3 西藏金融改革阶段（1978—2012年）

中共十一届三中全会到十二届三中全会（1978—1984年），西藏地区主要是以农牧区改革为主，推行生产责任制，实行休养生息。为了支持农牧业的发展，1978年人行西藏自治区分行从西藏自治区财政厅独立出来，1979年国务院下发《关于恢复中国农业银行的通知》，为农牧业的发展提

① 数据来源：《西藏统计年鉴1978》。

供了金融支持，也恢复了一些金融机构的业务。1980年，中国银行拉萨分行成立；1982年，国家外汇管理总局西藏自治区分局成立。西藏金融机构体制在探索中逐渐完善，金融机构为实体经济的发展提供强有力的支撑，使西藏经济发展模式由配给型逐步转变为市场经济，大大提高了经营者的积极性和经济效益。贷款余额从1978年的1.61亿元，增加到1984年的5.91亿元，增加了约3.7倍；存款余额从1978年的7.06亿元增加到1984年的10.45亿元，增加了约1.5倍①。

中共十二届三中全会到邓小平南方谈话发表前夕（1984—1992年），西藏的金融改革从农牧区为主转化为农牧区和城市并重，确立了“一个中心、两件大事、三个确保”的指导方针。1984年，中共十二届三中全会确立了经济体制改革的目标是建立有计划的商品经济，而金融机构的发展要保障经济体制改革的顺利进行；1986年，中国银行拉萨分行从自治区分行分设出来；1987年，中国人民保险公司西藏自治区分公司成立（1996年改为中保自治区分公司）；1989年4月，西藏自治区储汇局成立；1991年10月，西藏自治区信托投资公司正式成立。1994年末，人民币贷款5.9亿元，到1992年，达到20.8亿元，增加了14.9亿元②。西藏金融业伴随着经济体制的改革，迅速地发展、壮大，金融机构的数量和种类也在不断地增加，金融改革在西藏地区全面地展开。

邓小平南方谈话发表到党的十六届三中全会召开（1992—2003年），西藏坚持总体上与全国“框架一致、体制衔接、适当变通”的改革原则，稳步推进各项改革，向社会主义市场经济体制转轨的步伐明显加快，改革开放从重点突破转向全面推进。1992年，党的十四大第一次明确提出改革的目标是建立社会主义市场经济，中国改革开放事业进入一个新的发展阶段；1993年，中共十四届三中全会作出了《关于建立社会主义市场经济的若干决定》，按照中央确定的社会主义市场经济体制改革目标，自治区党委、政府先后制定出台了《关于深化改革扩大开放的决定》《关于加快农牧业和农牧区工作的决定》《关于大力发展乡镇企业的决定》《关于招商引

①② 数据来源：《西藏统计年鉴》。

资的若干规定》等系列改革文件，加快改革开放步伐，推动经济发展驶入跨越式发展的快车道。市场经济的确立刺激了西藏地区经济的快速转型和发展，也要求金融业适应当地经济的发展。1993年，自治区证券委员会成立，有助于公司进行股票融资；1995年，设立中国农业银行西藏自治区分行；1998年，在人行成都分行下设立拉萨金融监管办事处和人行拉萨中心支行；1999年，中国证监会拉萨特派办成立；2003年，银监会西藏分局成立。

中共十六届三中全会到党的十八大召开前夕（2003—2012年），西藏全面贯彻落实科学发展观，积极完善社会主义市场经济体制，进一步完善农牧区经济体制，不断提高驾驭市场经济的能力，进一步加快改革开放步伐，推动西藏迈上跨越式发展和长治久安、全面建设小康社会的新征程。西藏金融发生了巨大的变化，金融机构不断增加，金融业务不断扩展。2004年，中国证监会拉萨特派办更名为西藏证监局；2006年，安邦保险西藏分公司成立；2007年，中国平安保险西藏分公司、中国人寿保险股份有限公司西藏分公司和中国银联西藏分公司相继成立；2008年，中国邮政储蓄银行西藏自治区分行和中国工商银行股份有限公司西藏分公司相继成立。

截至2012年末，西藏地区各主要金融机构开展了存款、结算、国际金融、保险、信托、代理等商业性金融业务，各项贷款余额为663.76亿元，同比增长62.39%，其中，个人消费贷款余额为77.89亿元，同比增加13.74%[①]。西藏地区各金融行业与全国金融行业“分业经营、分业监管”模式相同的金融机构体系基本健全，正在为西藏地区经济社会的跨越式发展发挥越来越重要的作用。这种显著变化表现在原有金融机构在改革初期的恢复业务，适应市场经济发展需要的新的金融机构不断建立，使西藏地区金融机构初步呈现出多元化格局，逐步形成了以人行自治区分行为领导、国有独资商业银行为主体、多种金融机构并存和分工协作的社会主义金融机构体系。

① 数据来源：《西藏统计年鉴2013》。

7.2.4　西藏金融业全面深化改革阶段（2012 年至今）

党的十八大以来，西藏金融机构不断丰富金融产品，优化金融服务，加大对实体经济的支持力度、对西藏经济发展的关键领域和“三农”、小微企业等薄弱环节的支持力度，基本满足了社会各界多层次、多样化的金融需求，金融的撬动作用有效发挥，主要表现在六个方面：一是强化“三农”金融服务。截至 2017 年 5 月末，涉农贷款余额 964.53 亿元，比 2012 年末增长 9.89 倍，占贷款总额的 28.05%，比 2012 年末提高 14.71 个百分点，增速连续多年保持全国第一；农户贷款余额 213.98 亿元，比 2012 年末增长 2 倍。二是加大中小微企业支持力度。截至 2017 年 5 月末，中小微企业贷款余额 1953.22 亿元，比 2012 年末增长 9.13 倍，占贷款总额的 56.90%，比 2012 年末提高 27.81 个百分点，增速连续多年保持全国第一。三是稳步推进金融精准扶贫。截至 2017 年 5 月末，西藏农行系统共评定信用乡（镇）540 个、信用村 4831 个，评定信用户并发放农牧民贷款证“四卡”达 46.69 万张，农牧民贷款证发证面达 98.95%、使用率为 97.05%。扶贫小额信贷的获得率和满足率实际超过 80%，有力支持了建档立卡贫困户脱贫致富。四是有力支持产业扶贫项目落地。产业项目合同总金额达 24.46 亿元。截至 2017 年 5 月末，共完成金融对接扶贫产业项目 1428 个，可投放贷款项目 278 个，预计投放金额 20.14 亿元，其中已投放贷款项目 42 个，共计 1.95 亿元。五是“十三五”易地扶贫搬迁专项贷款 151.37 亿元。六是非公经济支持力度进一步加大。目前全区 10 家银行业金融机构与 39 家非公企业签订 39 份贷款协议，金额达 25.5 亿元[①]。

由上可见，西藏地区金融业发展的四个阶段充分展示了西藏金融业经历了建立、发展、改革、创新的过程，即从无到有、从小到大的过程。伴随着西藏的和平解放、新民主主义革命等时期，直到改革开放，西藏金融业才迅速发展壮大。西藏金融业发展历程离不开党和政府一些重大决策及对西藏金融业的政策支持。

① 数据来源：https://www.sohu.com/a/159931243_160909。

7.3 金融业享有的优惠政策

西藏地区金融业发展68年来，所取得的成就离不开党中央的关怀。为了稳定边疆，稳定西藏地区、发展和繁荣西藏，党中央在金融领域给了许多特殊优惠政策，对于西藏地区的金融发展和经济发展起到了非常重要的作用。按照不同发展阶段，可分成如下四个阶段的优惠政策。

7.3.1 西藏金融体系初步形成发展时期的优惠政策（1951—1965年）

7.3.1.1 民主改革前的特殊政策

1951年5月23日，中央人民政府与西藏地方政府签订了关于和平解放西藏办法，标志着西藏的和平解放，同年12月，建立了中国人民银行西藏分行，截至1958年末，西藏地区金融机构已经发展到了11个，金融机构的从业人员有139人，银行体系初步确立。考虑到西藏作为边疆地区的独特战略地位和西藏地区人民的生活困难，无法进行贷款，中央采取了一些灵活的金融政策。一是发放一批无利息的农牧业贷款，8年发放了340万银元的贷款，其中有271万银元是农牧业贷款[①]，主要帮助农牧民解决吃饭和生产的问题；二是使用银元作为流通货币，抑制当地的物价，防止通货膨胀的发生，稳定西藏的金融市场。这些特殊的金融政策应对了一些市场的突发状况，有效地解决了社会的主要矛盾，救济了广大劳动群众的衣食住行。

7.3.1.2 进行民主改革运动的金融政策

1959年，西藏地区彻底结束了封建农奴制度，进行民主改革运动，刚当家做主的农奴对自己的未来生活充满了信心和希望，中央调整了原有的一些金融政策，在资金上给予支持。一是从1959年开始发放扶贫低息贷

① 资料来源：《西藏自治区志·金融志》。

款，同时对发放的信贷实行差额管理、统一调度的政策，信贷资金主要是当地企业从内地进货所需要。1963—1965 年，国务院决定对 1962 年以前的农贷做豁免处理，缓解了农牧民的还款压力，解决了农牧民的实际困难；金融机构也扩展了贷款范围，开始了生产贷款、农机贷款、公社储备粮贷款和灾害贷款等。二是从 1960 年开始组织农牧民实行资金互助，在自愿互利的基础上集资入股，成立信用合作社，当年底就建立了 229 家信用社，发放贷款 95654 元，吸纳存款 1164376 元，股金为 22664 元。三是 1965 年中国人民银行西藏分行根据国务院的决定，对 1959 年发放的无息贷款尚未归还的 97 万元及 1960—1961 年发放的农牧贷款均作了豁免处理[①]。这一阶段的金融政策是伴随着民主改革进行的，对边境的稳定和政权的巩固具有重要意义，同时金融机构业务的开展也为经济社会的建设和发展提供了保障。

7.3.2　西藏金融曲折发展期的优惠政策（1966—1977 年）

“文化大革命”期间，全国的经济发展一度陷入了混乱的局面，中央对金融政策的调整也比较频繁，没有考虑到经济发展的需要，金融业的发展也出现了比较混乱的情况。中央将西藏的金融发展任务定义为支持农牧业和手工业的社会主义改造，在此期间，虽然金融波动比较大，但西藏金融基本保持了比较稳定的发展，信贷资金也呈现稳中有升的趋势。为了解决农牧民的生活困难问题，中央第二次豁免农牧民贷款共 975 万元。

7.3.3　西藏金融改革阶段的优惠政策（1978—2012 年）

7.3.3.1　中央对西藏实行优惠贷款政策

1978 年十一届三中全会以后，西藏地区社会经济发展进入到一个全新的阶段，但是和内地省份相比还是有很大的差距。党和中央先后召开 4 次西藏工作座谈会，在人力、物力、财力及政策上给予了支持。1980 年 3 月，中央在北京召开了第一次西藏工作座谈会，中心内容就是从实际出

① 资料来源：《西藏自治区志·金融志》。

发，采取相应的政策。人行西藏分行根据座谈会议精神，经人民银行总行批准及时调整了西藏的贷款利率政策，实行“优、低、免”的政策，除农牧区5年内免息外，对工商业贷款也实行优惠政策，西藏贷款利率低于全国平均水平的20%~50%，对民族手工业贷款、农牧民生活贷款等实行3年内免息政策；对社队和社员1980年6月底以前借用银行和信用社的贷款尚未偿还的部分，只收本金，不收利息。1984年中央召开第二次西藏工作座谈会，决定进一步放宽金融政策，扩大免息和低息贷款的范围，除对农牧贷款继续执行免息外，从1984年7月1日起，还增加了对农牧集体和农牧民从事商业、手工业、建筑业贷款执行免息的优惠政策，优先支持旅游业、商业网点设施建设和经济联合，城乡集体及个体经济等，在对这些行业贷款实行优惠利率的同时，对贷款期限及自有资产比例都变通执行。随后，人民银行总行明确提出：全自治区贷款规模实行指导性计划，不实行限额管理；优先支持发展基础产业和基础设施；重点支持国有骨干企业。

7.3.3.2 “九五”期间（1996—2000年），中央对西藏实行“利差返还”政策

1994年，党中央在北京召开了第三次西藏工作座谈会，就西藏地区新时期经济发展做出重大决策和战略部署，赋予西藏财政、外贸、税收、金融等领域一系列特殊优惠政策。这些特殊优惠政策主要包括：一是执行货币、信贷指导性计划政策。按照国家宏观政策的要求，结合西藏自治区具体情况，由人民银行西藏分行统一编制全区年度货币、信贷计划草案，报经人民银行总行批准后，负责组织实施。二是实行优惠贷款利率政策。区内各国有商业银行的贷款实行优惠利率，优惠贷款利率比全国平均水平低2～3个百分点。三是赋予人民银行西藏分行一定的再贷款权。区内各国有商业银行区分行出现临时性头寸不足时，可发放一定的再贷款予以解决，再贷款利率以不低于存款准备金利率为原则。四是现金供应不实行指令性计划，县及县以下农牧区不实行现金管理。五是在金银配售指标上实行倾斜，对少数民族用品、藏药、寺庙维修等所需的黄金白银确保供应。六是实行“利差返还”政策。对西藏自治区工商企

业的商业性贷款执行全国统一贷款利率，与优惠贷款利率的差额不计入银行利息收入，由此增收的利息全部返还给效益好的国有企业用于增补流动资金。七是实行特殊的利差补贴政策。人民银行总行对农业银行西藏分行按照全国统一贷款利率与西藏优惠贷款利率之差给予补贴，并增加 4 个百分点作为特殊费用补贴。

7.3.3.3 “十五”期间（2001—2005 年），中央对西藏地区实行的特殊优惠贷款利率政策

2001 年夏，党中央召开了第四次西藏工作座谈会，为进一步支持西藏地区经济的跨越式发展，除继续执行“九五”时期的优惠政策外，还在以下几方面有所突破：一是实行优惠贷款利率。本着“谁借款、谁受益”的原则，从 2001 年 1 月 1 日起，西藏地区的各类企业、经济实体、自然人等，从国有商业银行分支机构贷款一律享受中国人民银行拉萨中心支行按人行总行有关规定制定的、比全国平均水平低 2 个百分点的贷款利率，不再计收利差和实行利差返还。农行、中行、建行等 3 家国有独资商业银行西藏分行因执行优惠利率形成的利差损失，由人行根据各行当年各项贷款平均余额分别给予 2 个百分点的利差补贴；二是实行有区别的加、罚息政策。为减轻借款人的利息负担，充分发挥优惠贷款利率政策支持西藏经济发展的作用，2002 年人行拉萨中心支行根据中国人民银行《关于进一步做好“十五”期间西藏银行工作的意见》精神，出台了《西藏银行贷款有差别加罚息管理暂行办法》，规定从 2002 年 1 月 1 日起，贷款人向农牧区借款人发放的各类贷款，一律不予加罚息，切实减轻了农牧民的利息负担，充分调动了广大农牧民合理利用银行信贷资金脱贫致富的积极性，还在很大程度上抑制了民间高利贷行为。

7.3.3.4 “十一五”期间（2006—2010 年），中央对西藏地区实行的特殊优惠贷款利率政策

2007 年，中国人民银行规定“十一五”期间，在西藏地区继续执行特殊优惠的金融政策。主要内容包括：实行以优惠贷款利率为核心的特殊优惠金融政策。各金融机构在西藏地区的分支机构，执行人民币贷款利率统一比全国各档次贷款基准利率水平低 2 个百分点的优惠政策；继续对西

藏地区实行相对宽松的货币、信贷指导性计划管理政策。人民银行拉萨中心支行根据西藏地区经济发展和产业政策要求，在协调本地区各金融机构存、贷款计划的基础上，统一编制西藏地区货币、信贷计划草案，报人民银行总行批准后执行；进一步加大支农扶贫力度，将西藏地区党委和政府进行的游牧民定居、地方病病区群众搬迁纳入扶贫贴息贷款范围；继续执行现行的再贷款政策；适度加强现金管理政策；继续实行有区别的加罚息政策；试行有管理的贷款利率浮动政策。2010 年 1 月，党中央在北京召开了第 5 次西藏工作座谈会，座谈会确定：支持金融业发展，维持现行西藏自治区金融机构优惠贷款利率和利差补贴政策；鼓励增加信贷投放；增强担保机构能力建立和完善担保体系；加快保险业发展；积极支持企业上市融资。

7.3.4 西藏金融全面深化改革阶段的优惠政策（2012 年至今）

7.3.4.1 “十二五”期间（2011—2015 年），实行促进西藏金融业快速发展的特殊优惠政策

长期以来，党中央、国务院十分重视和关心西藏工作，“十二五”期间赋予了西藏包含人民币资金营运规划、优惠贷款利率和利差补贴、扶贫贴息贷款、再贷款等政策在内的一揽子更加优惠的金融政策。2010 年 4 月，西藏裕融小额贷款股份有限公司在拉萨成立；2011 年 7 月，国家开发银行股份有限公司西藏自治区分行挂牌；2011 年 12 月，西藏银行股份有限公司批准成立并于 2012 年 5 月正式开业；2012 年 8 月，中国农业发展银行西藏自治区分行对外挂牌成立；2012 年 12 月，银监会批准了民生银行（600016）在林芝筹建西藏首家村镇银行，目前各项准备工作正在有序推进；工行、农行、中行、建行等金融机构加快在西藏设立分支机构。截至 2013 年末，银行业金融机构网点 640 个，从业人员 7185 人[①]。目前，西藏已基本形成以国有商业银行为主体，政策性银行及其他银行业金融机构并存、分工协作、互为补充的多元化、多层次的西藏银

---

① 数据来源：《2013 年西藏自治区金融运行报告》。

行业组织体系。

7.3.4.2 中央推出24项金融政策支持西藏发展

2016年3月7日，为进一步推进西藏经济社会发展和长治久安，央行、银监会、证监会、保监会联合印发《关于金融支持西藏经济社会发展的意见》(以下简称《意见》)，提出“十三五”(2016—2020年)时期金融支持西藏的24项政策意见。

《意见》认真落实中央关于金融支持西藏经济社会发展和长治久安的政策精神，从货币政策、信贷政策、金融扶贫开发政策、外汇管理政策等多方面给予西藏差异化政策支持，鼓励和支持金融机构完善在西藏的组织布局，进一步加强对西藏基础设施、“三农”、小微企业、特色产业、生态环保等领域的金融支持和服务，支持西藏企业、金融机构通过多层次股权市场发展壮大、通过债券市场拓宽资金来源，支持保险机构根据西藏实际开展重点领域产品和服务创新，同时，进一步完善西藏支付、征信等金融基础设施建设，推进普惠金融发展。《意见》为“十三五”时期进一步推进西藏经济社会发展和长治久安创造了良好的金融政策环境。

综上所述，西藏地区在和平解放到改革开放时期，中央政府根据西藏地区的社会经济环境，对其金融业给予相对应的优惠政策，使金融的发展服务于当地的社会经济发展需求；改革开放之后，随着5次西藏工作座谈会的召开，中央对西藏金融发展的一些重大政策进行调整和创新，使西藏的金融业得以快速发展。

7.4 金融业发展取得的成就

金融业是西藏地区社会经济活动的中心枢纽，1951年西藏和平解放以来，由于地理因素、自然因素等限制，金融并没有真正发挥服务实体经济的强有力作用，但是，在随后的68年发展中，广大金融工作者在各级党委领导和政府部门的积极配合下，认真贯彻“西部大开发”战略思想及特殊的优惠金融政策，依靠西藏各族人民，推进金融改革和创新，优化金融结构，努力践行普惠金融与绿色金融发展理念，加强金融对实体经济的支撑力度，克服重重困难，取得了很大的成就。2017 年末，西藏地区金融机构本外币各项存款余额为 4959.06 亿元，增长 13.23%；全部金融机构本外币各项贷款余额为 4043.64 亿元，增长 32.64%，增长速度居全国第一位①。西藏地区金融业取得的巨大成就主要体现在以下几个方面。

7.4.1　涉农贷款助推西藏地区农牧业发展

农牧业在西藏地区占据重要地位，是西藏的基础产业，金融业为农牧业的发展输入了新鲜的血液，在促进农牧业快速发展和提高农牧民生活水平方面具有重要作用。

从表 7-1 可以看出，1959—2010 年，西藏地区农牧业贷款余额总体上呈现增长的趋势；同比变化有些年份是负增长，从侧面可以说明金融对农牧业的发展支持力度是根据当时农牧业发展的需求灵活调整。

表 7-1　1959—2010 年西藏地区农牧业贷款余额

年份	贷款余额 / 万元	同比增长 /%	年份	贷款余额 / 万元	同比增长 /%
1959	70	—	2001	14044	60.70
1969	453	—	2002	33645	139.57
1979	762	—	2003	54683	62.53
1989	2720	—	2004	67694	23.79
1995	22452	—	2005	73441	8.49
1996	13777	-38.64	2006	92137	25.46
1997	10595	-23.10	2007	62287	-32.40
1998	7947	-24.99	2008	28104	-54.88
1999	8705	9.54	2009	30167	7.34
2000	8739	0.39	2010	30182	0.05

资料来源：笔者根据《西藏自治区志 · 金融志》《西藏统计年鉴 2011》整理绘制。

① 数据来源：《西藏统计年鉴 2018》。

表 7-2　2009—2017 年西藏地区涉农贷款余额

年份	涉农贷款余额 / 亿元	同比增长 /%
2009	50.6	—
2010	56.1	10.9
2011	78.4	39.8
2012	88.6	13
2013	150.06	69.4
2014	297.3	98.1
2015	410.04	37.9
2016	857.8	109.2
2017	1177.36	37.3

资料来源：《西藏自治区金融运行报告》（2010—2018 年）。

从表 7-2 可以看出，西藏地区涉农贷款余额逐年增加，从 2010 年的 50.6 亿元增加到 2017 年的 1177.36 亿元，增加了约 23 倍。

西藏地区以农牧业为主，80% 以上的人口分布在农牧区。由于长期受到地理、自然条件等因素的限制，农牧民增加收入的途径很有限，小额信贷在一定程度上帮助西藏农牧民脱贫致富。

2000 年，拉萨中心支行和中国农行西藏分行联合设计推出独具创新的小额信贷产品，即“钻、金、银、铜”四卡农牧户信贷产品，根据农牧户的家庭收入、信用记录等情况，对农牧民展开信用评级，并颁发“贷款证”，有了这个“贷款证”，农牧民不需要向银行抵押任何物品，就可以获得数千元到几十万元不等的贷款。“四卡”贷款证的发放面由 2002 年的 42.31% 增加到 2017 年的 100%；建立小额信用贷款档案的农牧户也从 2002 年的约 9.59 万户增加到 2017 年的约 46.5 万户，建档率达到 95.9%[①]。小额信贷面向不同信用的农牧户，目前几乎覆盖了整个西藏地区的农牧户，农牧户充分利用小额信贷发展养殖、运输等多种经营，推动了西藏民族手工产业的发展，增加了收入来源渠道，极大地改善了生活水平，有效解决了农牧民贷款难的问题。

① 资料来源：《2003 年西藏自治区政府工作报告》和《2018 西藏自治区政府工作报告》。

7.4.2 金融体系不断完善，存贷款额快速增长

西藏和平解放后，百业待兴，金融业几乎是一张白纸。1952 年，人民银行开始在西藏开办业务，改革开放以来，西藏金融在党中央的关心支持下，全面贯彻落实一系列的金融优惠政策，1978 年、1980 年、1995 年，中国建设银行、中国银行、中国农业银行先后在西藏地区建立分支机构；2008 年中国邮储和中国工商银行相继成立分支机构；2012 年，西藏银行在拉萨挂牌成立，这是西藏第一家地方商业性银行；2013 年，首家新型农村金融机构和首家股份制商业银行分支机构相继成立。由表 7–3 可知，到 2017 年末，西藏地区银行业营业网点为 664 个，从业人员为 9426 人，银行业实现的全年利润为 89.1 亿元，增长了 12.5%，全区银行业不良贷款率为 0.33%，低于全国 1.57 个百分点，金融市场运行平稳。

表 7–3 2017 年西藏银行业金融机构情况

金融机构种类	机构 / 个	员工 / 人	资产总额 / 亿元	法人机构 / 个
总计	664	9426	6621	4
大型商业银行	565	7345	4088	0
国家开发银行和政策性银行	0	127	1281	0
股份制商业银行	6	400	235	0
城市商业银行	4	494	675	1
信托投资公司	0	101	25	1
邮政储蓄银行	89	795	104	0
新型农村金融机构	0	43	6	1
其他	0	121	208	1

资料来源：中国人民银行拉萨中心支行。

1952 年第一家银行在西藏开设业务的主要目的就是吸纳社会闲散资金，将筹集来的资金贷给企业，发展西藏地区的经济。图 7–1 显示，1978 年金融机构吸纳的存款余额为 7.06 亿元，2017 年存款余额为 4959.06 亿元，增长了约 702 倍；1978 年发放的贷款余额为 1.61 亿元，2017 年贷款余额为 4043.64 亿元，增长了约 2511 倍。1978—2017 年，西藏金融机构吸纳了大量存款，也发放了大量贷款，贷款的发放有助于西藏地区产业

的发展，农牧民生活水平的提高，对于西藏经济社会发展起着重要的支撑作用。

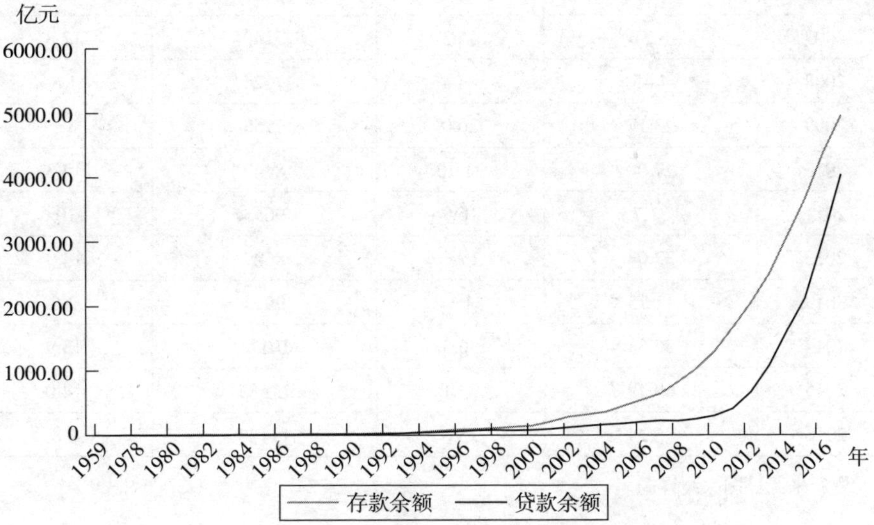

图 7–1 1959—2017 年西藏金融机构存贷款余额

资料来源：《西藏统计年鉴 2018》。

西藏金融业的快速发展离不开一批专业的金融人才。由表 7–4 可知，1999 年西藏地区的金融业增加值为 2.15 亿元，2016 年就增加到了 96.24 亿元，增长大约 45 倍，金融业对西藏 GDP 的贡献比重在逐渐增加；金融领域从业人员也在快速增加，金融人才的增加为西藏经济的发展注入了能量。

表 7–4 1999—2016 年西藏金融业具体情况

年份	金融业增加值 / 亿元	同比增长 /%	金融业从业人员 / 名	同比增长 /%
1999	2.15	—	6000	—
2000	2.48	15.3	6000	0
2001	3.26	31.5	5623	–6.3
2002	2.81	–13.8	4931	–12.3
2003	4.74	68.7	5911	19.9
2004	5.4	13.9	6203	4.9
2005	6.7	24.1	6092	–1.8

续表

年份	金融业增加值 / 亿元	同比增长 /%	金融业从业人员 / 名	同比增长 /%
2006	4.3	–35.8	6427	5.5
2007	6.21	15.3	7249	12.8
2008	7.45	44.4	7624	1.8
2009	23.17	20.0	7758	8.9
2010	27.08	211.0	8449	14.3
2011	31.7	16.9	9653	–10.6
2012	32.04	17.1	8629	14.9
2013	41.75	1.1	9913	2.6
2014	55.58	30.3	10171	13.9
2015	69.79	33.1	11585	–4.0
2016	96.24	25.6	11120	1.8

资料来源：国家统计局。

7.4.3 信贷结构不断趋于优化

信贷结构是指信贷资金的投放与运用在不同区域、不同产业、不同行业以及不同期限上的配置与配比，这里主要是指资金分别投放在工业、商业、农业和其他领域。由图 7–2 可知，工业、商业和农业贷款总体上都呈现先上升后下降的趋势；商业贷款始终占据第一，其次是工业贷款、农业贷款，说明改革开放后，随着商品市场在西藏地区的发展，商业也快速崛起，商业的快速发展需要资金的支持，而工业前期投资比较大，所以一直保持稳定的状态。

由图 7–3 可知，改革开放初期贷款主要配置在商业上，随着改革开放的深入，商业的比重大幅下降，工业和农业贷款比重一直保持比较稳定的状态，而其他贷款比重逐渐上升，1996—1997 年，超过了商业贷款比重，并逐渐超过了三者的总和，贷款结构出现显著变化。目前贷款不仅涉及工业、商业和农业，贷款主体由许多个体组成，贷款呈现出多元化趋势，以往单一的贷款模式容易导致金融风险，而多元模式则可以分散这种风险，确保金融安全。

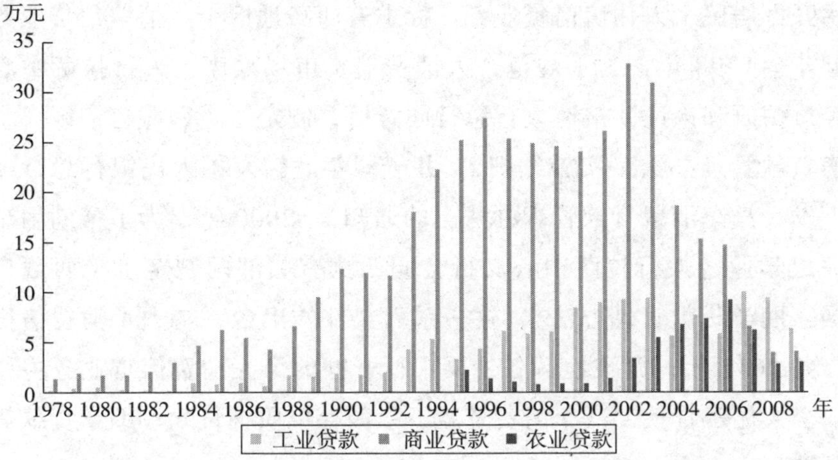

图 7-2　1978—2009 年西藏工业、商业和农业的贷款余额

资料来源：根据《西藏统计年鉴 2010》各项贷款数据整理、绘制。

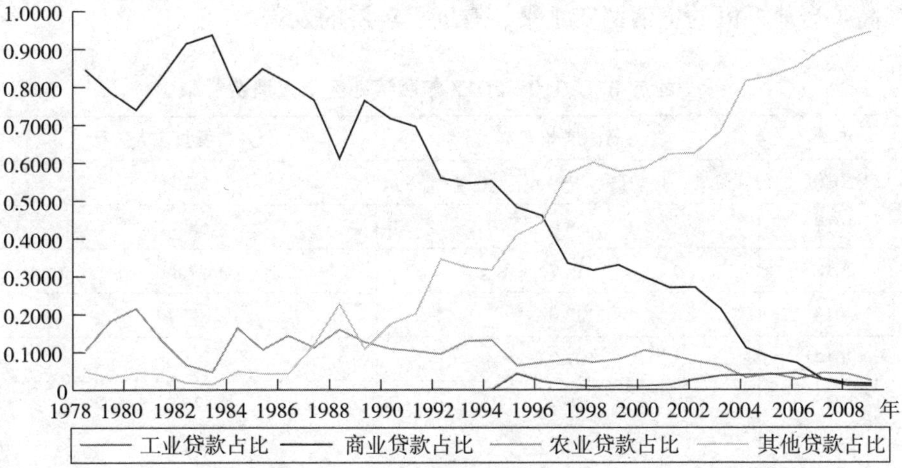

图 7-3　1978—2009 年各贷款比

说明：工业贷款比 = 工业贷款余额 / 总贷款余额；商业贷款比 = 商业贷款余额 / 总贷款余额；农业贷款比 = 农业贷款余额 / 总贷款余额；其他贷款比 = 其他贷款余额 / 总贷款余额。

资料来源：《西藏统计年鉴 2010》。

7.4.4　个人消费信贷业务发展，助力提高西藏人民生活水平

西藏地区个人消费信贷业务开展较晚，1993 年建设银行西藏分行

开始开办居民个人住房信贷业务，标志着西藏地区个人消费信贷业务开始起步。1998 年，为了规范个人消费信贷市场秩序，人行拉萨中心支行经过调研和论证并报请人行总行同意后，制定了《西藏自治区〈个人住房贷款管理办法〉实施细则》，并于同年底转发了人民银行总行《关于下发〈汽车消费贷款管理办法〉的通知》。2000 年，为了帮助困难学生完成学业，人行拉萨中心支行会同西藏有关部门制定了《西藏自治区国家助学贷款管理办法》。这一系列文件的出台，扩大了消费信贷范围，到 2011 年，西藏地区各主要银行开办的个人消费信贷业务主要包括：个人住房贷款、汽车消费贷款、小额存单质押贷款、助学贷款等基本品种。

由表 7–5 可知，2010 年西藏地区个人消费信贷为 50.73 亿元，到 2017 年为 247.25 亿元，增长了约 5 倍，个人消费信贷的大幅增加促进了消费，提高了当地人民的生活消费水平，有助于经济的发展。

表 7–5　2010—2017 年西藏地区个人消费贷款

年份	同比增长 /%	个人消费贷款 / 亿元
2010	—	50.73
2011	35.0	68.48
2012	13.7	77.89
2013	32.0	102.79
2014	101.23	–1.5
2015	126.79	25.3
2016	174.72	37.8
2017	247.25	41.5

资料来源：《西藏统计年鉴》（2011—2018 年）。

7.4.5　保险业快速发展，保障西藏人民的生命财产安全

1987 年人保西藏分公司建立以来，西藏的保险业开始起步，并不断地发展壮大。目前主要有财产险和人身险两大类，包括：企业财产险、家庭财产险、机动车辆险、工程险、货物运输险、健康险、意外伤害险等。

由图 7-4 可知，1998 年西藏保费收入为 4550 万元，2017 年保费收入为 280137 万元，增长了 62 倍多，保费收入逐年增加，对于提升西藏地区各族群众的现代保险意识，保护西藏地区各族群众的生命与财产安全等，具有十分重要的意义。

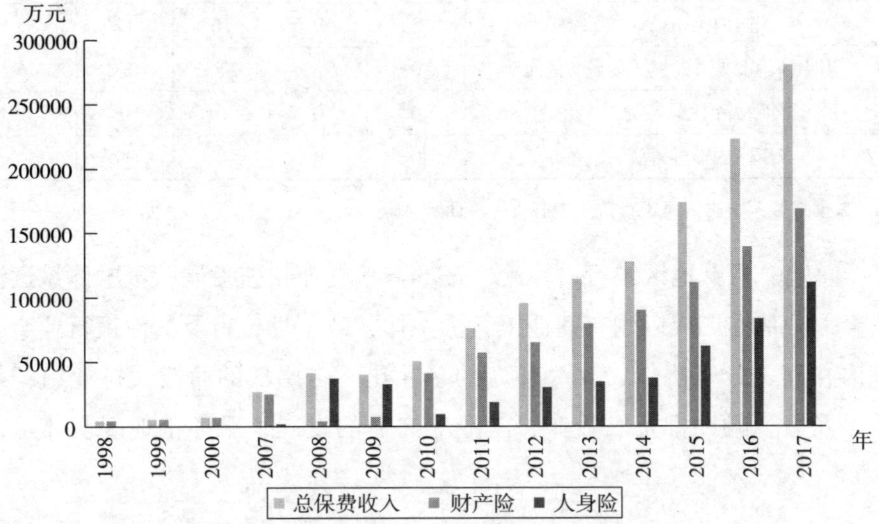

图 7-4　1998—2017 年保险费收入

资料来源：《西藏统计年鉴》（2010—2018 年）。

7.4.6　证券业务快速发展，确保企业顺利筹资

银行、保险、证券与信托业被称为现代金融业的“四大支柱”，信托业主要经营信托存贷款、信托投资、经营仓库、保险箱、代客买卖房地产和证券等业务。西藏信托投资公司的成立扩大了西藏地区金融业的业务范围。西藏地区的证券业务起步较晚，1995 年，西藏明珠股份有限公司经中国证券监督管理委员会批准，面向社会公开发行股票，到 2017 年底，西藏共有 15 家公司成功上市。由表 7-6 可知，西藏地区的上市公司数量、上市融资额及债券筹资额都在增长，企业的成功上市为企业提供了大量的资金，用于自身业务的发展和创新，同时也提高了企业的信誉，使其助力于西藏经济社会的发展。

表 7-6 2007—2017 年西藏证券业基本情况

项目	2007 年	2010 年	2013 年	2015 年	2017 年
总部设在辖内的证券公司数 / 家	1	1	1	2	2
总部设在辖内的基金公司数 / 家	0	0	0	1	1
总部设在辖内的期货公司数 / 家	0	0	0	0	1
年末国内上市公司数 / 家	8	9	10	12	15
当年国内股票（A 股）筹资 / 亿元	0	57.9	24.5	48.8	16
当年发行 H 股筹资 / 亿元	0	0	0	0	0
当年国内债券筹资 / 亿元	0	0	0	39	30

数据来源：中国人民银行拉萨中心支行、西藏证监局。

总之，西藏地区银行、保险、证券与信托业快速发展，金融体系逐渐完善，已基本形成以国有商业银行为主体，政策性银行及其他银行业金融机构并存、分工协作、互为补充的多元化、多层次的西藏银行业组织体系。西藏金融助推了农牧业、工业等产业的发展，服务于地区实体经济发展。

7.5 金融业发展面临的挑战

和平解放以来，西藏的经济和社会实现了跨越式发展，其中金融业的健康、稳定发展对西藏社会和经济发展起着不可替代的作用。近 70 年里，西藏金融服务网络不断扩大，信贷总额明显增长，金融体系不断完善，但是和其他省份相比，还存在很多问题，以下进行简要分析。

7.5.1 金融机构存贷比长期在低位运行

存贷比是一个地区贷款余额和存款余额之比，反映该地区存款转化为贷款的能力，即资金运用的能力。如图 7-5 所示，西藏地区的存贷比呈现出先下降后上升的趋势，2010 年达到近十年的新低，为 23.27%，这是因为中央高度重视西藏的经济发展，从财政部直接拨款支持西藏重点项目、基础设施建设，对信贷资源产生较大的“挤出效应”。2010 年之后存贷比逐渐回升，2017 年超过了全国平均水平，达到了 81.54%，主要原因在于西藏深入贯彻中央赋予的特殊优惠金融政策，加强了对农牧民、弱势群体、特色产业的信贷扶持力度。

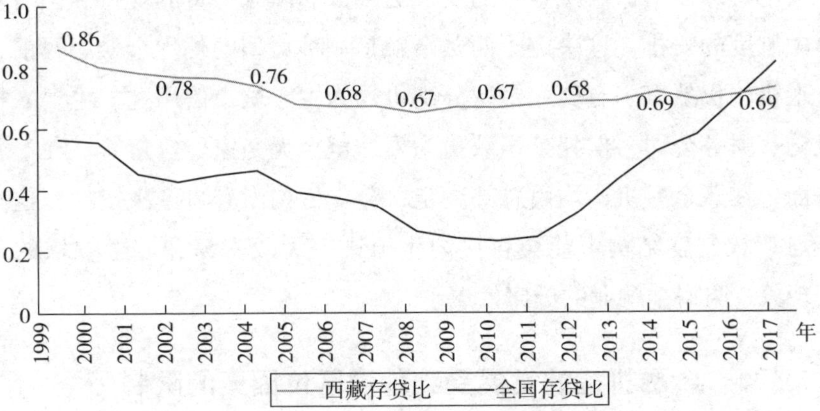

图 7-5　1999—2017 年全国和西藏地区存贷比

资料来源：国家统计局。

7.5.2　普惠金融建设薄弱

为每个社会成员提供有效的成本可担的金融服务是西藏金融改革的重要方向。由于农牧区金融基础设施建设成本和金融服务成本高、金融生态环境脆弱，普惠金融建设有待进一步加强。截至 2017 年 3 月末，西藏累计开通银行卡助农取款服务点 5430 个，助农取款服务点已覆盖 4385 个行政村，占全区行政村总数的 80.33%，其中，拉萨、阿里实现县、乡、村三级全覆盖；服务点累计存取、转款笔数 10 万笔、金额 0.6 亿元、点均交易金额 1 万元，累计填补金融服务空白行政村 3704 个；建成“金融综合服务站”2 个，推动建设“刷卡无障碍示范街”11 条、“旅游刷卡便利店”和“口岸刷卡直通车商户”200 余户，金融信息化水平明显提升，但是相比于全国还有所不足，没有实现完全覆盖[①]。金融服务的缺失和半径大导致正规金融

① 数据来源：https://www.sohu.com/a/159931243_160909。

机构无法满足市场新型农户、农牧业产业化经营企业、乡镇企业、经济合作组织和金融服务空白区群众对金融服务、信贷资金的有效需求。

7.5.3 金融发展水平较低，存在制度性缺陷

由于特殊区情，西藏金融的发展更多依靠国家力量的支持和国有垄断型金融制度的安排，这决定了西藏金融是一种典型的外生金融。目前，西藏金融机构仍然以国有商业银行分支机构为主，城市信用社、主要农村金融机构、财务公司、信托公司数量为零，至今无一家外资银行。在经营决策方面，在藏金融机构均由总部决定，分支机构没有自主决定权，这种国有金融产权制度结构可能会直接内生出许多无效交易和金融领域的“寻租”现象，阻碍金融业的健康发展。

7.5.4 金融机构的发展受到地理区位因素的限制

西藏地处我国西部边疆地区，人口密度较低，每平方千米只有 2.5 人，地广人稀决定了其金融需求较小，此外，交通和通信等基础设施建设水平不高，更使得金融机构在少数民族地区设立基层网点所需的经营成本增加，也面临着没有足够的金融人才和更多风险的困境，这样会大大增加银行类金融机构在少数民族地区的管理难度。虽然国家在贷款利率等方面制定了各项优惠政策，但目前只有农业银行西藏分行将下属分支机构延伸到了县和部分乡镇，保险公司只有人保西藏分公司的分支机构延伸到了县级领域，其余保险业务机构大多仅限于地区层面。

7.5.5 金融对经济增长的支持作用较弱

目前，西藏经济发展比较落后，金融市场规模狭小，大规模的资本积累主要依靠银行中介机构（即银行主导型金融结构）。实证结果表明，西藏金融发展与经济发展存在长期弱的正效应，即金融货币化程度每提高 1 个百分点仅推动西藏经济增长 0.096 个百分点。结论表明，单纯增加金融业规模对西藏经济发展的推动作用有限，西藏金融发展必须密切和西藏产业发展战略、要素禀赋的关系，优化信贷资源配置。

7.6 推进金融业发展的建议

第一，金融发展必须服务于实体经济发展。现阶段，西藏地区经济发展相对于其他省市仍然比较落后，发展环境比较恶劣，而金融是资金的筹集和应用，要实现西藏经济快速、高效的发展，必须把金融服务实体经济发展提上日程。因此，西藏金融应在中央和地方政府的领导下，推动西藏扶贫开发工作，支持西藏优势产业和特色产业发展，推进农牧业朝集约化、规模化的方向发展。加大金融对优势产业的支持力度，提升金融对经济发展的支持作用。坚持金融服务实体经济的本质要求，加强金融产品和服务创新及内部管理，认真纠正金融服务中附加条件和收费不规范问题，进一步提升服务能力。同时，密切跟踪和监测国际、国内经济金融运行态势，加强区域性系统性风险防范，促进区域经济平稳、健康协调发展。增强现代金融服务功能，不断优化信贷结构，重点支持经济结构调整、节能减排、环境保护和自主创新，加大对国家重点在建续建项目和保障性住房建设、产业改造升级、战略性新兴产业、现代服务业等方面的信贷支持，加强对小微企业、“三农”等薄弱环节的信贷支持。

第二，完善和落实中央赋予西藏的特殊优惠金融政策。特殊优惠金融政策的有效落实克服了西藏因经济基础薄弱、客观环境差所带来的成本问题，为西藏金融尤其是农牧区金融发展提供了有力保障。西藏需要中央继续赋予现行的特殊优惠货币政策，继续坚持和完善在藏银行业金融机构综合费用补贴政策，适当调整现行利差补贴和特殊费用补贴政策，明确界定县及县以下贷款对象的范围和机构贷款使用严格按受托支付的要求办理；坚持“谁贷款补贴谁”原则，采取对借款人按银行利息清单据实拨付的补贴方式，防止银行机构与借款人联合套取财政补贴；实现商业银行对在藏分支机构实行差异化的信贷管理办法和单独的考核办法，合理扩大授信审批权限；完善对小微企业、农牧区和弱势群体的金融扶持政策，逐步推进其他领域的利率市场化改革，提高西藏金融机构结构治理、自主定价和风险控制能力等。

第三，构建普惠金融服务体系，提升经济主体的金融服务可获得性。一是以农业银行为主，鼓励其他商业银行增设县域网点。依托农业银行基层服务网络，进一步完善农业银行在农牧区的机构布局；探索建立自然村金融代理人员或金融常驻人员机制，把金融服务送到农牧民“家门口”；大力鼓励政策性银行、其他国有商业银行、股份制银行和地方性银行分阶段、有针对性地在条件成熟的地市、县城设立分支机构；降低银行准入门槛，在有条件的地区鼓励企业参与村镇银行建设。二是把物理网点建设和现代化科技手段相结合，完善西藏农牧区普惠金融体系。在经济相对发达、人口密度大的地区合理部署物理网点；在有条件区域、家庭推广现代化支付工具，推广手机银行、电话银行、互联网金融等。三是创新金融服务机制。创新农业保险险种，探索逐步建立农业保险大灾风险分散机制，建立金融机构小额贷款与农牧区保险业务的互动合作机制；引导探索开展大型农机具、林权、农牧区土地的承包经营权、集体建设用地使用权、宅基地使用权等抵押贷款业务试点，鼓励实行订单农业与供应链融资、涉农直补资金担保贷款等成本低的农村金融服务，增加农牧业和农牧民群众贷款的可获性。

第四，加强金融生态环境建设。一是发挥政府在金融生态环境建设中的主导作用。二是加强信用体系建设，扩大行业信息共享与信息服务的范围，尽快实现工商行政管理、税务、海关、商务等相关部门以及公共服务机构掌握的企业和个人信用数据资料的共享，建立全区信用信息数据共享平台；利用山南地区琼结县农村信用体系试验区试点机遇，增进农牧区农村信用体系建设，建立农牧区经济主体信用信息基础数据库。三是加快中介服务体系建设，规范中介机构行为，提高中介效率。结合西藏区情，积极培育法律、会计、审计、投资咨询、规划设计、信息服务、资产评估等各类中介机构，逐步形成门类齐全、功能完善、竞争有序的中介服务市场，为融资主体提供专业化的服务；建立健全中介机构的进入退出机制，简化抵押评估、登记、公证等手续，规范中介机构的运作和服务收费标准，切实减轻借款人的负担。四是加强金融消费权益保护工作，推进金融法制建设。

7.7 结论

从 1951 年西藏和平解放到目前的中国特色社会主义新时代近 70 年的发展历程中，西藏地区特色社会主义金融体系的建立、发展、改革和完善历程曲折，政策优惠、成就巨大，但是还存在着许多问题，需要进一步对西藏金融业进行改革、创新。

近 70 年来西藏地区社会主义金融事业建立、发展、壮大的曲折历程及取得的伟大成就，充满着党和国家对西藏人民的特殊关怀和倾情照顾，体现了西藏各族人民的艰苦奋斗精神，充分体现了中国共产党治理边疆地区的智慧和实践探索精神。

参考文献

［1］张志恒．西藏金融发展（1951—1978）的经济学分析［J］．西藏民族学院学报（哲学社会科学版），2005（1）：39-42+106.

［2］廖平之．西藏银行业改革开放 30 年［N］．国际金融报，2008-12-01.

［3］刘超，王杰．普惠金融发展与金融可得性——基于西藏自治区的数据［J］．经贸实践，2018（21）：30-31.

［4］杨云虹．发挥金融重要作用 助推西藏长足发展［J］．新西藏（汉文版），2018（9）：27-30.

［5］巴桑罗布．金融在西藏经济社会发展中的推动作用［J］．时代金融，2018（12）：63+75.

［6］魏圣吉，李瑞，尼玛，巴桑普次．西藏金融发展与经济增长关系的实证研究——以日喀则市为例［J］．金融发展评论，2017（9）：73-80.

［7］洛桑扎西．金融业成为西藏经济支柱产业的可行性分析［J］．现

代管理科学，2017（6）：73-75.

［8］袁月 . 西藏金融业发展现状浅析［J］. 农村经济与科技，2016，27（18）：100+102.

［9］于转利 . 西藏金融与第三产业发展研究［J］. 西藏民族大学学报（哲学社会科学版），2016，37（5）：115-120+131.

［10］西藏自治区金融大事记［J］. 中国金融，2015（17）：42-44.

［11］肖彩波，刘红卫 . 西藏金融与经济发展现状及实证分析［J］. 西南交通大学学报（社会科学版），2014，15（6）：73-77.

［12］中国人民银行拉萨中心支行课题组，郭振海 . 西藏产业发展与金融支持研究［J］. 西南金融，2013（10）：44-47.

［13］狄方耀，占治民，杨慧 . 西藏金融 60 年：历程·政策·成就［J］. 西藏民族学院学报（哲学社会科学版），2011，32（5）：5-12+137.

［14］严思勃 . 西藏金融业与经济发展协调性研究［J］. 西南金融，2009（2）：12-14.

第 8 章　西藏环境与发展

柏叶阳[①]、刘彤[②]

8.1　引言

西藏地处我国西南边陲，全区面积 120 多万平方千米，居全国各省（市、区）第 2 位。位于东经 78°24′~99°06′，北纬 26°52′~36°32′，北与新疆维吾尔自治区及青海省毗邻，东隔金沙江与四川省相望，东南与云南省山水相连，南面和西面与印度、尼泊尔、不丹、缅甸 4 国及克什米尔地区接壤，边境线长 4000 多千米，占全国陆地边境线的 1/6，是我国西南边疆的重要门户和屏障，战略位置十分重要。全区平均海拔 4000 米以上，南北最宽 900 多千米，东西最长达 2000 多千米，境内群山巍峨，河流、湖泊广布，地广人稀，资源丰富。

西藏位于青藏高原的西部和南部，占青藏高原面积的一半以上，海拔 4000 米以上的地区占全区总面积的 85.1%，素有“世界屋脊”和“地球第三极”之称，是世界上海拔最高的地方。全区地形可分为藏北高原、雅鲁藏布江流域、藏东峡谷地带三大区域。境内山脉大致可分为东西向和南北向两组，主要有喜马拉雅山脉、喀喇昆仑山—唐古拉山脉、昆仑山脉、冈

① 柏叶阳，西南民族大学经济学院硕士研究生。
② 刘彤，经济学博士，硕士生导师。西南民族大学经济学院副教授。研究方向为政治经济学、服务贸易。

底斯—念青唐古拉山脉和横断山脉，境内超过8000米的高峰有5座，其中，海拔8844.43米的世界第一高峰珠穆朗玛峰就耸立在中尼边界上。西藏的平原主要分布在西起萨嘎、东止米林的雅鲁藏布江中游若干河段以及拉萨河、年楚河、尼洋河中下游河段和易贡藏布、朋曲、隆子河、森格藏布、朗钦藏布等的中游河段[①]。

本章将通过水资源、森林资源、草原资源和旅游产业发展对环境资源的影响这四个方面来具体分析西藏环境资源与保护问题，由于和平解放前，西藏只存在传统的山水生态保护，根本谈不上宏观生态建设和综合环境保护，环境资源的保护还未受到高度重视，环境资源鲜有被单独开展研究，所以改革开放之前，关于西藏环境资源保护方面的资料甚少，本章所涉及的资源方面的数据大多是改革开放之后。改革开放以来，党中央高度重视生态建设和环境保护，着眼于建设美丽西藏，始终把生态环保作为底线、红线、高压线，绝不以牺牲环境为代价换取一时的经济增长，全面实施西藏生态安全屏障保护与建设规划，有效保护了生物多样性与重要生态区。

8.2 水资源开发及其保护的重要历程

西藏水资源丰富，是中国水域面积最大的省级行政区，地表水包括河流、湖泊、沼泽、冰川等多种存在形式，其中河流、湖泊是最重要的部分。西藏境内流域面积大于1万平方千米的河流有28条，大于2000平方千米的河流多达100余条，是我国河流最多的省区之一。亚洲著名的长江、怒江（萨尔温江）、澜沧江（湄公河）、印度河、恒河、雅鲁藏布江（布拉马普特拉河）都发源或流经西藏，其中雅鲁藏布江、怒江（萨尔温江）、澜沧江（湄公河）、金沙江等主要江河干流水质达到二类标准[②]。西

① 廉湘民．中国特色解决民族问题的光辉典范——庆祝西藏自治区成立50周年［J］．中国藏学，2015（3）：21.

② 长江年鉴编纂委员会．长江年鉴2017［M］．湖北：水利部长江水利委员会宣传出版中心长江年鉴社，2017：5-8.

藏湖泊众多，共有大小湖泊1500多个，总面积达2.4万平方千米，居全国首位，其中面积超过1平方千米的有816个。西藏有冰川11468条，面积达28645平方千米，占全国的49%；冰储量约25330亿立方米，占全国的45.32%；年融水量310亿立方米，占全国的53.4%，均居全国之首。

西藏水资源的主要形式是河流与湖泊，其中河流大致分为4个水系：太平洋水系、印度洋水系、藏北内流水系和藏南内流水系（藏北、藏南内流水系统称为内流区，太平洋、印度洋水系统称为外流区）。其中太平洋水系的河流有2条，即金沙江和澜沧江。2018年，金沙江面积为22933平方千米，相较于1989年时的23060平方千米减少了0.55%；而澜沧江的面积为38908平方千米，相较于1989年时的38470平方千米增加了1.1%。总面积增长0.5%，印度洋水系总面积总体增长0.3%，内流区总面积总体增长0.1%。从数据来看，各流域面积变化不是太大。西藏地区大多数湖泊为咸水类型，淡水湖泊占极少数。1989年，西藏境内面积大于200平方千米的湖泊共有24个，而2018年减少为23个，只有仁青休布措面积减少到200平方千米以下。如今，西藏境内海拔5000米以上的湖泊有15个，比1989年减少2个。总体来看，西藏水资源的变化不是太大，在数量、质量上基本维持稳定。

水资源的保护与可持续利用是我国经济社会发展的战略问题，西藏水资源合理开发利用与可持续发展，影响到我国与境外相邻流域国的可持续发展、睦邻友好、区域国际合作跨境生态安全、生物多样性维护等重大国际战略问题。下文以具有代表性的拉鲁湿地和纳木措湖为例，探讨西藏水资源开发利用中存在的问题及改善措施。

8.2.1　水资源保护与城市发展：以拉鲁湿地为例

西藏拥有各类湿地600多万公顷，占全区面积的4.9%，名列全国之首，90%以上的湿地保持原生状态，其中玛旁雍错、麦地卡被列入国际重要湿地名录。拉萨的湿地分布在拉萨河古河床上，拉鲁湿地是其中最大的一片湿地，有着“拉萨之肺”的美称。

1965年，拉鲁湿地还有10多平方千米，其范围北至北山根，南至北京西路、布达拉宫背面与龙王潭相连，东至娘热路，西至罗布林卡北面。“文革”后期流沙河改道，80年代修建中干渠，使拉鲁湿地大面积干涸。新的流沙河携带大量泥沙进入湿地，造成湿地北部流沙河入口处大面积沙化。随着道路建设、房屋建设占用湿地，湿地面积逐渐缩小。直到20世纪末，仅剩下6平方千米左右。当时，湿地东部还在继续修建房屋和塑料大棚，如果不及时制止乱占湿地行为，拉鲁湿地将不复存在。

1995年5月25日，经西藏自治区人民政府批准，建立了拉鲁湿地自治区级自然保护区，编制了拉鲁湿地保护规划，将拉鲁湿地保护范围扩大至12.2平方千米[①]。2000年，向国家申请投资9000多万元，修建防护围栏，修建流沙河入口沉沙闸缓解湿地沙化，关闭湿地北面山下的采石场，禁止继续占地建房，拆除塑料大棚，拆除搬迁湿地内民房，对拉鲁湿地进行抢救性保护。2005年7月23日，拉鲁湿地经国务院批准，成为国家级自然保护区。一系列保护措施落实后，拉鲁湿地逐步恢复了生态环境，生物多样性也得到了恢复和保护，较好地发挥了调节拉萨小气候的作用。

8.2.2 水资源保护与旅游业发展：纳木措保护区建设历程

纳木措意为“天湖”，是西藏自治区面积第二大的湖泊，也是中国第二大咸水湖，更是藏族人民心中的圣湖，保护好纳木措的生态环境意义重大。2001年2月5日，纳木措经自治区人民政府批准为自治区级自然保护区。2003年、2012年和2013年，先后向国家申请投资1075万元、5000万元和4000万元，共计10075万元，在保护区内建设了管理站、水井、公厕，修整了景点、道路，建草地网围栏，设置宣传栏、环保标志、垃圾箱，建设垃圾处理站，为定点牧民修建太阳房455套，恢复沙化草地，保护鱼类洄游繁殖区，增设巡查执法车辆，建立生态监测遥感

① 全国政协文史和学习委员会. 亲历西部大开发. 西藏卷［M］. 北京：人民出版社，2016：308.

系统。国家还将保护纳木措的投资增至 3.5 亿元，纳木措的生态环境将进一步得到保护。

8.2.3　水资源保护与绿色工业发展：水泥厂的污染治理

1978 年以来，西藏工程建设对水泥的需求量逐年增加，在拉萨、昌都、日喀则、阿里、江孜等城镇，一批生产工艺落后的小水泥厂陆续建成投产。这些小水泥厂排放的烟尘和污水对城镇大气环境和水环境造成极大污染，其中以拉萨市最突出。特别是拉萨北郊登丰、建材 2 个水泥厂距离天葬台较近，当地居民反映烟尘较大，影响到天葬的正常活动。对于如何处理北郊 2 个水泥厂污染问题，主要有两种意见：一种意见认为污染影响到天葬活动，从尊重藏族群众风俗习惯方面考虑，应该关闭；另一种意见认为西藏经济滞后，建厂本就不容易，关闭水泥厂会给地方经济带来影响，应该慎重。

通过反复调查研究，确定北郊两个水泥厂处在色拉寺和天葬台附近，对文物古迹保护和藏族天葬风俗都有较大影响。况且两个水泥厂生产工艺较为落后，采用治理的方式不能完全消除烟尘污染和对水环境的污染，将会留下长期的社会问题，最终提出关闭北郊登丰、建材 2 个水泥厂，限期治理拉萨水泥厂、东嘎水泥厂、信通水泥厂、远大水泥厂等的请示，报自治区人民政府审批。2000 年，自治区人民政府从西藏长远发展的大局出发，决定关闭拉萨北郊登丰、建材 2 个水泥厂。政府决定实施后，受污染影响地区的大气环境状况和水环境状况得到了有效改善。

8.2.4　水资源保护与经济发展的经验和启示

水资源的保护及可持续利用问题是制约西藏经济发展的关键因素之一，合理开发和利用水资源是贯彻由工程水利向资源水利转变的重要工作，是一项有着十分重要的战略意义和深远历史意义的工作，更是西藏经济可持续发展的有力支撑，应该引起高度重视，要以西藏水资源的可持续发展来支撑和保障西藏经济的可持续发展，西藏水资源的开发和利用必须要走可持续发展的道路。

8.3 森林资源保护的巨大成就与展望

西藏是我国森林资源最富集的省区之一，森林覆盖面积增长快，植树造林成效显著。西藏各地的植被从东南向西北依次呈现森林、草甸、草原和荒漠，并可划分为7个主要类型，即阔叶林、针叶林、灌丛、草甸、草原、荒漠和高山植被。近年来，森林资源保护取得了巨大成就，不仅体现在植树造林方面成效显著，野生动植物保护、森林覆盖率等方面也收获良多，这一切都离不开国家强有力的政策和基金扶持。

8.3.1 森林资源保护取得的巨大成就

近年来，西藏森林资源保护取得了巨大成就，具体表现在以下三个方面。一是森林覆盖率持续增长。2011年公布的第8次全国森林资源连续清查结果显示，全区林地面积1783.64万公顷，森林面积1471.56万公顷，居全国第5位；人均森林面积达49000平方米，居全国第一，活立木总蓄积量为22.88亿立方米，占全国的15.24%，居全国之首。人均拥有活立木蓄积量达762立方米，森林覆盖率为11.98%，为全国第5大林区，与2006年相比，森林面积净增81.95万公顷，森林覆盖率提高了0.67%，更是比2004年的森林面积增长了1063.41万公顷，要知道，当时西藏自治区的森林面积仅有408.15万公顷，可见这些年森林面积飞速增长。

二是生物多样性维护良好，生态贡献大。据不完全统计，西藏野生植物有9600多种，高等植物6600余种，隶属于270余科、1510余属，其中有多种我国独有或西藏独有的植物，受国家重点保护的珍稀植物有38种，列入自治区重点保护的植物有40种，有300余种植物被列为国家重点保护对象，并被列入《濒危野生动植物种国际贸易公约》（CITES）附录内[①]。西藏野生动物资源丰富，分布有古北界和东洋界两大动物地理区系的物种，

① 雷桂龙．西藏林业工作的“十一五”回顾与“十二五”展望［J］．林业建设，2011（4）：15.

共有脊椎动物795种，有国家和自治区重点保护的野生动物154种，有140余种野生动物被列入《濒危野生动植物种国际贸易》（CITES）附录。西藏拥有各类湿地面积650多万公顷（90%以上的湿地保持原始状态，未遭人为活动破坏），占全区面积的5.35%。玛旁雍错、麦地卡被列入国际重要湿地名录。

三是植树造林成效显著。据最新统计，西藏森林生物总量18.98亿吨，占全国的12.04%，森林总碳储量9.53亿吨，占全国的12.2%，两项指标均居全国第一位；而西藏2009年的地方生产总值只有437亿元，第二产业产值132亿元，人口仅有287万，碳排放全国最少，生态贡献很大[①]。

8.3.2　森林资源保护的发展历程：以昌都“天保工程”为例

近年来，西藏自治区植树造林成效显著。人工造林保存面积近30万公顷，封山育林50多万公顷，实施防沙治沙工程近3万公顷，治理沙漠化土地近9万公顷。2009年第4次荒漠化监测结果与2004年第3次监测结果相比，荒漠化土地减少了7.89万公顷，沙化土地减少了6.57万公顷，栽植各类树木2亿多株，苗圃建设0.13万公顷。能取得这样的成效，政策措施起到了极大的保障作用，也离不开人才、资金等方面的支撑和扶持。下面将选择在西藏自治区昌都地区实施的重点工程即天然林资源保护工程，阐述工程实施的背景、具体措施以及存在的问题。

8.3.2.1　“天保工程”实施的背景和意义

1988年，长江流域和松花江、嫩江流域发生了特大洪灾，特别是长江发生了1954年以来全流域的大洪水，洪水造成1600亿元人民币的经济损失。长江流域特别是中上游森林资源的乱砍滥伐、过度开发导致的森林覆盖率不断下降、水土流失不断扩大，是造成这次特大洪水灾害的直接原因。此次特大洪灾结束后，为了恢复长江流域森林覆盖，增强水土涵养能力，从根本上解决洪水灾害，党中央、国务院决定在四川、云南等12个省区国有林区开展天然林资源保护工程试点工作。2000年，国务院批准了

① 西藏统计局. 西藏统计年鉴2018［M］. 北京：中国统计出版社，2018：5-7.

国家林业局、国家计委、财政部、劳动保障部联合上报的《国家重点林区天然林资源保护工程实施方案》，天然林资源保护一期工程全面实施（以下简称“天保”一期工程），工程期限为2000—2010年。“天保”一期工程累计投入资金588亿元，其中国家投入559亿元，占95.1%，地方配套29亿元，占4.9%。实施“天保工程”，是我国林业由以木材生产为主向以生态建设为主转变的重要标志，具有里程碑意义①。

8.3.2.2 昌都地区“天保”一期工程实施过程

西藏自治区纳入长江中上游“天保”一期工程范围的实际上只有昌都地区。昌都地区“天保”一期工程于2000年开始实施，国家共投入工程建设资金4.5亿元，主要在昌都地区的江达、芒康、贡觉三县组织实施。工程实施区总人口18.58万人，其中农业人口17.85万人，三县土地总面积4659.94万亩，其中林业用地1839.33万亩，森林覆盖率38.65%，有林地覆盖率17.58%。“天保”一期工程实施以来，当地政府严格贯彻“严管林、慎用钱、质为先”的工作原则，坚持“管、造、封”并举，创新“天保”管护机制。全面落实了120万公顷天然林管护任务，完成公益林建设33万亩；全面停止了天然林商品性采伐，关闭了林区木材加工厂18家，大幅度调减了森林资源采伐限额，森林资源消耗量调减幅度为89%，商品性用材产量调减幅度为100%；全面落实了森林管护责任制，对工程区120万公顷天然林实行了常年严格有效的管护，配备责任心强、工作踏实的农牧民管护人员2715人。工程实施期间，共安置生态搬迁人员2508户15183人，其中跨地区搬迁安置550户3535人。建设生态苗圃4个，面积265亩，建立川西云杉、高山松、白桦等乡土树种采种基地3000亩②。

8.3.2.3 “天保”一期工程实施中的问题及原因

实施“天保”工程对于实现昌都地区可持续发展起到了巨大的推动作用，回顾昌都地区实施“天保”一期的工作，还存在一些瑕疵，人工林成效不高、基础设施建设相对落后、能源替代发展缓慢、后续产业发展势头

①② 全国政协文史和学习委员会．亲历西部大开发．西藏卷［M］．北京：人民出版社，2016：343.

不足等。就拿人工林培育和基础设施建设来说，当时昌都地区芒康、江达、贡觉三县“天保”工程一期共完成人工造林7万亩，人工造林地块成活率、保存率虽然达到了国家标准，但由于工程区地处干热河谷地，蒸发量大、土层薄、立地条件差，加之造林投资低、抚育不到位等综合因素影响，导致部分林木生长不良、林分质量不高。由于森林管护站点建设自筹资金不足，导致林区道路年久失修，损坏较为严重，通行不畅，林区管护站点用房简陋，巡护工具功能单一，生活设施设备较差，加之能源替代发展缓慢，林区部分群众仍然维持传统的生产生活方式，修建房屋、生活用材依旧依赖天然林木材。以上问题极大地威胁着工程区森林资源的安全，给森林资源保护带来了严峻的考验。

8.3.3 森林资源保护与绿色发展的前景展望

“天保工程”还有很长的路要走，要做好这项造福子孙后代的工作，就要扎实做好群众的宣传、教育和引导工作，消除群众中存在的“靠山吃山靠水吃水”的传统思想，引导工程区的广大群众了解工程、关心工程、参与工程、爱护工程，增强全社会共同关心生态环境建设意识，切实保护森林资源。加强天然林和重点公益林保护，大力实施退耕还林和防护林建设，完善森林生态效益补偿奖励机制。加快实施“两江四河”造林绿化工程，深化森林资源管理体制改革，稳妥推进国有林场改革，引导各方面资金投入造林绿化。积极探索、建立健全天然林保护的长效机制，认真研究制定林业后续产业发展的相关扶持政策，不断培植壮大林区后续产业，通过各种有效措施，加快林农脱贫致富，促进工程区生态环境进一步好转，进而保护好工程区的森林资源。

8.4 草原环境保护的发展历程与现状

西藏是全国草原面积最大的省区，全区有天然草地12.65亿亩，草原对西藏畜牧业的发展有着巨大的作用，还与农牧民群众的生产生活息息相关。西藏的特殊地理位置、多样的环境和复杂的气候类型，造就了复杂多样的草地类型，全国18个草地类型中除干热稀疏灌草丛外，其他17个草地类型在西藏均有分布。随着草原利用强度不断增大，草畜矛盾、草原退化问题开始出现。“西部大开发”战略实施以来，按照科学发展观要求，西藏自治区草原工作的指导思想发生重大变化，由生产生态并重逐步转为生产生态有机结合，生态优先。

8.4.1 草原生态保护建设历程分析：以阿里地区为例

草原是西藏畜牧业发展和农牧民生产生活的重要物质基础，与农牧民群众的生产生活息息相关。随着草原利用强度不断增大，草畜矛盾、草原退化问题开始出现。20世纪80年代中后期以后，草原生态功能及其建设与保护才引起各级党委政府部门的重视，草原工作强调生产生态并重。“西部大开发”战略实施以来，按照科学发展观要求，西藏自治区草原工作的指导思想发生重大变化，由生产生态并重逐步转为生产生态有机结合，生态优先。这一战略重点的调整，是草原工作认识上的一个重大转变，是草原工作进入新阶段的重要标志之一，为今后一个时期加大草原生态保护与建设力度奠定了思想基础。下面选择西藏自治区阿里地区作为案例，分析草畜矛盾问题以及对草原资源保护以来所取得的成就。

阿里地区位于青藏高原北部至羌塘高原核心地带，平均海拔4500米，素有“世界屋脊的屋脊”之称，是世界上人口密度最小的地区之一，以牧业为主，总面积为34.5万多平方千米，草场面积3.2亿亩，可利用草场面积2.5亿亩。阿里地区共有7个县，东三县——革吉、改则、措勤县为纯牧业县，西四县——日土、噶尔、札达、普兰县为以牧业为主半农半牧县。长期以来，牧业是牧民赖以生存的基础，人靠牲畜、牲畜靠草场、草场靠天的生产模式，原始而古老。牧民们亘古不变的观念就是“有了牲畜就有了一切”，牲畜的多少代表着贫富的程度。

8.4.1.1 草畜矛盾日益凸显

阿里在西藏既是牧业大区，又是高寒草原类草地和高寒草甸类草地地区，虽然幅员辽阔，草场面积大，但是由于长期干旱、超载放牧以及人为破坏严重等因素，草场退化十分严重。到1999年，阿里地区草场退化面积达到1.23亿亩，占草场总面积的43.15%。

20世纪末，阿里地区的牲畜已达到300万头，随着牲畜的大量增加和草场严重超载使用及退化，一个残酷的现实问题摆在了面前，固有的土地面积以及可利用的草原资源无法满足牧业大发展的需要，草畜矛盾日益凸显。

8.4.1.2 草畜矛盾形成原因分析

致使草畜矛盾突出的主要原因包括：一是牲畜总量是衡量牧业收入高低的重要考核指标之一，盲目地注重高收入终究会导致牲畜数量严重超过环境的承载能力[①]。20世纪70年代，政府鼓励和支持牧民增加牲畜总量，以提高牧业收入。改革开放后，实行牲畜到户承包经营的政策，致使牲畜总量成倍增加，草畜矛盾难以解决，特别是20世纪80年代畜产品价格开始不断攀升，广大牧民更加舍不得将牲畜出售，导致牲畜的总量难以控制。二是草场管理不严、措施不利。草场承包责任制实施之前，草场管理责任不明确，牧民只顾放牧不顾草场建设和管理。来往的车辆在草地上到处碾压，在茫茫草原上随处可见被各种车辆碾压的条条车辙，导致牧草多年不生长。三是牧民缺乏科学管理与合理利用草场的意识，牧民只懂得放牧却不懂得保护草地，从根本上缺乏草地的可持续利用意识，对草原的严重超载及退化认识不足，导致草场资源的浪费。四是受地理环境的影响，年降雨量极少，长期严重干旱，草场长势堪忧，且高原地区自然灾害种类繁多，极易发生雪灾、风灾、旱灾、鼠疫、各类牲畜疾病等，严重制约着脆弱的牧业经济，遏制着畜牧业生产的发展。

8.4.1.3 草场承包经营责任制的推行及意义

20世纪80年代中后期以后，是草原生态保护与建设政策出台最多、最频繁的时期，被誉为“草原的春天”。2005年，党中央为西藏制定了一项长期不变的政策，即“草场共有，承包到户，自主经营，长期不变”。在这项牧业政策的鼓舞和“西部大开发”的推动下，阿里地区提出了“立

① 全国政协文史和学习委员会．亲历西部大开发．西藏卷［M］．北京：人民出版社，2016：334.

草为业，草业先行”的牧区发展思路，大兴草业建设工程。从“五个有利于”（即有利于打破草场上使用的“大锅饭”问题，从而从根本上解决草畜矛盾；有利于改变“草原无价、使用无度、破坏无责”的落后观念，激发群众建设草场的积极性；有利于牧民群众的脱贫致富；有利于推进畜牧业科技进步和创新，改变传统的生产经营方式，促进畜牧业朝高产、优质、高效方向发展；有利于推进经济与社会、人与自然的协调发展，改善和优化生态环境，保证草地资源的持续利用）向传统、落后的草场管理模式提出了新的挑战，进一步完善和加强草场承包责任制。通过草场承包经营责任制的推行、科学化的管理和市场化的运作，转变了农牧民的思想观念，确定了符合实际的载畜量，加大了对草场有效承载范围以外牲畜的出栏力度，极大地调动了牧民群众建设、保护和有效利用草场的积极性，增加了对草场建设的投入。

8.4.2 草原环境保护现状

西藏是全国草原面积最大的省区，全区有天然草地 12.65 亿亩，约占全区总面积的 70%，位居全国首位，占全国天然草地总面积的 1/5。其中可利用天然草地面积 10.6 亿亩；耕地面积 662.66 万亩（实控区 550.75 万亩），其中水田 62.26 万亩、水浇地 398.21 万亩、旱地 202.19 万亩，农作物播种面积稳定在 377.02 万亩。

8.4.2.1 西藏草原作为重要生态屏障的作用突出

西藏的特殊地理位置、多样的环境和复杂的气候类型，造就了复杂多样的草地类型，全国 18 个草地类型中除干热稀疏灌草丛外，其他 17 个草地类型在西藏均有分布。西藏草原素有“江河之源”“生态调节之源”和“绿色基因库”之美称，是维护全国乃至亚洲东南部生态安全的重要绿色生态屏障。

8.4.2.2 西藏草原生物多样性特点突出

西藏草原动植物种类资源丰富，生物多样性特点十分突出。目前已采集到的植物标本中，有苔类 16146 种、藓类 607 种、裸子植物 120 种、被子植物 5246 种、藻类植物 2376 种、真菌 878 种。同时，西藏草原是众多野生动物的生存地，也是世界上很多珍稀动物的乐园，其中属于我国一类保护动物的有野牦牛、藏羚羊、雪豹等，大多为我国和西藏所特有。全区有野生脊椎动物 795 种（其中 125 种为国家重点保护野生动物，占全国重点保护野生动物种类的 1/3 以上，196 种为西藏特有），其中哺乳动物类 145 种，鸟类 492 种（其中 22 种为西藏特有），爬行类 55 种，两栖类 45 种，鱼类 58 种；有昆虫近 3759 种、水生浮游动物 760 多种。全区大中型野生动物数量居全国首位，藏羚羊数量占世界整个种群数量的 80% 以上，黑颈鹤越冬数量占世界整个种群数量的 80%，野牦牛数量占世界整个种群数量的 78%[①]。

8.4.3 草原保护政策和工程实施成效显著

8.4.3.1 阿里地区草畜逐渐平衡

草原保护政策的实施，促进了阿里地区草原牧区生态环境进一步好转。首先是牧民群众的思想观念得到进一步转变。草场承包到户后，群众的草场权益得到确立，极大地调动了农牧民保护和建设草场的积极性：通过“草奖政策”的实施，牧民群众对草原生态建设重要性的认识有了极大的提高，对草原日趋退化、人畜矛盾日益突出的忧患意识明显增强，对草原作为资本的价值有了新的认识。其次是确定了“以草定畜”的模式。草场承包到户后，人、草、畜以及草原管、护、用、建和责、权、利的关系基本理顺，牲畜吃草原“大锅饭”的问题得到有效解决，草畜矛盾得到了一定程度的缓解[②]。通过“草奖政策”3 年来的全面实施，各地制定了减畜任务目标，层层签订了目标责任书，并从市场、政策、机制方面入手想办法、找路子，为牲畜出栏、外销创造有利条件，确保完成减畜任务。截至 2017 年末，阿里地区牲畜存栏数更是锐减到 192.91 万头[③]，草畜平衡得到有效推进（见表 8–1）。

---

① 西藏统计局 . 西藏统计年鉴 2018［M］. 北京：中国统计出版社，2018：4–6.

② 全国政协文史和学习委员会 . 亲历西部大开发 . 西藏卷［M］. 北京：人民出版社，2016：330.

③ 西藏统计局 . 西藏统计年鉴 2018［M］. 北京：中国统计出版社，2018：4–5.

表 8-1 2017 年末阿里地区各县牲畜存栏数

阿里地区	普兰县	札达县	噶尔县	日土县	革吉县	改则县	措勤县
牲畜存栏总数 / 万头	8.9	7.76	16.22	32.47	43.54	49.23	34.79
大牲畜 / 万头	1.4	2.12	1.13	0.72	1.42	3.58	3.93
羊 / 万只	7.5	5.64	15.09	31.75	42.13	45.64	30.86

数据来源:《西藏统计年鉴》。

8.4.3.2 西藏全区草原更美

如今，草原保护政策和工程性措施的落实，让高原的草地变得更美。第一个“美”体现在草原更绿。如表 8-2 所示，2017 年末，西藏地区牲畜存栏数为 1756 万头，与 1978 年末相比减少 593 万头，总体来看，西藏全区牲畜存栏数呈逐年递减的趋势[①]。近年来，通过牧草良种补贴、人工种草及草地改良等项目，各地大力开展集中连片和牧户房前屋后人工种草，增加了饲草料供给，有效地减轻了天然草场放牧压力。2013 年，对 9 个退牧还草工程县项目区工程效益进行了监测，表明项目工程区内与工程区外相比，植被覆盖度由 49.66% 提高到 57.97%，平均提高 8.31 个百分点；植被高度由 3.48 厘米提高到 5.06 厘米，提高 1.58 厘米，提高了 45.40%；产草量提高 50.18%，全区草原鲜草产量 8675.2 万吨，比 2010 年增加了 858.2 万吨，增长 11%。土表风蚀现象减轻，草地生态功能逐渐增强；草地退化、沙化得到有效控制；草原植被覆盖、高度均有所提高，草原生态正在逐步恢复。

表 8-2 西藏地区历年牲畜存栏数

年份	1978	1991	2001	2011	2017
牲畜存栏总数 / 万头	2349	2317	2360	2185	1756
大牲畜 / 万头	509	575	607	690	627
羊 / 万只	1815	1724	1729	1459	1087

数据来源:《西藏统计年鉴》。

第二个“美”体现在农牧民的生活更好。各项政策措施的落实促进了

① 西藏统计局 . 西藏统计年鉴 2018［M］. 北京：中国统计出版社，2018：3-5.

牧区经济发展，增加了农牧民收入，改善了其生产生活条件。2011—2013年，西藏全区草奖资金实际发放到户 45 亿元，按全区 47.54 万牧户计算，平均每户仅此项惠民政策就增加现金收入 9000 余元；3 年间，西藏全区减畜出栏 372.69 万头[①]，牲畜销售收益约 50 亿元，每户增收 1 万余元，两项合计增收 1.9 万余元。2013 年全区农牧民人均纯收入达到 6578 元，是 2004 年的 3.5 倍。同时，天然草地的生产能力得到提高，增强了抵御自然灾害的能力，减少了牲畜冬春季节的掉膘和死亡，增加了群众的收入，也减少了防灾救灾资金的投入。

第三个“美”体现在农牧区社会更加进步和谐。尤其重要的是，通过实施这些政策，促进了社会稳定、农牧区繁荣，逐步改变了牧民群众靠天养畜、只索取不投入的牧业生产方式，注重生态保护的观念开始深入人心；项目区富余劳动力向第二、第三产业转移，加速了第二、第三产业的发展和人口的合理流动，促进了牧区的经济繁荣发展[②]。项目的实施促使超载牲畜出栏上市，提高了牧民群众的市场经济意识，促进了农牧区市场的发育。特别是让西藏自治区广大牧民感受到了中央的关怀和民族大家庭的温暖，增强了其对维护民族团结和社会稳定的决心，为加快牧区经济社会发展创造了良好的环境。

8.5　环境保护与旅游业的可持续发展

西藏自治区在我国扮演着极为重要的角色，它是中国水资源安全战略基地和水能资源接续基地，也是我国重要的生物物种基因和生物多样性保护重点地区，对保障国家生态安全具有独特的战略意义。不仅限于此，西藏高原还有着“世界屋脊”和“地球第三极”的称号，是亚洲乃至北半球气候的“感应器”和“敏感区”，也是我国和东亚地区地理环境

① 西藏统计局 . 西藏统计年鉴 2018［M］. 北京：中国统计出版社，2018：6–7.

② 全国政协文史和学习委员会 . 亲历西部大开发 . 西藏卷［M］. 北京：人民出版社，2016：332.

格局形成的地形屏障，对我国和东亚气候系统的稳定起到至关重要的作用。在外界的众多干扰之下，生态环境极易遭到破坏，况且一旦被破坏就难以恢复。

8.5.1 旅游资源保护与西藏旅游业发展

近年来，西藏经济随着旅游业的蓬勃发展不断攀升，旅游业是西藏改革开放以后形成的新兴产业，也是产业结构由传统农牧业为主向多元化、现代化方向转变的最显著体现。20 世纪 80 年代西藏发展旅游产业以来，逐步开发出一大批独特的自然景观，西藏旅游业的蓬勃发展正是缘于此，即以“地球第三极”著称的自然景观和以藏传佛教文化旅游为特征的人文景观。

经过 30 多年的发展，西藏旅游业已取得令人瞩目的成就。特别是在 2010 年召开的“第五次西藏工作座谈会”上，党中央明确提出了要把西藏打造为“重要的中华民族特色文化保护基地”“重要的世界旅游目的地”。2011 年，习近平主席在出席西藏和平解放 60 周年庆典、视察林芝地区时指出，“要做精做强旅游业”。西藏旅游业从无到有，从小到大，已成为西藏第三产业的重要支柱，也是整个西藏经济结构的重要组成部分。

8.5.2 旅游业发展给环境保护带来的新挑战

旅游业的迅速发展固然促进了西藏交通、邮电、民族手工业、商业饮食的进步和文化设施、城镇建设等方方面面的发展，但随着旅游业的兴旺发展，生态环境保护问题也随之产生，由于西藏所处地理位置的重要性，若不重视对生态环境的保护，后果将不堪设想。从传统意义上讲，人们总是在旅游产业发展的相关问题上产生一些误区。

一是旅游资源是可再生资源。传统观点认为，旅游产业或者旅游产品的消费是一种“视觉”上的消费，并不会消耗自然资源甚至破坏生态环境。基于这种错误的认知，相关部门在开发和利用旅游资源时，只看重开发，忽略了对生态环境的保护，甚至采取掠夺式的肆意开发方式，被经济效益冲昏了头脑。面对西藏旅游产业的蓬勃发展，越来越多的游客进入这个美丽的宗教文化圣地，世界各地游客中不乏素质低下之人，景区中生活垃圾的肆意乱扔，烟民们的吞云吐雾，甚至是对大自然壮丽景观的乱涂乱画，都无时无刻在给生态环境增加负担。实际上，旅游资源特别是自然资源在很大程度上都是不可再生资源，这种错误的认识不仅消耗资源，而且呈现出过度消耗资源的趋势。

二是旅游产业是“无烟工业”，不会对生态环境造成破坏[①]。由于存在这种认识，加之受短期经济利益的驱使，相关部门对旅游资源的开发及经营管理可能会采取粗放型方式，使得旅游资源耗费无所补偿，必然会导致生态环境质量下降。其实，旅游业同样会产生“三废”，并且“三废”的处理在技术难度上并不亚于传统工业“三废”的处理。由于没有把环境资源消耗纳入旅游产品的成本之中，忽视了旅游环境资源的价值，也容易得出旅游产业是“低投入高产出”这一片面的结论。

8.5.3　推广“生态旅游”，实施旅游产业可持续发展

学术界大多数观点认为，“生态旅游”概念是由国际自然保护联盟特别顾问、墨西哥旅游专家谢贝洛斯·拉斯喀瑞于20世纪80年代首次提出[②]。直到1992年“联合国世界环境和发展大会”召开，在世界范围内提出并推广了可持续发展的概念和原则之后，生态旅游才作为旅游业可持续发展的主要形式在世界各地被广泛地研究和实践。尽管生态旅游的概念早在20世纪80年代就已经提出，但对其概念的界定，国际旅游界至今尚未有统一的定义。国际生态旅游学会1991年将生态旅游定义为：“旨在保护环境和改善当地人生活的负责任的旅游”，这是目前国际上基本得到认可的定义之一。布莱米认为生态旅游的三个核心标准应该是：以自然为基础的因素、学习性或教育性以及要求可持续性[③]。即生态旅游作为一种新型的

---

① 邓燕云，郑洲.西藏旅游业可持续发展研究——基于发展生态旅游的视角分析［J］.重庆大学学报（社会科学版），2007（5）：35.

② 张泽梅，郑洲.西藏发展生态旅游的对策研究［J］.经济体制改革，2009（4）：12.

③ 高琴，包瑞清，吴博.中国生态旅游浅析［J］.山西建筑，2007（1）：5.

旅游方式，特别注重培养旅游者学习、体验及欣赏自然环境或者是在与自然环境相联系的文化背景中欣赏的一些元素，具有明显的环境与社会文化的可持续性。

目前对生态旅游的基本目标取得了大致认同：生态旅游应该是保护自然与生物资源的多样性，并维持资源利用的可持续性；开展生态旅游必须保证和促进生态系统协调发展，至少不应该破坏生态系统的平衡及造成环境破坏；通过生态旅游实践，能够增强旅游者与当地人的环境保护意识，从而自觉维护生态环境平衡，实现旅游业的可持续发展；开展生态旅游还必须获得经济利益，特别是要使当地居民在经济方面获得益处。

生态旅游不仅是一种新型的旅游形式，而且是一种“具有保护自然环境和维系当地人民生活双重责任”的旅游活动。生态旅游的开展，既要充分利用生态资源，推进旅游资源产业向更高层次发展，从而提高旅游产业所带来的经济效益；又要在旅游产业经营和发展过程中尽可能地节约资源，减少对资源的浪费以及对自然环境产生的负面影响，从而实现生态环境保护与经济效益协调可持续发展。旅游产业可持续发展的前提条件是旅游资源的可持续利用，而实施生态旅游恰好可以为旅游产业的可持续发展创造有利条件。生态旅游既可以为旅游资源的充分开发和利用提供强有力的保障，又可以有效减少甚至避免对旅游资源的开发所产生的破坏。生态旅游通过减轻环境压力、保持旅游景区和资源的完整性，以达到经济效益和生态环境保护之间的平衡，这是实现旅游资源可持续利用和旅游产业可持续发展的较好途径。

西藏生态环境的脆弱性使得其生态环境的保护与资源利用之间的矛盾十分突出，发展生态旅游，一方面有利于恢复和创建良好的生态环境，协调发展与保护之间的关系；另一方面，可以实现旅游产品的更新换代，逐步增强西藏旅游产业发展后劲与激发后发优势。西藏独特的自然与人文资源使得西藏旅游产业具备与国内其他省区不同的发展潜力和优势，因此应该充分开发具有比较优势与绝对优势的旅游资源，提升传统文化旅游产品的质量，推出能适应不同地区游客需要的旅游精品，特别是具有市场潜力的生态旅游产品，如登山旅游、探险旅游、徒步旅游和科考旅游等专题旅游产品[①]，以阿里为中心，逐步形成宗教朝圣、古迹考察和荒漠探险徒步生态旅游区，这样可以避免利用现代交通运输工具旅游而给大自然带来的生态环境污染，着力打造国际精品旅游胜地，实现西藏旅游产业的可持续发展。

8.6　西藏生态环境保护的对策及措施

西藏生态环境保护任重而道远，环境保护和生态建设要以构建西藏生态安全屏障为核心，统筹生态环境保护、经济发展、社会进步、民生改善，促进生态保护和经济建设协调发展、环境优化和民生改善同步提升，切实建设生态西藏。要坚持工程治理与自然修复相结合，优先保护天然植被，重视自然修复，加快大江大河源头区、草原、湿地、天然林及生物多样性的保护。坚持生物措施和工程措施相结合，科学配置各种治理措施，认真实施好防沙治沙、水土流失治理、植树造林等重点生态建设工程，促进退化生态系统的恢复与重建。要正确处理好生态环境保护和经济发展的关系，认真统筹好经济社会发展和生态环境保护，统筹好生态保护和污染防治，全面推进西藏的生态环境保护建设和污染防治管理，强化生态环境综合整治，加强生态环境保护基础能力建设，促进西藏生态环境保护事业快速发展。具体表现在以下几个方面。

8.6.1　加强大江大河源头区、湿地、草原、天然林保护

以维护重要生态功能为核心，开展雅鲁藏布江源头、拉萨河源头等重要生态功能保护区建设。采取生物和人工措施，实施生态系统功能恢复工程，增强江河源头区涵养水源、保持水土等能力，促进区域生态功能恢复。开展纳木措生态环境保护工作。在做好第二次全区湿地调查的基础上，加快建设以国际重要湿地、国家重要湿地、湿地类型自然保护区为基本格局的湿地保护体系，对玛旁雍错、麦地卡等国际重要湿地以及班公

① 邓燕云，郑洲．西藏旅游业可持续发展研究——基于发展生态旅游的视角分析［J］．重庆大学学报（社会科学版），2007（5）：35.

错、洞措等11处国家重要湿地进行保护和恢复建设。

实施退牧还草、草原鼠虫毒草害治理、人工种草与天然草地改良等工程，加强草地资源保护。采取禁牧、休牧和草场补播等措施，优先保护天然草场，实施退牧还草工程；对那曲、日喀则、昌都三地区鼠虫毒草害严重区域进行治理；在部分农区、半农半牧区及草地退化严重区域实施人工种草和天然草地改良工程，以增加项目所在区域饲草供给能力，缓解饲草不足，减轻天然草原的压力。

实施天然林保护、森林防火和有害生物防治工程，加强森林资源保护。启动西藏天然林保护二期工程建设，切实加强对工程区天然林资源的管护，提高森林资源管护费标准。整合中央财政森林生态效益补偿基金和西藏财政配套资金，继续实施重点区域生态公益林建设，并加强国家重点公益林管护。加强森林防火及装备能力等基础设施建设，逐步完善全区森林防火监测预警、通信指挥、损失评估和勘查系统，全面提高控制和扑救森林大火的能力。在全区七地（市）和重点有林县开展森林病虫害信息传输处理系统、病虫害测报点建设。

8.6.2 加强生物多样性保护

建立健全生物多样性保护和生物安全监管体系，加强生物多样性关键区域保护和监管，开展重点地区物种资源调查，启动生物多样性保护示范区试点建设，制定西藏自治区生物多样性保护战略与行动计划。加强对西藏珍稀野生动植物种群及其栖息地的保护。加强外来入侵物种的预防和控制，强化生物安全管理。加快自然保护区资源调查评估，完善自然保护区总体规划和功能区划，依法加强自然保护区管护能力建设，规范化建设珠穆朗玛峰、纳木错、札达土林等国家级和自治区级自然保护区，逐步建立自然保护区生态补偿机制。积极稳妥开展生态搬迁。

8.6.3 加大造林绿化力度

实施防护林体系建设、重点区域生态公益林建设工程，大力开展荒山荒地造林绿化工作，不断扩大森林面积，森林覆盖率达到12.11%。主要以拉萨市周边、重要城镇、主要公路沿线等为重点，构建雅鲁藏布江中游“一江两河”流域宽谷地、藏东南“四江”流域重要地带、喜马拉雅山区重要地带、藏西北河谷区宜林地四大防护林体系，建设“绿色拉萨”。建设重点区域生态公益林，加快迹地更新和中幼林抚育，支持苗圃基地建设。继续组织全社会力量开展植树造林，鼓励区内外人员或企业承包荒山荒滩荒坡进行植树造林，加快城镇郊区、公路铁路沿线、河谷地带等植树造林和农村“四旁”植树。

8.6.4　努力遏制土地沙化和水土流失趋势

以羌塘高原南部及藏西山地土地沙漠化控制与牧业适度发展区、雅鲁藏布江中游宽谷土地沙化和水土流失控制及经济重点发展区等区域为重点，采用生物措施和工程措施相结合的综合治理措施，加大重点地区沙化土地治理力度，提高沙区林草植被覆盖率，建立林灌草相结合的防风固沙生态防护体系，有效遏制土地沙化扩展趋势，使重点区域内的流动沙地得到有效遏制，半固定沙地、固定沙地和露沙地等沙化土地得到有效治理。以水土流失治理、小型水利水保工程修建以及易灾地区生态环境综合整治为突破口，采取小流域综合治理、坡耕地整治和生态修复相结合等措施，实施水土保持工程，使重点地区水土流失基本得到控制，生态环境明显改善。

8.6.5　努力改善农牧区环境

以人口密集区、农业发达地区、农牧民聚居区、重点水源地、退化草场、沙化土地为重点，加大环境综合治理力度。认真落实“以奖促治”“以奖代补”政策，实施农村环境综合整治工程，大力推进人居环境建设和环境综合整治工作。全面开展以生态乡镇、生态村为重点的生态示范创建工作，选择在限制开发区域中人口资源环境条件较好的县开展生态文明示范工程试点。大力推进农牧区传统能源替代，实施好农牧区户用沼气、生态校园沼气、农村小水电代燃料工程，推广使用太阳灶、太阳能热水器、节柴灶等新产品。

8.6.6 大力发展“生态旅游”

西藏地区拥有得天独厚的自然旅游资源和人文资源，但绝大多数景点都位于自然保护区内，生态环境十分脆弱，缺乏对外界各种干扰的抵抗力。因此，对于敏感地段的旅游资源开发，要按照“限游模式”进行，避免短期行为。生态保护是西藏旅游产业发展的首要任务，在对旅游资源开发可行性充分论证的前提下，应对可再生旅游资源加大利用力度，对不可再生旅游资源则加大保护力度，只有发展这种“生态旅游”模式才可能避免对生态、环境和旅游资源的破坏，实现西藏旅游的可持续发展。

8.7 结论

西藏自治区在我国扮演着极为重要的角色，是我国重要的生物物种基因和生物多样性保护重点地区，对保障国家生态安全具有独特的战略意义。不仅如此，西藏高原有着“世界屋脊”和“地球第三极”的称号，是亚洲乃至北半球气候的“感应器”和“敏感区”，也是我国和东亚地区地理环境格局形成的地形屏障，对我国和东亚气候系统的稳定起到至关重要的作用。西藏生态环境保护任重而道远，环境保护和生态建设要以构建西藏生态安全屏障为核心，认真统筹好经济社会发展和生态环境保护，统筹好生态保护和污染防治，全面推进西藏的生态环境保护建设和污染防治管理，强化生态环境综合整治，加强生态环境保护基础能力建设，促进西藏生态环境保护事业快速发展。

参考文献

[1] 廉湘民. 中国特色解决民族问题的光辉典范——庆祝西藏自治区成立50周年[J]. 中国藏学，2015（3）：21.

[2] 长江年鉴编纂委员会. 长江年鉴2017 [M]. 湖北：水利部长江水利委员会宣传出版中心长江年鉴社，2017.

[3] 全国政协文史和学习委员会. 亲历西部大开发. 西藏卷 [M]. 北京：人民出版社，2016.

[4] 雷桂龙. 西藏林业工作的“十一五”回顾与“十二五”展望 [J]. 林业建设，2011 (4)：15.

[5] 西藏统计局. 西藏统计年鉴2018 [M]. 北京：中国统计出版社，2018.

[6] 邓燕云，郑洲. 西藏旅游业可持续发展研究——基于发展生态旅游的视角分析 [J]. 重庆大学学报 (社会科学版)，2007 (5)：35.

[7] 张泽梅，郑洲. 西藏发展生态旅游的对策研究 [J]. 经济体制改革，2009 (4)：12.

[8] 高琴，包瑞清，吴博. 中国生态旅游浅析 [J]. 山西建筑，2007 (1)：5.

第 9 章　西藏卫生资源与健康

旦增遵珠[①]　扎西达娃[②]

9.1　引言

卫生资源是人类开展卫生保健活动所使用的社会资源，包括卫生机构、床位、卫生人力资源以及财力资源等。它是卫生部门开展卫生保健活动的物质技术基础。社会可能提供的卫生资源与人们卫生保健实际需要之间总有一定的差距，在社会经济发展的不同阶段会进行不同的配置。随着经济社会的变迁，人们的卫生保健需求呈现出多样性、随机性和差异性，因此卫生资源需要关照诸如医疗、预防、妇幼保健、计划生育、环境保护、医学教育、医药科研、药品器械生产等诸多方面。由于卫生资源的有限性和人们卫生保健需求的多样性，卫生资源在社会经济社会发展的历程中总是被有选择性地投入某个卫生服务领域，而无法在所有卫生服务领域内平均分配。本章主要对 1951 年以来的西藏卫生事业发展进行综述，并分别对西藏卫生机构、床位、卫生人力等资源变化情况展开分析。

① 旦增遵珠，经济学博士、哈佛大学访问学者，西南民族大学经济学院教师。主要探究领域为西藏地区经济发展。

② 扎西达娃，西藏大学医学院教授。

［基金资助］国家卫健委法规司资助项目“西藏医疗卫生服务体系现状与对策研究”（18080029）。

9.2 西藏自治区卫生事业发展综述

经过70年的发展，西藏基本实现了与全国同步发展，各族人民的健康权得到了有效保障。医疗服务、妇幼保健、藏医藏药、疾病防控等服务体系不断健全，原有的严重危害群众健康的全区性传染疾病基本得到控制，各类传染病、地方病发病率和死亡率大幅下降。改善医疗卫生基础设施工作稳步推进，自治区级、市（地）级医院和县级医院陆续得到改扩建，覆盖城乡的自治区、市（地）、县、乡四级医疗服务体系初步形成。以农牧区医疗制度为例，西藏一直对农牧民实行特殊的免费医疗政策，以免费医疗为基础，以政府投入为主导，家庭账户、大病统筹和医疗救助相结合的农牧区医疗制度全面建立。

9.2.1 初创和早期发展阶段（1951—1979年）

9.2.1.1 现代卫生事业在西藏的开拓奠基时期

1951年西藏和平解放至1959年民主改革前，是西藏卫生事业组建机构，开拓奠基时期。为了开展西藏现代卫生事业，中国人民解放军和国家卫生部组派了大量医务人员进藏。1951年随军进藏的有西北医疗队、西南医疗队和班禅医疗队，1952年组派了“中央人民政府卫生部昌都民族卫生工作大队”，1953年中央卫生部又先后组织2批赴藏卫生工作队。1951年，中国人民解放军第十八军在昌都成立了第三办事处卫生所，十八军五十三师在波密地区倾多宗成立了波密卫生队，十八军丁青警备区成立了卫生队。1952年7月，昌都第三办事处卫生所集体转业成立了昌都地区人民医院，9月8日，拉萨人民医院成立，西藏军区卫生处代管，10月工布（林芝）卫生所成立，同年冬，丁青警备司令部卫生队集体转业成立了丁青卫生科和卫生所。1953年7月，成立了中国人民解放军第十八军先遣支队供给部卫生科，统一领导全区医疗卫生工作。1954年6月，黑河卫生所成立。1955年10月15日，日喀则地区医院成立，同年冬，阿里地区分工委卫生所成立。1956年8月，山南分工委卫生所成立。至此，西藏全区医疗卫生最初的布点工作完成。据统计，1954年，从祖国各地派到西藏工作的卫生人员已达300余人，其中部队转业者占17%，赴藏卫生队员占83%。1959年民主改革前，除1954年和1957年外，每年国家都分配医药院校毕业生或抽调在职卫生人员进藏工作。1959年，西藏全区共建立医药卫生机构62个，病床480张，各类卫生技术人员791人。

1955年，卫生科召开全区第一届卫生行政工作会议，制定了“有计划、有重点地稳步发展西藏的卫生事业，培养民族卫生干部，团结藏医，加强卫生宣传教育，在已有的工作基础上提高质量，大力争取消灭医疗事故，进一步扩大影响群众工作”的卫生工作方针。在这一方针的指引下，广大进藏医务工作者救死扶伤，实行革命人道主义，全心全意地为各阶层患者治病。用科学技术手段治愈了大量的危重病人，赢得了群众的信任。同时，一些传染病、地方病开始得到控制。由于西藏和平解放初期的卫生工作是“统战、治病、做买卖”三大任务之一，所以从人民解放军进藏之日起就施行全民免费医疗的措施。

1959年民主改革以后至1966年春季是西藏卫生工作稳步发展时期。卫生事业部门从内地各省区逐年组派卫生人员进藏，同时早期培养的藏族及区内其他少数民族卫生人员逐步成长，卫生队伍扩大，卫生事业得到发展。到1965年，全区医药卫生机构增至193个，为民主改革前的3.11倍；床位1631张，为民主改革前的3.4倍；卫生人员增加到2947人，为民主改革前的3.73倍。中央财政部拨给西藏的卫生事业费，由1959年的220.80万元增至696.80万元，为民主改革前的3.16倍[①]。

9.2.1.2　困难时期

“文化大革命”期间，是西藏卫生工作遭受重大损害时期。各级卫生领导工作陷于瘫痪状态达数年之久，原来的卫生工作部署被打乱。大批医学知识分子、医疗骨干遭到迫害。正常的规章制度被废除，破坏了医疗卫生机构的日常运转。内地省市历年向西藏分配医药院校毕业生中断，而大

① 西藏自治区卫生厅. 西藏卫生四十年［M］. 成都：四川科学技术出版社，1991：2.

批本民族干部又尚未成长。早期进藏医务人员内调后，后继乏人。但是，卫生人员在动乱中仍然坚毅地完成了大量防治任务和基层卫生建设工作。1973 年国务院也组派了 8 省市赴藏医疗队，与西藏医务人员协同工作，西藏的医疗卫生事业得以继续发展[①]。

9.2.2　改革开放以来的发展阶段（1979—2019 年）

9.2.2.1　稳步发展时期

中共十一届三中全会以后，卫生部门把工作重心转移到医药卫生现代化建设上来，西藏医疗卫生事业进入了一个新阶段。1989 年西藏卫生机构总数已达 1008 个，床位总数达 5355 张，卫生人员总数达 10062 人。卫生队伍不断壮大，西藏本土卫生干部大批成长，并逐步成长为业务技术骨干和卫生行政领导。西藏本土卫生人员已占西藏卫生人员总数的 70% 以上。卫生组织机构进一步发展完善，除医院外，卫生防疫、科研教育、药政管理、妇幼保健、计划生育等各方面均显著发展，形成了西藏医药卫生的完整体系，并从各方面自上而下向网络化发展。从西藏实际情况出发，有计划、有步骤地在农牧区和城镇进行全面的卫生改革，使人力、物力、财力发挥了更大的作用。在卫生工作全面发展的新时期落实了对藏医工作的各项政策，使藏医在西藏卫生工作中的地位和作用也进一步提高，藏医的优势得到了充分发挥，藏医学重新焕发出青春。西藏医药卫生事业蓬勃发展，并逐步走上法制化建设轨道。在改革开放方针的指引下，西藏卫生工作同其他省（区、市）加强了横向联系，实行对口支援。同欧美等国家和亚州、大洋州等国家建立了技术合作和友好往来关系，开展了学术交流，一改以往长期闭塞的状况[②]。

“八五”期间，经济持续增长，人民生活进一步提高，卫生事业也取得了长足发展，人民健康状况得到很大改善，卫生事业在西藏社会经济发展和局势稳定方面起到了应有的保障作用。卫生设施与人力、卫生费用、计划免疫与妇幼卫生、医学教育与科研以及公共卫生与健康教育等卫生服务及资源利用方面都有所改观。

①② 西藏自治区卫生厅 . 西藏卫生四十年［M］. 成都：四川科学技术出版社，1991：2–3.

9.2.2.2 高速发展时期

21 世纪以来，西藏卫生事业进入了快速发展时期。《“十一五”时期西藏自治区卫生事业发展规划》对“十五”期间的卫生工作进行回顾，指出：西藏建立了以免费医疗为基础的农牧区医疗制度；制定并实施了《西藏自治区农牧区卫生基础设施建设规划》，农牧区卫生基础设施条件得到改善。妇幼保健工作进一步加强，妇女儿童的健康水平显著提高。大力加强疾病预防控制工作，先后制定了“非典”、人禽流感、鼠疫、艾滋病、结核病、碘缺乏病、大骨节病、流脑等一系列防治方案或规划，实现了“拒非典于区门之外”的目标，重点加强了鼠疫、艾滋病、结核病、大骨节病、碘缺乏病和计划免疫所针对疾病的预防控制工作。完成了自治区藏医院藏医药研究所和部分地区藏医院扩建项目；对自治区藏医院、山南、昌都和那曲地区藏医院进行了等级评审；完成了全国第二、三批老中医药专家学术经验继承工作。同期卫生监督执法工作、城镇医疗卫生体制改革、医学教育和卫生外事以及卫生援藏工作都获得了长足发展。“十一五”期间卫生工作在基层医疗卫生服务体系、公共卫生综合服务体系、重点医院、藏医院、食品药品监管基础设施等方面获得了持续发展。

9.2.2.3 新的发展时期

2010 年以来，西藏卫生事业进入新中国成立以来最好的发展时期。《“十三五”时期西藏自治区卫生事业发展规划》对“十二五”期间卫生工作回顾，指出：西藏公共卫生服务不断加强。公共卫生服务均等化水平进一步提高，免费为城乡居民提供 12 大类 45 项基本公共卫生服务。建立了覆盖城乡的预防接种服务网络和疫苗冷链储运系统。加强了鼠疫、艾滋病、结核病等重大传染病和碘缺乏病、大骨节病等地方病的监测防治，全面实施城乡居民暨在编僧尼免费健康体检、儿童先天性心脏病救治、白内障复明手术等重大卫生惠民工程，居民健康状况得到改善。全区孕产妇系统管理率达 71.04%。积极开展出生缺陷三级预防工作，实施妇女常见病筛查及“两癌”（宫颈癌、乳腺癌）检查等国家重大公共卫生服务项目。医疗卫生服务能力明显提升。自治区、地市、县区、乡镇的 1000 多个卫生计生机构业务用房建设和基本诊疗设备配置，并在拉萨、昌都、阿里建立了应急流动医院，医疗救治能力得到明显加强。深化医改取得阶段性成果。公立医院改革不断深化，建立了覆盖城乡的国家基本药物制度，实现政府办基层医疗卫生机构的基本药物制度全覆盖并实行零差率销售。全民基本医保制度逐步完善，农牧区医疗制度县、乡覆盖率达到100%，全面实施城乡居民大病保险、疾病应急救助制度、重特大疾病医疗救助和孕产妇住院分娩医疗保险，个人卫生支出占卫生总费用的比重进一步降低。药品集中采购、分级诊疗制度、社会办医等改革统筹推进。藏医药事业稳步发展。藏医药服务体系不断完善，全区改扩建自治区藏医院、6家地市级藏医院，新建13家县级藏医院，有80%的乡镇卫生院和社区卫生服务中心设置了藏医药科，30%的村卫生室能提供藏医药服务。优生优育工作扎实推进。调整完善生育政策迈出坚实步伐，"单独两孩"和"全面两孩"政策平稳、有序实施。"一孩·双女"户困难家庭和"特殊子女"家庭扶助工作稳步开展。实现免费孕前优生健康检查项目全覆盖，提升出生缺陷一级干预效果。全员人口信息系统顺利建成。

"十三五"时期，随着医疗保障、医疗服务、公共卫生、药品供应、监管体制综合改革的统筹推进，西藏进入了全面深化医药卫生体制改革的决胜阶段，破除阻碍卫生计生事业发展的体制机制性障碍，使医疗保障制度更加完善、医疗服务价格体系更加合理、城乡医疗资源分配更加公平、公共卫生服务均等化水平更高、基本医疗卫生制度更加健全，为卫生计生事业快速发展注入了活力。尤其是在提出了保基本、强基层、建机制的基本原则之后，西藏自治区出台了一系列促进卫生与健康事业发展的政策措施，卫生与健康事业发展取得显著成效。

9.3 西藏医疗卫生机构的分布变化

9.3.1 医疗卫生机构数量

1952年6月，西藏建立了历史上第一所综合医院——昌都人民医院。此后，政府与军队不断在交通沿线设立医疗点，1959年西藏的7个地市都拥有了医疗机构。由于昌都地区最早解放，1954 年即建立了所属各宗（县）医疗机构，医疗资源相对充裕。其他地区的县级医疗机构绝大部分建立于民主改革之后，且规模较小，有的只有一两个人。由于西藏地广人稀，交通不便，为方便群众就医，缩小服务半径，20 世纪 60 年代中期各县开始建立区级医疗机构，到 70 年代初普遍建成。70 年代中期医疗机构已建到乡一级，村一级设乡村医生、卫生员。1973 年全区卫生会议以后，县卫生院改建为县人民医院，区医疗机构称区卫生院，乡称卫生室。20 世纪 80 年代以后，西藏农牧区基层卫生建设主要抓了三级机构中人员、设备、房屋三配套，重点放在县、区卫生机构的建设上。当时，以拉萨为中心遍布城乡的全区性医疗卫生网点基本建成。广大群众的医疗保健水平有很大的改善，农牧民小伤小病不出乡，一般疾病不出县，疑难病症不出本地区，都可得到医治[①]。进入 21 世纪以后，西藏各类卫生机构建设进入快速发展时期。截至 2017 年底，西藏各类卫生机构已经发展到 6832 家，其中医院 153 家，基层医疗卫生机构 6533 家，专业公共卫生机构 144 家（见表 9-1）。

表 9-1　2017 年西藏各地市卫生机构数　　单位：家

	合计	医院					基层医疗卫生机构							专业公共卫生机构					其他机构		
		小计	综合医院	中西医结合医院	藏医医院	专科医院	小计	社区卫生服务中心	社区卫生服务站	乡镇卫生院	村卫生室	门诊部	诊所、卫生所、医务室	小计	疾病预防控制中心	妇幼保健院（所、站）	采供血机构	卫生监督所	小计	疗养院	医学在职培训机构
总计	6832	153	108	1	35	9	6533	9	3	678	5324	1	518	144	82	54	5	3	2	1	1
拉萨市	486	28	17	0	2	9	441	9	1	52	193	0	186	15	10	3	1	1	2	1	1
日喀则市	1972	28	25	0	3	0	1915	0	2	201	1652	1	59	29	19	8	1	1	0	0	0
山南市	734	19	17	0	2	0	689	0	0	82	545	0	62	26	13	13	0	0	0	0	0
林芝市	661	21	13	0	8	0	623	0	0	55	490	0	78	17	8	8	1	0	0	0	0
昌都市	1389	23	15	0	8	0	1341	0	0	138	1130	0	73	25	12	12	0	1	0	0	0
那曲市	1394	24	13	0	11	0	1348	0	0	113	1188	0	47	22	12	9	1	0	0	0	0
阿里地区	196	10	8	1	1	0	176	0	0	37	126	0	13	10	8	1	1	0	0	0	0

数据来源：国家卫生统计信息网络直报系统。

① 西藏自治区卫生厅 . 西藏卫生四十年［M］. 成都：四川科学技术出版社，1991：9.

医疗机构包括各级各类医院、乡镇卫生院（社区卫生服务中心）、村卫生室以及各级疾病预防控制中心和妇幼保健院。西藏卫生服务机构与行政区划设置正相关，即基本上所有的县、乡镇、村都设置了相应级别的医疗服务机构，因此从医疗机构地域分布来看，拥有医疗机构最多的前3个地市分别为日喀则、那曲和昌都。从医院的分布来看，拉萨、日喀则最多，那曲、昌都和林芝次之。

截至2017年12月，西藏现有三级综合医院12家，三级民族医院5家。三级医院都是地市级及以上医院，其中拉萨5家，阿里地区没有1家三级医院。西藏总共有三级民族医院5家，其中拉萨1家、日喀则2家、山南1家、昌都1家（见表9–2）。无论是医疗机构、医院，还是基层医疗机构和专业公共卫生机构的数量，阿里地区都是全区最少的。

表9–2　2017年西藏各地市医院等级情况分布　　单位：家

地市	合计	三级				二级				一级					其他
		小计	甲等	乙等	未评	小计	甲等	乙等	未评	小计	甲等	乙等	丙等	未评	
拉萨市	28	5	3	1	1	0	0	0	0	9	7	0	0	2	14
日喀则市	28	2	0	2	0	3	1	2	0	16	16	0	0	0	7
山南市	20	2	1	1	0	1	0	1	0	13	9	0	0	4	4
林芝市	21	2	0	1	1	4	1	3	0	9	5	0	2	2	6
昌都市	20	0	0	0	0	2	2	0	0	16	10	2	0	4	2
那曲市	21	1	0	1	0	1	1	0	0	17	0	0	0	17	2
阿里地区	10	0	0	0	0	2	1	0	1	4	2	0	0	2	4
总计	148	12	4	6	2	13	6	6	1	84	49	2	2	31	39

数据来源：国家卫生统计信息网络直报系统。

9.3.2　医疗卫生机构数量变化情况

1958—2017年，西藏卫生机构数量从43家增至1508家，其中医院从8家发展到了153家，乡镇卫生院和公共卫生机构从零分别发展到了687家和136家（见表9–3、图9–1）。

表 9-3　西藏历年卫生机构数量　单位：家

年份	1958	1963	1968	1973	1978	1983	1988	1995	2000	2005	2010	2017
合计	43	168	208	607	855	940	883	1198	1237	1378	1352	1508
医院	8	14	91	89	92	96	104	109	105	97	101	153
乡镇卫生院	0	0	7	371	427	423	460	773	705	666	672	687
公共卫生机构	0	0	1	6	14	54	84	114	120	136	136	136

数据来源：国家卫生统计信息网络直报系统。

注：由于1992—1994年的数据缺失，1988年直接使用了1995年后的数据。

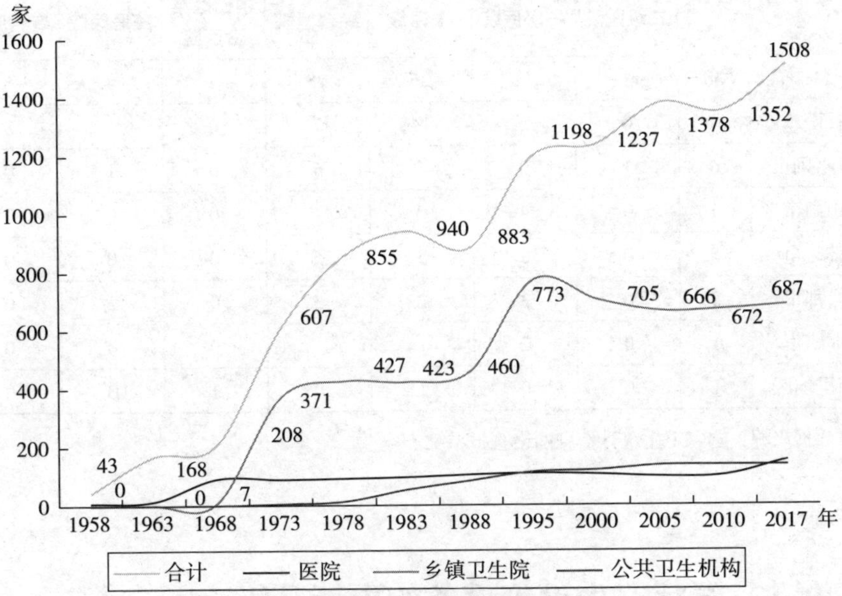

图 9-1　西藏历年卫生机构数量变化

国家不断加大西藏卫生服务体系的投入，仅2017年上半年，中央和自治区共下达西藏自治区的卫生计生服务体系建设资金6.3亿元，比2016年同期增长2.9亿元，其中地市级医院6家、投资26950万元，县级医院12家、投资15820万元，地市妇幼保健院6家、投资4540万元，林芝市和县级疾病预防控制中心42家、投资10700万元，西藏妇产儿童医院5000万元。

9.3.3 民营医院情况

总体来讲，西藏医疗卫生服务体系以公立医疗卫生机构为主。近年来，随着“新医改”不断推进，非公立医疗机构也发挥着重要的辅助作用。从地域分布来看，拉萨的非公立医疗机构数量最多。从医院级别来看，民营医院主要集中在“一级”和“未评级”（见表 9–4）。

表 9–4 西藏民营医院分布情况 单位：家

地市	合计	医院级别			按类别分			
		二级医院	一级医院	未评级	综合医院	中西医结合医院	藏医医院	专科医院
总计	38	1	11	26	25	1	4	8
拉萨市	16	0	2	14	7	0	1	8
日喀则市	6	1	0	5	5	0	1	0
山南市	4	0	4	0	4	0	0	0
林芝市	5	0	2	3	5	0	0	0
昌都市	5	0	3	2	3	0	2	0
那曲市	1	0	0	1	1	0	0	0
阿里地区	1	0	0	1	0	1	0	0

数据来源：国家卫生统计信息网络直报系统。

9.4 医疗卫生设施设备的更新升级

1958 年，西藏全区共建立医药卫生机构 43 家，病床 480 张，各类卫生技术人员 791 人。到 1965 年，全区医药卫生机构增加到 193 家，为民主改革前的 3.11 倍；床位 1631 张，为民主改革前的 3.4 倍。1989 年西藏卫生机构总数已达 1008 家，床位总数达 5355 张，卫生人员总数达 10062 人[①]。床位数能够直观反映出医疗服务的提供规模。我国卫生统计中，也将床位数作为一项重要指标进行统计。2017 年，西藏床位数为 16138 张。

① 西藏自治区卫生厅 . 西藏卫生四十年［M］. 成都：四川科学技术出版社，1991：9.

川藏、青藏2条主要公路干线通车以前，西医药品、器械补给十分困难，完全依赖进口，或从2000千米外的成都、兰州用汽车运至昌都、格尔木，然后靠人背牛驮的方式运进西藏。由于大型医疗器械难以运输，西藏的医疗设备极其简陋，且供应困难。随着川藏、青藏公路通车和西藏交通网的建设，设备简陋的状况初步改变。20世纪60年代，西藏地级市以上医疗卫生机构都有了一般的医疗器城，基本能满足日常医疗、科研和教学的需要。20世纪80年代初以来，西藏县医院的医疗设备得到很大的改善①。2017年西藏医疗机构万元以上设备总价值为404799万元，台数为39502台，拥有价值1万～49万元设备38747台、50万～99万元设备505台、100万元以上设备250台。

和平解放以来，西藏医院的房屋都经过3~4次的更新搬迁，地市以上医院及部分县医院都经历过帐篷、土坯房、砖瓦木石房、钢筋水泥现代化建筑等不同阶段。以自治区医院为例，1951年底医务人员在帐篷内工作，后搬入藏兵第四代本营房，随着工作量扩大又搬到原国民党政府办过小学的当时称为“联欢社”的院子开展门诊。后来买了贵族的一所大院，到1952年9月8日建院时，地址已三次搬迁。1956年秋季，中共西藏工委决定新修木石结构的自治区人民医院大楼和职工宿舍，1957年底落成，并交付使用。在此期间，各地市医院及县医院开始筹建施工，一般都是砖木结构，60年代和70年代相继落成使用。80年代以来，各地市及大部分县医院都经过重新设计布局修建，医疗条件及病休环境大为改观。1985年9月1日，西藏自治区成立20周年，国务院和自治区人民政府提前2年于1983年拨出巨款加强西藏卫生事业的基本建设，扩建自治区人民医院、日喀则、山南、那曲地区人民医院住院部或门诊部，新建藏医院住院部，于自治区成立20周年前分别交付使用。这些项目的建成及其配套设备的启用，大大改善了西藏的医疗卫生条件②。2017年，西藏卫生机构房屋建筑总面积为3272284平方米，房屋建筑面积3103654平方米。其中医院用房建筑面积为2390940平方米，房屋建筑面积2226377平方米，房屋所有权

①② 西藏自治区卫生厅.西藏卫生四十年［M］.成都：四川科学技术出版社，1991：10-11.

性质基本为自有产权。

9.4.1 床位数量和分布情况

床位数能够直观地反映医疗服务的提供规模。在我国卫生统计中，也将床位数作为一项重要的指标进行统计。

2017年，西藏床位数为16138张，其中医院床位数为11854张，基层医疗卫生机构为3659张。拉萨市拥有床位张数最多，占23.7%；阿里地区最少，占4.8%（见表9-5）。

表9-5 2017年各地市医疗卫生机构床位数 单位：家

地区	合计	医院					基层医疗卫生机构				妇幼保健院（所、站）	其他机构
		小计	综合医院	中西医结合医院	藏医医院	专科医院	小计	社区卫生服务中心	社区卫生服务站	乡镇卫生院		
总计	16138	11854	9178	50	1911	715	3659	81	9	3569	585	40
拉萨市	3817	3519	2426	0	378	715	198	81	6	111	60	40
日喀则市	3191	1951	1686	0	265	0	1131	0	3	1128	109	0
山南市	1491	1214	1009	0	205	0	207	0	0	207	70	0
林芝市	1571	1149	991	0	158	0	370	0	0	370	52	0
昌都市	2996	2218	1697	0	521	0	615	0	0	615	163	0
那曲市	2303	1325	959	0	366	0	884	0	0	884	94	0
阿里地区	769	478	410	50	18	0	254	0	0	254	37	0

数据来源：国家卫生统计信息网络直报系统。

从城乡分布来看，城市和农牧区床位张数分布比较均匀，分别占49.04%和50.96%。从经济类型来看，以公立为主（占82.58%）。从主办单位来看，以政府办为主（占82.39%）。从管理类别来看，以非营利性为主（占83.35%）。

不同医疗机构中，医院床位占比最大，占73.45%；以乡镇卫生院为主的基层医疗卫生机构床位占22.67%（见表9-6）。

表 9-6　2017 年西藏各类卫生机构床位数　　单位：张

医疗机构	合计	按城乡分		按经济类型分		按主办单位分			按管理类别分	
		城市	农牧区	公立	非公立	政府办	社会办	个人办	非营利性	营利性
总计	16138	7914	8224	13326	2812	13296	856	1986	13451	2687
一、医院	11854	7497	4357	9042	2812	9026	842	1986	9167	2687
综合医院	9178	5298	3880	7255	1923	7255	310	1613	7380	1798
中西医结合医院	50		50		50			50		50
藏医医院	1911	1484	427	1599	312	1583	81	247	1599	312
专科医院	715	715		188	527	188	451	76	188	527
二、基层医疗卫生机构	3659	90	3569	3659	0	3645	14	0	3659	0
社区卫生服务中心（站）	90	90		90		90			90	
社区卫生服务中心	81	81		81		81			81	
社区卫生服务站	9	9		9		9			9	
乡镇卫生院	3569		3569	3569		3555	14		3569	
三、妇幼保健院（所、站）	585	287	298	585		585			585	
妇幼保健院	314	277	37	314		314			314	
妇幼保健所（站）	271	10	261	271		271			271	
四、其他卫生机构	40	40		40		40			40	
疗养院	40	40		40		40			40	

数据来源：国家卫生统计信息网络直报系统。

注：①城市包括直辖市区和地级市辖区，农村包括县和县级市；②社会办包括企业、事业单位、社会团体和其他社会组织办的医疗卫生机构。

9.4.2　床位数量变化情况

和医疗机构数量的变化类似，西藏卫生机构床位数也经历了持续增长的过程。1958 年，西藏的卫生机构床位数只有 174 张，到 2017 年增长为 16138 张，增加了近 100 倍。医院的床位张数增长最多，乡镇卫生院次之（见图 9-2）。

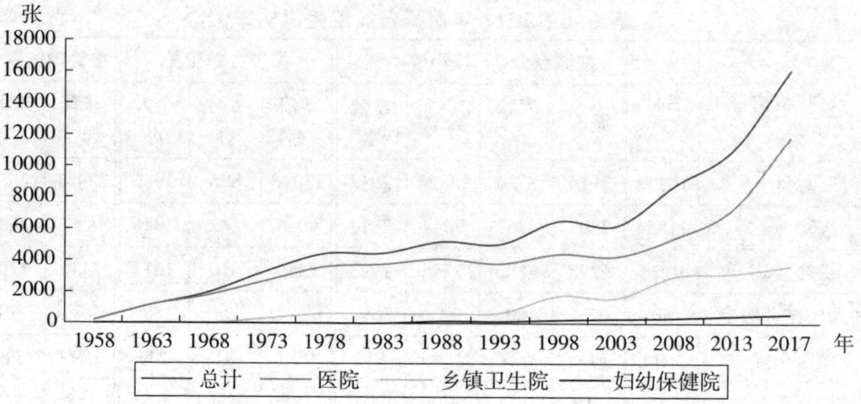

图 9–2　西藏各类卫生机构床位数变化

数据来源：国家卫生统计信息网络直报系统。

考虑到人口数量的增长，我们以每千人口拥有床位数来看医疗卫生机构的床位数变化，1970 年床位数为 1.41 张，到 2017 年增长到 4.5 张，增长了 2.19 倍。2017 年，西藏每千人口医疗卫生机构床位数增长到 4.5 张，但相比于 2017 年全国每千人口医疗卫生机构床位数的 5.72、邻省青海省的每千人口床位 6.3 张，还是存在着一定的差距（见图 9–3）。

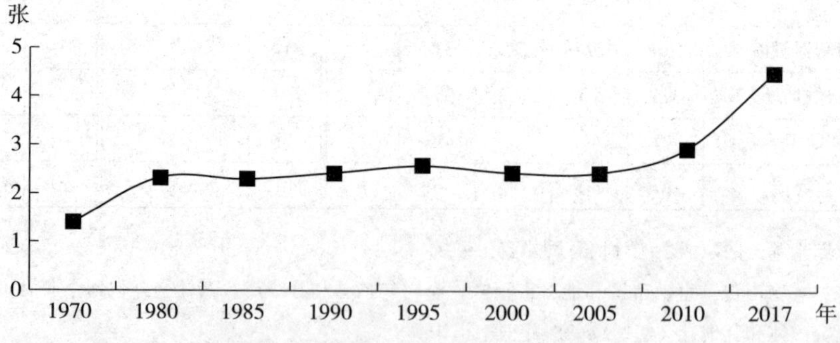

图 9–3　每千人口床位数变化情况

数据来源：国家卫生统计信息网络直报系统。

9.4.3　床位利用情况

总体来看，2017 年西藏公立医院的病床使用率高于民营医院；拉萨市和山南市的病床使用率排在前 2 位，分别为 79.82%、79.17%，阿里地区病床使用率最低，为 46.35%（见表 9-7）。

表 9-7　2017 年西藏不同地市床位利用情况

地区	病床工作日 / 日			病床使用率 /%			出院者平均住院日 / 日		
	合计	公立	民营	合计	公立	民营	合计	公立	民营
合计	263.1	278.0	212.1	72.08	76.16	58.11	8.72	9.90	5.47
拉萨市	291.3	317.0	232.6	79.82	86.85	63.72	9.71	12.22	4.88
日喀则市	266.1	277.9	124.4	72.90	76.13	34.08	10.99	11.56	4.77
昌都市	273.6	309.2	205.3	74.95	84.71	56.25	7.23	7.58	6.42
林芝市	208.0	217.1	190.9	56.98	59.48	52.30	5.80	7.07	4.32
山南市	289.0	294.8	255.3	79.17	80.77	69.95	11.80	13.06	8.21
那曲市	215.4	215.2	362.6	59.01	58.97	99.33	5.57	5.63	1.00
阿里地区	169.2	173.8	130.2	46.35	47.62	35.68	8.64	9.65	4.01

数据来源：国家卫生统计信息网络直报系统。

9.4.4　医疗设备

2017 年西藏医疗机构万元以上设备总价值为 404799 万元，台数为 39502 台，以医院设备为主，医院在万元以上设备总价值和台数中分别占 90.92%、90.80%。每家平均拥有万元以上的设备台数为 233.44 台，拥有价值 1 万～49 万元、50 万～99 万元、100 万元以上设备分别为 229.87 台、3.01 台和 1.56 台（见表 9-8）。

表 9-8　2017 年西藏医疗机构万元以上设备价值及台数

	万元以上设备总价值 / 万元	万元以上设备台数 / 台			
		合计	50 万元以下	50 万 ~99 万元	100 万元及以上
总计	404799	39502	38747	505	250
一、医院	368063	35869	35170	461	238
综合医院	209046	35223	34635	374	214
中西医结合医院	1800	3	3	0	0
藏医医院	150326	384	286	78	20
专科医院	6891	259	246	9	4
口腔医院	180	10	8	2	0

续表

	万元以上设备总价值 / 万元	万元以上设备台数 / 台			
		合计	50 万元以下	50 万 ~99 万元	100 万元及以上
心血管病医院	832	64	62	2	0
妇产（科）医院	4589	90	86	3	1
传染病医院	496	77	77	0	0
骨科医院	45	4	4	0	0
美容医院	88	3	2	1	0
其他专科医院	661	11	7	1	3
二、基层医疗卫生机构	16429	2635	2622	11	2
社区卫生服务中心（站）	3682	122	118	3	1
乡镇卫生院	12747	2513	2504	8	1
三、专业公共卫生机构	20307	998	955	33	10
疾病预防控制中心	8326	463	443	17	3
省属	358	11	8	3	0
省辖市（地区）属	5748	182	170	9	3
地辖市属	141	8	7	1	0
县属	2079	262	258	4	0
妇幼保健院（所、站）	9433	215	198	14	3
省辖市（地区）属	8738	164	148	13	3
县属	695	51	50	1	0
妇幼保健院	8738	164	148	13	3
妇幼保健站	695	51	50	1	0
采供血机构	2494	304	298	2	4
卫生监督所（中心）	54	16	16	0	0
省辖市（地区）属	54	16	16	0	0

数据来源：国家卫生统计信息网络直报系统。

近年来，国家不断加大基层医疗机构的投入，其医疗设备配置也得到逐年改善，基本可以满足当地医疗服务的需要。

9.4.5 医疗机构房屋建筑面积

2017 年，西藏医疗机构房屋建筑总面积为 3272284 平方米，其中医院用房建筑面积为2390940平方米，房屋所有权性质基本为自有产权，租房面积占比只有5.15%（见表9-9）。

表9-9　2017年西藏医疗机构房屋建筑面积　　单位：平方米

机构分类	合计	房屋建筑面积	业务用房面积	租房面积
总计	3272284	3103654	2135332	168630
一、医院	2390940	2226377	1637703	164563
综合医院	2035646	1919171	1394610	116475
民族医院	246503	237585	188435	8918
专科医院	100491	65121	50858	35370
二、基层医疗卫生机构	685843	685058	358511	785
社区卫生服务中心（站）	64411	64411	48411	0
乡镇卫生院	419832	419047	310100	785
村卫生室	158250	158250	0	0
诊所、卫生所、医务室	43350	43350	0	0
三、专业公共卫生机构	170309	167027	121809	3282
疾病预防控制中心	101403	99041	76657	2362
妇幼保健院（所、站）	58734	58234	38373	500
采供血机构	6204	5904	3914	300
卫生监督所（中心）	3968	3848	2865	120
四、其他卫生机构	25192	25192	17309	0

数据来源：国家卫生统计信息网络直报系统。

注：其他卫生机构包括疗养院和医学在职培训机构。

9.5　西藏自治区卫生人力资源建设

卫生人员是指在医院、基层医疗卫生机构、专业公共卫生机构及其他医疗机构工作的人员，包括卫生技术人员、其他技术人员、乡村医生、管理人员和工勤技能人员。卫生人力资源是所有卫生资源中最重要的资源。

西藏现代医疗卫生队伍组建于20世纪50年代初，主要由进藏卫生人员组成；本土西医医疗卫生人员培训起始于50年代初，成长于60年代和

70年代。一批本土卫生工作者陆续走向工作岗位后，进藏医务工作者以师带徒，教授西医医技，在实际工作岗位上培养了大批卫生技术人员，他们中的多数已成为目前卫生战线上的骨干力量。除实践育人之外，还委托区内外院校办培训班，实行正规培训。在区内举办医学专科学校，在区外委托内地省市医药院校开办民族医学专业班，为西藏培养医务人员。选拔已有初步医学知识的人员，带薪保送到内地医疗单位进修深造①。

各级政府在培养西藏卫生人员工作方面进行了巨大的投入。到1989年底，西医卫生技术人员已达8064人，全区平均每千人口占有专业卫生工作人员4.7人。在乡、村基层卫生机构中的乡村医生和卫生员、接生员达3406人。其中，护理人员发展到1819人②。到2017年底，西医卫生技术人员已达16503人，其中全区护理人员发展到4442人。

9.5.1 卫生人力资源数量变化

西藏卫生人力总量基本一直处于上升趋势，1958—2017年近60年中，卫生人员数从502人增加到了33478人，增长近66倍。注册护士增长幅度相对较小（见图9-4）。

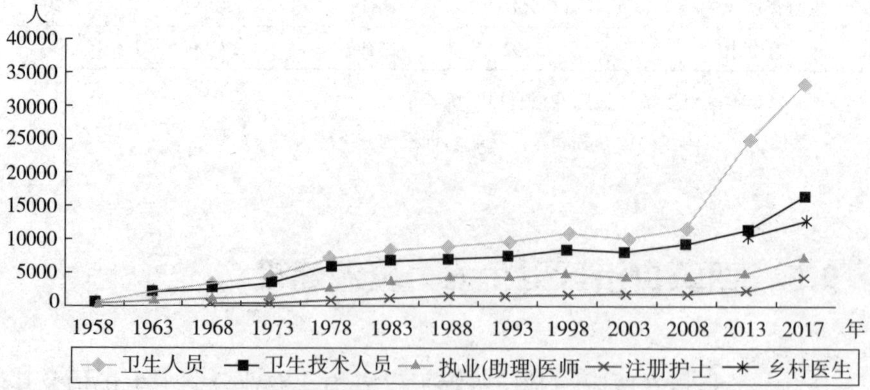

图9-4 西藏卫生人员总量变化情况

说明：2013年、2017年卫生人员数量中增加了乡村医生的数量。

资料来源：国家卫生统计信息网络直报系统。

①② 西藏自治区卫生厅.西藏卫生四十年［M］.成都：四川科学技术出版社，1991：11-12.

9.5.2　卫生人力资源结构

和全国的情况基本相同，西藏卫生人员数以女性居多，占 65.98%，其中注册护士中，女性高达 95.58%。在年龄结构中，以年青人为主，25～44 岁年龄段的人数占到 72.01%。在工作年限中，以工龄 19 年以下的居多，占 71.86%。学历以大专和本科为主，分别占 38.20% 和 28.61%。按职称来看，主要集中在中级以下，占 87.13%，其中有 18.22% 未评级。本研究所用的卫生统计数据中，缺乏卫生技术人员民族信息，从以往的相关调查数据来看，西藏卫生技术人员以藏族为主，卫生机构级别越低，藏族所占的比例越高，村医中藏族比例接近 100.00%（见表 9-10）。

表 9-10　2017 年西藏卫生人员性别、年龄、学历、职称构成情况　%

	卫生技术人员						其他技术人员	管理人员
	小计	执业（助理）医师	注册护士	药师（士）	技师（士）	其他		
按性别分								
男	34.02	54.27	4.42	38.06	40.08	41.29	32.16	53.04
女	65.98	45.73	95.58	61.94	59.92	58.71	67.84	46.96
按年龄分								
25 岁以下	3.80	0.17	8.07	3.28	4.32	2.92	4.50	1.86
25 ~ 34 岁	44.92	16.92	49.74	52.69	26.72	54.80	51.37	23.98
35 ~ 44 岁	27.09	37.90	23.34	16.72	34.97	25.16	26.34	29.07
45 ~ 54 岁	15.56	29.27	13.93	19.10	24.56	9.42	12.73	26.96
55 ~ 59 岁	4.71	7.37	3.43	4.78	6.88	4.11	3.29	10.81
60 岁及以上	3.92	8.38	1.50	3.43	2.55	3.60	1.76	7.33
按工作年限分								
5 年以下	17.98	8.79	22.43	19.25	16.31	19.35	22.72	16.15
5 ~ 9 年	30.46	15.16	33.36	37.16	17.49	35.68	33.70	16.77
10 ~ 19 年	23.42	29.10	20.93	16.42	26.13	23.02	19.65	21.49
20 ~ 29 年	17.57	31.16	13.74	15.67	29.27	13.16	14.49	22.48
30 年及以上	10.56	15.79	9.53	11.49	10.81	8.79	9.44	23.11
按学历分								
研究生	0.62	2.39	0.06	0.45	0.59	0.21	0.22	1.61

续表

	卫生技术人员						其他技术人员	管理人员
	小计	执业（助理）医师	注册护士	药师（士）	技师（士）	其他		
大学本科	28.61	38.44	16.32	44.93	19.65	30.32	26.23	28.07
大专	38.20	33.67	43.18	29.10	37.72	38.40	41.27	41.12
中专及中技	26.59	23.62	37.73	20.45	38.51	21.15	20.09	18.14
技校	0.27	0.25	0.19	0.30	0.39	0.32	0.33	0.00
高中及以下	5.70	1.63	2.52	4.78	3.14	9.60	11.86	11.06
按聘任技术职务分								
正高	0.32	1.42	0.00	0.00	0.20	0.07	0.66	1.74
副高	1.71	7.17	0.12	2.24	0.59	0.34	0.77	9.45
中级	10.83	28.37	8.57	11.79	16.11	4.06	3.84	19.90
师级 / 助理	29.37	52.93	27.35	30.90	39.29	19.40	11.75	27.86
士级	39.54	9.01	55.70	39.40	36.74	43.55	45.66	28.11
待聘	18.22	1.09	8.26	15.67	7.07	32.58	37.32	12.94

数据来源：国家卫生统计信息网络直报系统。

9.5.3 卫生人力资源分布

从各类卫生人员的地理分布来看，排在前 3 位的地市分别为日喀则市、拉萨市和昌都市，卫生人员最少的是阿里地区（见表 9–11）。全区医护比为 1.7：1。

表 9–11 2017 年西藏各地市卫生人员分布情况 单位：人

地区	合计	卫生技术人员						乡村医生和卫生员	其他技术人员	管理人员	工勤技能人员
		小计	执业（助理）医师	注册护士	药师（士）	技师（士）	其他				
总计	33478	16575	7613	4460	787	892	2823	12685	1149	1200	1869
拉萨市	7693	5442	2552	1779	222	318	571	446	387	491	927
日喀则市	7933	2896	1383	673	123	151	566	4498	156	179	204
山南市	3482	1895	1007	402	113	105	268	1277	107	78	125

续表

地区	合计	卫生技术人员						乡村医生和卫生员	其他技术人员	管理人员	工勤技能人员
		小计	执业（助理）医师	注册护士	药师（士）	技师（士）	其他				
林芝市	3234	1611	808	499	117	87	100	1253	59	118	193
昌都市	5540	2396	836	600	86	127	747	2593	207	131	213
那曲市	4521	1678	770	351	84	78	395	2315	197	146	185
阿里地区	1075	657	257	156	42	26	176	303	36	57	22

数据来源：国家卫生统计信息网络直报系统。

9.6　结论

本章主要对1951年以来的西藏卫生事业发展进行综述，并聚焦西藏卫生机构、床位、卫生人力等资源变化情况开展分析。从纵向上比较，近70年来西藏卫生事业发展迅速，各族人民健康权利得到了有效保障。从横向上比较，目前仍然存在卫生资源配置缺乏科学规划，医疗机构配置结构不合理，卫生人力资源配置总量不足，卫生服务水平有待提升，卫生事业的投入不足等问题。所以，西藏卫生计生事业发展依然面临诸多挑战。卫生计生事业发展与人民群众日益提高的健康需求不相适应的矛盾依然突出。卫生资源总量不足、布局结构不合理，信息化建设滞后，基本医疗保险统筹层次低抗风险能力不足，健康保障机制尚未完全建立，制度和治理体系有待完善，基层医疗卫生服务能力有待提高，服务设施和条件需要持续改善。

参考文献

[1] 国家卫生计生委统计信息中心．第五次国家卫生服务调查分析报告[M]．北京：中国协和医科大学出版社，2015.

[2] 西藏自治区卫生厅. 西藏卫生四十年 [M]. 成都：四川科学技术出版社，1991.

[3] 李全贵. 西藏卫生事业的发展及其改革 [J]. 中国卫生经济，1986 (1)：24-27.

[4] 来有文，等. 西藏卫生人力资源配置研究 [J]. 中国卫生经济，2012 (8)：16-18.

[5] 来有文，等. 西藏在卫生资源配置方面的特殊性 [J]. 中国卫生经济，2014 (12)：44-45.

[6] 胡书孝，等. 西藏自治区卫生资源配置现状与对策 [J]. 卫生软科学，2015 (12)：768-772.

第10章 全国援藏

潘久艳[①]

10.1 引言

西藏位于素有“世界屋脊”和“地球第三极”之称的青藏高原，战略位置极端重要，是民族聚居区、经济区、水源涵养区和生态脆弱区的叠加区域。西藏的特殊性决定了西藏发展方式的特殊，长期以来，西藏一直受到历代中央政府的高度重视[②]。1949年中华人民共和国成立后，中央政府把“帮助少数民族地区发展经济社会文化、实现民族平等和民族团结”作为民族政策的基本出发点和归宿点。1951年西藏和平解放，中央政府贯彻十七条协议、实施民族平等政策、废除封建农奴制度、实行民族区域自

① 潘久艳，经济学博士，西南民族大学经济学院硕士研究生导师。主要研究方向为区域经济、民族经济。

[基金资助]：国家社会科学基金一般项目“新形势下对口援藏中农牧民参与机制研究”（项目编号：11YJC850017）、国家民委人文社科重点研究基地中国西部民族经济研究中心2018年度一般项目“新时期东西部扶贫协作背景下对口支援长效机制研究”（项目编号：CWEER201803）。

② 中央专设机构或直接由中央管理西藏地区军政要务。元朝设宣政院以管理西藏；明朝采取了“多封众建，直通名号于天子”的措施，将处理西藏军政事务和官员任命的大权直接控制在皇帝手里；清朝中央政权鉴于管理多民族国家的实际，成立了理藩院管理全国民族地区的事务，皇帝也经常过问和裁决西藏军政大事；中华民国时期，北京民国政府设置蒙藏事务局（后蒙藏院）管理西藏政务，南京国民政府成立蒙藏委员会，隶属行政院，管理西藏事务；中央政府规定向西藏地方征收赋税，承担中央赴藏人员的乌拉差役，保证西藏与中央之间役路畅通；中央政府统一布置西藏地方的防务，西藏地方政府在中央政府的领导下尽守土安疆之责；西藏地方一切涉外事宜处置权归中央政府等。见乔元忠．全国支援西藏［M］．拉萨：西藏人民出版社，2002：2.

治，对其实行了全面的特殊优惠政策，开始全国援藏的积极探索。20 世纪 80 年代后形成了“中央关心西藏，全国支援西藏”的轰轰烈烈局面，并于 1994 年后创造性地形成了以中央财政为主、对口援藏为重要组成部分的全国援藏发展态势。

近 70 年来，中央号召全国支持西藏发展，始终把西藏工作作为战略全局的重要组成部分，先后 6 次召开西藏工作座谈会，适时确定西藏工作的指导方针，为促进西藏的稳定与发展制定了一系列特殊政策措施，在经济建设、社会发展、维护稳定等各个方面投入了巨额资金。据统计，1959—2017 年，西藏全社会固定资产投资累计完成 13939.73 亿元，年均增幅达到 15% 以上，仅 2013—2018 年，全社会固定资产投资累计 10001.9 亿元，年均增幅达到 20% 以上[①]。对口援藏 20 年来，中央先后选派 7 批近 6000 名优秀干部人才及专业技术人员进藏工作，累积投入援藏资金 260 亿元，开展项目 7615 个[②]。1951 年西藏地区生产总值仅有 1.29 亿元，到 2018 年达到 1477.63 亿元，按照可比价格计算增长 1015.2 倍，年均增长 15.38%。其中，1994 年以来，地区生产总值连续 24 年达到两位数增长，年均增速达 12%[③]。从这种意义上来说，近 70 年来中央人民政府的治藏方略，就是“中央关心，全国支援”的全国援藏。

10.2 全国援藏的演化过程分析

历史上的“全国援藏”，中央遵循“多予少取”的原则，甚至“不取”，通过拓展交通、朝贡赏赐及布施、赈济抚恤、减免税赋和财政补贴

① 德庆白珍 . 西藏基础设施超常规发展，5 年完成固定资产投资 7700 余亿［EB/OL］.［2018-01-02］. http://news.China.com/domesticgd/10000159/20180102/31900971.html.

② 对口援藏 20 年：从“输血”到“造血”——对口支援西藏 20 周年电视电话工作会议侧记［EB/OL］.［2014-08-27］. http://www.tibet.cn/news/index/xzyw/201408/t20140827_2016812.htm.

③ 西藏 GDP 增速保持 10% 左右，成唯一两位数增长省份［EB/OL］.［2019-02-22］. http://www.cet.com.cn/dfpd/ssxw/2167626.shtml.

等方式援助西藏经济社会发展[①]。西藏与内蒙古、宁夏、广西、新疆一样同为民族区域自治地方，为什么能够一直得到有别于其他自治区的中央关心和全国支援政策？其根源就在于西藏的特殊地位，即在中国的31个省（区、市）中，其和平解放后的历史演进、得到的优惠资助都是独一无二的[②]。基于西藏工作的特殊重要地位，党的几代中央领导集体围绕西藏的革命、建设与改革实践进行了一系列重大决策，结合西藏实际制定了一系列优惠政策，通过人力、物力、财力及智力支持等多方面支援，形成了“中央号召、全国支援”的全国援藏，对西藏的经济发展、人民生活水平的提高起到了积极的推动作用。纵观全国援藏历程，大致分为三个阶段：第一个阶段是1951—1979年，是全国援藏的积极探索时期；第二个阶段是1980—1993年，是全国援藏的初步形成时期；第三个阶段是1994年后，全国援藏演化为以对口援藏为主要模式的稳定机制。概言之，全国援藏具有历史最长、力度最大、涵盖面最广、支援方最多的政策特点，在探索、调整与完善的发展演进中，全国援藏政策与援藏工作不断走向规范化、科学化、机制化与制度化[③]（见表10–1）。

表10–1　全国援藏发展历程重要节点一览

阶段	时间	援助主体	援助方式	援助特点
积极探索时期	改革开放前（1951—1979）	中央政府、全国支援	财力、物力、人力，面上为主	中央统筹，主要是实物援助
初步形成时期	第一次西藏工作会议（1979—1983）	中央政府、全国支援（四川等7省市）	财力、物力、人力、政策，面上为主	“中央关心西藏，全国支援西藏”，明确提出援藏方针
	第二次西藏工作会议（1984—1993）	中央政府、全国支援；北京、上海等9个省市及国家相关部委援建43项工程	财力、物力、人力、政策、项目，面上为主	开启全国工程性援藏，以中央为主、内地省市为辅，援藏项目不具有连续性和稳定性，以城市为主

① 苏发祥.论清朝治理西藏地方的经济政策［J］.西藏研究，1997（4）：65–75.

② 靳薇.西藏：援助与发展［M］.拉萨：西藏人民出版社，2010：37.

③ 贺新元.以毛泽东为核心的第一代领导集体对中央援藏机制的理论贡献与积极探索［J］.西藏研究，2012（8）：3–4.

续表

阶段	时间	援助主体	援助方式	援助特点
定型与发展时期	第三次西藏工作会议（1994—2000）	15个省（区、市）、中央国家机关40多个部委对口援藏44个县；22个部委、29个省、6个计划单列市援建62项工程	财力、物力、人力、政策、技术、项目、管理和对口援藏，点面结合	“分片负责、对口支援、定期轮换”的对口援藏开始成为援藏的主要方式
	第四次西藏工作会议（2001—2009）	17个省（区、市）、中央国家机关60多个部委、17户国家大型企业对口援藏73个县及双湖特别行政区，全国行业系统援藏；援建117项工程	财力、物力、人力、政策、技术、项目、管理和对口援藏，点面结合	对口援藏时间延长10年，对口援藏范围实现全覆盖
	第五次西藏工作座谈会（2010—2014.7）	17个省市、17家央企、60多个中央国家机关，实现对口支援西藏全部74个县以及直属部门	财力、物力、人力、政策、技术、项目、管理和对口援藏，点面结合	对口援藏时间再延长10年，确立援藏物资和资金的稳定增长机制，并运用到四省藏区
	对口援藏20周年电视电话会议（2014.8—2015.7）	17个省市、17家中央、60多个中央国家机关，实现对口支援西藏全部74个县以及直属部门	财力、物力、人力、政策、科技、项目、管理和对口援藏，点面结合	按照“大稳定、小调整”原则，对口援藏首次进行微调
	第六次西藏工作座谈会（2015.8至今）	17个省市、17家中央、60多个中央国家机关，实现对口支援西藏全部74个县以及直属部门	财力、物力、人力、政策、技术、项目、管理和对口援藏，点面结合	形成具有中国特色、西藏特点的治藏方略，启动教育医疗人才援藏

资料来源：潘久艳．全国援藏的经济学分析［M］．成都：四川大学出版社，2009：46，其余内容笔者根据相关援藏资料整理而得。

10.2.1 全国援藏的积极探索时期：1951—1979年

1951年5月23日，中央人民政府与西藏地方政府签订了《关于和平解放西藏办法的协议》，规定中央政府将致力于发展西藏的政治、经济和文化教育事业，并根据西藏的实际情况，逐步发展西藏的农牧、工商业，改善人民生活。1955年毛泽东就明确指出，西藏发展问题必须要有特殊办法，他说："西藏不能和新疆、内蒙相比，那是一个很特殊的地方，要用特殊的办法解决"[①]。毛泽东提到的西藏特殊性表现在：一是地位重要，"西藏人口虽不多，但国际地位极重要"[②]；二是条件不利，"西藏情况和新疆不同，无论在政治上经济上西藏均比新疆差得多"，"西藏至少两三年不能实行减租，不能实行土改。西藏几乎全无汉人，我军是处在一个完全不同的民族区域"[③]；三是情况复杂，"今后在西藏考虑问题，首先要想到民族和宗教这两件大事，一切工作必须慎重稳进"[④]，"必须充分估计到佛教在西藏民族的悠久历史及其深入人民的传统影响，以及达赖、班禅在各阶层人民中享有的很高的佛教信仰，同时充分认识到宗教问题的长期性、国际关系，从而在西藏地区怎样对待佛教问题在政治上的重要意义"[⑤]。

1951—1979年的20多年间，中央支援西藏的政策既考虑了全国政策的统一性，又照顾了西藏区情的特殊性。主要表现在以下方面：第一，通过财政补贴，积极探索经济援藏形式。一是其预算费高于一般省市；二是国家设置专款，作为对西藏和人口较少民族地区的补助；三是国家每年按照上年的经济建设规模，核实今年的建设事业、文教科学卫生事业、行政管理费和其他事业费的支出决算，另加5%的机动金；四是西藏地区财政收入全部留给地方，自行安排支出。[⑥]另外，在税收减免、民族贸易、人员

① 中共西藏自治区委员会党史研究室.中国共产党西藏历史大事记（第1卷）[M].拉萨：西藏人民出版社，2005：87.

② 中共中央文献研究室、中共西藏自治区委员会.西藏工作文献选编（一九四九—二〇〇五）[M].北京：中央文献出版社，2006：7.

③ 中共中央文献研究室、中共西藏自治区委员会.西藏工作文献选编（一九四九—二〇〇五）[M].北京：中央文献出版社，2006：68.

④ 西藏自治区党史资料征集委员会.中共西藏党史大事记（1949—1966）[M].拉萨：西藏人民出版社，1990：28.

⑤ 中共中央文献研究室、中共西藏自治区委员会.西藏工作文献选编（一九四九—二〇〇五）[M].北京：中央文献出版社，2006：89.

⑥《西藏自治区概况》修订本编写组.西藏自治区概况［M］.北京：民族出版社，2009：185-186.

编制、开支标准等方面也给予必要照顾。据统计，中央在国家财政极度困难的情况下，1952—1979 年支持西藏财政达 464374 万元，占西藏全部财政收入的 87%[①]。第二，千方百计保障援藏物资供应，积极探索实物援助形式。这是早期中央援藏的重要方式和鲜明特点。据不完全统计，在和平解放后的 15 年内，兄弟省市支援西藏农机具和水利机械 90 万件，化肥 500 吨，农药 250 吨，菜籽 1 万千克，兽医药械 459 吨，各地各城市为西藏生产 3100 多种特需品等[②]，“不仅在货源上予以保证，而且在价格上给予优惠[③]”。第三，选派党政干部和技术人才进藏，积极探索智力援藏和技术援藏形式。为促进西藏医疗卫生事业发展，采取国家包办的方式，资金由中央人民政府核拨，医务人员由中央协调各省市选派。[④]同时，选派教师及党政干部进藏支援西藏发展。第四，积极探索关于民生的基础设施和工矿企业的援建。中央在大力扶持手工业的基础上，高度重视发展西藏地方的矿产、机械、化学工业等现代工业，修建公路、机场、桥梁、输油管道等，并从人、财、物诸方面给予大力支持和帮助[⑤]。

1951 年西藏和平解放后的 20 余年里，中央政府对西藏采取了“财政全额拨款”的政策，同时发动全国之力支援西藏，在西藏现代化建设的初创和奠基阶段形成了在其他省区绝无仅有的全国支援西藏发展格局。然

---

① 多杰才旦，罗布江村 . 西藏经济简史［M］. 北京：中国藏学出版社，1995：47.

② 乔元忠 . 全国支援西藏［M］. 拉萨：西藏人民出版社，2002：76–77.

③ 中共西藏党史大事记（1949—1966）［M］. 拉萨：西藏人民出版社，1990：671.

④ 1953 年，中央人民政府选派优秀医务人员组成“卫生部赴藏卫生工作队”125 人进藏，到 1954 年从全国各地派到西藏的卫生人员达 300 余人。1959 年西藏年均医疗卫生事业费 220.8 万元，1965 年增加到 696.8 万元，医疗机构 193 个，病床数 1631 个，1979 年增加到 3000 万元，医疗机构 817 个，病床数达 4295 个。1973 年，国务院派出 8 省市赴藏医疗队，对西藏农牧民群众实行免费医疗。见乔元忠 . 全国支援西藏［M］. 拉萨：西藏人民出版社，2002：6.

⑤ 1950 年 6 月至 1954 年 12 月，11 万人的进藏部队和筑路工人、藏族民工以及 800 多名工程兵技术人员经过四年多的艰苦劳动和顽强战斗，康藏、青藏同时通车，总投资 2.6 亿元（不包括部队的费用，其中相当部分是银元），标志着西藏交通运输现代化的开始，初步改变了西藏闭塞的交通状况，密切了西藏与祖国各地的联系，为发展西藏的经济、文化建设奠定了有力的基础。同时，还陆续修通了拉萨—日喀则—江孜—亚东、那曲—阿里、拉萨—泽当、日喀则—定日、曲水—江孜、拉孜—普兰、黑河—昌都等公路，中尼公路、滇藏公路及曲水大桥和岗嘎大桥先后通车。20 世纪 50 年代，西藏航运事业开始起步，70 年代建成了贡嘎、和平、邦达三个高原机场。1976 年建成格尔木到拉萨的成品油输油管线。此时，初步形成以公路运输为主、航空和管道为重要补充的运输网络体系。见多杰才旦，罗布江村 . 西藏经济简史［M］. 北京：中国藏学出版社，1995：47–65.

而，这个时期的全国支援西藏，在很大程度上具有“填空白”性质，尚未形成科学全面的规划，因此出现一些脱离实际的现象，造成部分项目的低效益和损失[①]。

表 10-2　1951—1979 年内地省（区、市）对西藏的部分物资支援

时间	支援方	支援方式	数量（价值）
20 世纪 50 年代初	四川、湖南、湖北、江西、北京、上海、江苏、山东、陕西、河南	粮食和食用油	—
	上海、天津、广州	日用工业品供应（针纺、百货、五金交电化工等）	—
	四川、广东、上海、广西、云南、贵州	副食品供应（边销茶、冻猪肉、食糖、烟草等）	—
	首钢、包钢、武钢、鞍钢、石景山钢铁公司、兰州钢铁公司、第一汽车制造厂、第二汽车制造厂、北京吉普车制造厂、上海大众汽车制造厂等	物资供应（钢材、水泥、汽车、机电等）	—
	新疆维吾尔自治区	民族用品	—
1960 年	福建	茶叶	2 万多千克
	农业部、四川、青海、甘肃、陕西、吉林、新疆	优良种畜	—
1963 年	上海	氆氇	5000 多米
1959—1965 年	中央	农牧民粮食、农具、种子	粮食 1650 多万千克、农具 140 万件、上千万斤种子
1953—1954 年	西北局兰州运输队	粮食和其他物质	面粉、黄豆 160 多万千克，医药器材 4.5 万多千克
1956—1959 年	青藏公路	粮食	年均 600 万千克
1960—1979 年	青藏公路	粮食和食用油	年均 1556 万千克，使用 24 万千克
1953—1977 年	四川、云南、贵州	茶叶	485 万担，其中四川 394 万担、云南生产 61 万担、贵州生产 30 万担[②]

① 多杰才旦，罗布江村 . 西藏经济简史［M］. 北京：中国藏学出版社，1995：53.

② 此处数据为 1955—1990 年的统计数据。

续表

时间	支援方	支援方式	数量（价值）
1952年	黑河分工委	青稞、茶叶、银元	青稞8.1万千克、茶叶3500千克、贷款6.4万银元
1954年	中央	银元、救灾物资	80万银元、大批物资
1965年	中央各部委和北京、江苏、上海等省市	项目	10个[①]

10.2.2　全国援藏初步形成时期：1979—1993年

1990年4月，胡锦涛同志在《当代中国的西藏》审稿会上谈到西藏新时期的开端问题时指出："从全国来讲是党的十一届三中全会以来，从西藏来讲是1980年以来，在西藏历史上新时代的一页。"[②] 改革开放后，鉴于西藏经济社会发展水平远远低于全国乃至其他少数民族地区，"全国援藏"的决策在此背景下正式提出，西藏工作座谈会形式逐渐成为援藏工作机制[③]，全国开始大规模地支援西藏。

（1）第一次西藏工作座谈会：正式确立"中央关心，全国支援西藏"的援助方针

1979年4月，全国边防会议要求"组织内地发达省市实行对口支援边疆地区和少数民族地区"，全国支援西藏正式提出[④]。1980年3月，中央召开了第一次西藏工作座谈会，全面分析西藏的历史、现状和面临的问题，从西藏实际出发，提出新时期西藏工作的方针和任务。中共中央《关于转发〈西藏工作座谈会纪要〉的通知》提出了"中央关心西藏，全国支援西藏"的口号，要求"中央各部门和各省、市、自治区，对于《纪要》中提到的和自己工作有关的问题，要专门研究，制定措施，抓紧解决。并将落

① 1965年西藏自治区成立时，中央各部委和兄弟省市为西藏无偿援建10项工程，初步改善了当时西藏落后的城市面貌。

② 王小彬．经略西藏——新中国西藏工作60年［M］．北京：人民出版社，2009：49.

③ "工作机制"一词，主要是指以"中央西藏工作座谈会"为核心开展的完整工作过程，既包括会议本身，也包括由中央组织各相关部门和省市贯彻落实会议决策的过程。见王茂侠．边疆民族地区发展和稳定的特殊工作机制——以五次中央西藏工作座谈会为中心［J］．民族研究，2012（6）：25.

④ 国家民委政策研究室．国家民委民族政策文件选编（1979—1984）［M］．北京：中央民族出版社，1988：242.

实情况上报中央"[①]。这是国家第一次明确提出援藏方针，第一次从政治高度明确援藏任务[②]，第一次明确了将西藏整体作为支援的对象[③]，第一次建立了中央专门研究谋划西藏工作的创新性工作机制[④]。

这次座谈会确定的方针政策，为后来很长一段时期"全国援藏"政策的方向、模式和重点确定了基调，即结合西藏实际，突出西藏特点，调动中央有关部门和全国其他省、市、自治区的力量支援西藏发展[⑤]。为保证援藏任务和目标的实现，中央提出在西藏工作中今后必须注意"八项方针"[⑥]和办好"六件大事"[⑦]的发展要求，通过这些方针和政策的落实逐步改善西藏各族人民的生活，尽快改变西藏贫穷落后的面貌。

（2）第二次西藏工作座谈会：标志着全国性援藏工程的开始

1984 年 2 月，中央召开了第二次西藏工作座谈会，对西藏的特殊性进行了再认识，研究了进一步放宽经济政策，让西藏人民尽快富裕起来的

---

① 中共西藏自治区委员会党史研究室．中国共产党西藏历史大事记（第 1 卷）[M]．北京：中共党史出版社，2005：397.

② 贺新元．中央"援藏机制"的形成、发展、完善与运用 [J]．西藏研究，2012（12）：2.

③ 谢伟民，贺东航，曹尤．援藏制度：起源、演进和体系研究 [J]．民族研究，2014（2）：18.

④ 第一次西藏工作座谈会的重大历史意义 [N]．西藏日报，2015-09-07（03）.

⑤ 潘久艳．全国援藏的经济学分析 [M]．成都：四川大学出版社，2009：87.

⑥ 八项方针：一是中央各部门都要注意了解、研究西藏的实际情况，根据那里的自然条件、民族特点、经济结构、各族人民的思想觉悟和生活状况，制定有关工作的方针、任务和政策实行具体指导；二是中央统战部和国家民委要积极协助中央和国务院，系统调查西藏工作情况，主动提出建议，协同有关部门处理好西藏工作中的一些具体问题；三是中央和中央各部门制定的方针、政策、制度，发往全国的文件、指示、规定，凡是不适合西藏实际情况的，西藏党政群领导机关可以执行或变通执行；四是大力培养藏族和其他少数民族干部，积极帮助他们把建设西藏的主要责任承担起来；五是中央各部门，特别是计划、经济、文教、卫生部门，在制定长远规划和年度计划时，要照顾西藏的特殊需要，尽可能满足他们的合理要求，在物质、技术等方面给予积极的支援；六是全国各有关地方和单位都要根据上级的指示，认真做好支援西藏的工作；七是中央各部门和各省、市、自治区，对于《西藏工作座谈会纪要》中提到的和自己工作有关的问题，要专门研究，制定措施，抓紧解决；八是西藏自治区党委要按照党的十一届三中、四中、五中全会和《西藏工作座谈会纪要》的精神，认真总结过去工作，发扬成绩，克服缺点，纠正错误。八项方针成为西藏工作的指导方针。见乔元忠．全国支援西藏 [M]．拉萨：西藏人民出版社，2002：705-706.

⑦ 第一，在中央的统一领导下，充分行使民族区域自治的权利；第二，从西藏当前相当困难的情况出发，实行休养生息政策，减轻群众负担；第三，在所有的经济政策方面实行特殊的灵活政策，促进生产的发展；第四，把国家支援西藏的大量经费，用到发展农牧业和藏族人民日常迫切需要的方面；第五，要在坚持社会主义方向的前提下，大力、充分地发展藏族的科学事业；第六，要正确执行党的民族干部政策，加强藏汉干部的亲密团结。见乔元忠．全国支援西藏 [M]．拉萨：西藏人民出版社，2002：51-52.

问题，根据新情况，制定了一系列符合西藏实际的经济政策和改革开放政策，成立西藏自治区经济工作咨询小组，推动中央各部门和内地对口援藏工作。这次会议以及后来确定的“全国援藏”政策大致可分为四大部分：一是加大对西藏的财政补助[①]；二是在金融领域对西藏提供多项优惠政策[②]；三是对西藏的基础设施建设进行大规模投资，确定实施“43 项工程”；四是实施大规模教育援藏，在内地举办西藏班（中学）[③]。此次会议标志着全国性工程援藏的开始，中央明确提出“国家直接投资项目、中央政府财政补贴、全国人民对口支援西藏”的援助方针[④]。

1979—1993 年，全国援藏在制度上确定了以国家为主、内地省市和中

① 1985 年、1986 年，中央对西藏仍执行 1980 年的“划分收支、分级包干”财政管理体制。1987 年中央实行定额补助，鉴于西藏的特殊情况，中央决定将 1987 年对自治区的 10% 的递增补助分解为两个 5%，分 1987 年、1988 年执行，1989 年起实行定额补贴办法，定额补助基数为 89785 万元。为照顾西藏困难，中央又决定从财政体制外增加对西藏的补助，1989 年、1990 年、1991 年分别增加补贴 4000 万元、6000 万元、8000 万元；同时，每年增加工资、物价补贴 3000 万元。从 1992 年起，这部分补助选入定额基数。1992 年，中央对西藏的定额补助基数为 107126 万元。见乔元忠．全国支援西藏［M］．拉萨：西藏人民出版社，2002：53.

② 中国人民银行西藏分行及时下发了《关于当前农村牧区金融工作若干问题的意见》，进一步扩大免息和低息贷款范围，除农牧业贷款继续免息外，从 1984 年 7 月起，对农牧业集体和个体从事商业、饮食业、服务业、修理业、手工业、建筑业以及城镇民族手工业、城镇集体和个体种植业、养殖业贷款的利率由月息 3‰～3.3‰改为免征利息；国营公交生产企业流动资金贷款、城镇集体和个体商业贷款、购买拖拉机贷款，由国家统一规定月息 6‰～7‰下降为 3‰。对打入国际市场或区外市场的国营和集体工业企业的贷款，分别由原来固定月息 3.3‰和 6‰下降为 3‰和 4.2‰。1985 年 11 月取消（1980 年以来实行的）免息政策后，仍执行低息政策，如种、养殖业流动资金和生产费用贷款，当时全国统一利率月息 6.6‰，西藏执行月息 3.93‰，比全国统一利率低 2.7‰。见乔元忠．全国支援西藏［M］．拉萨：西藏人民出版社，2002：55.

③ 举办内地西藏班（中学），帮助培养人才。1984 年，中央下发了《关于在内地创办西藏学校和举办西藏班培养人才的指示》，国家教育部、国家计委联合发出《关于落实中央在内地西藏培养人才指示的通知》。决定从 1985 年起利用内地教育资源，在内地各省市创办西藏班（校），帮助西藏培养人才。1985 年在内地 16 个省市开办了西藏班。到 1992 年，内地西藏班（中学）、中专班在西藏累计招生 15400 余人，分布在 25 个省、市、自治区和 19 个部委所属的 75 所学校，有在校生 9000 余人；1984 年，中央提出对西藏公办重点中小学实行“三包”（包吃、包穿、包住）。西藏自治区人民政府根据中央指示精神，结合实际，制定了《关于全区公办重点中小学实行“三包”的试行办法》。该办法规定，每个地区包一所完全中学；有中学的县包一所县中学；没有中学的县包一所县完全小学；每个区包一所区公办小学，符合这些条件的小学三年级以上（含三年级）在校生中的农牧民子女，县以下“含县”职工子女和一方在地区和自治区工作，一方在县、区工作或是农牧民的子女，可享受“三包”政策。1985 年，全区有 30 所中学、43 所完全小学、182 所区公办小学共 32511 名中小学生享受“三包”，共支出“三包”经费 403 万元。见乔元忠．全国支援西藏［M］．拉萨：西藏人民出版社，2002：56.

④ 谢伟民，贺东航，曹尤．援藏制度：起源、演进和体系研究［J］．民族研究，2014（2）：18.

央部委为辅，开创了“专项工程”项目的援建方式，财政上逐步改变为由中央投资到全国各方共同出资。以上政策的落实确保了西藏经济的持续、快速发展，援藏项目的建成有效地改善了西藏交通、能源、旅游、体育文化和城镇面貌等方面的极端落后条件，但仍存在以下制约因素，如亟须优先发展的教育和交通等发展不足，文体项目利用率极低，同时援藏时间及形式不具有连续性和稳定性[①]。

10.2.3 全国援藏定型与发展时期：1994 年至今

这个阶段是西藏经济社会高速发展的黄金时期，以中央于 1994 年、2001 年、2010 年、2015 年分别召开的第三次、第四次、第五次、第六次西藏工作座谈会为纽带，以“62 项工程”“117 项工程”“180 工程”“226 工程”等为核心，“全国援藏”工作也从改革开放初期的发展阶段逐步形成稳定、良性循环的对口援藏发展机制，并在实践中不断完善。

（1）第三次西藏工作座谈会：全国援藏演进为对口援藏

1994 年 7 月，中央召开第三次西藏工作座谈会，除了西藏经济社会发展水平仍大大低于内地省市，更重要的原因是国家战略和政治全局。江泽民同志强调：“关心西藏、支援西藏是党和国家的一贯政策，是全国各族人民的共同责任。中央各部门要深刻认识中央关于全国支援西藏决策的深远意义，从人才、资金、技术、物资等多方面做好支援工作。这件事要坚持不懈地长期做下去……加强对口支援，增强西藏自我发展的活力，是西藏发展的需要，也是全国各地发展的需要。当前，首先要认真抓好中央确定的 62 个建设项目的落实工作……”[②]

这次会议从西藏实际出发，制定了新时期西藏工作“一个中心、两件大事、三个确保”的指导思想，为西藏经济中期发展设计了年均 10% 的增长目标。为此确定的“全国援藏”政策和援藏项目，无论在广度和

① 王志伟．“全国援藏”效果评估与对策研究［D］．北京：北京工业大学，2012：14.

② 中共中央文献研究室、中共西藏自治区委员会编．西藏工作文献选编（一九四九—二〇〇五）［M］．北京：中央文献出版社，2006：512.

深度上，还是在规模和力度上，都大大超过了前两次，具体确定的“全国援藏”政策可分为三大方面：一是决定给予西藏八个方面的优惠政策①；二是全国援建“62 项工程”。“62 项工程”是全国又一次更大规模集中支援西藏经济建设的壮举，更侧重于能增强区域经济发展后劲的基础性项目②；三是确定“分片负责、对口支援、定期轮换”的对口支援西藏政策③。这次会议把“对口支援”作为一项制度化的援藏模式确定下来，采取“长期支援、自行轮换”的方式，形成对口援藏的工作机制。首批确定由内地 15 个省市对口支援西藏 7 个地市的 44 个县，10 年内分 3 期进行轮换。随即中央和国务院各部委及全国各省市的“对口援藏”工作迅速展开，先后两批共选派 1268 名干部进藏工作④，仅 1994—2001 年，15 个对口支援省市和中央、国家机关 40 多个部委无偿援建项目 716 个，资金投入（除中央政府投资外）31.6 亿元⑤。此外，在教育援藏方面，主要是兴办内地西藏班，持续派遣援藏教师，加大对西藏教育的投入力度和兴建希望小学等。

---

① 八个方面的优惠政策。一是在财政税收政策方面，中央对西藏试行“核定基数、定额递增、专项扶持”的财政补贴政策；税收实行“税制一致、适当变通、从轻从简”的政策，地方税种的开征以及减免税的权力由自治区掌握。对西藏进口的自用商品，实行“先征后返”的办法；二是在金融政策方面，继续实行优惠的贷款利率和保险政策。自治区的贷款规模由中国人民银行单独安排；三是在投资政策方面，国家对西藏的能源、交通、通信以及综合开发等大中型骨干项目和社会发展项目给予重点支持，对建设周期长的实行动态投资。对西藏的固定资产投资项目，可由西藏自治区政府自行审批；四是在价格补贴政策方面，中央出台重大调价措施，以消除西藏的涨价影响，国家财政给予西藏适当补贴。五是在外贸政策方面，对西藏外贸实行“放宽政策、扩大开放、加快发展”的政策。由西藏自行组织出口的配额商品可不限制商品产地，其他出口商品，西藏放开经营。放宽西藏地、市设立外贸公司的条件和商业、物资企业外贸经营审批权限。国家现行对西藏外贸管理方面的优惠政策不变；六是在社会保障政策方面，帮助西藏逐步建立健全退休养老保险、社会养老保险、失业保险、医疗保险和工伤保险体系；七是在农业和农村政策方面，继续实行“两个不变”政策。在草场、土地公有的前提下，鼓励个人开垦农田、荒滩、荒坡，实行“谁开发，谁经营，谁受益，长期不变，允许继承”的政策，继续免征农业税；八是在企业改革方面，分期分批解决国有企业历史包袱问题，优先解决效益好的企业。见乔元忠 . 全国支援西藏［M］. 拉萨：西藏人民出版社，2002：49.

② 西藏日报 . 高原丰碑——105 项援藏工程巡礼［M］. 拉萨：西藏人民出版社，2001：31.

③ 乔元忠 . 全国支援西藏［M］. 拉萨：西藏人民出版社，2002：65.

④ 中华人民共和国国务院新闻办公室 . 西藏的民族区域自治［D］. 国务院公报，2004：15.

⑤ 巫奕龙 .“十五”国家援藏力度明显加大［EB/OL］.［2001-07-04］. http://www.china.com.cn/zhuanti2005/txt/2001-07/04/content_5042820.htm.

（2）第四次西藏工作座谈会：深化对口援藏格局

2001 年 6 月，中央召开第四次西藏工作座谈会，提出“一加强、两促进”[①]的历史任务，充分肯定和强调援藏工作的重要性，“全国支援西藏，是中央的重要战略决策，是关系党和国家工作全局的政治任务，也是在社会市场经济条件下帮助西藏实现快速发展的特殊措施。各有关省区要继续高度重视并切实做好支援西藏的工作”[②]，继续加大对西藏的扶持力度：一是确定优惠政策 50 条，涉及税收、金融、投资、价格、社会保障等多个领域。二是全国支援建设“117 项工程”，总投资约 312 亿元[③]；三是将对口支援工作再延长 10 年，将西藏全部 74 个县（区）纳入对口支援范围，各有关对口支援省（区、市）为西藏援助建设项目 70 个，总投资 10.6 亿元[④]。至此，全国援藏政策演化为全覆盖、稳固的对口援藏发展机制和模式[⑤]见图 10-1、表 10-3。此后,2009 年中央提出《西藏生态安全屏障保护与建设规划（2008—2030）》，涉及资金 155 亿元[⑥]。

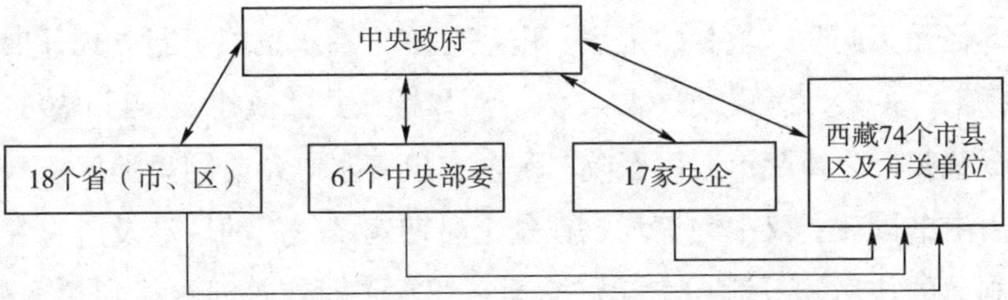

图 10-1　第四次西藏工作座谈会后对口援藏关系

① “一加强”：加强经济建设：“两促进”：促进西藏经济从加快发展到跨越式发展，促进西藏社会局势从基本稳定到长治久安。

② 中共中央文献研究室，中共西藏自治区委员会 . 西藏工作文献选编（一九四九—二〇〇五）[M]. 北京：中央文献出版社，2006：553.

③ 2005 年实际到位投资 320.9 亿元。见靳薇 . 西藏：援助与发展 [M]. 拉萨：西藏人民出版社，2010：122

④ 2001—2002 年底，各省（区、市）和中央部委在西藏援建项目 71 个，实际投入资金 11.23 亿元。见靳薇 . 西藏：援助与发展 [M]. 拉萨：西藏人民出版社，2010：122.

⑤ 谢伟民，贺东航，曹尤 . 援藏制度：起源、演进和体系研究 [J]. 民族研究，2014（2）：18.

⑥ 西藏自治区发展和改革委员会 . 西藏自治区“十一五”时期国民经济和社会发展纲要 [M]. 拉萨：西藏人民出版社，2010：79.

表 10-3 第四次西藏工作座谈会后对口援藏一览

援藏省市（单位）	受援地市
北京市 / 江苏	拉萨市
上海市 / 山东 / 黑龙江 / 吉林 / 上海宝钢 / 中国化工进出口总公司	日喀则市
湖北 / 湖南 / 安徽 / 中粮公司	山南市
广东 / 福建	林芝市
天津 / 重庆 / 四川（2004 年退出）/ 东风汽车公司 / 第一汽车集团公司 / 中国远洋运输集团 / 中国电信集团 / 中国铝业集团 / 武汉钢铁集团	昌都市
浙江 / 辽宁 / 中国石油集团公司 / 中国石油天然气集团公司 / 中国海洋石油总公司 / 神华集团 / 中信公司	那曲市
河北 / 陕西 / 国家电网公司 / 中国联通公司 / 中国移动公司	阿里地区
中央国家机关	自治区直属机关

资料来源：根据相关援藏资料整理而得，http://www.yuanzang.com。

据不完全统计，截至 2009 年底，30 多个省市、中央企业和 50 多个中央国家机关部委，共选派 3800 余名援藏干部进藏工作，投入援藏资金达 133.15 亿元。同时，教育、卫生、电信等多个系统也以不同方式开展了对口援藏工作，累计援藏人数 4742 人。对口援藏共完成建设项目 4393 个[①]，如西藏藏药厂、拉萨市人民医院、那曲市巴青水电站、阿里地区群众艺术馆、山南市行政会议中心等均是在这个时期建设完成的。涉及广大农牧民切身利益的住房、看病、上学、交通、饮水、通信等问题得到基本解决，各族人民的生活水平不断提高，城乡面貌发生巨大变化。

（3）第五次西藏工作座谈会：全国援藏建立资金长效机制并运用到其他藏族聚居区

2010 年 1 月，我国进入全面建设小康社会及西藏跨越式发展的关键阶段，中央召开第五次西藏工作座谈会，科学判断西藏的两个矛盾[②]，全面

① 薛文献，等. 全国对口援藏 15 年：雪域高原实现了跨越式发展 [EB/OL]. [2010-01-20]. http://tibet.cctv.com/20100121/102050.shtml.

② 西藏的两个矛盾，即西藏存在的社会主要矛盾（人民日益增长的物质文化需要同落后的社会生产之间的矛盾）和特殊矛盾（各族人民同以达赖集团为代表的分裂势力之间的矛盾）。

部署推进西藏跨越式发展和长治久安的各项工作，提出“七个更加注重”[①]的思路和“两个屏障”“两个基地”“两个目标”的六项战略定位[②]，把“中央关心、全国支援同西藏各族干部群众艰苦奋斗紧密结合起来”[③]作为做好西藏工作的新经验，要继续保持中央对西藏特殊优惠政策的连续性和稳定性，建立援藏资金稳定增长机制，规定对口支援省市年度援藏投资实物工作量，在现行体制下需按本省市上年度地方财政一般预算收入的1‰安排，并将对口支援西藏政策再次延长到2020年；强调加大对口支援力度，进一步完善干部援藏和经济援藏、人才援藏、技术援藏相结合的工作格局。这次会议后，共有2000多名援藏干部和技术人员进藏，实施援藏项目2902个，投资156.3亿元[④]。

2014年8月，中央召开对口援藏20周年电视电话会议，要求充分认识和把握对口支援西藏工作的长期性、群众性、科学性，转换援藏重点，改进援藏项目和资金管理，大力实施经济援藏、教育援藏、就业援藏、科技援藏、干部人才援藏，进一步完善全方位、多层次、宽领域的对口支援西藏工作格局[⑤]。按照“大稳定、小调整”原则，对对口援藏格局首次进行微调：福建省由对口援助西藏林芝市调整为援助昌都市，北京市、江苏省和广东省每年从援藏资金中调出1/4资金用于昌都市各受援县[⑥]。对口支援机制进一步创新发展，建立央企援藏考核激励机制，启动实施教育及医疗

---

① “七个更加注重”：要更加注重改善农牧民生产生活条件，更加注重经济社会协调发展，更加注重增强自我发展能力，更加注重提高基本公共服务能力和均等化水平，更加注重保护高原生态环境，更加注重扩大同内地的交流合作，更加注重建立促进经济社会发展的体制机制，实现经济增长、生活宽裕、生态良好、社会稳定、文明进步的统一。见苏山．中央第五次西藏工作座谈会关于西藏发展的基本思路和战略定位的意义和内涵［J］．西藏发展论坛，2010（3）：18.

② “两个屏障”：使西藏成为重要的国家安全屏障、重要的生态安全屏障；“两个基地”：使西藏成为重要的生态安全屏障、重要的战略资源储备基地；“两个目标”：使西藏成为重要的高原特色农产品基地、重要的中华民族特色文化保护地、重要的世界旅游目的地。见苏山．中央第五次西藏工作座谈会关于西藏发展的基本思路和战略定位的意义和内涵［J］．西藏发展论坛，2010（3）：18.

③ 汪东亚．中共中央 国务院召开第五次西藏工作座谈会［N］．人民日报，2010-01-23（01）.

④ 杨亚波．座谈会模式：不断推动西藏的改革开放［J］．西藏研究，2018（10）：36.

⑤ 图解对口援藏九大信号关键词［DB/OL］．［2014-09-12］．http:// politics.people.com.cn/2014/0912/c1001_25652487.htm.

⑥ 王恒涛．对口援藏格局首度微调，将加大对昌都的援助力度［EB/OL］．［2015-07-01］．http://news.xinhuanet.com/politics/2015-07/01/c_134371129.htm.

人才组团式援藏[①]。

（4）第六次西藏工作座谈会：全国援藏升级到治藏方略

2015年8月，中央召开第六次西藏工作座谈会，习近平指出，“西藏工作关系党和国家工作大局，党中央历来高度重视西藏工作。在60多年的实践过程中，我们形成了党的治藏方略”[②]，牢固树立“治国必治边，治边先稳藏”战略思想，提出党的治藏方略“六个必须”[③]，以及“依法治藏、富民兴藏、长期建藏、凝聚人心、夯实基础”等西藏工作重要原则，对实现西藏和四省藏区全面小康与长治久安作出战略部署。同时，中央下发《关于做好“组团式”援藏医疗人才选派工作有关事项的通知》和《“组团式”教育人才援藏工作实施方案》，全面启动教育医疗人才“组团式”援藏，实现对口援藏方式在新时代的创新。据调查，2015—2018年，各省市累计选派519名医疗专家组团进藏对口支援西藏8所医院，派出1135名援藏教师对口支援西藏20所学校[④]。

1994年至今，西藏进入持续、高速发展阶段，“中央关心西藏、全国支援西藏”的全国援藏政策演化成了制度化的对口援藏，以中央财政补贴、项目援建等为主要力量，中央部委、内地省市及央企对口支援为重要力量，形成了以干部、人才援藏为龙头，以资金、物资援藏为重点，以稳定、发展为目标，推动西藏经济社会全面发展。纵观全国援藏演进

① 西藏自治区统计局，国家统计局西藏调查总队．西藏统计年鉴（2016）[M]．北京：中国统计出版社，2016：407-408.

② 习近平．依法治藏、富民兴藏、长期建藏，加快西藏全面建成小康社会步伐[N]．人民日报，2015-08-26（01）.

③ “六个必须”：必须坚持中国共产党领导，坚持社会主义制度，坚持民族区域自治制度；必须坚持治国必治边、治边先稳藏的战略思想，坚持依法治藏、富民兴藏、长期建藏、夯实基础的重要原则；必须牢牢把握西藏社会的主要矛盾和特殊矛盾，把改善民生、凝聚人心作为经济社会发展的出发点和落脚点，坚持对达赖集团斗争的方针政策不动摇；必须全面贯彻党的民族政策和宗教政策，加强民族团结，不断增进各族群众对伟大祖国、中华民族、中华文化、中国共产党、中国特色社会主义的认可；必须把中央关心、全国支援同西藏各族干部群众艰苦奋斗紧密结合起来，在统筹国内、国际两个大局中做好西藏工作；必须加强各级党组织和干部人才队伍建设，巩固党在西藏的执政基础。见习近平．依法治藏、富民兴藏、长期建藏，加快西藏全面建成小康社会步伐[N]．人民日报，2015-08-26（01）.

④ 杨明洪．扶贫模式与援助方式的双重转换——“组团式”援藏的实践与启示[J]．西北民族研究，2018（4）：39.

历程，无论在政治上还是经济上，既具有连续性，也具有明显的阶段性特征。西藏经济要实现发展，离不开全国援藏。全国援藏的形势不管如何变化，自西藏和平解放之初就要改变西藏长期落后的面貌和提高西藏各族人民生活水平的初衷没有变，其要实现民族区域自治和民族地区共同富裕的奋斗目标没有变。这是中央自西藏和平解放以来持续开展援藏工作的根本动因①。

10.3　全国援藏的逻辑起点分析

根据前文分析，全国援藏已成为西藏经济发展、民族团结、社会稳定和国家安全所作的一项重要战略部署。当然，在此过程中暴露出来的援助收益减少、援助依赖、策略依赖②等问题也逐渐引起了各方高度关注，甚至有部分学者和政界人士对全国援藏的必要性也提出了质疑。西藏的战略地位极其重要，是我国边疆少数民族聚居地区，是我国唯一的省级集中连片深度贫困地区，生态环境极为脆弱，是集政治、经济、军事、生态等多重问题于一体的区域。全国援藏不仅是伴随着区域发展不平衡而出现的规律性现象，而且会由于西藏自然、社会、经济等条件转换的特殊艰巨性而长期存在。

10.3.1　全国援藏是实现西藏多重战略目标的内在要求

在第五次西藏工作座谈会上，中央明确提出了“两个屏障”“两个基地”“两个目标”的六项战略定位，即使西藏成为重要的国家安全屏障、重要的生态安全屏障、重要的战略资源储备基地、重要的高原特色农产品基地、重要的中华民族特色文化保护地、重要的世界旅游目的地③。习近平

① 徐志民．中共中央援藏工作论述［J］，济南大学学报（社会科学版），2012（3）：27.

② 靳微．西藏援助与发展［M］．拉萨：西藏人民出版社，2010：148.

③ 苏山．中央第五次西藏工作座谈会关于西藏发展的基本思路和战略定位的意义和内涵［J］．西藏发展论坛，2010（3）：42–45.

在第六次西藏工作座谈会上指出："西藏工作的着眼点和着力点必须放到维护祖国统一、加强民族团结上来。"这样的战略定位是从西藏实际出发做出的，反映了西藏特殊的战略地位和其稳定发展的极端重要性。

首先，"两个重要屏障"即重要的国家安全屏障、重要的生态安全屏障，这是由西藏特殊的地理位置、生态环境和反分裂斗争的客观现实决定的。中央政权的首要任务是保证国家领土完整和政治安全。西藏面积占全国领土面积约1/8，占民族自治地方总面积的20.1%[①]，边境线长达3842千米，占全国陆地边境线总长的1/6。"西藏是一个具有很大特殊性的边疆民族地区"[②]，是国家重要的安全屏障，具有极其重要的地缘政治地位。同时，西藏位居素有"世界水塔"之称的青藏高原，生态十分脆弱，长江、印度洋、恒河、湄公河、伊洛瓦底江等中国、南亚及东南亚的国际性河流均发源于此，对生态环境的保护刻不容缓。其次，"两个重要基地"即重要的战略资源储备基地、重要的高原特色农产品基地，这是由西藏丰富的自然资源和高原特色农产品资源决定的，也是西藏实现跨越式发展的重要依托。西藏蕴藏着丰富的矿产、水利、森林和畜牧资源，是国家中长期发展的战略保障。最后，"两个目标"即重要的中华民族特色文化保护地、重要的世界旅游目的地，这是由西藏独特的自然景观、人文景观资源决定的，体现了国家对保护西藏民族特色文化的高度重视。除藏族之外，西藏还居住着包括汉族在内的37个民族，各民族都拥有自身的宗教信仰、语言文字、民俗习惯和经济文化类型，只有妥善处理好民族之间的利益摩擦、宗教纠纷等问题，才能维护民族团结和社会稳定。西藏具有极端重要的地缘政治地位，承担着超越自身能力的职责。西藏地区的经济发展和社会进步，从表面上看，主要属于区域内部生存和发展的问题，应该完全依靠自身的努力。但由于西藏地处边疆战略要点及生态环境脆弱等一系列的特殊因素，又决定了西藏地区的发展已远远不止关系到这单一区域。

综上，"治国必治边，治边先稳藏"，要实现西藏的多重战略目标，就要保持西藏人民生活富庶、民族和谐发展，就要保持西藏经济的持续、健

① 民族自治地方面积为611.73万平方千米。

② 毛泽东.建国以来毛泽东文稿（第一册）[M].北京：中央文献出版社，1992：296.

康发展，通过“全国援藏”促进西藏经济社会快速发展，基础设施不断完善，人民安居乐业，用实践证明西藏的发展离不开祖国大家庭。

10.3.2　全国援藏是解决地区发展不平衡的区域发展战略

众所周知，区域经济发展不平衡是世界共性问题，更是难点问题。1951 年西藏和平解放，虽然实现了从封建农奴社会向社会主义社会的制度跨越，但由于历史、自然、经济等多重制约因素，经济社会发展基础极为薄弱，同内地发展差距一直较大，经济社会发展存在明显的贫困恶性循环。根据区域经济发展理论，一种观点以赖宾斯坦的临界最小努力命题理论、内尔森的低水平均衡陷阱理论、纳克斯的“贫困恶性循环理论”和罗森斯坦·罗丹的“大推进”理论等为代表，认为不发达地区存在着生产与消费的低水平均衡状态，必须投入大量资本打破这种均衡状态，使整个区域的经济同时得到增长；另一种观点以佩鲁的“增长极”理论、赫希曼的涓流极化效应理论、缪尔达尔的空间二元结构理论等为代表，认为由于不发达地区资本有限，只能在落后地区实行不平衡增长，集中有限的资金重点发展罗斯托所称的“主导部门”，依靠经济关系的传递和放大形成连锁效应，以经济运行的内在机制促成平衡的实现①。

为了使西藏全体居民能共享社会主义所带来的福利，和全国人民一起全面建设小康，步入现代化，中央审时度势，以“中央财政全额拨款”为治藏方略，同时集全国人力、物力、财力对西藏地区进行援助，这是解决地区发展不平衡的一种区域发展战略，并且创造性地形成了中央财政支持为主、对口支援为重要补充的全国援藏制度，以期实现西藏经济社会的良性循环发展。

10.3.3　全国援藏是增强西藏自我发展能力的内在要求

西藏是我国特殊的边疆区域，中央政府始终把西藏工作作为国家战略布局的重要组成部分，创造性地形成了“中央关心西藏，全国支援西藏”

---

①　谭崇台 . 发展经济学［M］. 武汉：武汉大学出版社，2008：22-26.

的发展格局。然而，目前西藏仍然是我国最不发达的地区之一，其经济发展明显落后于国家总体发展水平（见表10–4），西藏的发展、稳定和安全依然面临着严峻的挑战。据不完全统计，1952—2017年，中央财政补助累计达11616.02亿元，占西藏财政总收入的92.14%。到2018年，西藏人均GDP仅为43397元，是全国平均水平的67.13%，上海的32.16%；农民人均可支配收入为11450元，是全国平均水平的78.33%，上海的37.7%；西藏财政自给率极低，为15.34%，比全国财政自给率低36.97个百分点，比上海低72.67个百分点；产业结构落后，第一产业产值占地区生产总值的8.8%，比全国平均水平高1.6个百分点，比上海高8.1个百分点。第二产业产值占地区生产总值的42.5%，比全国平均水平高1.8个百分点，比上海高13.1个百分点；第三产业产值占地区生产总值的48.7%，比全国平均水平低3.5个百分点，比上海低21.2个百分点。可见，西藏整体经济发展有了较大的发展，产业结构形成较为高级的“三二一”结构，但是与全国总体水平和东部地区的差距仍很大，产业结构层次较低，内在自我发展能力严重不足。

表10–4 2017年西藏、全国、上海人均GDP等经济指标的比较

项目	人均GDP/元	农民人均可支配收入/元	第一产业产值占GDP比重/%	第二产业产值占GDP比重/%	第三产业产值占GDP比重/%	财政自给率/%
西藏	43397	11450	8.8	42.5	48.7	15.34
全国	64644	14617	7.2	40.7	52.2	52.31
上海	135000	30375	0.7	29.4	69.9	88.01

资料来源：根据2018年全国、上海、西藏国民经济和社会发展统计公报相关数据整理而得。

再从资源禀赋来看，西藏经济自我开发难度较大。西藏虽自然资源丰富，其自然资源总丰度、人均优势度均为全国第一，但资源组合状况较差，很难单独利用区内丰富的资源禀赋形成有序的产业发展，必须依靠区外的援助。同时，基础设施“瓶颈”制约仍然严重，对资源开发难以形成有力支撑。区内经济社会发育程度较低，没有形成蛛网式的经济联系网络。一方面，区内市场狭窄，经济社会发育程度低。西藏80%以上的广大农牧区仍

然处于一种半自给状态，区内市场狭小，缺乏产业成长的必要空间。另一方面，西藏远离经济中心，不可能形成蛛网式的经济联系网络，能流、物流、信息流严重受阻，这就决定了西藏与内地的经济联系必然是单向的输入关系；在区域内部，地广人稀，居住分散，经济密度和城镇密度低，决定了区内之间的经济关联度也低，经济联系通道不畅。

此外，从社会发展看，西藏的基础设施、教育水平、医疗等都得到了快速发展，但是与全国进行横向对比，发展仍较为薄弱。西藏是中国人类发展水平最低的省区，和其他民族省区相比，也是极低的。教育、科技落后，所需建设人才严重匮乏，人口整体素质偏低，在很大程度上影响了西藏丰富资源的开发及经济发展的速度和质量。第六次人口普查数据（见表10-5）显示，2010 年西藏自治区文盲、半文盲人口占 15 岁以上人口比重为 40.42%，不仅在西部 12 个省（区、市）是最高的，而且在全国也是最高的，高出全国平均水平 38.92 个百分点；平均受教育年限为 8.4 年[①]，远低于全国平均水平（11.5 年）。

表 10-5　1997—2010 年西藏与其他民族省区人类发展指数比较

省区	1997 年	1999 年	2003 年	2005 年	2006 年	2008 年	2010 年	1997—2010 年
内蒙古	0.645	0.679	0.738	0.765	0.779	0.803	0.722	0.748
新疆	0.685	0.707	0.757	0.744	0.752	0.774	0.667	0.734
广西	0.649	0.680	0.731	0.741	0.755	0.776	0.658	0.724
宁夏	0.603	0.660	0.712	0.724	0.737	0.766	0.674	0.712
青海	0.528	0.625	0.684	0.685	0.702	0.72	0.638	0.676
云南	0.583	0.632	0.657	0.672	0.686	0.710	0.609	0.661
贵州	0.516	0.602	0.639	0.647	0.659	0.690	0.598	0.622
西藏	0.452	0.521	0.586	0.616	0.621	0.630	0.569	0.571
全国	0.692	0.703	0.746	0.777	0.781	0.788	0.693	—

数据来源：联合国开发计划署，中国社会科学院 . 中国人类发展报告［M］. 北京：中国财政经济出版社，1999.

注：《中国人类发展报告 2013》计算 2010 年我国和各省区的人类发展指数时采用了新的三级指标，不过二级指标没有变化：用平均受教育年限和预期受教育年限替代原来的成人识字率和毛入学率，用人均 GNI 替代原来的人均 GDP。

① 此处数据为 2013 年西藏受教育年限数据。资料来源：西藏人均受教育年限达到 8.4 年［DB/OL］.［2014-01-17］. http://www.eol.cn/xizang/xizangnews/201401/t20140117_1065873.shtml.

特殊的自然地理因素、经济因素、政治因素对西藏资源开发、经济发展的影响将集中体现在区域发展成本高于内地任何地区，西藏经济发展成本为全国平均水平的 150%～170%，投资因为高成本导致的比较劣势或为避免商业风险而远离这一地区就成为一种必然的选择[①]。西藏实现经济社会发展目标所需的数量与有效供给之间一直存在巨大缺口，亟须中央及其他省（区、市）给予大量的财政、技术、物资方面的援助。全国援藏在西藏经济社会发展过程中的收入再分配、减轻贫困、满足基本需要、农牧区发展和社会稳定等方面起到了主要作用，有利于在缩小差距的基础上逐步增强西藏的自我发展能力[②]。

10.4 全国援藏与西藏发展分析

西藏和平解放特别是改革开放后，在中央政府的号召下，全国支援西藏，创造性地形成全国对口支援西藏的制度化工作机制，西藏地方经济实现了持续、高速的发展。但西藏同全国的发展差距仍然较大，对中央的依赖性特征更加明显，内生发展的动力仍显不足，如“2016 年西藏人均 GDP 达到 35496 元，在全国 31 个省（区、市）排名仅为 27 位”[③]。这和习近平提出“两个一百年”奋斗目标的实现差距较大。在这种情况下，如何进一步加快西藏经济社会发展已到解决更深层次问题的阶段，成为一个现实而紧迫的课题。

---

① 有关学者从宏观角度对西藏区域发展成本进行了核算，得出以下基本结论：从总体上看，西藏经济发展成本一直高于全国平均水平和其他经济区域的平均水平，为全国平均水平的 150%～170%；从空间上看，西藏经济发展的成本也高于东部、中部和西部地区；从产业结构上看，西藏各产业的发展成本与全国平均水平和各经济带的差异（2000 年），第一产业在 130%～140%、第二产业在 130%～160%、第三产业在 210～230%。见郭凤芝 . 区域成本差异对西藏经济发展的影响——一个宏观的研究视角［J］. 中国藏学，2004（3）：43–49.

② 沈开运 . 西藏经济的过去、现实及展望［J］. 西藏研究，2001（3）：36.

③ 王红茹 .31 省 GDP 总量、GDP 增速、人均 GDP 三大指标大比拼，东部实力强，西部潜力大［J］. 中国经济周刊，2017（10）：47–51.

10.4.1 全国援藏与经济发展

西藏地区生产总值从1951年的1.29亿元，人均GDP仅为114元，发展到2018年的1477.63亿元，人均GDP为43397元。1952—2018年，全社会固定资产投资从40万元增长到2252.0亿元，累计13939.73亿元，占GDP的比重达到90%以上，甚至在2012年后超过100%以上，远高于同期全国全社会固定资产占GDP的比重。由图10-2、图10-3和表10-6可知，西藏的GDP虽然在绝对数上有了快速增长，但其占全国经济总量比重一直很低，从未超过0.2%。固定资产投资紧随每次西藏工作座谈会的召开而呈跳跃式增长，而固定资产投入带动了西藏经济的高速增长，说明政府投资对西藏经济发展的极端重要性，西藏经济发展主要依赖国家投资，自我发展能力较弱。

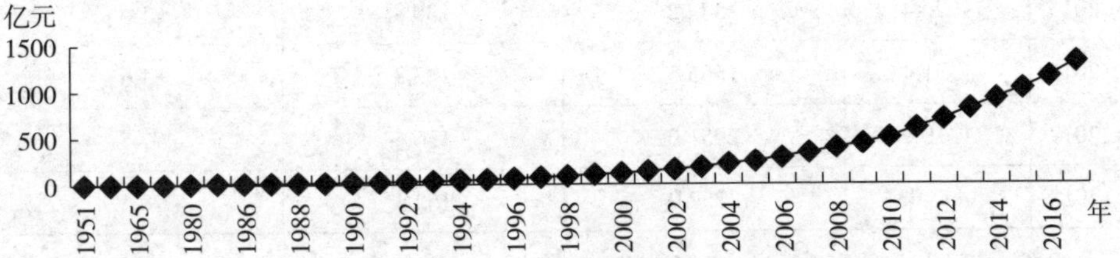

图10-2 1951—2018年西藏地区生产总值

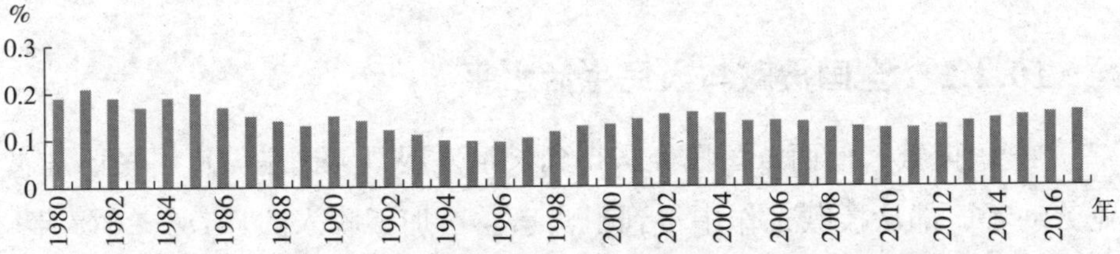

图10-3 1980—2018年西藏地区生产总值占全国国民生产总值比重

表10-6 2003—2018年西藏GDP、固定资产投入及占比情况

年份	西藏GDP/亿元	西藏固定资产总投入/亿元	西藏固定资产投入占GDP比重/%	全国固定资产投入占GDP比重/%
2003	185.1	138.6	74.9	40.9
2004	220.3	168.4	76.4	44.1
2005	251.2	196.2	78.1	48.1

续表

年份	西藏 GDP/亿元	西藏固定资产总投入 / 亿元	西藏固定资产投入占 GDP 比重 /%	全国固定资产投入占 GDP 比重 /%
2006	291.0	232.4	79.9	51.9
2007	342.2	271.2	79.2	55.0
2008	395.9	303.3	76.6	57.3
2009	441.4	379.4	86.0	66.0
2010	507.5	463.3	91.3	70.0
2011	606.2	549.3	90.6	65.7
2012	701	710.0	101.3	72.1
2013	815.7	918.5	112.6	75.1
2014	920.8	1119.7	121.6	79.6
2015	1026.4	1342.2	130.8	81.6
2016	1151.4	1655.5	143.8	81.6
2017	1310.9	2051.0	156.5	77.5
2018	1477.63	2252.0	152.4	70.6

数据来源：根据国家统计局 . 中国统计年鉴（2018）[M] . 北京：中国统计出版社，2018 年相关数据整理而得，2019 年数据来自于 2018 年全国与西藏国民经济和社会发展统计公报。

10.4.2 全国援藏与人民生活水平

“全国援藏”使西藏国民经济得到长足发展，无论是城市居民还是农业劳动者，都从援藏工作中得到了实惠、增加了收入。1978—2018 年，西藏农村居民人均可支配收入由 175 元增加到了 11450 元，2017 年首次突破万元，年均增长速度为 14.5%，其中转移性收入 1992 元，占总收入的 19.3%，工资性收入为 2428 元，占总收入的 23.5%[①]。城镇居民人均可支配收入由 565 元增加到了 33797 元，年均增长速度为 13.3%。同时，西藏居民住房等生活条件大幅度改善，截至 2018 年，西藏农村居民人均

① 西藏自治区统计局，国家统计局西藏调查总队 . 从统计视角分析 2017 年我区农村居民人均可支配收入 [EB/OL] . [2018-02-06] . http://www.sohu.com/a/221184504_266317.

住房面积已达到 38.58 平方米，城镇居民的人均居住面积也已达 32.05 平方米①。

"全国援藏"带来的大量援藏项目为西藏广大劳动者提供了充分的就业机会，使其收入水平迅速提高。为保持西藏正常运转设立了庞大的行政机构，这也为城市居民带来了大量的就业机会，中央财政补助大部分用于支付行政部门和国有企业职工的工资，更带来收入的快速提高。即便是不直接参与援藏建设的广大人民群众，也可以在援藏工作进程中获得收益。统计资料显示（见图 10–4、图 10–5、图 10–6），1991 年之前，西藏城镇居民可支配收入一直高于全国平均水平，1990 年高于全国平均水平 102.8 元。1991 年后，西藏无论是农村居民人均可支配收入还是城镇居民可支配收入始终低于全国平均水平，且不断扩大的趋势日益明显。1991 年，西藏农村居民人均可支配收入低于全国 104.3 元，到 2017 年扩大为 3102 元；城镇居民可支配收入低于全国平均水平 294.4 元，到 2018 年扩大为 5836 元。并且，西藏的城乡收入比一直大于全国的城乡收入比，说明西藏的城乡收入差距更大。由此也可以判断在中央政府持续的大力投资推动西藏经济社会发展的情况下，西藏的经济动力仍不活跃，发展潜力和市场信息明显不足。

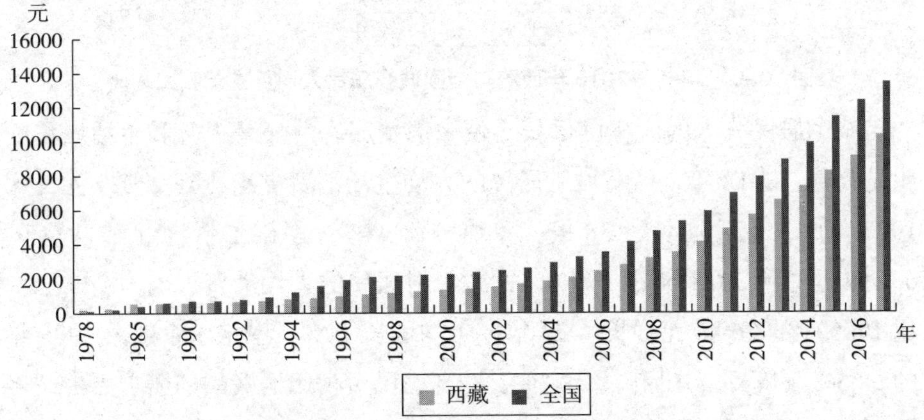

图 10–4 1978—2018 年西藏与全国农村居民人均可支配收入

① 西藏自治区统计局，国家统计局西藏调查总队 .2018 年西藏自治区国民经济和社会发展统计公报［EB/OL］.［2019–05–28］. http://xz.people.com.cn/n2/2019/0528/c138901-32985513.html.

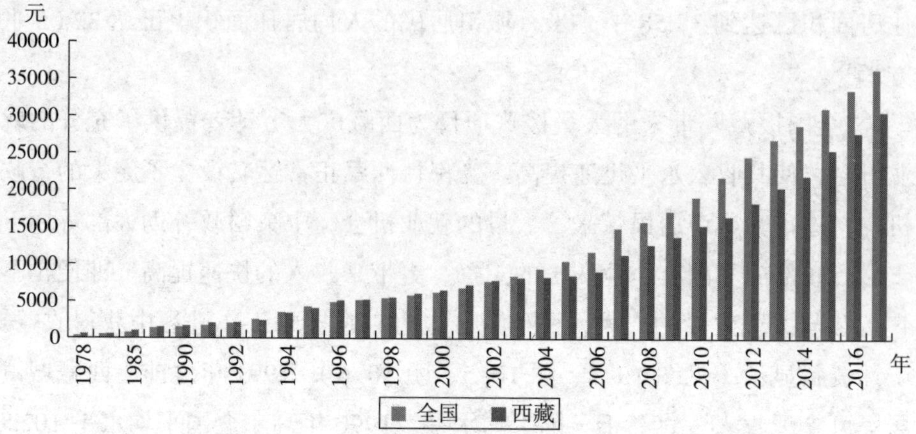

图 10-5 1978—2018 年西藏与全国城镇居民人均可支配收入

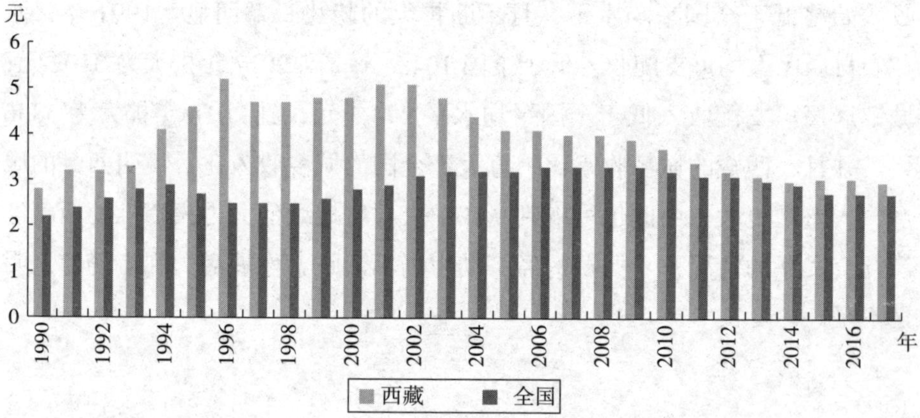

图 10-6 1990—2018 年西藏与全国城乡居民人均可支配收入之比

城乡居民收入的大幅度增长，带来消费层次的显著提升和生活质量的明显改善。2018 年，西藏城镇居民的人均生活消费支出达到 23029 元，比 1978 年的 538 元增长了 38 倍，年均增长 95%；恩格尔系数由 1978 年的 60.9% 下降到 2018 年的 42.9%。西藏农村居民的人均消费支出为 7452 元，比 1985 年的 269.6 元增长了 24 倍，年均增长 71%；恩格尔系数由 1985 年的 68.6% 下降到 2018 年的 48.3%。城乡居民对耐用消费品的需求已由“普及型”向“娱乐型”“享受型”转变，耐用消费品更新换代步伐加快。城乡居民的消费层次不断提高，已经完成了由温饱型向总体小康的转变，正在向全面小康转变。

总之，“全国援藏”不仅带来了项目建设、就业岗位、收入增加，从收入结构和消费转型变化来看，西藏地区人民还在不断改变原有生产、生活方式中落后的一面，在与内地大量援建、旅游人员的交流交往中不断融合，在消费和生活方式的变化中不断增加认同。

10.4.3 全国援藏与西藏社会事业发展

“全国援藏”不仅使西藏广大人民群众的生活质量得以提高，还使其生活效果得以改善，社会发育程度不断提高，教育、医疗等社会事业全面进步。2018 年末，西藏全区常住人口总数为 343.82 万人，比 1952 年末的 115 万人增加 228.82 万人，增长 1.9 倍，常住人口城镇化率城镇达 31%，以拉萨为中心、以市（地）所在地为支点，以县城、边境城镇、特色文化旅游城镇为网络的城镇体系形成。长期以来，藏族人口占总人口的比重保持在 90% 以上，主体地位极高[①]。西藏的人均预期寿命由 1951 年的 35.5 岁增加到 2015 年的 68.2 岁，“十三五”末的人均预期寿命将达到 70 岁[②]。

教育事业方面。1952—2018 年，全国援藏通过人力、物力、财力，特殊的教育“三包政策”[③]和 2015 年的“组团式”教育人才援藏等全方面教育援藏，西藏居民整体受教育程度显著提高。目前，西藏已初步建立起包括幼儿教育、中小学教育、高等教育、成人教育、职业教育和特殊教育在内，具有藏族地域特色的比较完整的国民教育体系。和平解放初期，西藏广大农牧民基本不识字，2010 年 11 月 1 日第六次人口普查数据表明，西藏每 10 万人中接受过大专以上教育的达到 5507 人，接受过高中文化教育

① 国务院新闻办公室.《伟大的跨越：西藏民主改革 60 年》白皮书［DB/OL］.（2019-03-27）. https://news.sina.com.cn/c/2019-03-27/doc-ihtxyzsm0809560.shtml.

② 琼达卓嘎. 西藏人均预期寿命将达 70 岁，对口援藏资金向贫困地区民生倾斜［N］. 人民日报，2017-07-12（14）.

③ “三包政策”是中央政府针对西藏专门制定的一项特殊的教育政策，即对西藏义务教育阶段的农牧民子女实行“包吃、包住、包学习费用”的“三包”制度。从 1956 年作出“三包政策”决定，1985 年正式实施，到 2017 年，共调整十多次。2018 年秋季年生均标准具体为，学前教育阶段：二类区 3120 元、三类区 3220 元、四类区或边境县 3320 元；义务教育阶段：二类区 3620 元、三类区 3720 元、四类区或边境县 3820 元；高中教育阶段：二类区 4120 元、三类区 4220 元、四类区或边境县 4230 元。见西藏自治区人民政府. 西藏提高教育“三包”标准［EB/OL］.［2018-05-23］. http://www.xizang.gov.cn/xwzx/shfz/201805/t20180523_161083.html.

的有 4364 人，接受过初中教育的有 12850 人，接受过小学教育的有 36589 人，比 1982 年第三次人口普查时增长 12 倍、2.6 倍、2.6 倍、1.2 倍[①]。2012 年起，西藏全面落实 15 年义务教育免费“三包政策”。截至 2017 年，西藏共有各级各类学校 1984 所，教学点 191 个；区内就读学生人数超过 63 万人。2018 年，西藏小学入学净入学率和初中、高中、高等教育毛入学率分别达到 99.5%、99.5%、82.3% 和 39.2%，人均教育年限达到 9.55 年[②]。上述数据说明，近年来的援藏教育建设在提高西藏人口的教育水平方面起到了积极的促进作用，西藏人口的文化素质得到了提高，各族群众顺利进入小康生活进程。

但是，同内地相比，西藏人口整体文化素质还是偏低。仅以文盲指标来看（见表 10-7），2013 年西藏 15 岁以上文盲人口占比为 41.18%，分别高出同期西部（9.7%）和全国（4.6%）31.48 个百分点和 36.58 个百分点。同时西藏农牧区人口众多，城镇化率明显比全国低。如 2013 年城镇人口占比只有 24.71%，低于全国平均水平（54.73%）约 30 个百分点。这说明西藏人民特别是广大农牧民掌握科技技能、应对和开拓市场的能力还是不足，必然造成择业门路狭窄，随着西藏产业结构的升级优化，大量低素质的农牧区人口难以转移到第二、第三产业，城镇也不能为更多的农牧区剩余劳动力提供预期收入更高的非农就业机会，可能会带来新的社会不稳定隐患。

表 10-7　2013 年全国和民族省区城镇化率和 15 岁以上文盲人口比重

省区	文盲人口占 15 岁及以上人口比重 /%			城镇人口比重 /%
	比重	# 男性	# 女性	
青海	14.53	8.87	18.37	48.51
贵州	10.44	6.5	14.53	37.83
云南	8.45	5.6	11.49	40.48

① 西藏自治区统计局，国家统计局西藏调查总队 . 西藏自治区 2010 年第六次全国人口普查主要数据公报 [EB/OL] . [2012-02-28] . http//www.stats.gov.cn/tjs/tjsb/rkpcgb/dfrkpcgb/201202/t20120228_30406.html.

② 国务院新闻办公室 .《伟大的跨越：西藏民主改革 60 年》白皮书 [EB/OL] . [2019-03-27] . https://news.sina.com.cn/c/2019-03-27/doc-ihtxyzsm0809560.shtml.

续表

省区	文盲人口占 15 岁及以上人口比重 /%			城镇人口比重 /%
	比重	# 男性	# 女性	
宁夏	7.88	5.01	10.82	52.01
甘肃	7.39	4.66	10.23	40.13
内蒙古	4.27	2.59	6.08	58.71
新疆	4.04	4.09	5.04	44.47
西藏	41.18	37.23	45.26	24.71
西部	9.70	7.00	12.51	45.43
全国	4.60	2.53	6.73	54.73

数据来源：中国统计局 . 中国统计年鉴 2014［M］. 北京：中国统计出版社，2014.

医疗卫生事业。自和平解放起，西藏医疗卫生事业便开启全社会福利医疗的独特发展模式，医疗卫生服务体系得到建立和完善，服务能力和水平不断增强，广大人民群众的健康权益得到有效保障，尤其是一直对农牧民实行特殊的免费医疗政策。从和平解放初期全西藏只有 3 所官办的藏医疗机构和少量的私人诊所，医务从业人员不足 400 人，发展到 2018 年底西藏全区卫生事业机构达到 1548 个，比 1959 年的 68 个增长了 22 倍；全区卫生机构拥有床位数从 1959 年的 480 张增加到 2018 年的 16787 张，每千人拥有床位数为 4.88 张，比 1959 年增加了 4.49 张；全区卫生技术人员从 1959 年的 791 人增加到 2018 年的 19035 人，每千人拥有卫生技术人员 5.54 人，比 1959 年增加了 4.9 人[①]。目前，以免费医疗为基础，以政府投入为主导，家庭账户、大病统筹和医疗救助相结合的农牧区医疗制度全面建立。西藏城镇基本医保实现了西藏自治区级统筹，参保率达 95% 以上，逐步完善了异地就医管理服务方式，进一步建立了大病保险、医疗救助、医疗应急救治等制度，基本形成了覆盖城乡、相互衔接的基本医疗保障网[②]。但西藏农牧区的卫生基础设施和医疗条件还非常落后，如何在西藏特殊的

① 西藏自治区统计局，国家统计局西藏调查总队 .2018 年西藏自治区国民经济和社会发展统计公报［EB/OL］.［2019-05-28］. http://xz.people.com.cn/n2/2019/0528/c138901-32985513.html.

② 西藏自治区人民政府 . 西藏实现医疗卫生服务全覆盖［EB/OL］.［2017-05-22］. http://www.xizang.gov.cn/xwzx/ztzl/66zn/fzcj/201705/t20170522_128590.html.

环境地区保障农牧民的基本医疗仍是个难以解决的问题[①]（见图 10–7）。

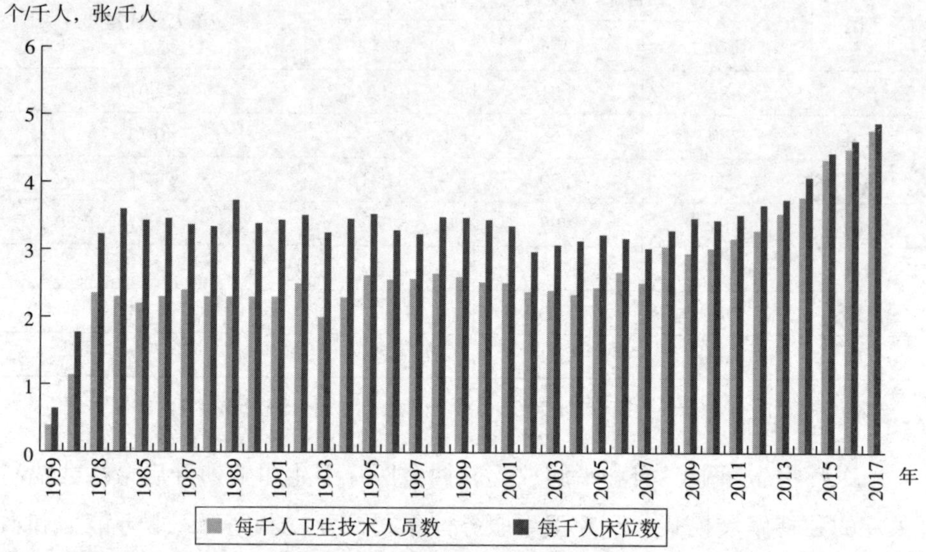

图 10–7　1959—2018 年西藏每千人卫生技术人员数和床位数变化

10.4.4　全国援藏与西藏基础设施发展

西藏交通事业的发展。早在解放前期西藏就做到“进军与筑路并重”，70 余年来，国家不断加大对西藏的基础设施投入。据不完全统计，18 个对口援藏省市的交通运输系统安排了援藏项目 350 多个，都成为助推西藏交通运输发展的强大动力[②]，巨大的投资带来西藏自治区交通状况的显著改善。公路建设从无到有，2011 年 7 月，拉萨至贡嘎机场高速建成通车，填补了高等级公路的空白[③]。截至 2018 年底，西藏公路通车里程达到 97387 万千米，比 1954 年增加 87355 千米，增长 44 倍，其中高等级公路 660 千米；全区所有县通公路；全区 697 个乡镇中有 579 个实现通畅，696 个实现通达；全区 5467 个建制村中 2624 个实现通畅，5457

① 朱玲 . 西藏农牧区基层公共服务供给与减少贫困［J］. 管理世界，2004（4）：48.

② 于恋洋 . 国家全额投资西藏公路建设，助推西藏交通发展［EB/OL］.［2015-03-08］. http://www.chinahighway.com/news/2015/910089.php.

③ 蒋盖 . 改革开放 40 年来西藏交通事业快速发展［EB/OL］.［2018-12-05］. http://www.xzxw.com/xw/xwtp/201812/t20181205_2464092.html.

个实现通达[①]。西藏公路基本形成以“三纵两横六个通道”为主骨架，基本建成以拉萨为中心，以20条国省道干线公路、74条专用公路和众多的农村公路为基础，基本辐射藏中、东、西三个经济区的公路网。2006年青藏铁路通车，结束了西藏没有铁路的历史，目前有拉日铁路、在建的拉林铁路及拉墨铁路等，有效缓解了长期制约西藏的运输瓶颈。航空事业自1956年当雄机场建成，形成了以拉萨贡嘎机场为干线，以昌都邦达、林芝米林、阿里昆莎、日喀则和平机场为支线的航空运输网络，到2018年共有国内外航线92条，基本覆盖国内主要城市。仅2017年，旅客吞吐量超过440万人次，货物吞吐量达到3.44万吨。目前，西藏基本形成了以公路、铁路、航空为主体的综合交通立体网络，但受历史因素和自然条件等制约，交通运输发展仍然存在诸多问题，如综合交通基础设施建设相对滞后、运输服务水平不高、科技信息支撑不足、发展需求与资金供给矛盾突出等[②]。

农牧民生产生活条件的明显提升。根据中央第四次、第五次及第六次西藏工作座谈会相关精神，贯彻落实胡锦涛关于“援藏项目应突出改善农牧区生产生活条件、改善农牧民生活”的重要指示和“今后援藏工作应注意把重心向基层倾斜，帮助农牧区群众发展生产，让他们得到更多实惠”[③]的批示精神，援藏省市积极调整援藏战略部署，将援藏工作重心下移，贯彻落实投入比例“二八原则”，将援藏项目和资金的80%投向基层和农牧区。1994—2014年，仅对口援藏单位就累计实施7615个对口援藏项目，投入援藏资金260亿元[④]。援藏的项目和资金有效推动了西藏的经济社会发展，提高了基层公共服务能力，推进了特色优势产业开发，有力改善了农牧民的生产生活条件，使越来越多的农牧民群众获

① 国务院新闻办公室.《伟大的跨越：西藏民主改革60年》白皮书［EB/OL］.（2019-03-27）. https://news.sina.com.cn/c/2019-03-27/doc-ihtxyzsm0809560.shtml.

② 西藏自治区综合交通运输“十三五”发展规划［EB/OL］.［2018-11-26］. http://www.xizang.gov.cn/zwgk/ghjh/201811/t20181126_171872html.

③ 第五次西藏工作座谈会［EB/OL］,［2010-01-22］. http://tibet.news.cn/xwzt/2010-01/22/content_18795536.htm.

④ 王军，黄兴.对口援藏20年：近6000人进藏工作，累计投入资金260亿元［EB/OL］.［2014-08-24］. http://www.gov.cn/xinwen/2014-08/24/content_2739083.htm.

得了稳定的收入来源。

西藏综合能源体系的建成。国家累计投资上百亿元，建成了羊湖电站、直孔电站、雪卡电站、藏木电站、地热电站羊八井电站[①]、朗久电站等一大批大型骨干电站，在各地市、县建成了一批中小骨干电站及农村小水电站。西藏电力工业从无到有、从小到大，不断壮大，如今已形成了以水电为主，地热、风能、太阳能等多能互补的新兴能源体系。2018年，西藏电力装机总容量达到60.84亿千瓦时，其中水力、太阳能、地热等清洁能源占比达96.3%，主电网已覆盖62个县，用电人口覆盖率达到86%以上[②]。同时，加强农牧区电力基础设施建设、沼气建设和太阳能应用推广，农牧区能源建设取得初步成效，传统能源替代取得明显进展。仅"十一五"期间，国家累计投入5亿多元，在西藏53个县实施了农村沼气建设项目，使12.2万户61万人用上了清洁能源。大力实施"金太阳科技工程"，西藏累计推广太阳灶39.5万台，太阳能集中供暖面积达1万平方米，风光互补发电总装机容量达到220千瓦，全区共有20万户左右农牧民家庭依靠光伏发电圆了电灯梦，近70万名农牧民因使用各种太阳能产品受益[③]。

10.5 结论

加快西藏发展，逐步缩小西藏与内地的发展差距，实现区域经济协调发展，保证社会稳定、民族团结和领土完整、边疆安全，实现共同繁荣和共同富裕，是全国援藏的逻辑起点和内在要求。"全国援藏"区域援助政策是在中国特定政治生态中孕育、发展和不断完善的一项具有中国特色的独特经济现象，通过持续的资金援助、项目援助和智力援助等多种手段，

① 羊八井电站填补了国内地热开发领域的空白。

② 西藏自治区统计局，国家统计局西藏调查总队.2018年西藏自治区国民经济和社会发展统计公报[EB/OL].[2019-05-28].http://xz.people.com.cn/n2/2019/0528/c138901-32985513.html.

③ 张亚东.西藏农牧区能源建设取得初步成效[EB/OL].[2010-10-30].http://news.xinhuanet.com/fortune/2010-10/30/c_12719656.htm.

主要致力于西藏地区的经济发展、教育、医疗和卫生等社会事业及基础设施建设等方面，产生了良好的政治效益、经济效益和社会效益。全国援藏已形成制度，客观上解放了生产力，改善了人民生活水平，维护了社会稳定。但西藏经过近 70 年的发展并没有走出一条自我循环、自我发展的良性道路，反而对中央的财政依赖、政策依赖日趋严重，中央亦形成了策略依赖[①]。以 2002 年为例，中央财政补贴 131 亿元，按西藏 225 万人口平均计算，每人 5140 元，而当年我国农业人口人均收入仅为 2680 元[②]。长期以来，西藏的财政自给率一直低于 10%。这反映出全国援藏以财政补助、政策优惠方式支援西藏，西藏的行政工作、经济运转、社会保障等各方面工作已完全依赖中央的补助，完全离不开中央的支持。

当前和今后一个时期，是西藏保持持续稳定、长期稳定、全面稳定，走向长治久安的关键阶段，是打赢脱贫攻坚、全面建成小康社会的决胜阶段，是加紧生态功能区建设、增强自我发展能力的重要阶段，是着力落实管党治党责任、不断增强各级党组织管党治党意识和能力的巩固提升阶段[③]。我们要全面理解、准确把握、认真贯彻落实习近平总书记“治边稳藏”的重要战略思想，把长足发展和长治久安作为总目标，以全国援藏作为重要载体，努力建设团结、民主、富裕、和谐的美丽新西藏。

第一，“全国援藏”的演化过程，具有很强的继承性和延续性。历史上的全国援藏不仅在政治上加强对西藏地方统治，同时在客观上促进了西藏地方的安定和西藏人民生活的改善。西藏和平解放后的 70 年来，中央政府继承和创新了“全国援藏”，全国援藏演化为以对口援藏为主要模式的稳定机制。概言之，全国援藏具有历史最长、力度最大、涵盖面最广、支援方最多的政策特点，在探索、调整与完善的发展演进中，全国援藏政策与援藏工作不断走向规范化、科学化、机制化与制度化。

---

① 靳薇 . 西藏援助发展［M］. 拉萨：西藏人民出版社，2010：2.

② 罗绒战堆 . 西藏离全面小康有多远——西藏农村全面建设小康问题研究［J］. 财经科学，2005（2）：128.

③ 吴英杰 . 坚定不移贯彻落实习近平总书记治边稳藏重要战略思想 奋力推进西藏长足发展和长治久安——在中国共产党西藏自治区第九次代表大会上的报告［N］. 西藏日报，2016-11-15（02）.

第二，西藏是我国地缘政治地位极端重要的边疆不发达区域，承担着多重战略目标，提升自我发展能力的压力巨大。长期以来，中央政府一直实施特殊政策，先后召开6次西藏工作座谈会，形成“中央关心、全国支援”的援藏发展格局。然而，由于历史积累、区位条件、人力资源、产业与市场基础，乃至于国民意识与社会价值观等制约，目前西藏仍然是我国最不发达的地区之一，西藏的政治发展、文化发展等方面明显落后于国家总体的发展水平。西藏的发展、稳定和安全依然面临着严峻的挑战。

第三，在“全国援藏”下，西藏经济实力不断增强，人民生活水平稳步提高，基础设施不断完善，社会发育程度不断改善。但是与其他省市相比，西藏整体经济实力较弱，占全国比重一直较低，从未超过0.2%。但西藏经济发展主要依赖国家投资，自我发展能力较弱；与全国相比，西藏人民生活水平发展差距较大，城乡二元结构明显，城市居民可支配收入与农村居民可支配收入之比长期高于全国城乡收入之比。西藏城市化水平，受种种因素制约，农牧民进入城镇就业难，非典型的二元结构仍然存在；基础设施总体仍然滞后，存在瓶颈制约西藏社会发育总体水平较低，发展较为落后。从这个角度来说，西藏经济社会发展在很长一段时期内都离不开全国援藏，甚至对全国援藏形成了一定程度的依赖。

西藏是一个具有很大特殊性的边疆民族地区，是国家的核心利益所在。长期以来，西藏边疆与内地其他地区的差距不断被拉大，发展滞后的不断积累也成为酝酿各类社会矛盾和群体冲突的温床[①]。我们要彻底转变“全国援藏”政策的指导思想，使援藏建设真正融入西藏各族人民的生产生活中，充分考虑西藏特殊的自然、人文、政治、文化、经济社会发展特点，把援藏建设同西藏特殊性有机结合，走出一条具有中国特色、西藏特点的全国援藏之路。

---

① 谢尚果，张洪石．“合”边聚民：新时期边疆社会治理的有效方略［J］．广西民族大学学报（哲学社会科学版），2017（3）：8.

参考文献

[1] 中央文献研究室. 西藏工作文献选编（一九四九——二〇〇五）[M]. 北京：中央文献出版社，2005.

[2] 毛泽东. 建国以来毛泽东文稿（第三册）[M]. 北京：中央文献出版社，1992.

[3] 乔元忠. 全国支援西藏 [M]. 拉萨：西藏人民出版社，2002.

[4] 靳薇. 西藏：援助与发展 [M]. 拉萨：西藏人民出版社，2010.

[5] 潘久艳. 全国援藏的经济学分析 [M]. 成都：四川大学出版社，2009.

[6] 中共西藏自治区委员会党史研究室. 中国共产党西藏历史大事记（第1卷）[M]. 拉萨：西藏人民出版社，2005.

[7] 西藏自治区党史资料征集委员会. 中共西藏党史大事记（1949—1966）[M]. 拉萨：西藏人民出版社，1990.

[8] 车辚. 简论江泽民的治藏方略及其历史贡献 [J]. 四川省社会主义学院学报，2012（3）：48–51.

[9] 苏发祥. 论清朝治理西藏地方的经济政策 [J]. 西藏研究，1997（4）：65–76.

[10] 贺新元. 以毛泽东为核心的第一代领导集体对中央援藏机制的理论贡献与积极探索 [J]. 西藏研究，2012（8）：3–13.

[11] 苏山. 中央第五次西藏工作座谈会关于西藏发展的基本思路和战略定位的意义和内涵 [J]. 西藏发展论坛，2010（3）：15–18.

[12] 杨亚波. 座谈会模式：不断推动西藏的改革开放 [J]. 西藏研究，2018（10）：28–39.

[13] 郭凤芝. 区域成本差异对西藏经济发展的影响——一个宏观的研究视角 [J]. 中国藏学，2004（3）：48–54.

[14] 沈开运. 西藏经济的过去、现实及展望 [J]. 西藏研究，2001

（3）：72-81.

［15］谢伟民，贺东航，曹尤．援藏制度：起源、演进和体系研究［J］. 民族研究，2014（2）：14-25.

［16］贺新元．中央“援藏机制”的形成、发展、完善与运用［J］. 西藏研究，2012（12）：1-14.

［17］乔风．第一次西藏工作座谈会的重大历史意义［N］. 西藏日报，2015-09-07（14）.

［18］汪亚东．中共中央 国务院召开第五次西藏工作座谈会［N］. 人民日报，2010-01-23（01）.

［19］王志伟．“全国援藏”效果评估与对策研究［D］. 北京：北京工业大学，2012.

第 11 章　西藏经济发展战略

冯筱[①]　成垒[②]

11.1　引言

经济发展战略是指根据对经济发展多种制约因素的分析，从全局出发制定的一个较长时期内经济发展所要达到的目标，以及为实现这一目标而选择的根本途径和方法。每个民族都有自己独特的经济发展历程和形式。西藏自治区面积 122.67 万平方千米，平均海拔在 4000 米以上，环境独特，地形复杂，有“地球第三级”之称。这里高寒缺氧，交通不便，自然条件恶劣，自古以来，生活在这里的藏民族在其历史发展的长河中，形成了独具区域特色的经济发展形式。

1951 年西藏和平解放，中国共产党和中央人民政府依据马克思列宁主义“落后民族在一定条件下可能‘超越’资本主义过渡到社会主义”的理论，结合我国和西藏地区的具体社会历史条件，成功在西藏建立了社会主义经济制度和经济体制。其经济发展有了不同于以往的根本性变化。特别是改革开放后，党中央接连召开了 6 次西藏工作会，制定了西藏经济发展的新战略。

在改革开放进入新阶段，我国进入全面建成小康社会的背景之下，从

① 冯筱，山西人，西南民族大学经济学院讲师。研究方向为行政管理。
② 成磊，重庆人，西南民族大学经济学院金融硕士研究生。

战略发展的角度分析，西藏的自然、社会、环境地位至关重要。从自然地理方面看，西藏拥有森林、草原、冰川、雪山、河流、水系、湿地、生物多样性而成为我国的生态屏障；从社会文化方面看，西藏是以藏民族为主的多民族地区，独特的宗教文化、民族艺术的开发与保护、发展与继承，事关国家的可持续发展战略能否落实；从地缘政治和国家发展战略的高度看，西藏的发展事关国防安全和区域稳定的大计。

纵观新中国成立 70 年，西藏经济发展战略在于逐渐缩小与内地的发展差距，实现生产力的解放和社会的进步。这不仅是西藏自身发展的需要，也是维护祖国西南边疆安全稳定的关键所在。纵观西藏经济发展的历史，国家对西藏的发展投入了大量的人力、物力和财力，制定了许多优惠政策和积极措施，但是，在目前精准扶贫，全面建成小康社会的大背景下，西藏仍然是我国经济发展最落后的地区之一。站在历史新的起点上，总结西藏经济发展的经验和教训，提出西藏经济发展的新战略刻不容缓。

11.2　传统经济时期发展战略及特征

11.2.1　传统资源开发导向性发展战略

西藏是以藏民族为主体的少数民族聚居区，是我国的典型欠发达地区，其经济发展战略和开发模式受中央客观经济政策的影响，新中国成立初期，在社会主义经济建立中，西藏与我国其他地区一样选择了工业化道路。我国工业化从 20 世纪 50 年代开始，当时实行的是计划经济，根据国家发展需要，选择了以重工业优先发展的工业模式（战略）。这种经济发展战略有以下特点：①以高速增长为首要目标；②优先发展重工业；③以外延型的经济发展为主；④从备战和效益出发，加快内地发展，改善生产力布局；⑤以建立独立的工业体系为目标，实行“进口替代”战略。

传统的西藏经济发展战略是与全国经济发展的大趋势一致的。新中国成立之初，为了迅速摆脱贫穷落后的面貌，同时为了巩固新生的共和国，国内基本上照搬了苏联的经济发展模式，把全国上下的注意力基本上全部集中在工业尤其是重工业上。适应这种大的社会背景，国内长期推行以工业为先导、农业为基础的经济发展战略。这种战略被移植到西藏经济发展上，和平解放至今，中央财政对西藏各个部门的投资结构和增长速度，以及西藏的产业发展都可以看出西藏经济发展走的是资源开发导向型的工业化道路。

从中央财政补贴的分配结构来看，西藏计划经济时期近30年里，工业年平均投资总额占中央财政补贴的比重高达12.86%，比农业年平均投资总额占中央投资补贴的比重高出1.74个百分点，投资重点是以工业为主。

从投资总额年平均增长速度看，西藏和平解放至1997年，工业投资总额平均增长速度为21.22%，高于农业投资总额平均增长速度4.71个百分点。如果分阶段来看，不仅高于农业年平均投资21.6%的增长速度，而且远高于其他部门年平均投资的增长速度。虽然改革开放至今的转型时期，这一状况已发生了明显变化，工业投资年平均增长速度已成为仅次于文化教育、行政管理等部门的第三大投资部门，但从生产发展的角度看，这一时期工业投资年平均增长速度为9.28%，高于农业投资年平均增长速度8.74%的水平[①]。这不仅反映出工业化始终是西藏区域经济发展的主导方向，而且表明中央政府对西藏所采取的经济发展政策，基本上遵循的是传统现代化发展理论所倡导的“摆脱贫困的根本途径，就在于利用丰富自然资源实现工业化”的治藏策略。

11.2.2　传统经济时期发展特征

考察西藏经济发展的轨迹，可以看出传统资源开发导向性发展战略使西藏经济发展呈现出如下特点。

① 胡鞍钢，温军. 西藏现代化发展道路的选择问题［J］. 中国藏学，2001（1）.

11.2.2.1　财政收支缺口大，经济依赖性较强

一个国家在发展本国经济过程中对于经济较发达的多数民族聚居区和较不发达的少数民族聚居区之间的关系，社会学者提出两种不同的发展模式：扩散模式和内部殖民模式。扩散模式（diffusion model）是指在各民族拥有平等权利的条件下，“核心地区”（经济发达的多数的民族聚居区）的社会和经济结构逐步扩散到“边远地区”（经济不发达的少数民族地区），并使“边远地区”在社会与经济的发展方向达到“核心地区”的水平。内部殖民模式（internal colonialism）则是不同导向的实质是“核心地区”对“边远地区”的政治统治和经济剥削，就像帝国主义国家对待殖民地一样，只是其对象是国内的边远地区和少数民族。

从上述两种发展模式的思路来看，很显然，中央政府在西藏的政策应当大致归类为“扩散模式”，这从内地与西藏自治区间的财政、物资方向的交流情况可以看得很清楚。1952—2018 年西藏地区的财政收入和支出的相关数据见图 11-1、图 11-2。

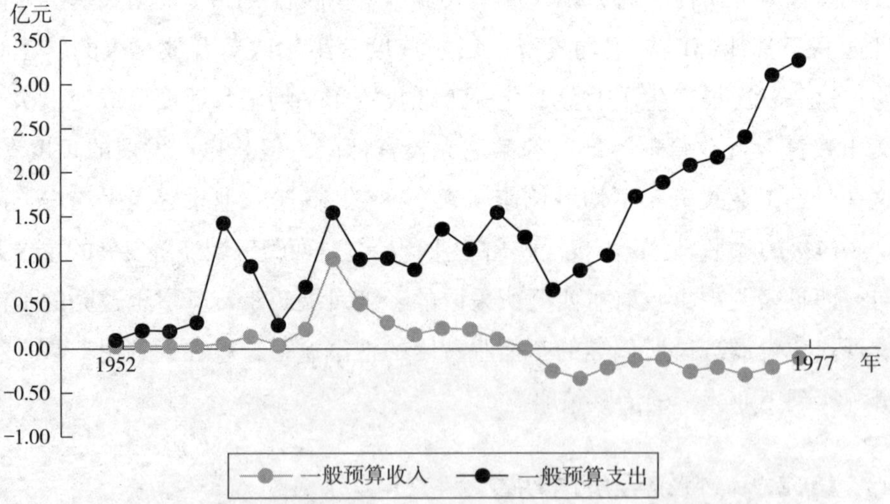

图 11-1　1952—1977 年西藏财政收入与支出情况

数据来源：《新中国六十年统计资料汇编》。

以上数字可以直观地看出西藏社会经济对中央财政的依赖程度。从图 11-1 可以看出，1952—1977 年，西藏地区一些年份的财政收入为负

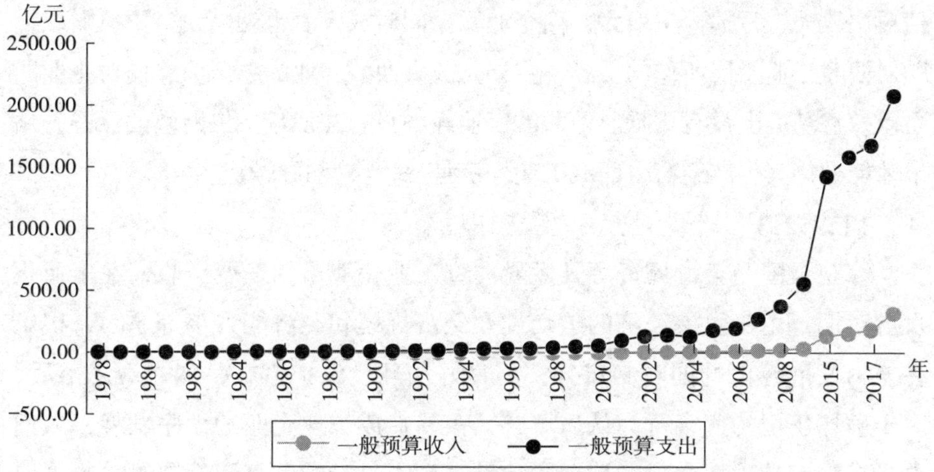

图 11-2 1978—2018 年西藏财政收入与支出情况

数据来源：《新中国六十年统计资料汇编》《西藏统计公报》。

数，整个自治区的经济运行全靠中央财政拨款。从图 11-2 可以看出，1978 年以来，西藏地区的财政状况有所好转，但 2001 年开始，该地区的财政收入和财政支出又出现巨大的缺口，发展至 2018 年，西藏地区一般性财政支出高达 2082.48 亿元，而财政收入仅有 319.42 亿元。1959 年民主改革后，中央政府投入大量物力、财力来推动西藏的经济现代化，但经过 70 年的努力没有形成一个“扩散—工业化”模式，却在很大程度上形成了“扩散—供给”模式，发展成了一种“依赖型的经济”（dependent economy）。中央财政提供的巨额财政补贴并没有使西藏出现真正意义上的资本积累和工业化，只是维持了西藏城镇居民收入和消费水平的大幅度提高，西藏与中央政府和内地各省区之间的政治和经济关系，就是在这种“依赖型经济”的模式下发展起来的。

11.2.2.2 发展陷入恶性循环，经济效益较低

西藏现代产业是在中央财政的投入下发展起来的，随着改革开放的企业转型，很多产业报废、亏损，也就是国家投资的浪费和亏损。余振、郭正林等学者认为，西藏的工业发展出现了一个恶性循环：中央财政投资建设的工业企业越多，产值增长越多；产值增长越多亏损越大，中央财政补贴也就越多；为了解决问题，中央财政补贴增多，对企业的投入也相应增多，企业产

值再次放大，亏损再次增大，而企业亏损同时放大。也就是说，中央财政补贴对西藏工业发展所作的贡献，主要是放大西藏工业的总产值，而对企业的财政效益基本上没有贡献。西藏的工业经济只有在依赖中央财政的巨额补贴下才能维持其生产经营，西藏工业经济是一种典型的低效益经济。

11.2.2.3　开垦过度，生态环境脆弱

综观全国乃至世界资源开发导向型工业化战略的发展经验，在工业化发展时期，由于发展经济的迫切性及经济规模和经济能力小等原因，很难在全力发展经济的同时制定并实施良好的环境保护措施，加之观念落后，对于破坏环境的危害行为认识不够，极易造成工业企业的无序发展；人们总是在生态被破坏之后，消极影响危害到了自身的生存和发展时，才采取措施进行生态环境的保护。西藏的生态环境更脆弱，对于生态环境的破坏反应更灵敏，一旦遭到破坏，则很难再恢复。传统的资源开发对生态环境的影响主要表现为对粮食等农产品需求的增加加快了对草原及其他用地的开垦利用，引起土壤沙化和水土流失；在一些地区出现的“淘宝热”“采药热”，大部分属于小规模无序开采，对草原植被等造成严重破坏，引起生态环境恶化；加工工业，尤其是冶金、重化工业，会对周围地区造成环境污染，如水污染、大气污染、固体废物污染等，对动植物资源及生态系统构成直接危害；对畜产品需求的增加使草畜矛盾更加突出，天然草场的更新主要靠自身优势和良好的草籽种的脱落来完成，因过度放牧，成熟的草籽数量下降，部分草场优良牧草群落减少，产草量降低，形成草场退化，加之干旱之风，造成草场沙化等。

11.2.2.4　发展不均衡，城乡差距拉大

西藏主要的工业企业集中在中心城市，而且主要分布在东南部地区。这些企业在将当地的自然资源优势转化为经济优势中曾作出了贡献，解决了部分税收和财政问题，但企业的盈利和对财政的贡献并没有反哺到地方，农牧民实际可支配收入并没有增长多少。虽然资源被开采，企业也在发展，但是当地百姓的生活并没有大的改善，中央财政补贴通过一个所谓的“漏斗形”的分配过程后，大部分资金被截留在城市，真正到达基层的财政补贴有限。城市居民以及党、政、军各行业，依靠财政拨款的各单位，其人均收入、生

活水平以及各种社会福利增长较快，而广大农牧民则受益很少。这种传统的经济发展模式导致城乡发展差距不断拉大，城乡发展矛盾日益尖锐。

除以上问题外，传统的工业化战略忽视了对“人”的关注，而将注意力主要集中在“物”的层面。西藏经济落后的一个重要原因就是教育水平的落后，因为教育水平落后，人才被市场经济边缘化。因此，努力使西藏的广大农牧民提高受教育水平，提升他们与外部世界的融合度和认同度才是从根本上解决问题的最有效办法。

11.3 新时期经济的可持续发展战略

新中国成立以来西藏经济发展取得了巨大成就，但在经济发展中也暴露出了传统经济发展道路的一系列弊端。新时期制定西藏经济发展战略时，应采取积极措施，借鉴国内外成熟的发展经验，结合西藏的具体情况，创造性地开拓新时期具有西藏特色的经济可持续发展战略。

11.3.1 新时期西藏经济可持续发展战略的内涵

可持续发展是随着全球生态环境日益恶化、资源日益耗竭而于20世纪80年代提出的一种新发展观和发展模式。

作为一种新的发展观，可持续发展意味着人类发展观念的深刻变化。这种发展观要求人类树立一种新的“自然观”，要尊重自然、尊重自然规律，努力实现人与自然的和谐相处。这种发展观包含着全新的“经济发展观”，即人类在发展经济的同时，必须把人类的生产和生活限定在自然环境和自然资源的可开发、可恢复、可利用的阈值之内，必须在保护自然系统可持续的基础上发展可持续的经济。这种发展观还确立了一种新的“社会观”，即努力在整个人类社会的生产和消费中实现公平和公正。因此，可持续发展包括了生态持续、经济持续和社会持续三个相互联系、不可分割的方面，其中，生态持续是基础，经济持续是条件，社会持续是目的。

20世纪80年代起，中国科学院国情分析研究小组在10年间对中国的人口资源、环境和发展进行了综合系统的研究，完成了系列国情报告。第一号报告《生存与发展》指出，在发展过程中，中国已处于多重危机之中，至少面临四大困境：①人口继续膨胀和迅速老化，就业负担沉重；②农业资源日益紧张，接近资源承载极限；③环境污染的迅速蔓延与生态的日趋恶化；④粮食需求迅速增加与粮食增产举步维艰。

我国当前面对着有史以来最严峻的资源、环境状况，承载着有史以来最大数量的人口。1994 年 3 月 25 日，时任总理李鹏主持召开国务院第 16 次常务会议，讨论通过了《中国 21 世纪议程——中国 21 世纪人口、环境与发展白皮书》，这是中国的可持续发展战略，是制订中国国民经济和社会中长期发展计划的指导性文件。《中国 21 世纪议程》指出："中国进入经济快速发展的历史阶段，由于经济基础差，技术水平低，资源消耗量大，污染严重，生态基础薄弱，各种矛盾相互交织和激化。中国的社会经济基本特征和资源环境约束状况表明，如果不把合理使用资源、保护生态环境纳人经济发展之中统筹考虑，经济增长就难以持续，也难以为后代创造可持续发展的条件。""中国目前还在沿袭传统的非持续性的发展模式，必须迅速地扭转这种被动局面。"[①] 中国面临这些重大难题，可持续发展成为唯一正确的选择。

11.3.2 新时期西藏实施可持续发展战略的意义

西藏是地球上海拔最高的独特的地理单元，特殊的地位和环境价值决定了其对我国乃至全球环境具有重大意义。随着现代地理学研究的深入，青藏高原被称为"地球的第三级"，同南、北两极一样，对地球的气候环境有着巨大的影响，实施可持续发展战略，不仅是国家的需要，世世代代生活在高原上的人民的需要，也是全世界人民的共同需要。西藏地处我国的西南边疆，其经济的繁荣发展关系到国家的稳定和国防的巩固；特殊的区位使其成为联系西北、西南的重要枢纽，漫长的边界线上，分布着 300 多条对外山口通道，联系着大西南和大西北，为整个西南、西北的产品销

① 中国 21 世纪议程［M］. 北京：中国环境出版集团，1994.

路提供国际市场通道，同时在开拓南亚市场时具有不可替代的地缘优势和重要的战略地位，对启动西南、西北地区的地方经济，增加地区的经济活力具有非常重要的作用；西藏有丰富的水资源、地热资源、矿产等自然资源，对于确保经济安全和促进可持续发展具有巨大作用。

11.3.3　新时期西藏经济可持续发展的战略定位

综观工业革命以来各国（地区）经济增长，当一个国家或地区经历过一段时间的高速增长后，都不可避免地会出现增速换挡。例如，1950—1972 年日本 GDP 年均增速 9.7%，1973—1990 年回落至 4.26%，1991—2012 年更是降至 0.86%；1961—1996 年韩国 GDP 年均增速 8.02%，1997—2012 年仅为 4.07%；1952—1994 年中国台湾地区 GDP 年均增长 8.62%，1995—2013 年回落至 4.15%。从国内来看，新常态的最重要标志也是增速换挡，从高速增长转为中高速增长。2003—2011 年我国 GDP 年均增长 10.7%，其中有 6 年实现了 10% 以上的增长速度，即使是在受国际金融危机冲击最严重的 2009 年也依然实现了 9.2% 的增速。但是，2011 年以来 GDP 增速连年下滑，如图 11-3 所示。

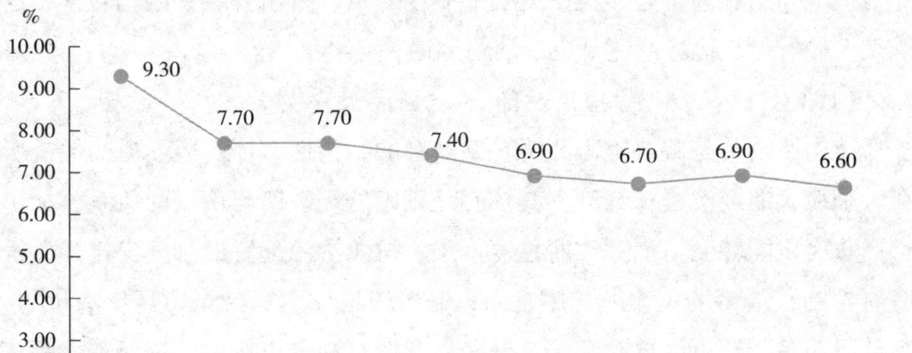

图 11-3　2011—2018 年中国 GDP 增速

资料来源：根据相关年份的中国统计年鉴整理。

从图 11–3 中可以看出，2018 年全年 GDP 增速为 6.60%。据统计，6.60% 的 GDP 增速是创下 28 年来新低。再从主要经济指标来看，工业、投资、消费、出口等增速均下台阶，这主要是缘于结构性因素的变化，特别是劳动力、土地、矿产资源等传统要素供求关系趋势性改变，潜在经济增长率下移。

西藏经济发展趋势也将遵循上述客观经济规律。从投资来看，政策刺激投资大幅增长到一定程度后，资本边际产出效率将趋于降低，一旦投资回报率低于银行贷款平均利率，将导致企业投资意愿不足，增长后劲乏力。同时，投资结构也存在与全要素生产率密切相关的设备投资占比不高，而土木建筑类投资占比较大的问题，资本主要投向基础设施领域，容易造成相关传统行业产能过剩。从劳动来看，西藏特殊的自然地理条件决定了劳动规模随时间变化总体呈倒 L 形的格局不会改变，劳动要素无法为经济增长提供大量红利和额外支撑。从全要素生产率看，技术进步、组织创新、专业化和生产创新都是慢变量，不可能在短期内有较大跃升。因此，西藏经济不可能长期始终保持两位数的高速增长，势必会有一个由两位数增长降至个位数增长的过程，经历经济学意义上的“新常态”。按照中共十八届五中全会提出的创新、协调、绿色、开放、共享发展理念，更好地适应和引领新常态，关键是要靠制度变革、要素升级和结构转换，这既是大势所趋、形势使然，也是问题倒逼、必经关口。

11.3.3.1 深化结构性改革，挖掘最大潜力

结构性改革是破解阻碍经济转型升级的结构性、体制性矛盾的关键所在，是最大的经济增长红利。其核心是正确处理政府与市场的关系，加快推进政府职能转变，消除政府过度干预、扭曲资源配置的制度安排，放松政府管制，给市场更大的作用空间；完善市场体制，健全市场出清机制，打破行业垄断、市场分割和准入壁垒，营造有利于市场主体创新和公平竞争的环境；在中央的统一部署下，加快推进土地、户籍、劳动就业、金融、财税、科技、教育、国企等关键性改革，促进要素自由流动，激发市场主体活力，提升各种要素配置效率。

11.3.3.2 提高劳动力素质，积累人力资本

西藏特殊的自然地理条件和劳动力供给的特殊性是难以改变的客观事

实，但可以在提高劳动力质量上做文章。在继续努力提高人口生育率的基础上，扩大教育规模和推进教育体制改革，着重提升教育质量，完善社会保障制度，提高劳动参与率。加快发展现代农牧业，实现农牧民向非农牧产业转移。大力发展现代职业教育，为经济转型升级提供高技术人才支撑。加大劳动者技能培训，完善专业技术职称评定制度，充分调动劳动者的积极性、创造性。

11.3.3.3 提升创新驱动能力，实现产业转型升级

保持经济稳定增长，必须加快产业转型升级，核心是提升产业价值链和产品附加值，根本途径是提升创新能力。应深入实施创新驱动发展战略，培育新的增长动力。加快信息化与工业化深度融合，推动传统产业与互联网结合，创造新的核心竞争力。加快淘汰落后产能，推动企业兼并重组，提高全社会先进产能比重。加快发展壮大战略性新兴产业，突破关键技术，提升产品质量、创建知名品牌、提高产品附加值。

11.3.3.4 加快新型城镇化步伐，打破城乡二元结构

虽然新型城镇化正在快速推进，提高了城乡生产要素配置效率，但质量不高等问题也日益突出。城镇化进程应杜绝单纯“土地城镇化”的倾向，真正以人为本，解决产城融合和“三农”问题，做到产业发展、就业转移、公共服务和人口集聚相统一。把产业链、价值链等现代产业发展理念和组织方式引入农牧业，大力发展各类新型农牧业经营主体和多种形式规模经营，让富余的农牧民从土地中解脱出来，更多转向生产率较高的第二、第三产业，通过劳动力再配置提高全要素生产率。

11.3.4 新时期西藏可持续发展的战略选择

11.3.4.1 强化支撑，加强重大基础设施建设

基础设施是经济社会发展的“先行官”，经济社会的发展离不开发达、完善的现代基础设施。“一带一路”倡议要求西藏促进交通基础设施互联互通，抓住关键通道、关键节点和重点工程，优先打通缺失路段、畅通瓶颈路段，推进口岸公路、口岸铁路建设，提升通达水平。21世纪以来，西藏在南亚大通道建设中步伐不断加快，逐步成长为我国面向南亚“内联外

接”的桥头堡、基础设施互联互通的重点地区以及国家全方位开放格局的前沿地带。西藏经济发展离不开完善的基础设施建设，但是巨大的基础设施需要巨大的运行与维护成本。

西藏要坚持基础设施先行，强化交通、能源、水利、通信等重大项目建设，全面改善基础设施条件（见表 11–1），为西藏经济社会全面发展提升保障能力。

表 11–1　2015—2018 年西藏交通基础设施、电力能源建设情况

项目	2015 年	2016 年	2017 年	2018 年	备注
公路总里程 / 新增里程（万千米）	7.80/–	8.25/0.45	9.0/0.75	9.6/0.6（目标）	
航空航线（条）/ 通航城市（个）	63/40	71/41	79/41	80/42（已实现）	截至 4 月底
电力总装机容量 / 万千瓦	240	265	309	—	
主电网覆盖县或区 / 个	58	59	62	—	
清洁电力外送 / 亿千瓦时	3.5	6.98	11.32	—	总 21.80
宽带通信率 /%	80	83.8	85	—	
广播电视人口综合覆盖率 /%	94.83/95.96	95.21/96.32	96.20/97.30	—/—	

数据来源：根据西藏自治区相关年份政府工作报告、2015—2017 年各年度的国民经济和社会发展统计公报及中国西藏新闻网的相关内容报道整理所得。

从表 11–1 可知，近年来，西藏不断加强基础设施建设。据统计，99% 的建制村通了公路，全区公路里程由 2015 年的 7.8 万千米增加到 9.6 万千米，高等级公路由 37 千米增加到 660 千米。2015—2017 年，完成了多个基础设施建设项目，如拉林高等级公路基本建成通车；拉日铁路建成运营，拉林铁路建设加快推进；国内外航线由 2015 年的 63 条增加到 2018 年的 80 条；乡镇邮政网点实现全覆盖，综合交通运输体系不断完善。电力总装机容量达到 309 万千瓦，主电网覆盖 62 个县（区），解决和改善 199 万人的用电问题。湘河等水利枢纽重点工程相继开工建设，新增和改善农田有效灌溉面积 184.5 万亩。建制村移动信号全覆盖，宽带通达率 85%。城镇垃圾、污水处理、给排水等市政基础设施持续改善，重要城镇

和高海拔县供暖工程取得阶段性成效。全区基础设施建设已取得重大性突破，为西藏经济社会全面发展提升保障能力。

11.3.4.2　优化产业结构，发展高原特色优势产业

发展高原特色优势产业，是实现西藏现代化建设的必由之路，也是发挥区域资源优势实现富民兴藏目标的战略选择。为了实现这一战略选择，西藏自治区努力“优化产业区域空间布局”和“优化重点产业布局”，培育和发展具有市场竞争力的高原特色优势产业，推动特色优势产业繁荣发展。

（1）优化产业区域空间布局

根据《西藏自治区主体功能区规划》明确的城镇空间、生态空间、农业空间的总体布局，综合各地市资源优势、区位条件以及产业发展基础，立足不同区域发展定位，因地制宜发展特色产业，推动区域间产业朝差异化、特色化、集群化等方向协调发展，主动对接“一带一路”发展战略，选择区位、交通、资源、产业基础等各方面综合条件较好的区域，形成若干特色产业集群，打造“一主一副多点”的产业布局空间形态。

一主：打造以拉萨为主中心的产业发展核心增长极，以拉萨经开区和高新区为依托，着重强化拉萨在全区经济社会发展的引擎和核心增长极作用，形成竞争优势明显的全区产业最大聚集区、西南地区具有较大影响的区域性中心城市。优化拉萨、山南两市生产力布局，统筹推进拉萨山南经济一体化发展，提升区域整体竞争力。

一副：打造以日喀则为副中心的区域性增长极，发挥辐射南亚、带动周边的引领作用。依托珠峰文化及旅游产业、特色农畜产品加工等优势产业，塑造珠峰文化旅游高端品牌形象、发挥自治区农业科技示范带头作用。依托吉隆、樟木、日屋等重点边界口岸，充分发挥“一带一路”南亚贸易通道桥头堡作用。

多点：充分挖掘昌都、林芝、山南、那曲、阿里等地资源禀赋特征，大力发展当地特色产业，形成特色产业发展集聚区（见表11-2）。

表 11-2 西藏各区域主导产业方向

地区		发展定位	主导产业	重点依托园区
藏中南地区	拉萨	国际旅游城市、面向南亚开放的中心城市、全区金融商贸物流中心、净土健康产业基地	文化旅游、净土健康、节能环保、生物医药、金融、商贸物流、高新数字	拉萨国家级经开区、拉萨高新区、西藏文化旅游创意园区、西藏空港新区、西藏现代农业示范园区、达孜工业园等
	日喀则	面向南亚开放合作先导区、环喜马拉雅旅游核心区、生态种养业发展引领区	有机种养加业、文化旅游、民族手工业、生态环保业、南亚物流业	珠峰开发开放试验区、珠峰文化旅游创意产业园、日喀则国家农业科技园等
	山南	清洁能源基地、藏源文化旅游基地	文化旅游、清洁能源、绿色矿产、高原种养业、建材、民族手工业	山南江北新区、雅砻工业园
	林芝	国际生态旅游区、清洁能源基地、高原生物产业基地	生态旅游、清洁能源、生物产业	林芝经济开发区
藏东地区	昌都	“西电东送”接续能源基地、藏羌彝文化产业走廊核心区	清洁能源、特色农牧业、旅游业、绿色矿产	昌都经济开发区
藏北地区	那曲	高原生态畜牧业基地、羌塘草原文化生态旅游区	农牧业、绿色矿产、旅游业	那曲国家农业科技园
藏西地区	阿里	冈底斯国际旅游合作区、藏西边贸物流基地	旅游业、农牧业、绿色矿产、边境贸易	普兰口岸

资料来源：西藏自治区“十三五”规划。

（2）优化重点产业布局

大力推动高原生物产业快速发展、特色旅游文化产业全域发展、绿色工业规模发展、清洁能源产业壮大发展、现代服务业整体发展、高新数字产业创新发展、边贸物流产业跨越发展，促进产业链上下游协同发展，推进西藏建设重要的战略资源储备基地、重要的高原特色农产品基地、重要的中华民族特色文化保护地、重要的世界旅游目的地、重要的“西电东送”接续基地和面向南亚开放的重要通道。如表 11-3 所示。

表 11-3　西藏自治区重点产业布局

产业名称	产业布局
高原生物产业	1. 绿色农牧业：以“一江两河”中部流域为主体，集中力量建设一批基础条件好、生产水平高和规模种植面积大的农业生产核心功能区。以藏中南地区为主体，集中力量建设一批畜牧业规模化养殖发展基地。 2. 特色农畜产品加工：建设三大农畜产品加工区，在拉萨、山南、日喀则等地市集中建设粮油加工区，在那曲、日喀则、昌都、拉萨等地市建设畜产品加工区，在林芝、昌都、山南、日喀则、拉萨等地市建设果蔬及藏药材加工区。 3. 藏药和生物医药：在拉萨、山南、林芝、那曲等地市加快推进藏药材 GAP 标准化种植基地建设。生物医药集中于拉萨高新区、达孜工业园、林芝生物科技产业园。 4. 绿色农牧业：推进特色农牧业生产基地和产业带建设。以“一江两河”中部流域为主体，集中力量建设一批基础条件好、生产水平高和规模种植面积大的农业生产核心功能区。以藏中南地区为主体，集中力量建设一批畜牧业规模化养殖发展基地
旅游文化业	构建一心（以拉萨为中心）、两区（林芝国际生态旅游区、冈底斯国际旅游合作区）、三廊（茶马古道、唐蕃古道、西昆仑廊道）、四环（东、西、南、北四条精品环线）、五圈（珠峰生态文化旅游圈、雅砻文化旅游圈、康巴文化旅游圈、羌塘草原文化旅游圈、象雄文化旅游圈）的旅游空间布局，加快由景点旅游发展模式向全域旅游发展模式转变
清洁能源产业	昌都地区着力打造金沙江上游、澜沧江上游和怒江上游接续能源基地，适当时机可寻求修建大中型电站。林芝地区水源充沛，水电装机潜力巨大，根据国家统一部署，适时打造清洁能源基地。建设日喀则太阳能产业发展聚集区
绿色工业	1. 天然饮用水：藏中南地区，大力发展中高端消费天然饮用水，适度发展母婴用水、化妆用水等特定用途水；藏东及藏东南地区，大力发展含锶天然饮用水，加快开发生产青稞、核桃等特色饮品、保健型饮品；藏北及藏西地区，大力发展那曲含气天然饮用水，适度发展医疗矿泉水等特定用途水。 2. 绿色建材业：水泥业集中于拉萨、山南、日喀则、昌都。拉萨主要以拉萨经济技术开发区为核心，以达孜、堆龙、曲水产业园区为依托；山南依托雅砻工业园桑日集中区为重点。 3. 民族手工业：主要分布在拉萨、日喀则、山南等地市的民族手工业园区。 4. 绿色优势矿产业：矿产采选业集中在“一江两河”地区，包括日喀则、山南、昌都和拉萨。依托藏青工业园进行矿产冶炼和深加工。 5. 节能环保产业：主要分布在拉萨、日喀则、山南的产业园区
现代服务业	1. 金融业：主要布局在拉萨，建立拉萨市顿珠金融产业园区、天府商品交易所、川藏股权交易所拉萨分所等机构。 2. 新兴服务业：以拉萨市区、日喀则市桑珠孜区、山南市乃东区、昌都市卡若区、林芝市巴宜区、那曲地区那曲镇、阿里地区狮泉河镇为重点
高新数字产业	主要分布在拉萨，集中于拉萨经开区和高新区
边贸物流产业	主要分布于拉萨、日喀则、山南、昌都、阿里、那曲的口岸、边境贸易互市点、物流中心

资料来源：西藏自治区“十三五”规划。

11.3.4.3 加大农村基础教育投入，提升农牧民人力资本，为区域经济可持续发展培育自我生成机制

教育是振兴一个民族的强大力量，是推动社会发展的重要因素，尤其是知识经济的迅猛发展，高、精、尖技术的迅速普及教育在社会发展中的作用将更加突出，在当代社会，教育水平的高低在很大程度决定了一个国家、一个民族在世界上的地位。面对这种大背景，西藏在不断融入市场经济的过程中，将面临严峻的挑战，西藏必须改革教育现状，提高农牧民教育水平。从西藏的实际情况出发，提高西藏农牧民的人力资本，从根本上解决西藏人口素质低、经济和社会发展落后的状况，为西藏经济的可持续发展提供内生机制。

据统计，2018 年全区共有普通高等教育院校 7 所，年内招生 10437 人，其中：研究生 846 人，普通本专科 9591 人；在校生 37833 人，其中：研究生 2116 人，普通本专科 35717 人；毕业生 9805 人，其中：研究生 508 人，普通本专科 9297 人。中等专业学校 11 所，招生 9690 人，在校生 22817 人，毕业生 5228 人。中学 133 所，其中：十二年一贯制学校 3 所，九年一贯制学校 2 所，高级中学 26 所，完全中学 5 所，初级中学 97 所，高中招生 22682 人，在校生 61702 人，毕业生 19133 人；初中招生 46306 人，在校生 129405 人，毕业生 41795 人。小学 809 所，招生 59777 人，在校生 326334 人，毕业生 48929 人。特殊学校 5 所，招生 127 人，在校生 912 人。年末幼儿园 1477 所，在园幼儿 123333 人，比上年增加 16987 人。全区小学学龄儿童入学率达 99.5%，比上年无变动[①]。这说明经过这些年的发展，西藏自治区的教育情况有了明显改善，但还需进一步加强教育的投入，从而为西藏的可持续发展提供内生机制。

11.3.4.4 扩大对外开放，构建开放型经济，利用两个市场，实现自主发展

世界文明史的发展告诉我们，人类社会的发展是从分散走向统一、从孤立走向联合的。尤其到了近现代，世界的发展更是表现出一体化的趋

① 数据来源：2018 年西藏自治区国民经济和社会发展统计公报。

势，世界经济的发展表现出同样的趋势。西藏经济的发展也无一例外地顺应这样的变化。为此，不仅要树立一种全新开放的心态，还要有全新的经济发展的思维和经济发展的措施。

一是制定对外开放战略时应坚持有计划、有步骤的原则，防止盲目的经济扩张。研究周边地区和国家的发展状况，进行优、劣势的方案研究，从而有针对性地制定适合西藏经济发展的对外开放战略，使西藏经济在发展中充分利用各种优势，实现自身的健康发展。

二是要充分利用国际、国内两个市场。西藏的特色产品在国内、国际市场上具有一定的竞争优势，尤其是西藏的传统工艺品满足了人们的一种好奇心和新鲜感。为此，西藏的各级政府应当充分利用中央的政策支持以及东部经济发达省份的援助，积极开拓商品销售渠道，建立生产服务的全套程序，树立现代商品市场意识，以其诚信的品质和优质的产品立足国内外的市场。2018 年，西藏对内贸易方面，全年社会消费品零售总额 597.58 亿元，比上年增长 14.2%。按销售单位所在地分，城镇消费品零售额 501.33 亿元，增长 14.5%；乡村消费品零售额 96.25 亿元，增长 12.8%。按消费形态分，商品零售额 497.55 亿元，增长 14.2%；餐饮收入 100.03 亿元，增长 13.9%。在限额以上批发和零售业零售额中，增长较快的有：粮油、食品类增长 62.8%，服装、鞋帽、针纺织品类增长 25.7%；电子出版物及音像制品类增长 1.1 倍、文化办公用品类增长 61.1%，石油及制品类增长 19.4%，机电产品及设备类增长 50.5%；对外贸易方面，全年进出口总额 47.52 亿元，比上年下降 19.0%。其中：出口总额 28.57 亿元，下降 2.5%；进口总额 18.95 亿元，下降 35.4%。在进出口贸易中，边境小额贸易 24.12 亿元，比上年增长 4.0%，占 50.8%。其中：出口总额 23.85 亿元，增长 3.8%；进口总额 0.27 亿元，增长 26.3%。全年西藏自治区与 80 个国家和地区开展了双边贸易。其中：尼泊尔联邦民主共和国为最主要的贸易伙伴，与其贸易总额达到 24.98 亿元，与上年相比增长 4.6%，占进出口总额的 52.6%。除尼泊尔外，与西藏自治区外贸交易居前三位的是法国、美国和中国香港，贸易额分别为 11.70 亿元、2.98 亿元和 1.14 亿元，比上年分别下降 2.3%、增长 13.4%、增长 8.3%[①]。从这些数据可以看出，西藏可以很好利用国际、国内两个市场，不断扩大对外开放。

三是继续努力将西藏民族特色产业做大做强，集团化、规范化，加强与世界发达国家建立的良好合作关系。由于西藏文化自身的魅力，世界市场上带有藏民族文化的产品都具有一定的竞争优势和品牌效应，因此，只要措施得当，产品上乘，信誉良好，一旦具有藏民族特色的产品真正走出国门，实现良性而快速发展的前景是十分光明的。

11.4 经济发展战略的美好前景展望

党的十八大确立了“两个一百年”的奋斗目标，即描绘到 2020 年全面建成小康社会的美好前景；到本世纪中叶建成富强民主文明和谐的社会主义现代化国家的宏伟蓝图。当前，全国已进入加快全面建成小康社会、打赢扶贫攻坚战、全方位推进“一带一路”建设、加快推进社会现代化建设、向着“伟大复兴”中国梦奋力前行的历史阶段。正如习近平总书记指出的：“我们现在所做的一切，都是为了实现这个既定目标。”那么要确保到 2020 年“全面建成小康社会，一个民族都不能少，不能让一个少数民族掉队”的第一个“百年”奋斗目标，必然体现包括西藏人民在内的 56 个民族共享改革发展成果、共享小康社会福泽的内在要求。

11.4.1 科学规划，努力构造世界第三极核心区战略

党的十九大报告描绘了我国建成富强民主文明和谐美丽的社会主义现代化强国的宏大愿景。本世纪中叶是中华人民共和国成立 100 年，也是西藏和平解放 100 年，“两个 100 年”叠加昭示着社会主义新西藏发展的新未来。按照习近平总书记在中央第六次西藏工作座谈会上提出的“依法治藏、富民兴藏、长期建藏、凝聚人心、夯实基础”的治藏方略和“治国必

① 2018 年西藏自治区国民经济和社会发展统计公报。

治边、治边先稳藏”的重要论述，西藏不仅要着眼于当前稳定发展，也要科学勾勒未来的行动坐标。到2050年，西藏将实现和谐、绿色、开放、现代化的世界第三极核心区宏伟愿景。

与南极、北极相对应，青藏高原因其独特的地质地理条件和对全球气候的重要影响，被称为“世界第三极”。广义的世界第三极包括了东南亚、南亚、中亚、西亚的27个国家和地区，30多亿人口、2000多万平方千米的广袤地区，青藏高原正好处在世界第三极的核心区。世界第三极地区和环喜马拉雅一带自古交流交往频繁，以青藏高原为中心形成了独特的生态圈、文化圈和经贸圈。西藏未来发展需要有环喜马拉雅的格局，也需要立足世界第三极的全球视野。“和谐、绿色、开放、现代化”的西藏是当代西藏人民孜孜以求的目标，也是经过努力在未来可以成为现实的愿景。

世界第三极核心区意味着西藏社会经济发展成为环喜马拉雅地区引领者，为世界第三极地区提供示范，为世界发展贡献中国智慧和西藏经验。到2020年，西藏将全面开启新时代西藏小康生活，社会持续稳定，初步形成绿色可持续发展模式。全面从严治党和依法治藏取得实效。初步形成面向现代的、多元的区域性人文交流中心；到2035年，西藏居民将共享美好生活，社会和谐稳定，形成绿色可持续发展模式。形成全面从严治党西藏经验和依法治藏模式。形成具有“中国特色、西藏特点”的人文交流中心；到2050年，西藏将成为和谐、绿色、开放、现代化的环喜马拉雅地区经贸中心，以及环喜马拉雅地区人文交流中心、科技创新中心、生态文明建设和可持续发展引领者。西藏将形成“中国特色、西藏特点”的全面从严治党模式，成为环喜马拉雅地区引领者。

11.4.2 持续推进西藏经济持续健康发展战略

西藏经济已经连续保持25年两位数的高增长，但是也要认识到西藏特殊的地理条件和历史等原因，社会发育程度低、经济发展基础差，暴露出了西藏在基础设施、特色产业、对外开放方面的滞后性，严重制约着西藏经济社会发展的“瓶颈”。此时，应全力深化供给侧结构性改革，采取措施，促进西藏经济可持续发展。

11.4.2.1 持续深化供给侧结构性改革，增强内生增长动力

西藏经济发展战略主要依靠供给侧改革来引领发展，充分发挥中央支持西藏的财政、税收、金融、投资的特殊优惠政策的优势，加快推进基础设施建设、特色优势产业发展、扩大对内对外开放的步伐，增强经济发展的内生增长动力，为推进西藏经济社会的持续健康发展保驾护航。具体做法如下。

第一，促进新动能持续增强。在未来几年里，要实施“人才强区”战略。始终把培养好、使用好各类人才作为创新驱动的最大动能。大力培养企业家、能工巧匠和农村致富带头人，壮大产业工人队伍，营造重才、识才、聚才、育才、用才的良好氛围，大力推进“双创”。建设好各类创新创业平台和载体，发挥好众创空间、大学科技园、科技企业孵化器等各类创业服务平台功能，培育充满活力的创新创业生态。提升科技创新能力。继续积极参与第二次青藏高原综合科考，推动建设青藏高原科学研究中心。加强科技创新平台建设，推进青稞增产、牦牛育肥、优质奶业、人工种草等技术攻关和成果转化。加大研究与试验发展经费投入，确保科技投入增长 25% 以上。制定高海拔基层农牧科技人员激励政策。继续深入开展“科技下乡”“科技活动周”等系列科普活动。发展壮大园区经济。把西藏特色产业聚集区建设作为重要抓手，创新管理服务，加快拉萨经开区转型、藏青工业园建设、拉萨高新区发展，启动山南、日喀则、林芝等地市的特色产业集聚区建设，推进各开发区高质量、差异化发展。

第二，查补基础设施短板。正确处理好建设重大项目和民生项目的关系，发挥优势和补齐短板的关系。力争中央关怀支持西藏的 24 个重大项目全部开工。做好川藏铁路规划建设服务保障，全面推进拉林铁路建设。启动青藏铁路格拉段电气化改造。加快推进三大民生项目。加快西藏大学新校区建设。加快推进国道 109 线那曲至拉萨、国道 219 线萨嘎至朗县等重点公路项目建设，推进启动 317 国道、318 国道整治、改道建设。确保拉日高等级公路全线开工，加快实施沿边公路网建设。推进“3+1”机场建设及日喀则和平机场改造工程。开工建设阿里和藏中电网联网工程，全面实施深度贫困地区农网改造升级。加快推进拉洛、湘河、宗通卡等水利

项目。力争全面完成边境地区小康村建设任务。加快建设重点城镇、沿江沿河地区垃圾污水处理、给排水、供暖等市政项目。做好第四次全国经济普查和第三次国土调查，启动自治区“十四五”时期国民经济和社会发展规划编制调研工作。

第三，增强微观主体活力。加快清理废除一批违反市场原则、妨碍生产要素流动、影响企业活力的政策文件。加快信用管理、风险管理、“双随机、一公开”等新型监管体制建设，同步实现“互联网+监管”功能。持续改善营商环境，加快建立符合西藏实际的营商环境评价体系。着力解决企业“融资难”问题。认真落实中央减税降费政策，坚持老企业老政策、新企业新办法，确保政策连续性和有效性。加快推进全区涉企行政事业性收费零收费。

第四，大力实施“四轮驱动”。坚决贯彻中央支持民营企业发展的决策部署，坚持“两个毫不动摇”，坚决破除民营企业发展障碍，坚决保护各类所有制经济合法权益。推进区内国企、区内民企、区外国企、区外民企“四轮驱动”，提振投资和发展信心，健全企业参与涉企政策制定机制。积极开展招商引资，落实完善“全程代办·专班服务”机制。

第五，筑牢重大风险防线。用足、用好中央赋予西藏的特殊金融优惠政策，有效支持实体经济发展。全区限额内政府债务余额和债务率坚决控制在国家限定范围，逐年减少隐性债务余额，确保完成年内任务目标。强化信用风险、流动性风险的实时监测预警和防范，严厉打击非法集资等违法违规行为，健全风险防范化解职责体系，切实保障金融稳健运行。

11.4.2.2　持续深化市场化改革，扩大高水平开放

在西藏经济未来发展战略中很重要的一点就是要持续深化市场化改革，扩大高水平的开放，不能故步自封。主要包括以下几个方面的内容。

第一，深化重点领域改革。持续深化“放管服”改革，推进政务服务“一网一门一次”改革。全面完成市、县两级党政机构改革任务，深化商事制度改革。深入推进涉农改革，加快农村集体产权制度改革工作。深化国企国资改革，加快结构调整和战略性重组，增强微观主体活力，加快实现从管企业向管资本转变。积极推进投资体制改革，严格规范政府投资行

为。全面实施预算绩效管理，推动财政资金聚力增效。

第二，加快区外开放步伐。做好对口援藏轮换，拓展援藏领域，深化人才、智力、科技、产业援藏，加大项目资金落实，确保精准帮扶。继续做好教育、医疗组团式援藏工作，深化拓展组团式援藏的内涵和方式。积极融入成渝经济圈、大香格里拉经济圈、陕甘宁青经济圈。鼓励区外种养大户、能工巧匠在西藏扎根发展，完善高层次、实用型、技能型人才引进的优惠政策，加大与内地的交往、交流、交融。

第三，提升对外开放水平。推进吉隆边境经济合作区、拉萨综合保税区建设。科学恢复樟木口岸货物通道，完善提升吉隆口岸、拉萨航空口岸功能，推动日屋、里孜口岸对外开放，提升普兰口岸开放水平，提高口岸整体通关效率。积极参与第 2 届“一带一路”国际合作高峰论坛，办好环喜马拉雅合作论坛，推进环喜马拉雅经济合作带建设；以尼泊尔为重点方向，推进基础设施互联互通，建设面向南亚开放大通道。

11.4.2.3 持续促进区域协调发展，提升整体经济实力

促进区域协调发展是西藏未来经济发展必经之路，可以从以下几个方面着手。

第一，深入实施“乡村振兴”战略。认真实施自治区乡村振兴战略规划，全面落实农村人居环境整治三年行动方案，积极推进乡村治理体系和治理能力现代化。

第二，统筹区域协同发展。把拉萨打造为全区的历史文化保护、高新技术产业、现代金融服务中心和“双创”基地；支持日喀则建设面向南亚开放的前沿区和重要的商贸物流中心、农副产品主产区、民族手工业基地；支持昌都特色文化旅游融合发展，积极开发有色金属，推进“西电东送”接续基地建设；支持山南加快江北新区开发，打造雅鲁藏布江中游“沿江百亿产业走廊”；支持林芝加快建设国际生态旅游区和重要的林果业、藏药业、林副产品加工业基地；支持那曲发展壮大高原生态畜牧业、文化旅游业、特色加工业和物流业；打造阿里大峡谷等黄金旅游线路，支持阿里藏系绵羊、绒山羊等优势养殖业提质增效。

第三，加强边境建设。深入落实中央关于守边固边、强边固防的决策

部署，坚持屯兵与安民并举、固边与兴边并重，推进“兴边富民”行动，筑牢国家安全屏障，守护好每一寸神圣国土。加大项目资金整合力度，进一步改善边境地区基础设施和群众的生产生活条件，完善边境地区教育发展机制，加快推进边境公路交通建设。

11.5　结论

总的来说，西藏未来30多年的发展，其内生驱动力将逐步实现从要素驱动向科技创新驱动转变，最终迈向科技和制度双创新驱动；西藏也将经历从区位劣势、资源禀赋约束和制度障碍的发展初级滞后状态，向充分发挥面向西部南部开放的区位优势、民族特色文化比较优势、自然资源禀赋优势、制度改革红利充分释放的状态转变。在驱动力改变和约束突破的双重作用下，到2050年，西藏将实现和谐、绿色、开放、现代化的世界第三极核心区宏伟愿景。

参考文献

[1] 张宇. 中国特色社会主义政治经济学[M]. 北京：中国人民大学出版社，2016.

[2] 安平. 西藏经济发展研究[M]. 北京：中央民族大学出版社，2010.

[3] 吴易风. 毛泽东论中国社会主义政治经济学[J]. 政治经济学评论，2013（10）：31-33.

[4] 习近平. 立足我国国情和我国发展实践发展当代中国马克思主义政治经济学[J]. 党建，2012（12）：2+12.

[5] 李旭章. 中国特色社会主义政治经济学研究[M]. 北京：人民出版社，2016.

[6] 张宇，谢地，任保平，等. 中国特色社会主义政治经济学 [M]. 北京：高等教育出版社，2017.

[7] 卫兴华. 再论中国特色社会主义政治经济学研究对象 [J]. 毛泽东邓小平理论研究，2017（10）：22-25+107.

[8] 邱海平. 中国特色社会主义政治经济学的理论属性 [J]. 中国社会科学院研究生院学报，2017（9）：40-51.

[9] 赵周贤，刘光明，徐志栋. 论中国特色社会主义政治经济学的基本特征 [N]. 光明日报，2018-06-1990（2）.

[10] 潘明清，付婷婷，卓玛. 西藏全要素生产率的测算与分析 [J]. 西藏大学学报（社会科学版），2011（2）：74-80.

[11] 贡秋扎西. 西藏经济增长中的全要素生产率分析 [J]. 西藏大学学报（社会科学版），2011（3）：12-16.

[12] 罗良文，梁圣蓉. 论新常态下中国供给侧结构性动力机制的优化——基于1994—2014年省级面板数据的实证分析 [J]. 新疆师范大学学报（哲学社会科学版），2016（2）：28-36.

[13] 胡鞍钢，周绍杰，任皓. 供给侧结构性改革——适应和引领中国经济新常态 [J]. 清华大学学报（哲学社会科学版），2016（2）：17-22.

[14] 牛文元. 中国可持续发展的理论与实践 [J]. 中国科学院院刊，2012（3）：280-289.

[15] 刘雨林. 论西藏生态、经济、社会可持续发展的关系 [J]. 广西民族大学学报（哲学社会科学版），2007（S2）：5-7.

[16] 杨松. 西藏的生态环境与可持续发展战略 [J]. 中国藏学，2004（3）：29-39.

[17] 路赟，兰岂凡. 西藏可持续发展浅析 [J]. 西藏民族学院学报（哲学社会科学版），2005（5）：45-47.

[18] 江游，张新岭，孙友然，等. 供给侧结构性改革下就业能力理论研究的发展路径 [J]. 理论与改革，2016（4）：166-170.

图索引

表 索 引

后 记

我们有幸参与由中国经济出版社组织的《跨越的70年——民族地区经济发展研究》丛书的出版工作，由黄毅团队负责《跨越的70年——西藏经济发展研究》撰写工作。本书是西南民族大学经济学院政治经济学教学科研团队和政治经济学硕士研究生点的研究成果。感谢西南民族大学经济学院领导对政治经济学教研团队和硕士点的支持和关心！感谢西南民族大学发展规划与学科建设处、科技处长期以来对我们的支持！

本书由西南民族大学经济学院黄毅教授设计整体框架，承担全书的统稿、补充、后记等工作。本书各章撰写人员：第1章西藏支持政策，作者余芳、潘久艳；第2章西藏禀赋结构升级，作者李晗、黄毅；第3章西藏增长与结构，作者戴季容、胡琼辉、李道凤；第4章西藏产业发展，作者刘彤；第5章西藏城镇化，作者丁晋劼、潘文艳；第6章西藏贸易与发展，作者刘杨星、黄毅；第7章西藏金融与发展，作者王乾旭、刘彤；第8章西藏环境与发展，作者柏叶阳、刘彤；第9章西藏卫生资源与健康，作者旦增遵珠、扎西达娃；第10章全国援藏，作者潘久艳；第11章西藏经济发展战略，作者冯筱、成垒。感谢课题组全体成员的辛勤付出。

由于本书涉及西藏70年经济发展，难免有所疏漏。本书在写作过程中参考、借鉴了有关西藏经济发展的各种文献，包括书籍、报纸、文件资料和互联网上搜集到的各种新信息，在此，我代表团队全体成员向各位作者表示最诚挚的感谢！

感谢中国经济出版社的李煜萍主任、李若雯编辑以及所有为本书出版付出辛勤劳动的老师们！

本书出版得到的资助是：中央高校建设世界一流大学（学科）和特色发展引导专项资金国家民委人文社科重点研究基地——西南民族大学中

国西部民族经济研究中心2019年项目“跨越的70年——民族地区经济发展研究”。还得到国家社会科学研究基金项目（编号：11YJC850017）、教育部人文社会科学研究项目西部和边疆地区项目（编号：15XJAZH001）、国家民委人文社科重点研究基地中国西部民族经济研究中心2018年度一般项目（编号：CWEER201803）、西南民族大学研究生创新型科研项目（编号：CX2018SZ153）和西藏自治区哲科基金项目（编号：16BGL002）、2019年西南民族大学校级教改一般项目“民族院校本科教学质量保障措施研究——以经济学院为例”（编号：2019YB10）的资助。在此表示感谢！

黄　毅

2019年6月30日于蓉城